ポスト・ケインジアン叢書

18

H. P. ミンスキー
投資と金融

資本主義経済の不安定性

岩佐代市 訳

日本経済評論社

Can "It" Happen Again ?
—Essays on Instability and Finance—
by Hyman P. Minsky
Copyright © 1982 by M. E. Sharpe, Inc.

Japanese translation rights arranged
with M. E. Sharpe Inc., New York
through Tuttle-Mori Agency Inc., Tokyo

Hyman P. Minsky

エスターに捧ぐ

はしがき

　いまから半世紀ほど前，1932年から33年にかけて合衆国の金融システムと経済システムは一頓挫きたし，システムはほとんど完膚無きまでに崩壊した．その後二世代にわたって，国民（と彼らが選んだ政治家たち）は「それ」（金融・経済システムのかくも大きな崩壊）が再び襲来するかもしれないという恐れに心を奪われてきた．30年代の制度改革推進者が目標としたのは「それ」を二度と起こさせないようにするための金融・経済諸制度を構築することであった．この点を認識しないかぎり，そのほとんどがルーズベルト時代当初に導入されたところの経済諸制度の構造を正しく理解することはできない．

　本書に集められた論文に一貫して流れるテーマは，「それ」とは一体どういうものなのかを明確にし，「それ」が再び起こりうるかどうかを見きわめ，また「それ」はなぜ30年代以降この方生起しなかったのかを理解することである．最も早い時期の論文は25年ほど前に公にされたものであり，また最も新しい論文は1980年の後半に出版されたものである．これらの諸論文は抽象理論，制度上の発展，および連邦準備の金融政策を取り扱っている．出版された時期と個々のテーマには広がりがあるにもかかわらず，本書に収められた論文はいずれも，経済の制度的構造が進化発展することから生じる効果を理解する必要性と，これを経済理論に統合することによって制度的構造の理解を深める必要性とを強調している点で共通している．いま一つ共通するテーマは慣例的に経済学者が実物経済と呼ぶものを金融システムから切り離して構築した経済理論は，それがどのようなものであっても，われわれの理解を誤った方向に導き，経済がどのように機能するかについて間違った見解を抱かせることになるという主張である．

本書の結論を大きくまとめると次のようになる．どのような分権的資本主義経済にも金融的不安定性を準備する過程が不可避的に存在する，すなわち資本主義経済は本来的に欠陥をもつのである．しかし，金融的不安定性が必ず大不況を招くというわけではない．すなわち，必ず「それ」が襲ってくるとは限らない．通俗的な表現をすれば，合衆国経済がその後「ツキを得た」のは，ニューディール政策とこれに続く諸変化が行き着いた結果として，金融諸慣行に対する規制と中央銀行介入の構造とが「最後の貸し手 lender of last resort」としての一連の保護を与え，他方で政府の経済全体に対する相対的規模が1929年当時のそれに比べ肥大化したことによる．ところが，1946年に樹立された経済システムは，その後20年間の繁栄の時期に「制度上の」新しい試みを生成発展させるとともにポートフォリオ選択上の革新をもたらし，結果的に30年代の諸改革と戦時金融の遺物であった「流動性保証の仕組み」をしだいに突き崩すことになった．そのため，深刻な不況を引き起こす恐れのある金融上の混乱を未然に防止するために，大きな政府によるいっそう頻繁な介入がますます必要となった．金融的諸連関 financial relations は進化発展し，断続的な「恐慌」が生じた．これは，経済を深刻な不況過程に陥れる明白な危険性が厳として存在することを示唆している．いままでのところ，連邦準備やその他の金融当局による介入と財政の赤字支出とが相まって，恐慌の芽は早い時期に摘み取られてきたので事無きを得ている．しかしながら，現在支配的な金融・経済構造のもとでは，このことがかえってインフレーションを招くもととなっている．われわれはいまやインフレ傾向をもつ経済システムのなかにおり，またインフレを抑制しようとする伝統的な手段は逆に負債デフレーション debt deflation 過程を導きかねない状況にある．この負債デフレ過程は未然に回避されないかぎり深刻な不況に発展すると思われる．

　いまや明らかなことは，慢性的インフレーションを招くことなく金融的崩壊や深刻な不況を回避する介入方法とこれに資するところの金融諸制度を樹立する必要があるということである．本書のねらいは，そのために何をすべきかのヒントを提供しようとするものにすぎない．筆者は救済のための処方

はしがき xi

箋を書くことよりも，どちらかと言えば良き診断士であることに自信があるほうである．

　筆者はこれまで多くの人の知見に負うてきた．その人への「知的負債」をはっきりと特定できる人に対してのみこの場を借りて感謝の意を表したい．学生時代に最も強い影響を受けたのはヘンリー・シモンズ Henry Simons, オスカー・ランゲ Oscar Lange, およびジョセフ・シュンペーター Josef Schumpeter からであった．

　ワシントン大学（セント・ルイス）の一員になってまもなく，筆者は銀行家のマーク・トゥエイン Mark Twain 一家と交誼を得た．また，アダム・アロンソン Adam Aronson, ジョン・デュービンスキー John P. Dubinsky, および故エドウィン・ハズペス Edwin W. Hudspeth との長年にわたる交際のなかで得ることのできた洞察の数々は，われわれの経済がどのように機能しているかについての筆者の理解を著しく高めた．

　バーナード・シュル氏 Bernard Shull は彼が連邦準備制度理事会の要職にあったとき，筆者の洞察力を高める源泉となって，筆者の仕事を背後から支えてくれた．

　1969年から70年の１年間，サバーティカルを得て英国のケンブリッジ大学で過ごすことを許されたが，ケンブリッジの一員となるについてはオーブリー・シルバーストン Aubrey Silberston に大変お世話になった．

　モーリス・タウンゼント氏 Maurice Townsend は書き下ろし中の筆者の原稿に目を通し，コメントを付けて筆者を長年励まし続けてくれた．彼はいまも真の友人であり，筆者にとってかけがえのない心の支えである．

　アリス・リポビッツ嬢 Alice Lipowicz は本書に収めるべき筆者の論文を選択し通読するに際して，計り知れない力を貸してくれた．出版社 M．E．シャープ Sharp のアーノルド・トゥベル氏 Arnold Tovell およびラットガース大学のアルフレッド・アイクナー氏 Alfred Eichner の協力は本書出版に最も大きく貢献している．最後に，ベス・エールリッヒ嬢 Bess Erlich およびワシ

ントン大学経済学部のスタッフ各位が，乱暴な走り書きの癖をもつ筆者に対していつも寛容であったことを感謝したい．

ハイマン・P. ミンスキー

凡　　例

1. 本書は Hyman P. Minsky, *Can 'It' Happen Again ?—Essays on Instability and Finance,* pp. xxvi＋301 (Armonk, N. Y. : M. E. Sharpe, Inc., 1982) の全訳である．ちなみに，英国では同じ論文集が *Inflation, Recession and Economic Policy* (Brighton, Sussex : Wheatsheaf Books, Ltd., 1982) として出版されている．
2. 原文に沿って忠実に翻訳するよう心がけた．しかし，日本語の表現として適切性を欠く恐れがあるばあいは躊躇なく意訳し，全体としてできるだけ読みやすい日本文となるように努めた．
3. 本訳書では各章（原論文）の節建て形式を統一し，原則として原論文の introduction に当たる箇所を「第１節　はじめに」とする一方，concluding に当たる部分を「おわりに」とした．
4. 各章（原論文）ごとにまとめられていた引用文献は「参考文献」として巻末に一括掲載し，邦訳書がある場合にはこれも付記した．本文中の英語人名に付けられた数字はこの参考文献の番号を指示している．
5. 原書が引用転載した箇所については，邦訳書が存在する場合でもこれに依らずあらためて訳出した．
6. 数式や記号のほか，図形やグラフの形式も全巻を通じて統一的なものになるよう，訳者の判断で若干修正した．
7. 章末（原論文末）に一括掲載されていた原注は，読者の便宜を考慮してすべて脚注に移した．
8. 訳文中の〔　〕内は文脈の理解を容易にするため訳者が挿入したものである．多少とも長い解説が必要な場合には脚注の形で訳注を入れた．
9. 原文中に散在した誤植や明らかに間違いと思われるところは，訳者の判断で訂正や補正を施した．ただし，多少とも本質的な箇所は著者の了解を得て修正した．
10. 各章において初出の人名には原語を付した．技術的専門用語のみならず，本書で重要な概念にも原則として原語を付した．

11. 原文のイタリック体部分について，訳文では傍点を付し，それが書名の場合には『　』で示した．さらに，イタリック体の小節見出しは太字体で表すこととした．
12. 原文中""で表示されている用語や箇所を，本訳書では原則として「　」でくくった．
13. 原書にある：（コロン）はダッシュに置き換えた．
14. 本書末尾の索引は，原則として原書の索引をもとに作成した．しかし，読者の便宜等を配慮して多少の項目変更を行った．また，本訳書では事項索引と人名索引を分け，各々を50音順に並べかえた．

目　次

はしがき ix
凡　例 xiii

序章　「悪夢」もはや訪れないか ……………………………1
　　　──主題への回帰──

　　1．はじめに　　　　　　　　　　　　　　1
　　2．レーガン勝利の経済的要因　　　　　　3
　　3．不安定性の原因　　　　　　　　　　　6
　　4．資本主義経済の金融面の特性　　　　　8
　　5．最後の貸し手としての介入　　　　　 10
　　6．資本主義経済における利潤の決定　　 11
　　7．政策上の選択肢　　　　　　　　　　 14
　　8．金融的不安定性は改善しうるか　　　 18

第1章　大恐慌の再来はあるか ……………………………21
　　1．はじめに　　　　　　　　　　　　　 21
　　2．一般的考察　　　　　　　　　　　　 22
　　3．モデルの概要　　　　　　　　　　　 24
　　4．観察データによる検証　　　　　　　 29
　　5．結論──連邦政府の役割　　　　　　 32

第2章　金融と利潤 ……………………………………………35
　　　──変質する合衆国の景気循環──

1.	歴史的概観	35
2.	金融と不安定性	38
3.	金融の重要性	41
4.	掛け繋ぎ金融，投機的金融，およびポンツィ金融	46
5.	所得の水準・分配と財務構造の有効性	63
6.	利潤の決定と財務構造の有効化	72
7.	統計データにもとづく実証研究	77
8.	当初の疑問に対する解答	90

第3章　金融的不安定性の仮説 …………………… 95
　　　　——「標準理論」に代わるケインズ解釈——

1.	はじめに	95
2.	ケインズのバイナーに対する反論に沿う『一般理論』解釈	97
3.	金融的不安定性仮説の資本主義観	100
4.	おわりに	109

第4章　資本主義的金融過程と資本主義経済の不安定性 ……… 113

1.	はじめに	113
2.	金融と資本主義経済のビヘイビアー	116
3.	MMFについて（主題を離れて）	120
4.	連邦準備によるインフレ抑止政策	122
5.	資産価格，投資，および金融	124
6.	投資，利潤，および企業負債の有効化	128
7.	おわりに	135

第5章　金融的不安定性仮説の再述 …………………… 139

1.	はじめに	139

2．経済理論における金融的不安定性仮説の位置づけ　　143
　　3．投資，消費，および有効需要の理論　　147
　　4．金融的不安定性仮説の再述　　156
　　5．政策上の含意　　170

第6章　金融的不安定性仮説の再考 ……………………………… 175
　　　――「惨事の経済学」――

　　1．はじめに　　175
　　2．多幸症の経済学　　181
　　3．キャッシュフローの諸類型　　188
　　4．金融的不安定性と所得水準の決定　　193
　　　第4節への補論――モデルの提示　　207
　　5．金融逼迫の作用様式　　211
　　6．金融的安定性の理論　　218
　　7．中央銀行の役割　　232

第7章　中央銀行業務と貨幣市場の変容 ………………………… 239

　　1．はじめに　　239
　　2．制度上の二つの変化　　241
　　3．金融政策に対する制度変化の含意　　253
　　4．制度変化予想の含意　　257

第8章　金融政策権限行使の新しい様式 ………………………… 263

　　1．はじめに　　263
　　2．金融市場の進化発展の方向づけ　　265
　　3．不確実性の操作　　271
　　4．おわりに――連邦準備の領分　　278

第9章　ディレンマのなかの連邦準備制度 ……………………281

1．はじめに　281
2．連邦準備の二重の役割　283
3．1929年と1979年──比較分析　285
4．最後の貸し手　289
5．構造改革の必要性　291

第10章　ケインズ投資理論の解明 ………………………………295

1．はじめに　295
2．投資理論の基本的構成要素　298
3．資本財ストック価格の決定　304
4．貨幣の役割　309
5．株式市場の役割　315
6．投資財の供給　317
7．事前的投資と事後的投資──内部資金フローについて　322
8．投資の金融活動と資本資産価格との相互関連　323
9．おわりに　331

第11章　代替的な金融方式と加速度原理モデル ………………335

1．はじめに　335
2．加速度原理‐乗数モデル　336
3．貨幣数量一定の加速度原理モデル　340
4．可変的貨幣量の場合の加速度モデル　351
5．政策に対する含意　366

第12章　単純な成長モデルと循環モデルの統合 ………………369

1．はじめに　369

2.	モデルの本質的構成要素	371
3.	モデルの構築	376
4.	自律的成長の可能性	382
5.	おわりに	390

第13章　民間部門の資産管理と金融政策の有効性 ……………393
　　　　——理論と実際——

1.	はじめに	393
2.	資産管理のポートフォリオ選択アプローチ	398
3.	再建されるべきケインズ・モデル	403
4.	金融政策の近年の有効性	406

参考文献	411
訳者あとがき	423
原著者の主要著作目録	441
索　　引	447

序章 「悪夢」はもはや訪れないか
——主題への回帰——

1. はじめに

　第二次世界大戦以降の時期における最も重要な出来事は，ある事柄が生起しなかったということである．すなわち，戦後われわれは深刻でかつ長期にわたる不況を経験していないということである．

　歴史を顧みればわかるように，重大かつ長期の不況を30年以上も経ずにきたということは驚くべき成功の事実であるといわなければならない．大戦以前は深刻な不況を定期的に経験した．1930年代の大恐慌は，それまでしばしば経験してきたことのある経済的困難のうちでも「大きいがゆえに格好の」事例であるというにすぎない．第二次大戦後の経済的成功は，30年代の改革で創り出された制度的構造や政策的介入のあり方に欠陥がなかったことを示す証しである．

　「それ」——大恐慌の悪夢——は再び訪れるであろうか．もしそうだとすれば，大戦以降これまで「それ」が訪れなかったのはなぜであろうか．歴史に残る記録と過去35年間の相対的成功を見比べれば，こうした疑問がわくのはごく自然であろう．このような疑問に答えるためには，大恐慌といえども，それはわれわれの資本主義経済がとりうる状態のうちのごく当り前の一つにすぎないととらえるような経済理論が必要である．1980年の経済と1930年の経済との間に存在する多くの相違のなかで，何が戦後の成功を最も良く説明するかを認識できる経済理論が必要なのである．

　レーガン政権は経済諸制度および諸政策を著しく変化させる計画を示して

いる．その計画には，ニューディールの考え方と戦後の諸政権が拡大させてきた介入資本主義 interventionist capitalism に対する保守的な立場からのはっきりとした批判が反映している．こうした批判的立場にはたとえばマネタリズム，サプライ・サイドの経済学，あるいは正統派財政学というふうにさまざまの呼称が付されている．これらはいずれも，新古典派総合と通常言われる現代経済理論の分析結果を反映していると自己主張する点で相互に酷似している．新古典派総合の抽象的な理論的基礎づけは，数理経済学が戦後繚乱と開花するに及んで頂点に達した．（これまでの政権で経済顧問として貢献した正統派ケインジアンも同様の新古典派総合理論を背後にもっている．）

新古典派総合の主要な命題は，各経済主体が利己心に動機づけられて行動するところの分権的市場システムでは斉一的な帰結がもたらされ，この帰結は特殊な場合を除き効率的なものであると特徴づけられるというものである．しかしながら，この主要な結論が真実たりうるのは，非常に強い仮定が成立する場合に限られる．新古典派総合の結論は，資本資産が民間に所有され，複雑で絶え間なく生成発展する金融制度・金融慣行をもつ経済には，決して適合したとは思われない．われわれは歴史的時間の経過とともに発展する経済の住人であるにもかかわらず，公的介入を批判する保守的論者の主張は時間を捨象した「モデル」に即してのみ証明されうるような基本命題にもっぱら依拠している．

不安定性はわれわれの経済に観察される特性の一つである．理論が不安定性をコントロールするための政策的指針として有用でありうるのは，その理論が不安定性を生み出す原因を明らかにしうるかぎりである．新古典派総合の抽象的モデルでは不安定性は起こりえない．新古典派総合のモデルが構築される場合，資本資産，銀行および貨幣創造をめぐる金融上の取り決め，負債がもたらす諸制約，そして不確実な将来に関する知識などの問題は仮定によりすべて捨象されてしまう．経済学者および政策実行者が自分の責務をもっと首尾よくなしうるためには，新古典派総合への依存を断ち切らなければならない．われわれは時間とともに先へ先へと発展する経済の諸過程をこそ

検討しなければならない．このことは投資，資本資産の所有，そしてこれら諸活動に伴う金融活動が理論化の中心的関心事でなければならないことを意味する．このことが実行されるや，不安定性は経済過程のごく普通の帰結の一つにほかならないことが明らかとなる．不安定性が理論的可能性の一つとして理解されるならば，われわれはそのとき初めてその不安定性を抑止するための適切な介入の仕方を考案しうる立場に立つことができるのである．

2. レーガン勝利の経済的要因

レーガンが1980年に政治的勝利を収めることができたのは，経済成果が60年代半ば以降インフレ率，失業率，および物質的厚生の増大のいずれの側面からみても低下してきたことによる．第二次大戦後の経験をよく検討すれば，戦後の時期はごく自然に二つに分けることができるのに気づく．第一の時期は1948年から66年に至るほぼ20年間であり，それはほとんど全く静穏な時期であった．この時期を越すと，しだいに波風が強まる時期を迎えることになり，それが今日に至るまで続いている．

最初の静穏な時期は，（1970年代の基準からすればなおのこと）最も穏やかなインフレ率と低い失業率，および急速とさえ思われる経済成長によって特徴づけられる．この時期は戦争直後の調整過程が終了するとともに始まり，それは合衆国経済の歴史のなかでは最も成功的な期間であったといえよう．ニューディールと第二次大戦は大規模な資源創出の時期であったといえる．戦後の時期は資本資産，熟練労働，すでに設置済みの研究組織等を引き継ぐ形で始まった．そればかりか，家計や企業および金融機関はかつてなく富み，流動性も多くもっていた．さらに，30年代の大恐慌に関する記憶が家計，企業，および金融機関に流動性の重要性を強く認識させていた．金融の領域では保守主義が支配的であったため，戦時中に蓄積された流動性が平和の訪れとともに一挙に支出や投機の拡大に結びつくことはなかった．のみならず，連邦政府の予算はインフレ的拡張を抑制する要因として有効に作用した．と

いうのはインフレが加速化しそうにみえたときは，いつも連邦政府予算が黒字に転じる状況にあったからである．

　戦争末期，発散的なインフレを招くまでには至らなかったが，家計および企業はしだいにそして時には一時的に急速に負債発行による支出を増やした．その過程で経済主体の流動性水準はしだいに低下し始め，債務契約の許容可能水準についての規制や基準もしだいに緩和され始めた．成功的な経済成果の実現が大恐慌再来の予想を弱め，そのため家計，企業，および金融機関は負債発行の対所得比率や対流動資産比率を高めるようになった．この結果，これら比率の水準は大恐慌以前のそれに復した．金融システムにおいて民間負債の重層化 layering の水準が高まるにつれ，金融システムは攪乱要因に対してますます敏感に反応するようになった．現在もそうであるように，攪乱要因の発生と相まって経済は波風の荒い時期に突入したのである．

　静穏な成長過程にとどめを刺した最初の重大な出来事は1966年のクレディット・クランチである．必要な流動性を躍起になって求める一方で損失を被った金融機関——この場合は銀行——に対し，連邦準備は戦後はじめて再金融 refinance の資金を供給するべく最後の貸し手として介入した．クレディット・クランチはその後経済成長の後退をもたらしたが，ベトナム戦争の拡大が巨大な連邦政府赤字を急速に生じさせ，これが景気後退からの経済回復に寄与した．

　1966年の出来事は四つの要素で特徴づけることができる．すなわち，(1)金融市場に攪乱が発生したため，金融当局が最後の貸し手として介入したこと，(2)景気後退を招いたこと（1966年に成長率は低下した），(3)連邦政府が大幅な赤字に転落したこと，そして(4)景気後退からの回復がインフレの加速によってなされ，しかもこのインフレの加速は次の段階の攪乱要因になったこと，である．これら四つの要素は1969-70年，74-75年，80年および81年にも全く同様に見られる．ただし，最後の貸し手としての介入の詳細は各場合で異なる．というのは，それぞれの場合において流動性が涸渇したり，支払能力が欠如したりした金融市場や金融機関の種類は異なっていたからである．

景気後退の程度は——1980年からのものを別にして——ますます悪化したように思われる．1975年以降慢性化するに至った財政赤字も，景気後退に歩調を合わせて拡大する一方であった．

　上記の金融的攪乱は，いずれも短期金融が急速に拡大した後に生じている．金融的攪乱が発生した時期は，まさに連邦準備がそのような短期金融を抑制しようとした（というのは短期金融の急速な拡大は物価上昇に結びつくからである）ことに対する反作用の時期にあたっている．連邦準備の介入を「正当化する理由は」，断固としてインフレーションは抑えられなければならないという点に求められた．いずれの金融的攪乱の後にも景気後退が生じ，この景気後退期に失業は増大し，インフレ率は減少した．

　1966年以降の上記のような経済変動，すなわちクレジット・クランチ（金融的攪乱）とこれに続く景気後退，そしてその回復といった過程は，通常「景気循環」と言われるものを表している．この循環の過程では，失業率の下限は上昇する一方であった．そして，インフレと失業が悪化する傾向が明瞭に読み取れる．1966年から69年に至る時期のインフレ率の上限と失業率の下限はともに1966年以前に比べて高い水準にある．同様にして，1970年から74年の時期のそれは69年までのそれよりも，1975年から79年までの期間については74年までのそれよりもそれぞれ高くなっている．さらに，66年以降は利子率にも同様の上昇傾向が見られ，他方で外国為替市場ではドルの対外価値が変動し，消費支出の伸びも大きく低下した．しかし，このように波風荒く騒々しい時期であったにもかかわらず，この時期の経済は深刻な不況過程に陥らなかったという意味でいまなお順調であったと言うことができる．とはいえ，価格水準の安定化，失業率と物質上の生活水準の「改善」という面では失敗したと言わなければならない．このような失敗こそが，現在の諸制度および介入方式を廃止しようとするレーガンを勝利に導いた要因である．

3. 不安定性の原因

挑戦すべき政策上の課題は，深刻な不況を経ずに大戦後の前半時期に実現したのと同様の静穏な経済進歩を取り戻すことである．そのような政策を樹立するためには，1948年以降から66年までの多面的な成功の過程で，不況の回復には成功したものの経済の他の多くの面では失敗を重ねるような経済過程に道を譲るはめになった理由はなにかを理解しなければならない．

Minsky(77)(本書の第7章に掲載)で筆者は次のように論じている．すなわち，経済的繁栄が長引く過程では貨幣の流通速度を高め，手元流動性を減少させる方向への革新が金融市場に生じる．その結果，流動性の減少は倍加される．こうした変化の結果として，やがて繁栄がほんのわずかでも足踏みすると恐慌を引き起こしかねない，本来的に不安定な貨幣市場が形成されるに至る(p.173，本訳書257ページ)と．この論文においても，恐慌を引き起こしがちな金融構造が深刻な不況過程を必ず招くとは限らないということが理解されている．というのは，中央銀行は最後の貸し手として行動することにより，ブーム期の金融革新から生じる不安定性を原因とするところの金融恐慌に伴う損失の拡大を防止できるからである．中央銀行が金融市場を安定化するよう速やかな行動をとれば，経済全体の流動性を増加させる財政支出の動きと相まって，恐慌が消費および投資の各支出に及ぼす反作用効果は最小化できるであろう．このようにして底の深い不況過程は避けることができるのである．中央銀行の機能は経済を安定化することにあると言う以上に，最後の貸し手として行動することにあると言うべきである（p.176，本訳書261ページ）．

後期の著作，Minsky(82)(本書の第1章に掲載)では次のように論じられている．すなわち，金融的諸連関 financial relations が累積的に変化しつつある経済は金融恐慌に対してますます脆弱な体質をもつようになる．しかし，(論文の書かれた)1963年段階では負債デフレーションが完全な形で発生す

るほど十分な変化は未だ生じていない，と．戦後初の「クレディット・クランチ」が起こったのはその後の1966年においてであった．

連邦準備は最後の貸し手として速やかに介入し，ポートフォリオ損失を被った銀行に対し再金融の道を与えた．また，1960年代半ばのベトナム戦争の拡大は，財政支出が経済活動を刺激する効果を与えずにはおかないことを意味した．ペン・セントラル鉄道会社の崩壊（1969-70年），フランクリン・ナショナル銀行の倒産（1974-75年），およびハント・ベーチェの銀投機（1980年）の余波として生じた金融的混乱と景気後退の時期にも，連邦準備の最後の貸し手としての介入と拡張的財政政策とは経済が累積的な負債デフレ過程に落ち込むのを阻止した．このようにして過去15年間，金融当局の介入と財政政策は金融恐慌の可能性を吸収し，底の深い不況を避ける点で成功してきた——とはいっても雇用，成長，および物価の安定という点では失敗であった．この一方で成功し他方で同時に失敗を犯すという事態は，同一の過程の二つの側面を表すものにすぎない．連邦準備と財務省が恐慌を抑え底の深い不況を事前に防止しようとして行ったことがらがインフレーションを招き，他方でこのインフレーションを抑制しようとして行ったことがらが金融恐慌と底深い不況への突入という恐れを導いたのである．

1965年以降においては金融的攪乱が不況を招くという反作用をよく抑え，その効果を相殺することに成功した．しかし，このことは1929年に始まる失敗の経験と著しい対照をなしている．金融的攪乱に続く経済の展開過程は，1965年以降のそれと1929年当時のそれとでは異なっている．これは経済構造が異なっていることによるものである．第二次世界大戦後の経済は1929年当時に崩壊した経済に対して三つの点で質的に異なっている．

1. 政府の相対的規模が非常に大きくなったこと．このことは，ひとたび経済の下降過程が開始されるや財政赤字が巨大になることを含意している．
2. 赤字財政のもとでは，それ自体急速に増大するところの膨大な政府負債ストックが存在する．このことは経済全体の流動性水準に下限が画さ

れることを意味し，同時にそれは貨幣供給量と企業の借入れとの間の関係を希薄化する効果をもつ．
3. 金融恐慌の恐れがあるとき連邦準備はいつでも最後の貸し手として介入することが容認されている——少なくとも今日まではそのように考えられてきたこと．最後の貸し手としての機能によって資産価値の崩壊は食い止めることができる．というのは資産保有者は保有資産売却による流動化を迫られることなく，資産ポジションの再金融手段をいまや手にしていることになるからである．

過去の経済の実際の動きこそが，経済学者の編み出した理論を検証することのできる唯一の事実的根拠である．資本主義経済に観察される不安定性は，(1)投資決定過程に市場の複雑な諸関係が入り込むこと，および(2)生産と産出物の分配から生じるキャッシュフローが支払い原資に充当されるという負債構造のあり方 liability structure とからもたらされる．資本主義的企業の投資過程を理解するためには，投資行動に内在する異時点間の諸関係をモデルに組み込む必要がある．

4. 資本主義経済の金融面の特性

われわれが現に住むのは，持ち分証券の売買や資金の貸し借りが実物投資を決定する経済社会である．投資決定の幾多の段階でその都度金融的取り決めがなされる．金融資産や資本資産の価格を決定することと投資支出のための現金を準備することが投資決定過程の二つの段階を構成する．金融革新は，資産の保有と経常的経済活動の双方を金融するのに利用しうる資金量を増加させ，これを通じて二種類の投資拡大効果をもつ．まず金融革新は現存資産の市場価格を高める．これは資産として機能する産出物（すなわち投資財）に対する需要価格の水準を高める．第二に，金融革新は生産のために必要な資金の調達コストを低め，ひいては投資財産出物の供給価格水準を低める．現下の利子率水準で金融のための資金に対して超過需要が存在すれば，より

高い利子率水準と金融革新の双方がもたらされる．これが市場経済の枠組みにほかならない．金融的諸連関の妥当性いかんもまた，この枠組みにおいて試される．そうであればこそ，貨幣的・金融的諸連関を抜きにして重要な経済変数の決定を論じる理論構成は用をなさないのである．経済理論がわれわれの経済にとって有用であるためには，蓄積過程が何よりも主要な関心事とならねばならないし，その際最初から貨幣が議論のなかに導入されていなければならない．

　いかなる時点においても，企業のキャッシュフローは三つの役割をもっている．それはまず，過去の投資決定が適切であったかどうかのシグナルとして機能する．第二に，それは満期に至った企業の現金支払債務を履行するために利用可能な資金の供給源である．最後に，それは企業が投資を決定しその金融諸条件を検討するための一助となる．キャッシュフローの観点からの経済分析 cash flow analysis of the economy では，システムの成果を決定する根本的に重要な関係として，企業負債の存在からくる現金支払債務の額と目下の生産活動や契約の履行から得られる企業の現金受取額との間の相対的関係がある．それは現金受取額と現金支払額の間の相対的関係が投資の，したがって雇用，生産，および企業利潤の動向を決定するからである．

　ほとんどの投資活動は，短期負債ストックの総量が増加していくような金融的連関に依存している．というのは当初の借入れに対して支払われるべき利子は，この借入れで所有されるところの資産が稼ぎだす所得を超えているからである．われわれはこれを「ポンツィ金融 Ponzi financing」と呼ぶ．利子率が上昇しているときとか，その水準が高いときには，ポンツィ金融の比重は高まる．ポンツィ金融の比重が急速に高まると，それはほとんど確実に金融恐慌を引き起こす原因となる．そこで，金融恐慌を回避しようとすれば条件の緩く甘い金融の道を必ず用意してやらなければならない．第二次大戦後は，深刻な不況の経験が遠のくにつれて利子の資本化 capitalizing of interest を含むポンツィ金融と投機的（ないしコロガシ）金融 speculative (or rollover) financing の比重がしだいに高まる傾向にあった．

しかし，貸借対照表の構造が悪化したにもかかわらず，そして多くの金融的攪乱により金融システムが崩壊寸前まで行き利子率が名目的にも実質的にも異常な水準まで高騰したにもかかわらず，1966年以降の期間われわれは深刻な不況を経験していない．この原因は二つの現象に求めることができる．すなわち，連邦準備が最後の貸し手として行動する意欲と能力とを持ち合わせていること，および政府による赤字支出が存在することである．

短期負債と利子の資本化をもたらす負債の合計が，企業の粗資本所得 gross capital income に対して相対的に高まるにつれ，負債を再金融する必要から短期金融資金の需要は増大する．投資活動は通常短期の負債で金融されている．したがって，満期到来の負債を再金融する必要が高まっているなかで投資ブームが進行するときには，短期負債による資金需要「曲線」が増大（右方にシフト）するばかりか，急勾配（非弾力的）になる．このような状況のなかでは，金融のための資金供給が非常に弾力的でないかぎり，短期利子率は急速に上昇せざるをえない．短期金融のための資金需要の一部が利子の資本化を反映している場合には，短期利子率の上昇は短期金融資金の需要をかえって高めるかもしれず，そのことが生じれば短期利子率の水準はいっそう高まることになろう．短期利子率の上昇は長期利子率の水準をも高めるように作用し，その結果資本資産の価値を低めることになる．

5. 最後の貸し手としての介入

短期利子率の上昇と長期利子率の上昇は，投資行動を媒介に蓄積されていく資本資産の価格を低める一方，懐妊期間が非常に長い投資財の生産コストを高める．これは投資水準を低める方向に作用する．利子率水準の同様の変化は，金融機関の流動性や収益性，および支払能力にも影響を及ぼす．資産価値の低下，保有資産の持越し費用の増大，および利潤の減少は企業ならびに金融機関の流動性と支払能力とを危うくする．金融的崩壊が始まるのは，相対的に重要性の高い経済主体の正味資産および流動性の水準が，市場参加

者の誰一人としてその主体の満期到来の負債に対し再金融の資金を供給したがらないほどの，あるいは供給できないほどの低い水準になった場合である．この場合民間銀行，連邦準備，および政府の預金保険機関は当該主体を「破産」に至らしめるか，それとも再金融のための資金需要に市場の論理を超越した緩やかな金融条件で応えるかの選択に直面する．

　連邦準備もしくは連邦準備を「後ろ楯」とする機関が，市場の論理を超越した緩やかな金融的条件で再金融のための資金を提供するならば，これは最後の貸し手としての行動がとられたことを意味する．連邦準備の介入とは「問題含みの資産」を連邦準備の負債に変換することであると見なすかぎり，この種の救済措置は準備貨幣を金融システムに注入することに等しい効果を有する．

　1929-33年の金融恐慌の際，連邦準備は経営の傾きかけた金融機関に対して再金融の資金をほとんど全く「卸売り」しなかった．そういう意味で，連邦準備は介入をほとんど一貫して避けたということができる．これに対して，1966年以降の多くの危機的状況のなかでは，連邦準備はそれ自体の勘定においてのみならず，他の機関による介入を「企画し後押しする」形によっても，きわめて積極的に介入してきた．その結果，自由な市場条件に委ねられたならば低下したであろう水準まで資産価値は低下しなかったし，再金融によって「恐慌」の波を乗り越えるたびに銀行の準備ポジションは介入措置の余波で改善されることになった．このような最後の貸し手としての介入によって資産価値が維持され流動性が注入されたことが，1966年以降の循環を特徴づけてきたところの，下降過程の速やかな停止と早い時期の景気回復とをもたらした要因の一つである．

6. 資本主義経済における利潤の決定

　所得のタイプ別の動向，すなわち投資，政府赤字，および貿易収支の動向に関するデータは1966年以降についてのみ利用しうるだけであるが，粗資本

所得という意味での利潤の形成とその分配はわれわれの資本主義経済を理解するためのポイントであることがますますはっきりしてきた．粗資本所得は企業が既存の金融負債に体化された現金支払債務を履行する際に利用することのできる所得の流れである．ある経済主体が負債を追加発行しうるかどうかは，すなわち負債履行のために必要な資金を負債の新たな発行で集めることができるか否かは，ここに定義した利潤の水準とその将来期待動向に依存する．伝統的な見方によれば，政府支出はクズネッツ＝ケインズ流の総需要概念の一部である．しかし，恐慌がどのようにして未然に防がれ，底深い不況過程への突入がいかにして避けえられたかについての証拠が蓄積されるにつれ，需要の構成要素が利潤水準をどのように決定するかという理論にもとづくカレツキー＝ケインズ的観点が，われわれの資本主義経済を理解するうえではより適切であることが明らかになってきた．カレツキー＝ケインズの見方では，利潤は資本の技術的生産力の結果ではなく，需要の種類およびそれを金融する資金の源泉いかんで決まる．

　資本主義経済での利潤決定に関する偉大な洞察（それはカレツキーの名に結びついているが）を一言でいえば，利潤は蓄積過程が諸価格に対してもつインパクトによって決定されるということである．ある一定期間内の投資の貨幣価値額が当該期間の名目利潤額を決定する基本的な要因である．消費財の生産から利潤が生まれるのは，労働力の一部——消費財生産に投じられる労働力部分——によって生産されたものが，これを消費するすべての経済主体に振り分けられる必要があるからである．この振り分けは価格によってなされるわけであるから，消費財の実現価格に占める（労働費用に対する）利潤マークアップの大きさは，消費財生産で稼得される賃金所得以外の所得部分によって金融される需要の存在とその大きさを反映している．このようなマークアップの総計は，消費財生産で生み出される利潤額に等しい．所得分配の決定過程についてやや誇張のある特別の仮定を採用すると，消費財生産における利潤は投資財生産における総賃金所得に等しく，総利潤額は投資の総貨幣価値額に等しいという結果を得る．

小さな政府で特徴づけられる1920年代の経済では，利潤はほとんど全く投資率の大きさに依存していた．しかし，第二次世界大戦後は移転支出の爆発的増大と相まって公的部門の雇用が直接・間接に増え，これにつれて利潤の投資に対する依存度は著しく低下してきた．大きな政府の出現とともに，所得変化に対する税収入と移転支出の反応の結果として，所得の減少からは政府赤字の膨張がもたらされるようになってきた．この場合，利潤は投資の大きさと政府赤字額との和に等しくなることは容易に示しうる．したがって，投資が減退しても政府の赤字が拡大すれば利潤フローは維持される．累積的な負債デフレーションが実現するか否かは利潤の減少程度に依存する．しかし，所得水準が低下すれば政府赤字の規模が膨張するほどに政府が十分に大きいかぎり，負債デフレーションは容易に終息せしめられる．最後の貸し手としての介入と政府赤字の利潤安定化効果が，大戦後以降今日まで底深い不況を経験せずにきた理由である．つまり，経済の下方過程への脆弱性 vulnerability は，これら二つのタイプの「介入」が結合して作用することにより著しく減少したのである．

　安定化政策がいやしくも成功するためには，その政策が利潤を安定化しえなくてはならない．経済拡張が実現しうるのは，期待利潤 expected profits が投資支出の増大を誘引するほど十分に大きいかぎりである．期待利潤の大きさは，一方で支出を賄い他方で満期到来の負債を再金融するという双方の目的のために企業が新たに負債を発行しうる能力があるか否かを決定する要因である．これに対して，現在利潤 current profits は既存負債のストックに体化されている金融的支払債務を履行するのに利用しうるキャッシュフローを企業に与える．

　負債創造 debt creation と負債償還の機構の中心は貨幣システムである．貨幣は銀行が――主に事業会社に――貸出しを行うとき「創造」され，借り手が銀行に対する支払債務の履行を実現するとき「破壊」される．貨幣は将来利潤に関する企業および銀行の見込みに反応して創造され，利潤の実現に伴って破壊される．貨幣的変化は経済行動の結果であって，その原因ではない．

また貨幣的システムが「安定性」を維持するのは，銀行から借入れを行っている企業が利潤のフローによってその支払債務を履行しうるかぎりにおいてである．

中央銀行の介入と政府赤字による利潤の安定化によって，経済拡張期に金融革新を通じて結果的にもたらされる負債構造が恐慌や景気後退のときでも十分耐えうるものとなる．中央銀行が金融資産ポジションを再金融するために介入すれば，中央銀行預金や現金通貨，あるいは金融機関に対する保証 guarantee の増大が生じる．それゆえ，最後の貸し手としての介入は，景気後退が終息した後の急速な信用拡張に必要な準備貨幣ベースを供給することになる．1966年，69-70年，74-75年，および80年の金融恐慌が終息した後，累積的に上昇する高い水準のインフレーションが現実化した．これは恐慌を克服するのに貢献した介入操作が，利潤や流動性を改善することに寄与したことを意味している．

7. 政策上の選択肢

金融恐慌直後の過程でとられるべき政策上の選択肢を，単純な2行2列の「Yes-No マトリックス」で表してみよう．これはわれわれの最近の経験

政策の選択肢

	最後の貸し手	
	Yes	No
政府赤字 Yes	Yes-Yes	Yes-No
政府赤字 No	No-Yes	No-No

が1929-33年当時のそれになぜ似ていないのかを説明するうえで有益と思われる．金融恐慌および景気後退に対しては二つの異なる対応の仕方がある．一つは恐慌の危険な状態にある市場や機関に再金融のための資金を供給してやることであり，他は企業総利潤が減少しないようにすることである．（金融恐慌とは特定の金融上の技術が「危険な状況」にあることを示唆するものであるから，恐慌がもたらす一つの帰結は民間需要の負債金融 debt finance の減少である．負債の発行によって金融される民間需要の大きな部分は投資支出である．他方，投資が利潤の源泉であるかぎり，恐慌は利潤の減少をももたらすことになる．）かくして，恐慌を管理するための二つの「パラメーター」は，最後の貸し手としての介入と経済が景気後退期にあるときの政府赤字の動向である．

　恐慌の恐れがある場合，連邦準備は金融機関に再金融の資金を供給するために強力に介入することができる．この場合を"Yes"で示し，介入措置をとらない場合を"No"で表す．他方，所得水準が低下するとき連邦政府が（政府予算の自動的な動きの結果としてか，あるいは裁量政策の結果として）赤字を出すことが可能であるなら，これを"Yes"とし，政府が均衡予算を維持しようとするときこれを"No"で示す．1974-75年におけるフランクリン・ナショナル銀行の経営危機に対する連邦準備の積極的介入は，連邦議会が認めた失業保険の措置および裁量的減税措置と結びついたものであるから，このときのポリシー・ミックスは"Yes-Yes"の選択肢にあたる．これは，景気がいち早く回復するのを可能にしたが，若干の遅れを伴いながらもより高率のインフレーションをもたらすことになった．1929-32年のときは，連邦準備は介入の責務を放棄していたし，小さな政府は均衡予算に固執していたから，当時の政策的対応は"No-No"であった．かの大恐慌は「必然的」では必ずしもなかったのであるが，当時のイデオロギーと制度上の枠組みのもとでは不可避的であったと言わなければならない．

　"Yes-Yes"や"No-No"といった単純なポリシー・ミックスの他に，混合的な政策措置として"Yes-No"（中央銀行介入がなく，大きな政府赤字が存

在する）と"No-Yes"（連邦準備が最後の貸し手として介入するが，政府は均衡予算主義をとる）とがある．"No-Yes"のポリシー・ミックスは1930年および31年にとりえた選択肢であった．政府の規模は非常に小さかったから，新たに大規模な支出計画が採用されないかぎり，政府赤字が利潤に大きく貢献するということはありえなかった．他方，連邦準備は1930年および31年に，望むならば大胆に行動し，広範囲にわたる金融機関に再金融のための資金を供給しえたはずである．このことを通じて，広範囲の資産の価格を維持し，加盟銀行を準備の洪水で満たすこともできたであろうと思われる．投資，したがって利潤のフローが壊滅的に減少する前にこのような政策によって金融システムを準備の洪水で満たし，不況過程を抑止することは可能である．"Yes-Yes"の戦略に比べれば，"No-Yes"の戦略のほうが相対的により大きな景気後退をもたらしたであろうと思われる．しかし，それでも当時"No-Yes"の措置によって最後の貸し手としての介入が，経済収縮に先立って十分早くなされているならば，あのような大恐慌のごとき惨事は避けえたであろうと思われる．今日の大きな政府のもとでは，"No-Yes"の戦略はもはやとりえない．

　1980年代においては，"Yes-No"のポリシー・ミックスであればとりうる．税金や政府支出がどれほど過大に切り詰められても，提案されている軍事支出計画をみれば，政府支出がGNPの20％水準を割ることは予想だにしえない．レーガンの財政改革は政府予算の所得弾力性を著しく低下させる．このことは，GNPが財政を均衡させる水準から若干でも低下するときに生じる赤字規模は，1980年時の租税および政府支出計画の場合に比べより小さいということを意味する．ということは，レーガン支出計画のもとでは，いかなる水準の利潤であれそれを維持するために必要な政府赤字の規模は現実の所得水準が予算均衡所得水準からより大きく下方に隔たっていなければならないということでもある．しかし，この開きが大きいということは過剰生産能力が存在し，それがもつ投資抑制的効果がより大であることを含意している．したがって，このことは財政赤字が企業所得および貸借対照表の構造

を改善することを通じて経済拡張の引き金となる効果を減少させる．かくして，"Yes-No"の戦略のうちレーガン政権における租税・支出計画の場合の"Yes"部分の有効性は，これらが所得に対してもっと感応的である場合に比べより小さいと言わざるをえない．

他方，ありうべき"Yes-No"戦略のうちの"No"の部分はいつも条件つきである．金融機関の流動性および支払能力が完全な危機的状況にある場合，連邦準備が頑として介入しないということはありそうにもない．ここで最後の貸し手としての介入が"No"であるという意味は，連邦準備が1960年代半ば以降そうであったほどに速やかに介入することはないという程度のことである．もっと言えば，連邦準備はハント・ベーチェ社が倒産した80年の春のときのようには，買い支えの手段を講ずることをしないということである．

最後の貸手としての介入におけるこのような"No"の戦略は企業倒産と資産価値の低下をもたらし，その結果企業，家計，および金融機関の金融行動がより保守的なものとなるように仕向ける．企業，家計，および金融機関がより保守的な負債構造を構築するに至るまでの移行期間として，所得や利潤が政府赤字によって支えられる長い期間が必要である．"Yes-No"戦略は最終的には静穏な経済成長期をもたらすはずである．しかし，そこに至るまでの経過時間が長いだけに，ひとたび静穏な経済成長期が訪れるや，金融的攪乱をもたらすきっかけとなる金融的実験 financial experimentation がたちまちのうちに再開されることになろう．

大きな政府の存在によって，底深く長期にわたる不況をもたらしかねない利潤の壊滅的減少は阻止される．しかし，今日のような巨大な政府のもとでは以下の極限的状況のうちのいずれかが成立することになろう．すなわち，"Yes-Yes"の戦略のもとではインフレーション・景気後退・インフレーションという過程が連続的に現れ，"Yes-No"の戦略においてはインフレーションの可能性は摘み取られ，長期にわたる底深い不況が実現する．そして倒産が続いた後は従前の民間負債構造が再構築されることになる．しかし，仮に"Yes-No"の戦略がとられるとしても金融革新は生起しうるから，長期

間の景気後退に続いて生じる静穏な経済拡張は恒久的なものではない．したがって，政府の支出計画と民間の投資支出の側面が再構成されさえすれば，この点に関しては相当の改善が見込める．

8. 金融的不安定性は改善しうるか

産業と政府の金融方式がどのようであっても，経済が資本主義体制であり産業と金融の面で革新が生起し続けるかぎりは，景気循環は消滅しない．さらに，金融構造が複雑であり耐久的資本資産が私的に所有されているかぎりは，底の深いまた長続きのする不況さえも実現しえないわけでない．しかし，大きな政府の体質が変化するならば，経済が静穏な拡張径路に限りなく接近しつつ成長することも不可能ではない．

われわれの大きな政府が「大きい」ゆえんは，移転支出と軍事支出の大きさにある．景気循環をもたらすという資本主義経済の基本的な欠陥は，資本資産の私的所有と資本資産の生産や所有を金融する特別のあり方とに関係している．政府が教育や研究に関わりをもつことを別にすれば，政府の支出計画は基本的には民間消費を下支えすることか，軍事サービスを提供すること，すなわち「集団的消費 collective consumption」のいずれかから成る．連邦政府が GNP の20%以上を支出しているとしても，経済の物的および知的な下部構造は悪化するに任せられている．政府支出のなかで，民間所有の資本資産の効率性を増大させるような公共的領域への資本投資はほとんどない．資源開発と資源配分に関わっているがゆえに政府が大きいのであれば，消費を下支えするためだけに大きい政府の場合に比べて，民間投資の産出力増大効果はより大きい．政府の支出がたんに消費を下支えするだけでなく，資本形成を確かなものとするためになされるような経済であれば，現在とりうる政策の選択肢によって可能となる以上に静穏な経済成長への接近の可能性は高くなるであろう．このように，大きな政府は大規模な不況の再発を実質的に不可能とすることができる．しかし，静穏な経済成長を復元しうるか否かは，

資源開発を促進させる方向に向けて政府支出が再構成されるか否かにかかっている。徹底的な改革が必要であるにもかかわらず，レーガン政権の敷いた道は不幸にも間違った方向に向けられていると言わなければならない。

第1章 大恐慌の再来はあるか*

1. はじめに

合衆国の金融システムは1933年の冬崩壊した。この内部崩壊は、便宜上1929年の株式市場の暴落から始まったと考えられているところの、累積的デフレーション過程の究極的帰結である。このデフレ過程は所得水準と価格が急激に下落するという事態を招いたばかりでなく、金融機関および非金融経済主体の金融契約に巨額の貸倒れをもたらしもした[1]。株式市場は1962年春にも急激な暴落に見舞われた。その際、新たな負債デフレーションが引き起こされるのではないかという危惧の念が表明されたり、また政府や民間のエコノミストからは1929年当時の反応を思い起こさせるようなコメントが出されたりした。しかし、62年の出来事は29年当時のようなデフレ過程をもたらさなかった。この両者の現象的な相違は何によるのであろうか。これは経済の制度上の特性あるいは行動上の特性が本質的に変化し、その結果金融的崩壊をもたらす負債デフレ過程がいまでは生起しえなくなったことによるのであろうか。それとも、経済の本質的属性は全く変化していず、金融面や経済構造の点に程度の差があるだけなのであろうか。こうした疑問を検討することは意義のあることと思われる。言い換えれば、経済は本当により安定的になってきたのであろうか、それとも初期条件（すなわち株価が暴落する時点の経済状態）が1929年と62年とで非常に異なっていただけにすぎないのであ

---

* 本章は Minsky(82) を、出版社の許可を得て転載したものである。
1) Fisher(30) および Twentieth Century Fund(137) を参照されたい。

ろうか.

2. 一般的考察

この点に関する経済諮問委員会の見解は，30年代の財政政策を論じた次の文章に現れている．すなわち，「当時の財政政策がどれほど前向きの効果をもっていたとしても，その効果は引締め気味の金融政策と金融機関の倒産とによってほとんど相殺されてしまった．しかし，30年代およびそれ以降なされた根本的な制度改革のゆえに，金融機関の倒産はその後再び起こることはなかった」[2]．諮問委員会は不安定性が広範な負債デフレーションに発展するのを不可能にした制度的変革として，どのようなものを考えているのか特定していない．このようないささか厳密さを欠く上記委員会のコメントは，所得の動きと金融システムの機能および特性との間の関係について確立した一般的見解が存在しないことをおそらく反映していよう．

私企業経済の金融的側面と実物的側面との相互関連といった一般的問題の諸論点を包括的に検討することは，この短い一編の論文ではもとより不可能である[3]．このことは，負債デフレーションが現実の世界で発生するとしてもそれは長い時間的間隔をおいてのことであることを考えればなおさらである．負債デフレーションが次の回再び生じるまでに，金融制度や慣行が進化し変化してしまう．したがって，負債デフレーションの詳細をあげつらえば，どの負債デフレーションもそれぞれ一つのユニークな歴史的事件ということになってしまう．それにもかかわらず，時間を通じて基本的に不変で，かつ負債デフレーションの生起可能性を高めるような条件を生み出しがちな本質的属性が金融システムには存在するのかどうか，これを検討することが必要でありまた望まれている．

---

2) Economic Report of the President (135), p.71.
3) Gurley and Shaw (45).

本章では1929年以降の金融制度や慣行の変化を跡づけることはしない．しかし，われわれの観点から変化のポイントだけを要約すると次のようになろう．すなわち，大恐慌に対する反作用として生じた制度的変化のうちで目下の問題にとって重要なものには，さまざまの金融機関に対して自らに対する信用を維持する責務を課したことと，最後の貸し手としての金融当局の役割をより厳格に定めたことがある．30年代に経済が大きな下降過程を経つつあったとき，連邦準備制度はなんら有効な行動をとれなかった．それどころかむしろ逆方向への行動さえとったのではなかろうかと多分に考えられている．この点を考慮して制度改革がなされた結果，預金や抵当貸付に対してさまざまの保険機構等の特別の制度や機関が作り出されたのである．これは最後の貸し手という機能の当初の形態のある部分を自動化するとともに，その部分についての管轄権を連邦準備制度から剝奪することを意味した．中央銀行の本質的な責務および機能が現在のように分権化することは，金融的コントロール手段として，あるいはまた金融システム保護の機能を組織する方法として効率的なものではないとする懸念があっても不思議ではあるまい．というのは金融恐慌の発生を有効に防止するためには，特に最後の貸し手機能を備えた諸機関の間に協調と整合性が存在することが必要であるからである．

　本章が支持する考え方は，金融諸過程の本質的特性および経済拡張が持続する間の（すなわち，穏やかな景気後退によって時に邪魔されることはあっても，完全雇用成長が続く時期の）諸変数の相対的大きさの変化には変わりがないというものである．本章では1962年の当初の条件が29年のそれとは異なっていたということも追って論じる．というのは安定的なシステムが不安定なシステムに転ずる過程が，62年には29年におけるほど深刻化しなかったからである．さらに，連邦政府の相対的規模の拡大が金融的不安定化への発展を相殺し，むしろ安定化を促すほどの金融的変化を生ぜしめるように金融システムの特性を変えてきたということも指摘される．すなわち，連邦政府は所得を安定化させるのみならず，これに伴う連邦政府負債の増大が公衆保有の金融諸手段の構成を不可避的に変化させ，もって金融システムをいっそ

う安定的にしたのである．加えて，自動安定化装置それ自体では経済システムを完全雇用状態に復帰させることはできないとしても，家計・企業のポートフォリオに生じる構成変化は完全雇用所得水準にちょうど見合うところまで民間消費および民間投資の水準を引き上げる傾向がある．

　以下の第3節では，負債デフレーション過程をもたらす諸条件がどのようにして生み出されるかを示す一つのモデルを提示する．第4節では金融諸変数について観察された若干のデータを示し，これら諸変数が当初の変化に対する経済の反応に対しどのような影響を及ぼすかに注目する．最後の節では，1920年代以降の連邦政府の相対的規模の増大が上記の諸関係に対してどのような効果をもっているかに焦点を合わせる．

3. モデルの概要

閉鎖経済ではいかなる期間においても
(1) 　　$I - S = T - G$
の関係が成立する．書き改めると，
(2) 　　$(S - I) + (T - G) = 0$
である．ここで $S-I$ は民間部門の粗余剰（ただし，便宜上ここでは州・地方政府の余剰を含むものとする）であり〔S は貯蓄，I は投資を意味する〕，$T-G$ は連邦政府の粗余剰である〔T は税収入，G は政府支出を意味する〕．各部門の余剰 $\zeta_j (j=1,2,\cdots,n)$ は粗現金受取額と当該部門の消費および在庫投資を含む粗実物投資との差額として定義される．それゆえ，

(3) 　　$\sum_{j=1}^{n} \zeta_j = 0$

である．
　(3)式は事後的な勘定恒等式である．しかし，各 ζ_j はさまざまの部門で観察される投資行動および貯蓄行動の結果であって，それゆえそれは市場の調整過程の帰結と見なしうる．ただし，この市場の調整過程が事前の貯蓄計画

と投資計画とを必ずしも整合的にするとは限らない．所得が成長するためには，さまざまの貯蓄計画と投資計画を調整する金融市場が，増大し続ける総需要といつも（短期的な中断はあるにしても）整合するように機能しなくてはならない．というのは，商品および投入要素の価格は相当大きな超過供給に直面しないかぎり容易に下落しないものとすれば，実質総需要が増大しうるためにはすべての部門の経常的支出計画の総額が受取経常所得よりも大であり，かつ予想総所得を上回る総支出に対しては資金の融通が図られるようにしうるなんらかの市場技術が存在しなければならないからである．かくして，経済が成長するかぎり，経済の少なくとも一つの部門はその支出の一部を負債の発行または資産の売却によって金融することになる[4]．

このような赤字支出計画が経済全体の所得の増大に成功的に結びつくためには，この支出計画を実行可能にした市場諸過程が他の経済主体の支出計画を相殺し減少させてしまうということがあってはならない．一部の経済部門において予想以上に大きな余剰が実現するという事後的結果になったとしても，経済全体からすれば，これらの大なる余剰は支出が計画支出の水準量を下回ったことの結果ではなく，むしろ当該部門に所得増大が生じたことの結果でなくてはならない．このことが実現するには，支出のある部分が遊休貨幣残高を活動的循環に引き出すところのポートフォリオ変化によって（すなわち，貨幣流通速度の上昇によって）か，あるいは新貨幣の創造によって金融される必要がある[5]．

私企業経済における貯蓄・投資過程からは二つの事柄が結果する．資本ストックの変化と金融資産・負債ストックの変化である．資本－所得比率の増大が追加的な資本財の需要を減少させる傾向をもつのとちょうど同じように，金融的諸債務の対所得比率（特に，負債－所得比率 debt-income ratio）の上昇は，経済主体（あるいは経済部門）が追加的支出を負債の発行によって賄う意欲と能力の双方を低下させる傾向を有するであろう．

---

[4] Gurley and Shaw(45)（前掲書）を参照せよ．
[5] Minsky(78)．

所得を生産する経済主体の,負債-所得比率上昇は所得の成長率を低める.その結果,正規の資金源泉,つまり当該主体の所得によって,当該主体の負債残高に含意される現金支払債務を履行するのを不可能にしないまでも困難にする.支払債務が正規の資金源泉によって履行されえないならば,借入れか資産の売却が余儀なくされる.不利な条件で借入れを行うかあるいは資産売却を余儀なくされる場合,通常は資本損失を被る[6].ところが,いかなる主体にとっても資本損失と資本利得の効果は非対称的である.経済主体が資本損失を被るとしても,それには上限がある.この上限を超えて資本損失が生じれば,その部分の負担は貸倒れまたは契約の再金融という形によって信用供与者に転嫁される.このように誘発された資本損失は,当初の所得減少によってもたらされる以上に消費と投資を収縮させる.これが反復的な負債デフレーション過程に帰結することはありうるのである[7].

経済の諸部門のそれぞれの負債-所得比率のもとで,たとえ部門間の所得減少の分布が最悪のものであったとしても,累積的なデフレーション過程には決してなりえないような所得減少の最大値が存在すると仮定できよう.同様にして,所得減少の部門間分布がどんなに良くても,累積的デフレーション過程をもたらさずにはおかないような所得減少の最小値があると仮定することができる.累積的デフレーション過程をもたらしえない所得減少の最大値は,累積的デフレーションを発生させずにおかない所得減少の最小値に比べて必ず小さい.また,累積的デフレーションが生じる確率はこれら上下限内の所得減少額の大きさの負の関数となる.ある所与の負債-所得比率のもとで,所得減少の上下限の値は次の諸要因に依存して決まる.まず,金融的要因が総需要を決定する行動的諸関係にどのような作用を及ぼすかということ,そして経済全体の究極的流動性 ultimate liquidity(契約価値が固定的で,貸倒れ危険がない資産)の相対的大きさがどれくらいあるかということ,さらに民間主体の負債や所得に対する正味資産 net worth が相対的にどの程度

---

6) Duesenberry (23).

7) Fisher (30)(前掲書)および Duesenberry (23)(同上書).

大きいかということである.

　経済成長過程に伴い金融的変化が生じる結果，民間部門の負債－所得比率が高まったり，究極的流動性の相対的ストックの大きさが減少するならば，成長の進行とともに一定比率の所得減少が負債デフレーションに結びつく確率は上昇する．さらに，ある一定の負債－所得比率のもとで諸主体の正味資産が資本損失もしくは営業上の損失によって減少すれば，負債デフレーションを引き起こさない所得減少の最大値と負債デフレーションを必然的なものとする所得減少の最小値はともに低下する．ごく普通の状況としてしばしば見られるように，所得が短期的に減少するとか資産価値が減少するとしよう．過去においてはその程度の所得・資産価値の減少が深刻な反作用を生じさせるのに不十分であったとしても，それ以後現在に至るまでの間に金融的諸比率が変化した結果，いまではそれが負債デフレーション過程を引き起こすのに十分だということはありうる．

　上記の議論を理解するには，二部門（家計と企業）経済を前提とする第1図が有用と思われる．貸倒れ危険のない資産および家計の正味資産の量を所与として，ΔY_1の所得減少が生じるものとしよう．このΔY_1に対して負債デフレーション過程を引き起こすことのない家計と企業それぞれの負債－所得比率の最大値の組合せが存在すると考えられる．同様にして，ΔY_1の所得減少が生じると必ず負債デフレーションに発展せざるをえないところの負債－所得比率の最小値の組合せがある．この両極にはさまれた負債－所得比率の値の組合せにおいては，ΔY_1の所得減少によって負債デフレーション過程が引き起こされる確率は負債－所得比率の増加関数となる．

　第1図の等量曲線はすべての負債－所得比率の組合せを三つの領域に区分する．A-A曲線の下位領域はΔY_1の所得減少があっても負債デフレーションを誘発することのできない負債－所得比率の組合せを示す．B-B曲線の上位領域はΔY_1の所得減少が負債デフレーションを必ず引き起こしかねない負債－所得比率の組合せを示す．両曲線に囲まれた領域は，所得がΔY_1だけ減少する結果として負債デフレーション過程が生起するであろう確

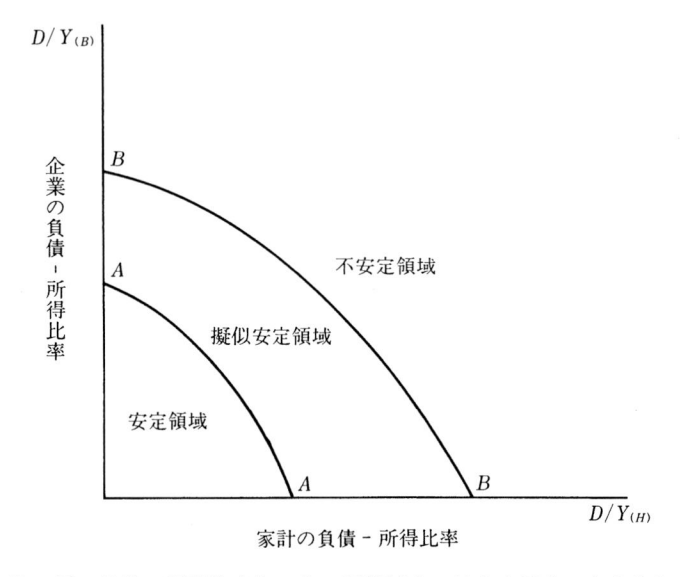

第1図 負債‐所得比率と一定の所得減少に対する反応の安定特性

率が，負債‐所得比率の値の大きさとともに増大するような領域である．この三つの領域をそれぞれ，当初の変化に対して安定的に，不安定的に，および擬似安定的に反応する領域と呼ぶことにする．

　$\Delta Y_j > \Delta Y_1$ となる任意の ΔY_j のもとで，負債デフレーションを引き起こしえない負債‐所得比率の最大値と負債デフレーション過程を必ず引き起こす負債‐所得比率の最小値はともに，ΔY_1 の場合に比して小さくなる〔すなわち，A-A 曲線と B-B 曲線はともに原点に向かってシフトする〕．したがって，任意の負債‐所得比率の組合せ $D/Y_{(H)\lambda}$，$D/Y_{(B)\lambda}$ において，これが負債デフレーションに至ることのない組合せのうちの最大値となるような所得減少の水準 ΔY_α が存在し，他方でこの同じ組合せが負債デフレーションを引き起こす組合せの最小値となるような所得減少水準 ΔY_β が存在する．ここで必ず $\Delta Y_\alpha < \Delta Y_\beta$ である．ΔY_α と ΔY_β の間の任意の所得減少の大きさに対して，任意の負債‐所得比率の組合せのもとで負債デフレーションが実現する確率はゼロより大，1より小だが，この確率は所得減少の値が大きく

なるにつれて増大する．

　上述の議論は，所得が減少すると当初どういう反作用が生じるかという観点からの議論である．ところが，われわれが最初設定した問題は株式市場が急激に崩壊する結果所得の水準はどのような影響を被るか，そしてとりわけそのことが累積的な負債デフレーションを引き起こすか否かを検討することであった．一定の所得減少に対するシステムの反応を，安定的，擬似安定的，そして不安定的なものとして分けるところの負債‐所得比率集合の境界線〔A-A 曲線と B-B 曲線〕の位置は，経済全体の究極的流動性と家計部門の正味資産の大きさとに依存する．株式市場での急激な価格暴落は家計の正味資産を減少させる．その結果，少なくとも一つのタイプの金融方式——新株発行による金融——のコストは高まり，これが企業の投資活動を減退させる働きをする．加えて，正味資産の減価は家計の支出をも減少させる．それゆえ，正味資産の低下はシステムの安定特性を規定する二つの境界線〔所得減少に反応するシステムを安定的領域と不安定的領域とに区分けする境界線〕を双方とも下方へ引き下げ，負債デフレーションをもたらし得る当初の所得減少の値は低下する．〔すなわち，わずかの所得減少が生じても負債デフレが発生する可能性はますます高まる．〕経済システムのビヘイビアーは，一方で株式市場崩壊による当初の資本損失の効果を考慮した，システムの〔安定的，不安定的〕領域を区分する境界線の位置と，他方で当初生じた所得減少の大きさとに依存する．

4. 観察データによる検証

　前節の議論からすれば，究極的流動性の相対的大きさと家計・企業の負債‐所得比率という要因が当初の衝撃によって負債デフレーション過程が引き起こされる確率の決定に重要であることが理解される．本節では，1929年から62年の間の上記諸比率の値および22-29年と48-62年の間のこれら諸変数の変化の推移をデータに照らして検討する．

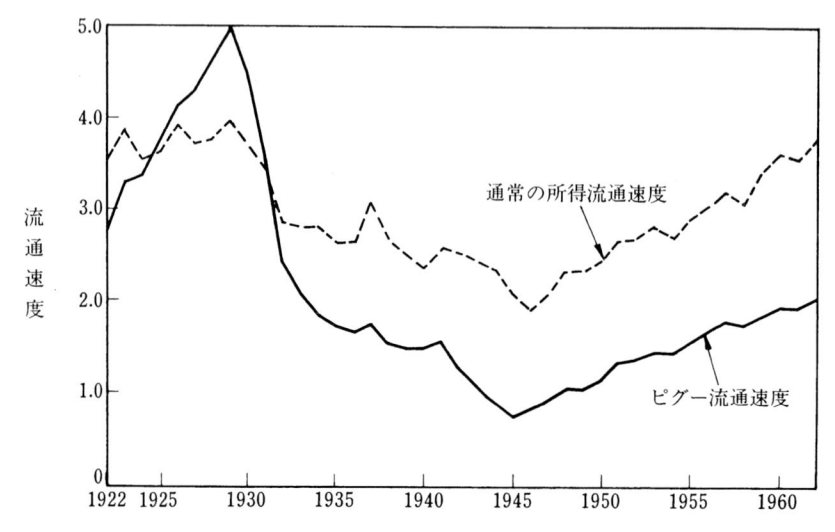

第2図　貨幣の流通速度(1922-62年)──通常の概念とピグー流通速度──

　経済の究極的流動資産とは，その名目的価値が経済の行動や成果から独立であるような資産である．私企業経済では，この究極的流動資産は政府系基金以外の国内経済主体が手元に保有する政府負債，現金通貨，および正貨から成る．ここでは粗国民生産を究極的流動資産の額でもって除した比率を究極的流動性の相対的大きさの指標として利用する．これは流通速度の概念──筆者がピグー流通速度 Pigou velocity と呼ぶもの──にほかならない．われわれはこのピグー流通速度の長期にわたる動きを，通常の流通速度（それは，粗国民生産を要求払預金と銀行外に保有される現金通貨との和で除した比率として定義される）の動きに比較することができる．

　第2図には，1922年から62年までの各期におけるピグー流通速度と通常の所得流通速度の推移とが示されている．通常の流通速度は，22-29年の間にわずかな上昇傾向を示し（ほぼ3.5の大きさから4.0ぐらいまで上昇），46年に至るまでは急激に(1.9まで)下落し，その後は上昇に転じ62年には20年代の水準を回復した．他方，ピグー流通速度は22年から29年にかけて急速に上

第1表 非金融企業と消費者部門における負債-所得比率(1922-29年と1948-62年)

	1922	1929	1948	1957	1962
企業の負債-所得比率	5.701	6.082	3.56	4.97	4.66
消費者の負債-所得比率	0.3811	0.6214	0.273	0.561	0.694

第2表 非金融企業と消費者部門の負債-所得比率変化 (1922-29年と1948-62年)

	1922-29	1948-57	1957-62	1948-62
企業の負債-所得比率の変化	0.9	3.8	−1.3	1.9
消費者の負債-所得比率の変化	7.2	8.4	4.3	6.9

(資料) 1922, 29年については, Goldsmith (42) の表N-1, W-22, W-31.
1948, 57年については, Federal Reserve System, *Flow of Funds/Savings Accounts 1946-60, Supplement 5*, December 1961, の表4と表8.
1962年については, *Federal Reserve Bulletin*, April 1963の「資金循環・貯蓄表」.

昇し (2.8から5.0の値へ), それ以降45年にかけては逆に急減した (0.8の低水準まで). その後は着実に上昇してきており, 62年の値は2.1であった. したがって, 1922年以降の両者の変化の方向は同じであるが, 29年と62年における相対的大きさは全く異なっている. 29年にはピグー流通速度が通常のそれよりも25%も高いのに対し, 62年にはピグー流通速度の値は通常の流通速度の半分の値しかない. 62年のピグー流通速度の値は29年のその値のほぼ40%レベルであるから, 究極的流動性の相対的大きさは29年に比べて62年の場合のほうがはるかに大きい.

第1表に見られるように, 企業および家計双方の負債-所得比率は, 持続的経済拡張期であった1922-29年の期間および1948-62年の期間において上昇した. しかし, 62年の家計の負債-所得比率は29年のそれよりも高いのに対し, 企業のそれはかなり低い. 62年の家計の負債-所得比率が高いとは言っても, 1929年と62年の間には抵当付き借入負債の性質が著しく変化したから, 衝撃に対する敏感さがそれほど大きくなっているとは思われない.

第2表には, 両部門の負債-所得比率が1922-29年の間と1948-62年の間にどのように変化したかが示されている. 企業部門の負債-所得比率は, 1922-29年の期間に比べて1948-57年や1948-62年の期間にはるかに大きく上昇し

た．他方，家計の負債-所得比率の上昇率の大きさは両期間ほぼ同じであった．1957年以降は所得成長率がはっきりと低下しているにもかかわらず，家計・企業双方の負債-所得比率の伸びが低下していることは興味深い．同様に興味深い点は，1957年の企業の負債-所得比率（約5.0）が1929年のそれ（5.7）より低かったにもかかわらず，1948-57年の期間における企業の負債-所得比率の（本来は永続しがたい）相対的に高い伸びが1957-62年の期間には事実上止まってしまったことである[8]．

5. 結論——連邦政府の役割

戦後の持続的なブーム期における家計や非金融企業の負債-所得比率と所得に対する究極的流動性の比率の動きは，20年代の相対的安定期の持続的ブーム下でのそれらの動きと似ている．ところが，1962年における企業の負債-所得比率とピグー流通速度はともに1929年のそれよりも低く，これに対して家計の負債-所得比率は両期間においてほぼ同じ水準にある．負債の構造および契約の性質の変化を無視するとしても，1962年の初期条件は29年のそれに比べ，株式市場の崩壊に対する経済システムの反応をはるかに安定的なものにしている．われわれの仮の結論はこうである．両期を比較すればシステムの動きは明らかに異なっている．しかし，これは民間需要を中心とするブームに付随して生じた金融的諸過程の変化を反映するものではない．急激な株価暴落に対する明らかに異なった反応は，むしろ価格低下が生じた時点のシステムの状態の明白な違いによるというべきである．

しかし，1962年の経済は29年のそれに比べてある一点で全く異なっていた．1929年においては連邦政府の財・用役の購入はGNPの1.2%を占めていたにすぎない．ところが，1962年ではそれが11.3%の大きさになっているということである．連邦政府の規模がかくも肥大化したことによってGNPの変化

---

8) Minsky(80).

に対する租税収入と連邦支出の変化の弾力性は低下したが，そのために今日の連邦政府は20年代のそれとは対照的に所得水準を安定化する絶対的に強い傾向をもつようになったのである．さらに，所得の減少が政府の赤字をもたらすと究極的流動性のストックが増加し，均衡予算所得からの乖離幅が拡大するにつれて究極的流動性のストック成長率も高まる．それゆえ，拡大した規模をもつ連邦政府は，当初の攪乱から生じる実現所得の変化を相殺し，仮に所得水準が低下しても公衆保有の究極的流動資産ストックを著しく増大させることによって，経済を1962年の急激な株価暴落のごときデフレ誘発的攪乱に対しても十分耐えられるものにしたのである．

第2章　金融と利潤*
――変質する合衆国の景気循環――

1. 歴史的概観

　1929-33年に生じた大規模な経済収縮は，30年代末まで続く大不況の最初の段階を画するものであった．1960年代の半ば以降経済的混乱が再び目立つようになってきたが，こうした近年の事柄には大恐慌期の惨事とは少しも類似した点が認められない．他方，第二次世界大戦後の最初の時期――すなわち，1946年から60年代半ばまで――は経済的成功の時期として特徴づけることができる．1946年から65年に至るまで一貫して合衆国の経済は基本的に静穏な経済成長を謳歌した．この時期には完全雇用と安定的な物価水準がほとんど達成されていたといってもよい．ユートピア的経済社会からは遠いにしても，この20年の間に合衆国国民の経済生活は広範にわたって実質的に改善された．そういう意味において，当時の合衆国経済は成功的であったのである．そればかりか，同様の経済的進歩は同じ時期，他の「先進」資本主義経済でも実現したのであった．
　ところが，1960年代半ばを過ぎると経済は逆に混乱状態を呈するようになった．この混乱の程度は年ごとに高まってきているように思われる．失業率およびインフレ率は70年代を通じて上昇傾向を示してきた．静穏な経済進歩の時期にその経済的成功に貢献したと考えられる需要管理手段も，70年代の混乱状態のなかではうまく機能していない．さらに，60年代の半ば以降は金

＊　本章は Minsky(102)を転載したものである．

融市場がかなり規則的な危機に見舞われるようになり，第二次大戦後樹立された，ドルを機軸とする国際通貨制度も崩壊した．60年代半ばには，所得と雇用の穏やかな循環，物価の安定，金融的堅固さ，そして国際的な経済的静穏状態は終焉を迎えたといえる．それ以降今日に至るまで，ますます深刻化する景気循環，成長の停滞，インフレーションの加速，金融的脆弱さの露呈，および国際的経済秩序の乱れで特徴づけられる時代が続いてきたのである．このように合衆国の経済成果は近年決して良くない．しかし，それでも30年代に生じた事柄に比べればまだそれほど「悪いわけではない」．というのは，合衆国経済はその後一度も「大きな」あるいは底深い不況の過程を経験していないからである．

　第二次大戦後のおよそ20年間にわたる概して静穏な経済進歩の時期に，金融構造は累積的な変化を遂げた．1966-67年は金融構造の安定性が試された時期であって，このとき連邦準備銀行は最後の貸し手 lender of last resort として介入する必要を認められた．最後の貸し手として連邦準備が介入する出来事が60年代央以降にさらに二回——1969-70年および1974-75年に——発生している．1980年初期にはベーチェ・ハントの銀投機の失敗から，経済には潜在的不安定性を抱きかかえた重大な領域のあることが痛感された．

　本章を当初掲載したところの書物の背後にあった基本的テーマは，時間の経過とともに金融構造が経済主体の行動からどのような影響を受け，また逆にそれに対してどのような影響を及ぼすかを把握することが合衆国経済を理解するためには是非必要であるということである．

　経済の時間径路は金融の構造に依存している．1929-33年の時期の不安定性を生み出した金融的諸連関 financial relations は，1946-65年の間はあまり重要な要因とならなかった．経済がこの時期に静穏な径路をたどりえたのはそのためである．しかしながら，金融の構造はまさにこの1946-65年の時期の経済的成功に対する内生的な反応の結果として変化したのである．つまり，金融的諸連関は累積的変化の結果として不安定性を招来するものへと変貌したのである．60年代半ば以降の合衆国経済のダイナミックな動きは，一方で

第2章 金融と利潤

累積的な「下降」過程が全面的に展開するのを妨げるような政府予算構造の存在と連邦準備の介入とを反映しており，同時に他方で29年以降支配的になった，不安定性を醸成するような金融的諸連関の構造を反映しているのである．かくして，合衆国経済は次のような六つの段階で特徴づけられるような景気循環に支配されることとなった．

(1) インフレーションの加速
(2) 金融恐慌
(3) 急激な所得水準の低下
(4) 連邦政府による（自動的および裁量的）介入と連邦準備（および他の政府系金融機関）の最後の貸し手としての介入
(5) 下降過程の急停止
(6) 拡張の開始

第六の段階たる拡張は，やがて第一段階のインフレ加速へとつながる．1966年以降の循環の周期は3年ないし6年であるようだ．経済政策は特定段階の持続期間とその深刻度とに影響を与えることができるように思われるが，しかしそれは他の段階をいっそう悪化させるという代償を払ってのことでしかないのである．

本章の目標は以下の疑問に答えを用意することである．これらの疑問は上述のような広範囲にわたる歴史的概観からおのずと発するところのものである．

(1) 1946年以降，大きなないし深刻でさえあるような不況過程をわれわれが経験せずにいるのはなぜか．
(2) 1946-66年の期間が静穏な経済進歩の時期であったのはなぜか．しかし同時に，それ以後はなぜ経済的混乱の時期が続いているのか．
(3) 高い失業率とますます高率のインフレーションが相伴って生じるスタグフレーションは，大不況もしくは深刻な不況を首尾よく避けるために支払わねばならない代償か．
(4) 底深くまた長続きのする不況をもたらさずに，ちょうど第二次大戦後

の最初の時期に実現したような静穏な経済進歩を再現しうる政策はあるか．

2. 金融と不安定性

　上記の疑問はわれわれの資本主義経済全体の安定性にかかわるものである．これらの疑問に取り組むためには，われわれの経済が時に安定的であったり不安定的であったりする理由を明らかにしうるような経済理論が必要である．合衆国における近年の経済政策論議はケインジアンとマネタリストの間の論争を中心としている．ケインジアンとマネタリストは政策提言において異なっているにもかかわらず，彼らが利用する経済理論は共通のものであると言えよう．すなわち，彼らはいずれも通常新古典派総合と称せられる共通の経済理論のそれぞれ一派にすぎない．われわれが認識している問題点，あるいは本章で解答を用意すべき上記の諸疑問が問題にしている不安定性というものは，新古典派総合の経済理論とは無縁である．新古典派総合の経済理論では不安定性が正常な経済過程の当然の帰結として生じることはありえないからである．

　いやしくも理論が現象を説明しようとするものであるかぎり，説明すべき現象がその依って立つ理論の枠組みのなかで生起しうるものでなければならないことは自明である．さらに，この点はある理論がある現象をコントロールしたりその発生を阻止しようとする目的のための政策の指針たりうるためにも，当然のことであろう．

　新古典派総合の枠組みでは，経済の内生的な運動の結果として深刻な不況が生じることはありえない．新古典派総合理論において深刻な不況が生じうるのは，政策上の間違いの結果であるかあるいは本質的でない制度上の欠陥がある場合でしかない．事実，かの大不況を説明するマネタリストの見解は不況が連邦準備の見過ごしとか誤れる政策の結果であるというものであるし，ケインジアンの説明はかの不況が外生的に決定される投資機会の減少かある

いは不況に先立って生じた説明のしようがない消費活動の低下の結果であるというものである[1,2].

新古典派総合は資本資産の所有を金融するために存在するところの金融機関や金融手段から構成される複雑な金融システムを，実に無頓着に扱っているといわざるをえない．金融諸制度の動きの詳細な分析や金融機関と生産主体との相互連関が経済の成果に及ぼす影響についての分析は，標準的な新古典派理論の中心からは抜け落ちているのである．標準的なケインジアンも，さらにマネタリストのいかなる変種も，所得や価格，および雇用の決定に経済の金融の構造を本質的な方法で統合していない．

新古典派総合のこれら両派において，金融の構造は単純化され，「貨幣」がそのすべてを表現するものとされている．マネタリストは価格を説明する要因として貨幣を使い，ケインジアンは名目総需要額に影響を及ぼすものとして貨幣を用いるのである．しかし，これら両派のいずれの議論においても貨幣は外部の変数であって，現に存在する貨幣量が経済の動きによって内生的に決定されるものとはなっていない．

われわれの経済では，貨幣は銀行が資産を取得するとき「創造」され，銀行から借りた主体がその支払債務を履行するときに「破壊」される．われわれが住む経済は長期の耐久性をもつ高価な資本資産と複雑で洗練された金融構造を備えた資本主義経済である．資本主義経済の金融的諸過程の本質は，主として投資および資本資産ポジションの金融のあり方にある．銀行が資本資産の所有と生産を金融するためのさまざまの技術の一環として資産を取得するかぎりで，貨幣は金融的契約の最終生産物であるということができる．資本主義経済では，投資決定，投資の金融，投資財の稼働，利潤，そして既存負債の利子支払債務がみなそれぞれに関連しあっている．われわれの資本主義経済の動きを理解するためには，このような金融的諸連関を雇用，所得，および価格水準の決定に統合することが必要である．いかなる時点において

---

1) Friedman and Schwartz(39).
2) Temin(122).

であれ，われわれの経済の成果は負債の発行者がその債務を現時点で首尾よく履行しえているかどうかという事実と，今日の借り手がその債務を将来履行しうるのかどうかについての現在の予想とに密接に関係している．

　金融契約の取り決めには貸し手と借り手とが関与する．貸し手と借り手とのこの取り決めはおそらく両方を利するはずである．われわれの経済では，資本資産を所有する者と実物投資を実行する主体にとっての最も身近な貸し手は金融機関である．金融機関というものは，典型的に高い負債性向をもった経済主体であるということができる．このことは，所有する資産にいかほどの損失が発生しても金融機関の株主の株式に対してはそれ以上の大きな損失がもたらされるということを意味している．貸出し用の資金を借入れに依存していることと，自分の元手は確実にしておきたいという貸し手の明白な欲求のゆえに，貸出しはさまざまの安全性の余地 margin of safety を考慮してなされる．われわれの経済を理解するためには，資金の貸し借りが安全の余地を考慮してなされる場合，経済はどのように動くことになるかを知る必要がある．特別に重要な貸し借りは投資と資本資産の所有とを金融する場合のそれである．

　資金の貸し借りは家計の支出と家計の資本資産とを金融するためにもなされる．また政府はときおり赤字支出を行うことがある．したがって，ポートフォリオには家計負債や政府負債も含まれるが，これらは家計の所得や政府の税収入からの現金によって賄われなければならない．以下で明らかになろうが，不安定性を生み出す要因としては家計と政府の借入れはさほど重要でない．とはいっても，経済の全体的な安定性は家計や政府の借入れ行動によっても影響を受ける．

　借りるということは，将来時点で貨幣を支払うという約束との交換に現在の貨幣を受け取ることにほかならない．過去の借入れの結果として，ある短期的な期間その都度履行されなければならない支払いというものがある．また，経済がある短期的な期間順調であれば，新たな借入れがなされることもあり，これはまた将来において支払いをなす旨の約束になる．われわれの経

済では過去が満期到来の支払債務という形で現在し，創造されつつある負債という形で将来が現在する．

3. 金融の重要性

　金融的諸連関が所得と価格の決定理論に完全に統合されるためには，既存の負債に由来する現金支払債務と負債をもつ経済主体の現金受取額との関係を分析するための枠組みが必要となる．金融的不安定性は一つの事実である．したがって，理論がわれわれの経済の集計的行動を説明しうるためには，金融的不安定性がどのようにして生じるのかをそれは説明しなければならない．金融的不安定性は歴史に見られる深刻な景気循環の一局面であるから，金融的不安定性を説明する理論をもつならば，われわれはこれによって経済が断続的に不安定的になる理由を理解しうることとなる．

　既存の金融手段，すなわち既存の金融負債に由来する現金支払債務とは，(1)負債の利子を支払い，その元本を償還するという契約上の取り決め，および(2)収益がもし上がれば配当を支払うという株式の契約上の取り決めである．このような現金支払債務は一定の金融の構造のもとで生み出されるところのマネーフローを形成する．期待される貨幣受取りの構造は，既存の負債に対して支払いをなすというさまざまの取り決めが前提になっている．経済主体は企業であれ家計であれ，また金融機関や政府であっても，みなひとつの貨幣流出入機構 money-in-money-out device である．さまざまの経済部門のさまざまの現金源泉と現金使途との関係は経済の潜在的不安定化を決定する要因となる．

　われわれの経済は複雑で，高価な，また耐久性のある資本資産を利用し，洗練され複雑に絡み合った金融構造を備えた経済である．経済に存在するこの高価な資本資産への支配権を獲得するために必要な資金は，さまざまの金融手段，たとえば株式，銀行借入れ，社債，抵当借入れ，リース，およびレンタルなどによって得ることができる．いかなる金融手段も，「将来の貨幣」

を支払うという契約との交換で「今日の貨幣」を受け取るという取引のなかから創造される．任意の期間における既存金融手段への支払いが，これに先立ってなされた契約のなかの「将来の貨幣」にあたる．以上の議論を要約すると，企業は複雑な金融的債務の組合せをもって資本資産ポジションを金融することができ，現にそうしている．任意の時点における既存の金融的債務が一連の確定日付きの現金支払債務を決定する．

　事業を行う場合の法律上の営業形態によって資本資産の所有を金融するのに利用可能な負債の種類は決定される．現代の株式会社は本質的に金融的な組織であるということができよう．株式会社に代わる法律上の営業形態には個人営業 sole proprietorship や合名会社 partnership がある．これらの営業形態にあっては，当該組織の負債は個々の営業主の負債か共同経営者のそれであって，組織の存続期間は生き身の経営者のそれと一致する．個人営業や合名会社の形態はその存続期間が有限であること，および負債発行能力に制約があることなどの点から，耐久性があり特別の使用目的をもつ資本資産を所有し管理するための優れた営業形態とはいえない．事業運営を組織化するための株式会社形態は，耐久性を有し複雑でかつ特別の使用目的をもった資本資産の建設を金融したり，この資本資産に対する支配権を確立したりするために，負債を発行するという産業・商業構造の出現と共生的な関係を有していると言えよう．

　われわれの経済には資本資産を所有する通常の事業会社のほかに，金融手段を主として保有する金融的な経済主体（銀行など）が存在する．これらの機関は自ら保有する資産（これは機関のポジションと呼ばれる）を自己資本（株式発行と剰余積立金）と負債の組合せで金融する．さまざまのタイプの金融機関の典型的なポジションには，資本資産を所有する企業や家計，政府，およびその他金融機関の負債などが含まれている．金融機関のなかには企業の株式を所有するものもある．

　このようにして，金融システムには貨幣を支払うという契約の複雑なネットワークが形成されているのである．このような契約に関与した経済主体は

支払うべき貨幣の源泉をもっていなければならない．金融の契約が新たになされるとき，買い手（資金の貸し手）と売り手（資金の借り手）はともに売り手が契約の諸条件を履行するのに必要な現金をどういう形で取得するかについてシナリオを描いているわけである．典型的には，支払いにあてるべき現金の源泉として本源的な源泉となんらかの二次的源泉もしくは補助的源泉とでも言えるものとがある．たとえば，通常の住宅抵当貸付では契約の履行に必要な現金の本源的源泉は住宅所有者の所得である．二次的源泉ないし補助的源泉は抵当に入っている不動産の市場価値である．また企業の通常の借入れについて言えば，期待される粗収入と経常費用の差額が現金の本源的源泉である．二次的現金源泉には担保物件の価値，借入金，資産売却の手取額などが含まれる．期待される現金受取額には所得の生産・分配によるもののほか，契約の履行および借入れや資産売却から得られる現金も含まれる．なお，現金支払債務は経済主体が手元に保有する現金ストックの利用〔すなわち，現金残高の取り崩し〕によっても履行しうることに注意しておこう．

　債務の履行はキャッシュフロー期待に依存しているので，われわれの経済は資金の貸し借りが安全の余地を考慮してなされるのを常態とする社会である．既存金融手段に対する今日の支払いは，過去になされた契約の結果である．そして，今日は今日で，さまざまの経済主体が将来の現金支払いを必要とするような金融契約を生み出す取引を行っている．経済を構成する諸主体の任意の時点における貸借対照表は，過去の一つの側面が現在や将来のそれとどのように関係しているかを示す「瞬間的描写」である．

　商業銀行はわれわれの経済に存在する金融機関の一タイプである．貨幣ストックの一部を構成する要求払預金は，商業銀行がその金融資産ポジションを金融するのに利用される数多い負債のなかの一種である．翻って，銀行保有の金融資産は，他の経済主体がそれ自体所有する資本資産および金融負債ポジションを金融するのに利用される負債にほかならない．相互に関連した貸借対照表の金融ベール financing veil を剝ぐにつれて，経済の貨幣供給は資本資産のポジションを金融しているという意味で債券に似ていることがい

よいよはっきりしてくる．貨幣供給の変化が経済活動に対してどのような影響を及ぼすかをはっきり論じうるようになるためには，貨幣供給の変化が経済諸活動の実行に及ぼす影響のいかんを決定するところの金融ベールの内側を見通す必要がある．

どのような金融の取引も将来の貨幣と今日の貨幣との交換を含んでいる．取引の当事者は今日の貨幣の受取り手がその資金をどのような使途に回すか，そしてこの受取り手が将来の貨幣を準備するためにどのようにして資金を集めるであろうかについて，あらかじめなんらかの見込みを抱いているものである．この取引においては借り手の資金使途は相当な確実性をもってあらかじめ知られている．ところが，将来の貨幣支払いを履行するために供されるはずの将来資金を借り手が入手できるか否かは，長期ないし短期にわたる経済の成果に依存しているわけで，これは不確実である．したがって，すべての金融契約には不確実性との交換で確実性を手にするという取引が含まれているのである．現在貨幣をもっている者は，貸出しによって不確実な将来貨幣流列 future stream of money を得る一方で，現在所得に対する確実な支配権を放棄するのである．

タダ飯がありえないのと同様に，将来を含む取引に確実なものは存在しない．資本資産に対するどのような投資であれ，それは将来に予想されるものを求めるために現在の確実なものを放棄するという行為を含んでいる．特に，企業によって取得される資本資産の場合には，長期にわたりはするが，期間全体では資産取得のために支払った代価を何ほどか超えるようなキャッシュフローをもたらすものと期待されている．しかし，こうした期待は現金受取りが実現するさまざまの将来時点における特定市場や経済全体の状態に依存している．今日の貨幣と明日の貨幣を交換する取引においては，すなわち，それが債券の売買という金融取引であれ，資本資産創造にむけて現存の資源を使用するといった実物投資の取引であれ，本質的に不確実な将来についてなんらかの仮定が設けられている．しばしばとられる仮定は，本質的に不確実な将来がたとえば利潤の確率分布によって表されうるというものである．

この確率分布というのはルーレットゲームの結果を表現するのに用いられるのと同じものである．しかし，経済生活にかかわる確率の決定過程に関する知識は，公正なルーレットゲームほどに確定的なものではない．賭博や経済生活では予見せざることや確率が低い事柄であっても起こりうる．確率が低く，起きそうにもないことがルーレットゲームにおいて起きても，このことのためにゲームの結果を表す頻度分布の推定に大きな変化が生じるわけではない．しかし，経済活動の将来にかかわる期待は，確率が低く実現しそうにもない事柄が現に生じることによって著しく変化することがある．

　われわれの経済の金融の構造は，その成果が不確実であるような事業の潜在的利得と損失をさまざまの経済主体間に分配する仕組みであると見なすことができる．存在するこの不確実性のゆえに，実際の結果が予想されたものから遠く隔たっているということは十分にありうる．このような乖離は資本利得や資本損失をもたらすことになる．資本利得や損失を経験すると，資源に対する確実な支配権が将来のあくまでも予想的なものにすぎない支配権と交換される場合の条件は変化する．資本資産および金融資産の価格は，経験の歴史的な積み重ねで諸帰結に関する見通しが変化するにつれて影響を被る．

　家計，企業，政府，およびさまざまのタイプの金融機関は金融負債を発行する．金融手段の各発行者はその発行済み金融手段に体化された契約を履行しうるような期待現金源泉をもっている．家計の本源的現金源泉は賃金であり，企業のそれは粗利潤，政府のそれは租税収入であり，金融機関の本源的現金源泉は保有する金融契約から生まれる将来キャッシュフローである．この本源的源泉に加えて，各経済主体は資産を売却するなり借入れを行うことによって現金を取得することも原理的に可能である．多くの主体の正常な経済活動は現金を手にするための借入れや資産売却に依存している．このような金融の取引をわれわれは現金取得の二次的源泉と考えている．二次的と呼んでも，それはわれわれがこの現金源泉を軽んじるといった価値判断を含むものではない．

　家計の賃金所得，企業の利潤フロー，および政府の租税収入は経済の成果

と結びついている．家計，企業，および政府の本源的現金源泉は負債が有効に履行されうるかどうかにとって決定的に重要であるが，この本源的源泉は経済の名目水準とその分配いかんに依存している．われわれのタイプの経済では，金融市場と所得・産出物の生産を結びつける一つのリンクが，経常産出物に対する需要は金融手段の発行によって金融されるという点にある．第二のリンクは，金融資産価格や金融手段発行能力がいやしくも維持されるためには，賃金，利潤，および租税による現金流入の額が既存の金融負債に体化された現金支払債務を満たすのに十分な大きさでなければならないという点にある．資本主義経済は金融システムと生産システムの統合されたものであり，経済の成果は所得生産の基準のみならず金融上の基準が満たされているかどうかにかかっているのである．

4. 掛け繋ぎ金融，投機的金融，およびポンツィ金融

負債契約による現金支払債務と本源的現金源泉からのキャッシュフローとの相対的関係に応じて，企業，家計，および政府の金融的状態は以下の三つに区分することができる．すなわち，掛け繋ぎ金融 hedge finance の状態，投機的金融 speculative finance の状態，そして「ポンツィ」金融 Ponzi finance の状態の三つである．経済の金融構造の安定性はこれら諸金融状態がどのような組合せになっているかに依存する．金融制度および政府の介入の枠組みを所与とすれば，経済全体において掛け繋ぎ金融の占める比重が大きいほど経済の安定性は高い．これに対して，投機的金融やポンツィ金融の比重が高まると経済は金融的不安定性に対してますます脆弱になる．

掛け繋ぎ金融状態にある経済主体では，所得の生産に参加することから得られる各期のキャッシュフローが，既存負債にもとづく契約上の各期の現金支払額をすべての期間において凌駕するものと予想されている．投機的金融状態下にある経済主体では，所得の生産に参加して得られるキャッシュフローを将来の予見可能な時点までの各期について合計したものが，既存負債に

対する総現金支払額を超える．しかし，〔掛け繋ぎ金融の場合と異なって〕近い将来の各期のキャッシュフローの正味所得部分（ここで言う正味所得の概念は一般的な会計手続きで定義されるものに等しい）は負債に対する近い将来の各期の利子支払額を超過していても，近い将来の総現金支払債務の額は所得生産への参加から生じる近い将来のキャッシュフローを上回っている．最後に，ポンツィ金融状態とは投機的金融状態の特別の場合であり，近い将来期間のキャッシュフローの正味所得部分が負債に対する近い将来の各期の利子支払額に満たない場合を指す．したがって，この場合には既存負債に対する利子支払いの必要から将来のある時期に〔負債を追加的に発行する必要が生じ，そのために〕負債ストックが増大することになる．投機的金融およびポンツィ金融のいずれの場合であっても，負債の現金支払債務を履行しうるのは，借入れをする（あるいは資産を売却する）ことによってでしかない．投機的金融の主体が借入れを必要とする金額は満期に達する負債額よりも小さい．これに対して，ポンツィ金融の主体は負債残高を増やさざるをえない．ポンツィ金融の主体が金融資金を入手しうるためにはその期待受取現金総額が総現金支払債務の量を凌駕しなければならないから，典型的なポンツィ金融主体が生き延びるためには，保有する資産のあるものが将来のある時点に十分高い価格で売却しうるであろうとの期待がしばしば存在しなければならないのである．

　以下において，われわれはまず掛け繋ぎ金融状態，投機的金融状態，およびポンツィ金融状態が企業のキャッシュフローやその現在価値，および貸借対照表に対してどのような含意を有するかを検討する．投資および資産ポジションを負債の発行で金融するというのはわれわれが住む資本主義経済の際立った属性であると言えよう．企業のキャッシュフローなり貸借対照表なりが特別の意味をもつのはそのためである．われわれの議論の焦点は企業負債に由来する現金支払債務にあるから，特別の関心をもつべき現金受取りは租税控除後の企業粗利潤（支払利子を含む）である．というのは粗利潤こそ企業の現金支払債務を履行するのに利用しうるキャッシュフローにほかならな

いからである．この広義の利潤の生産・分配は，投資や資本資産ポジションが負債発行によって金融される経済の金融的安定性いかんを決定する中心的な要因である．

キャッシュフローによって家計や政府の負債が履行されるということは，今日の資本主義経済の円滑な運行にとって大きな重要性がある．家計および政府における金融的連関は経済の安定性と産出水準，雇用および物価の時間径路に対して影響を及ぼす．しかし，資本主義経済の本質的に循環的なビヘイビアーは家計の負債が小さく，また戦時中を除き小さな政府が存在した時期にいっそう顕著であった．家計・政府の負債創造とその履行は資本主義経済の循環的運動を修正する要因ではあっても，それを引き起こすほどの本質的要因ではない．以下の論述では，政府の負債創造とその履行が企業のそれに比べて相対的に大となれば，経済の基本的径路が影響を受ける見込みは高くなることが明らかにされる．

企業の場合

企業の金融構造を分析する場合の基本的な変数は，しかるべき期間にわたる経済諸主体の現金受取りと現金支払いである．企業の総現金受取りは経常的労働用役や原材料等の投入への支払いおよびその他の残余，すなわち粗資本所得[3]に分けることができる．そして資本所得は所得税，負債の元本と利子の支払い，および企業所有者の使用に任される部分とに分けられる．

かくして，

　　　　粗資本所得＝営業による総現金収入－経常的労働用役・原材料費用

および

　　　　粗資本所得＝負債の元本・利子支払い＋所得税＋所有者「所得」

が成立する．

国民所得勘定および資金循環勘定から得られるデータで言えば，粗資本所

3）　経済学の文献では，マーシャルやケインズにならいこの残余部分を準地代 quasi-rent と呼ぶ．

得とは税引前の粗利潤に企業負債に支払われる利子を加えたものに等しい．このように定義された粗資本所得の概念は，特定の財務構造が維持可能かどうか，およびそれがどのような制約条件となるかを分析する場合において重要な企業の総現金受取りを表す変数である．

特定主体の任意の期間における現金支払いは，経常的労働用役や購入原材料などの投入物への支出，租税支払い，満期到来の負債元本の償還，および配当の支払いから成る．ある期間においては現金支払額が現金受取額を上回ることもあれば，等しくなったり，あるいは下回ったりすることもある．支払いのなかでも特に重要なのは経常的投入物費用，租税，および既存負債に対する支払いなどの諸項目である．経常的投入物の費用と租税は税引後所得を計算する際に経常的総受取額から控除されているので，重要な関係は税引後の資本所得（すなわち，広義に定義された粗利潤から租税を控除したもの）と負債に対する現金支払額との間の相対的な大小関係である．この関係には二つの側面がある．

(1) 各期（四半期，月，あるいは年）における粗資本所得と負債に対する現金支払債務との関係．
(2) 無限の時間視野における期待粗資本所得の総計と支払債務総額との関係．このうち後者は貸借対照表に現在記録されている負債に由来するもののほか，期待粗資本所得が実現されるためには記載されなければならないところの負債の支払債務も含む．

任意の経済主体の財務構造が維持しうるための必要条件は（十分条件ではないが）期待粗資本所得の総計が総支払債務額を上回ることである．

粗資本所得は資本資産の生産性，経営の有効性，労働の効率性，および市場と経済の動向を反映する．現在の負債構造は過去の金融諸条件と過去の金融的意思決定の遺物である．ここで問われるべき事柄は，経済の現在の資本資産構造を実現する段階でなされた金融の意思決定が，企業部門の将来収益性によって支持されうるかどうかということである．

掛け繋ぎ金融

　任意の期間の期待粗資本所得の大きさが，現下の負債残高とその期待粗資本所得がいやしくも実現するには必要となるであろう追加的な借入れとの双方によって確定する現金支払債務額をある程度上回っているとき，この経済主体は掛け繋ぎ金融の状態にあると言う．特定の時点で記録されている負債は過去の金融的意思決定の所産である．そうした負債契約を取り交わすに際しては安全性の余地 marginal of safety を十分考慮しなければならない．期待受取りが現金支払債務を超過するならば，そこには安全性の余地が考慮されていると見てもよい．ところが，いかなる時点での期待粗資本所得も不確実である．そこで，資本資産の所有者と使用者，および金融のための資金を準備する銀行や負債の所有者はいずれも，企業の実際の受取額が負債に対する現金支払総額を十分な幅だけ超過するものと期待するはずである．このような点を理論的に扱う一つの方法は次のようである．すなわち，資本資産の所有者，銀行，および負債の所有者は粗資本所得にはそれが実際上確実であるようなある最低水準が存在すると考えるものと仮定し，金融的意思決定と資本資産の資本化された現在価値は，実質的に確実であると見なされるこの最低収益水準を基準に推計されると想定することである．

　現金支払債務とほとんど確実であろう資本資産の現金受取りとを共通の利子率で資本還元すれば，特定の粗資本所得を生み出すと期待される企業の現在価値を求めることができる．掛け繋ぎ金融主体の場合には，上記の確実な現金受取額と現金支払債務額との差は，すべての期間において正の値をとる．かくして，粗資本所得フローの資本還元された値の大きさは，いかなる利子率水準で割り引かれても，現金支払債務の資本化された値の大きさを上回る．経済主体の支払能力 solvency はその資産の価値が負債の価値を上回るかぎりにおいて維持されるのだとすれば，掛け繋ぎ金融を行う経済主体の支払能力は利子率の変化から全く影響を受けないということになる．

　掛け繋ぎ金融においては，控え目に推計された期待粗資本所得が負債契約に由来する現金支払債務の額を将来のあらゆる期間において上回るのであっ

て，この点を強調することは重要である．この超過分の所得流列の現在価値は，各期の粗資本所得から負債に対する各期の現金支払額を控除したキャッシュフローの資本還元価値総計に等しい．各期の正味キャッシュフローが正であるかぎり，この総計もまた正の値をとる．特に，利子率の急激な上昇があっても，資本資産の現在価値が負債の簿価を上回るという不等式が逆転することはありえない．すなわち，利子率の上昇から掛け繋ぎ金融主体が支払能力を欠くに至るということはありえないのである．

掛け繋ぎ金融主体やこの主体に資金を貸す銀行が，当該主体の所得生産活動からもたらされるキャッシュフローは負債の履行に必要な現金額を十分に生み出すと期待しているときでも，資金の借り手と貸し手の双方においてより厚手の保全措置がとられることはある．たとえば，貨幣の形で流動性を過大に保有するとか，市場性のある金融資産を保有しておくというのはそうした措置の一つである．それは（陰伏的な一種の保険措置として）資産を負債のそれと同じ呼称単位をもつ資産形態で保有することが便宜的だからである．かくして，掛け繋ぎ金融主体の貸借対照表には資本資産のほかに貨幣や市場性の高い貨幣市場資産が含まれることになるであろう．

掛け繋ぎ金融状態の特徴は，その主体の現金受取りがすべての期間において契約上の現金支払債務の額を超えていること，資本資産の価値が負債のそれを上回っていること，そしてその主体が現金もしくは流動性資産を保有しているであろうこと等であった．ここで資産および負債をさらに細かく分割してみよう．現金は財務省証券やコマーシャルペーパー等の流動資産の形でもつことができ，またいつでも利用可能な受信枠 line of credit という形態においてもつことも可能である．同様にして，一経済主体の負債形態は短期ものでも長期ものでもとりうるし，リース契約のように明示的には負債の形をとらないものもある．

貸借対照表の負債側に発行済み株式しか存在しない経済主体とか，そうでなくとも，存在する唯一の負債が償還基金を備えた長期債券であって償還基金への繰入額が期待キャッシュフローを十分に下回っているような経済主体

は掛け繋ぎ金融状態にあると言ってよい．掛け繋ぎ金融の主体は金融市場の繁閑から不利な効果を直接受けることはない．掛け繋ぎ金融主体が倒産に追い込まれる唯一の場合は，その期待収入が実現する段階での実際の収入が経常的債務支払額を下回るようになるときである．

投機的金融

ある期に，負債に対する現金支払額が期待粗資本所得の額を上回るような場合，投機的金融がなされているという．必要が生じたならばその段階で再金融の手段を利用することもできようと考えている点に投機の要素が認められる．この投機的金融が生じるのは，収入と費用の差〔つまり，粗資本所得〕が資本資産に投じられた貨幣支出額を回収しうる以上の速さで，負債償還に必要な現金支払債務が到来するからである．われわれは投機的金融の用語を粗利潤の所得部分が現金支払債務の所得部分〔すなわち，利子支払い〕を超えるような負債構造を指すのに限定して使用することにする．

投機的金融主体の負債構造は一連の現金支払いの流列を生ぜしめ，その総額はこの経済主体の所得生産活動から得る現金の受取総額を下回る．しかし，ある期間の支払債務は当該期間の期待現金受取額を上回るということがある．そのような期においては，この経済主体は赤字に陥る．この赤字がもたらされるのは，典型的には，貸借対照表を構成しつつある現時点にほど近い時期においてである．投機的金融主体に赤字が出現する理由は，その主体が短期の金融を行う結果，満期に到達する負債の元本額が早い時期に資本資産購入代金の回収額を上回ることになるからである．この早い時期の諸期間に負債は現に減少しつつあるとしても，後の期の期待キャッシュフローには資本資産代金の回収による受取りが含まれるのであるから，現存負債の元本残高をこの早い時期に減少させる必要はない．このように，投機的金融主体ははじめの早い時期には現金不足に陥るが，後の期に至れば現金余剰を得ることになる．

経済主体の現在価値は粗資本所得の現在価値から現金支払債務の現在価値

を控除した値に等しい．これは投機的金融主体に実現するであろうと期待される一連の現金不足額と現金余剰額の現在価値に等しい．投機的金融主体においては将来の早い時期に受取りが現金支払債務を下回り，より後の時期には受取りが支払額を超え正の超過が生じる．投機的金融主体は資産の長期ポジションを短期負債によって金融するのである．利子率水準が高ければすべての現金受取りの現在価値水準は低下する．しかし，遠い将来時期の現金受取額ほどその現在価値はより大きく低下する．したがって，利子率水準が低いときには資産価値が負債価値を上回るキャッシュフローであったとしても，利子率水準が高まると資産価値マイナス負債価値の値は負になることもありうるのである．したがって，投機的金融の場合には主体の現在価値が正から負に逆転することもあるのに対して，すでに論じた掛け繋ぎ金融主体の場合にはそれはありえないのである．

　投機的金融の場合，当該経済主体，貸し手銀行，および負債保有者はともに，現金支払債務が受取りを上回る期間においてはその支払債務が負債の追加発行か現金残高の取り崩しによってしか履行しえないと言うことを承知している．そこで，債務の履行のために借入れを必要とする時期には，その金融の諸条件が粗資本所得と現金支払債務との差に影響を及ぼすことがありうる．後の期における粗資本所得と現金支払債務との差が正の値となることを当初は予想していても，再金融の結果としてこれが負の値になることがありうるのである．企業がその支払債務を履行するに際して投機的金融を行えるかどうかは，その負債を発行する市場が万全に機能するかどうかに，あるいはその市場が崩壊してしまう可能性があるかどうかに微妙に依存している．

　投機的金融主体は現金の補助的源泉 cash kicker をもつのが普通である．将来の早い時期には各期の現金支払いが各期の所得からの期待キャッシュフローを上回る．このことが実際に可能なのは，ある所与の負債価値のもとで投機的金融主体の現金残高が通常は掛け繋ぎ金融主体のそれをもともと大きく上回っており，これの取り崩しで債務の履行をなしえるからである．しかし，投機的金融主体は一般に積極的な借り手であるところから，当該主体が

利用しうる銀行の受信枠や金融市場への容易な接近可能性もまたこのような経済主体の現金ポジションの一部をなすと考えられることがある．ただし，これらは貸借対照表上に表だって現れるものではない．

　経済主体が所得生産活動を通じて得る粗キャッシュフローは，会計手続きによって所得の部分と資本資産投資価値の回収部分とに分けることができる．この回収部分は減価償却とも資本消費補填とも言われる．負債に対する現金支払いの債務は，利子支払いと元本償還とに通常分けられる．投機的金融主体においては，現金不足が生じる早い時期には元本償還に回されるべき現金収入部分が満期到来の負債元本の額を下回るが，所得部分と見なされる現金受取部分は利子支払額を超えている．このように投機的金融主体は正味の利潤を得ているのであって，負債への利子支払いを超える所得の超過分を負債の削減に割り当てることによって外部負債依存度を低めることができる立場にある．

ポンツィ金融

　ポンツィ金融主体とは投機的金融主体のなかの，次のような特別の性格をもったものを示す．すなわち，早い時期の少なくともいくつかの期間において，利子という現金支払債務が収入のうちの経常的労働用役・原材料費用を超える所得部分によって賄いえないような経済主体のことである．これらの経済主体は既存負債の利子を支払うのに資金を借り入れなければならない．したがって，所得を生み出す資産を新たに取得しなくてもその発行負債残高は増加することになる．

　資産所有者，銀行，および負債保有者がポンツィ金融に関与するのは，将来の期待現金収入から現金支払額を控除した正味の現在価値が正の値をとる場合に限られることは明らかである．したがって，早い時期における現金収入と現金支払いの差の現在価値は負であるから，これはより後の時期の現金収入と支出の差の正の現在価値によって相殺されなければならない．ポンツィ金融の極端な一例としては，ほとんどあるいは全く所得を生み出さない資

第2章　金融と利潤

産の保有のために借入れを行うような場合をあげることができる．このような行動がとられる理由は，将来のある一時点での当該資産の市場価値が負債を償還して余りあるだけの利益を生じさせるという期待があってのことである．1920年代の低い証拠金率のもとでの株式売買なり，1980年のハントによる銀の信用買いはポンツィ金融の例である[4]．70年代初期の「不動産投資信託 Real Estate Investment Trusts」は利子所得をもとに配当を支払うという仕組みをもったものであって，これもポンツィ金融と言ってよい．また，資本資産の大規模な建設にかかわっている経済主体もポンツィ金融の状態にあると言えよう．

ポンツィ金融主体の現在価値が利子率水準と将来の期待キャッシュフローの大きさに依存することは言うまでもない．利子率の上昇は発行済みの負債残高の増加率を高め，その結果として正の現在価値を負の値に転ずることもありうる．インフレーションが持続するかぎりでのみ維持しうるような，そういう金融的諸連関が生み出されることもしばしばである．インフレ期待にもとづく資産の取得は当該資産の価格を押し上げ，他方でその取得のための金融の利子率水準を高からしめる．インフレ低下の期待が生じるとこれらの資産価格は下落し，その結果負債の価値が資産価値を上回ることもある．

経済の安定性は掛け繋ぎ金融，投機的金融，およびポンツィ金融の構成いかんに依存する．経済の好調な時期には企業の財務構造に占める短期負債の割合は上昇し，ポートフォリオに占める現金の比率は低下する．このように，経済が好調な時期には財務構造を異にする経済主体の経済全体に占める構成比率が変化し，投機的金融やポンツィ金融のウエイトが高まるようになる．

期待粗資本所得の低下，もしくは掛け繋ぎ金融状態であるために必要な所得水準の上昇は，掛け繋ぎ金融主体を投機的金融主体へと転ずる．同様にして，期待粗資本所得の低下やせめて投機的金融状態が維持されるには必要と考えられる最低所得水準の上昇，さらに金融費用の増大はみな，投機的金融

---

[4] 小稿を準備しつつあるとき，ハント一家による銀の信用買いの一件に見られる，かくも壮大なポンツィ金融の例がわれわれの「公共財産」となった．

主体をポンツィ金融主体へと転じる可能性がある．このような変化により，負債の価値が超過現金収入の資本化価値を上回ることもありうる．ところで，金融的不安定性には二つの側面がある．第一は負債費用の大きさゆえに，そしてますます拡大する負債残高をころがす必要性〔すなわち，再金融する必要性〕から，主体が負債への依存度を低めようとする（ないし，そのように余儀なくされる）ときに，資産価値の崩壊が生じるという側面である．第二は利潤額を決定する要因が低下したことから粗資本所得が減少するという側面である．底深い景気の停滞が生じるのは，これら二つの効果が金融市場やキャッシュフローに重大な影響を及ぼす場合である．

さて，ここで改めて語っておく必要のあることは，利子率水準と利子率構造いかんが掛け繋ぎ金融主体の正の正味価値の大きさに影響することはあっても，それら主体の支払能力に影響することはないということである．しかし，投機的金融主体やポンツィ金融主体の支払能力は利子率の諸変化から影響を受けるのである．すなわち，正味資産価値は正から負の値に転ずることもありうるということである．掛け繋ぎ金融が支配的な世界では，金融当局は利子率の変化の動向に無頓着を装うこともできる．そもそもこのような世界では，資産ポジションを再金融したり現金支払債務のために新たな借入れをする必要のある経済主体は存在しないし，それゆえこうした主体からの利子非弾力的な資金需要が存在するということもないであろうからである．この場合，利子率はどのみち大きく変化することはないのである．

ところが，投機的金融主体，わけてもポンツィ金融主体においては，利子率の上昇が生じるとその正の正味資産価値が負の値に転ずることもある．経済が持続的かつ正常に機能するためには支払能力の維持が重要である．利子率が大幅に上昇したり大きく変動すると，これは投機的金融主体やポンツィ金融主体が経済に占めるウエイトをますます高める方向に作用する．のみならず，投機的金融や特にポンツィ金融のもとでは，利子非弾力的な借入資金需要が増加する．その結果，投機的金融やポンツィ金融は利子率変動の拡大に寄与する市場状態をつくり出しさえするのである．したがって，投機的金融

やポンツィ金融が大きなウエイトを占めるような世界では，金融当局はその政策が利子率の水準やその変動性に及ぼす効果を注意深く見守る必要がある．

家　　計

家計の財務構造に主として関係のあるキャッシュフローは，家計の可処分所得を構成する主要要因である賃金所得と家計の負債から生じる現金支払債務との差である[5]．次に家計にとって重要な金融的連関は抵当資産の価値と既存負債の表面価値ないし簿価との関係である．これは特に資産を抵当とする類いの金融契約（たとえば不動産抵当金融 mortgage や〔一定条件が満たされた場合に所有権が移転する〕条件付き売買 conditional sale 等）において重要である．

家計負債には全額逐次償還方式 fully amortized contract をとるもの，部分逐次償還方式 partially amortized contract のもの，そして逐次償還ではなく一括償還方式 unamortized contract をとるものがある．全額逐次償還方式の場合には，一連の支払額が特定され，契約期間の最終時点では完全に償還しきってしまう．部分逐次償還方式の場合には契約期間の最終時点である一定額の支払いがなされなければならず，その額は当初の元本の一定割合となっている．逐次償還方式をとらない場合は，契約の最終時点で当初の元本の全額が一時に支払われることになる．

全額逐次償還契約では各回の支払いキャッシュフローが期待賃金所得水準より低いことを前提する．したがって，全額逐次償還方式は掛け繋ぎ金融の定義と整合的な契約であると言えよう．他方，部分逐次償還方式や一括償還の契約の場合にはいくつかの期において現金支払いが期待賃金所得を凌駕することがありうる．部分逐次償還契約におけるキャッシュフローのあり方は投機的金融の概念と整合的なものである．というのは，一連の支払いのなか

---

[5] 大規模な移転支出計画をもつ経済や，配当・利子所得が大きく所得税も非常に高い経済では，このような貨幣の流れもまた家計可処分所得の決定要因になるのは言うまでもない．

で現金不足が生じるのは後の期においてであるよりも，より早い時期の期間においてであるからである．

　現実の賃金所得が期待所得水準を下回り，可処分所得の他の源泉，たとえば失業保険給付金によってもこのギャップを埋め合わせることができなければ，その場合の消費者金融負債や抵当付き借入負債はポンツィ金融に似たものとなる．このような現実所得の不足は個人的な出来事が経済全体にかかわる出来事の結果として生じる．現金支払債務に加わるさまざまのタイプの保険料支払いは，個人的なリスクのなかでも特に健康状態と事故に関係するリスクに対処しようとして発生するものである．大規模かつ持続的な失業の存在が見られる場合には，当初は掛け繋ぎ金融主体であった多くの人たちにおいても，現金収入額と現金支出額との間の不等式が逆転することがありうる．抵当流れはこのような事態に続いて生起しはじめるが，これを阻止しようとすると当該抵当資産の価格は低下し，場合によっては既存負債の価値より低くなることもある．このようなことが生じるのは所得と雇用の水準が相当大きく低下したときに限られる．なお，消費者金融や住宅金融の負債に典型的に見られる金融的連関は所得や雇用水準の下降を拡大することはあっても，下降そのものの契機となるようなことはありえない．

　しかしながら，家計部門の金融の一部がポンツィ金融であることもしばしばである．たとえば，証券やいく種類かの収集資産〔たとえば，金などの貴金属資産〕を所有するための金融はそれにあたる．典型的な例は普通株やその他の金融手段の所有を金融するための負債発行である．家計の勘定にこのような資産にかかわるキャッシュフローの分離勘定を設けることも原理的には可能である．一定の証券ポートフォリオを維持するために発行された負債の残高は，証券保有によって得られる所得が負債に対する利子支払いを下回るときにはいつであっても増加することになる．普通株の信用買い margin account にかかわるキャッシュフローを例にとると，配当の対株価比率が利子率を上回っているなら，その場合の金融は投機的金融である．それは背後の負債が表向きは主として短期のものであるという理由による．これに対し

て，利子が配当を上回るならばそれはポンツィ金融である．株式市場での金融には，負債の満期が十分に長くしたがって借り手がポジションを再金融する必要はないという場合を除いて，掛け繋ぎ金融の範疇は存在しない．

ところで，合理的な個人やこれに資金を提供する銀行が配当から得られるキャッシュフローよりも支払債務額が上回るような証券金融に手を出すのは，そもそも何ゆえであろうか．これに対する明白な解答は，配当だけが証券保有に伴う所得のすべてではないということである．得られるすべての所得のうちには資産価値の上昇（あるいは下落）が含まれている．したがって，家計の金融では現金支払債務が配当を上回るとしても，それが資産価格の上昇を含む総資産収益より大きくなることはないのである．極端な場合には資産から得られる現金所得はゼロに近くなる．これは株式市場のブーム期や投機熱の盛んなとき（たとえば，1979-80年の金・銀投機のときのような）にあてはまる．この場合の唯一の資産収益は資産価値の上昇からのものである．このような場合，資産の市場価格とこの資産を所有し維持するのに利用された負債の価値との間に正の開きがあれば，負債に支払われるべき現金は負債の追加発行によって入手できる．負債のこの増加によって貸し手（すなわち銀行）が受け取る利子所得は金融される．つまり，現金を支払うべき負債者が現金を支払わなくても利子所得は生み出されるのである．

家計の金融は，金融資産およびその他資産の保有のためにポンツィ金融に依存する比重が高いと不安定的なものとなる．既存の現金支払債務が大きいか，またはそれが成長しつつある場合でも，資産価値の上昇が実現するかぎりでその債務の履行が可能であるならば投機ブームはいつでも生起しうる．このようなブームにおいては，所得の生産・分配から得られる現在および近い将来の期待キャッシュフローは現金支払債務の所得部分を充足させるのに不十分となる．このような状況下では，何ほどかの未実現資本利潤が所得に転形し，かくしてこれが産出物に対する需要を金融することになる．家計が資産保有のためにポンツィ金融を増大させることに例示される投機的ブーム期には，経常的産出物の価格が上昇するものである．しかし，資産所有をポ

ンツィ金融するということの背後には，金融されつつある資産の価格は上昇するであろうというインフレ期待が債務者およびこれに資金を提供する金融機関の双方に存在するのである．

　家計の資産所有および消費支出を負債の発行で賄う割合は第二次大戦以降上昇してきた．負債で賄える支出項目が増大し，また家計が負債発行で資金を調達しうる容易さが高まってきた関係で，家計の賃金所得と家計の消費支出の関係はかつてほど緊密なものではなくなってきている．将来の賃金所得の一部を支払うという約束のもとで家計が消費財を現在容易に購入することができるというような場合には，今期の所得と産出物に対する需要との間の緊密な関係は崩れる．これと対称的に，家計の負債契約に対する支払いがしかるべき利子支払額を上回るとき家計は「貯蓄」していることを意味する．かくして，消費者金融負債の蓄積は家計所得に対する家計消費の比率を高め，既存負債残高の減少はこの比率を低めることになる．現代経済では，賃金所得に対する実現貯蓄の比率は家計の既存負債残高の変化径路を反映している．

　以上の議論を要約してみよう．家計の負債発行による資金調達および負債に対する現金支払債務は，二つの範疇に分かれる．消費のための金融と資産所有，わけても金融資産所有のための金融との二つである．［住宅は一面では消費財であり，また他方で資産でもある．自動車などのような他の耐久消費財には再販売の価値はあるが，これらを資産と見なすわけにはいくまい．］消費資金調達のための負債を履行するときに利用されるキャッシュフローはおもに家計の可処分所得であり，それはほとんど賃金所得から成る．他方，資産所有のために発行した負債を履行するのに供されるキャッシュフローは配当や利子所得，または上昇した市場価格のもとでの資産売却益のいずれかである．家計の消費のための金融はほとんどの場合掛け繋ぎ金融である．ただし，所得（賃金）が減少しさえすればこのような掛け繋ぎ金融契約もポンツィ金融の状態に転化しうる．住宅も典型的には掛け繋ぎ金融によって購入される．他方，普通株および金などの収集資産の所有はしばしばポンツィ金融の方式で金融される．

消費財や住宅に対する支出はおもに掛け繋ぎ金融の方式で資金が調達されるので，賃金所得が低下しないかぎりこれらの負債はおおむね履行される．他方，家計の資産所有については本質的にポンツィ金融で資金が調達される．その結果，資産の将来価格または将来所得の資本還元に用いられる〔割引率としての〕利子率水準が上昇すると，所有されている資産の価格が急落することもある．このような急激な価格の下落は資産価値に含まれる安全性の余地を狭め，支払債務の充足を可能にする現金の調達源泉になるものと期待された資産価値上昇の思惑が実現しないままに終ることを意味する．こうした一連の結果として，特定の金融市場における資産の相対価格変化が金融的不安定性や経済的不安定性の引き金となるのである．

政　府

　政府もまた発行済み負債から生じるところの現金支払債務を負っている．これら債務の履行は国民に納税義務を課し，また新規の借入れ便宜を併せて利用することによってもなされる．政府部門はしばしば投機的金融主体であることがある．というのはしばしば短期負債のコロガシを行うからである．将来の期待キャッシュフローの総額が現在の既発行負債に対する総現金支払額を上回っているかぎり，なんら特別の問題はない．しかしながら，期待税収入や予想された経常的支出が予想外の動きを示すと，再金融の問題が生じることもある．政府の財務活動自体が不安定性の契機となることはないのであり，不安定性の原因は市場の諸力に帰すべきである．しかし，政府部門といえども誤った行動をとらないとは限らないし，個々の政府が問題に遭遇することもある．特に，大規模な流動負債（短期負債）を抱えた政府においては，負債を維持していくための諸費用が租税収入から経常的支出を控除した額の大きさよりも上回る，したがってそれが負債の諸支払債務の額を履行するのに必要なキャッシュフローを超えるということがありうるのである．さらに，利子率水準が高い場合には政府部門がポンツィ金融主体に転化する可能性もある．

議論の要約

　掛け繋ぎ金融，投機的金融，およびポンツィ金融を区別することによって，現金支払債務が履行されるには市場がどのような意味で正常に機能しなければならないか，また金融上の困難の潜在的源泉はいかなるものであるかが明らかとなる．経済主体が十分に掛け繋ぎ金融を行っている場合は，それらの主体が金融上の困難に出会ってもそれが金融的不安定性の契機になることはありえない．ただし，当初は掛け繋ぎ金融主体であっても所得の減少に見舞われると投機的金融主体，さらにはポンツィ金融主体に転化することがありうる．このときには当初の攪乱要因が増幅されることになる．

　投機的金融主体がその現金支払債務を履行しうるのは，より後の時期に得られる所得の見込みがよく，また資産所有ための資金を調達したり再金融したりする場合にも懲罰的でない市場諸条件でこれら投機的金融主体が資金を得ることができるかぎりにおいてである．投機的金融主体はその所得に対して生じる攪乱，あるいは金融市場において生じる攪乱に弱い．所得水準の低下や金融条件の悪化は投機的金融主体をポンツィ金融主体に転化することがあるのである．

　ポンツィ金融主体が首尾よく債務を履行し存続していけるかどうかは，資本資産や金融負債の将来価格に関する現在の予想に依存している．これら諸資産の将来価格は，さらにいっそう遠い将来の利潤の大きさに依存している．かくして，ポンツィ金融主体が存続しうるか否かは，将来のキャッシュフローに適用される割引率と将来の利潤見通し，さらに将来価格についての予想にかかっているのである．いうまでもなく，ポンツィ金融あるいは擬似ポンツィ型の投機的金融が大きな比重を占めるとそれは経済の金融的不安定性を助長することになる．

　ここで経済の金融的頑健さfiancial robustnessと金融的脆弱性financial fragilityを測定するための一つのものさしを考えることができよう．その目盛りは現時点の経済が三つの金融状態，すなわち，掛け繋ぎ金融，投機的金融，およびポンツィ金融のどのような構成で特徴づけられているかに依存

する．掛け繋ぎ金融の比重が低下するにつれて経済の金融的構造はものさしの金融的脆弱性の極の方向へと移動する．

5. 所得の水準・分配と財務構造の有効性

以下において負債が有効である valid と言う場合，それは満期になった現金支払債務が満たされるとともに，将来の残存債務もまた満たされるであろうとの期待が抱かれていることを指す．同様に，ある経済主体ないしは経済部門の財務構造が有効であると言う場合，それは満期になった現金支払いの諸債務がおおむね満たされ，債務者の将来現金受取りは将来の長い期間にわたって生じる現金支払いの諸債務を満たすのに十分であるとの期待が成立していることを指す．ここで「おおむね」と言うのは，若干の現金支払債務が充足されない場合でも財務構造が有効であることはありうるからである．発行される金融負債を得てその代わりに資金を提供する経済主体は，債務者のうちの若干の割合がその現金支払債務を履行しない場合もあることをあらかじめ承知しているのである．

負債を有効なものとすることができるかどうかは，所得のさまざまの構成要素が十分に大であって，それゆえ所得フローによるのであれ再金融によるのであれ，現金支払債務が満たされうるか否かにかかっている．かくして，資金循環勘定に示される非金融企業の，任意の期間における利子支払額と税引後粗利潤額との合計で与えられる資本所得は，満期に達した現金支払債務がこの粗利潤によってか，あるいはコロガシないしは資金調達のため追加的に発行した負債の売上額によって充足されるに足るほど十分に大でなければならないのである．ところが，コロガシによる資金調達が可能かどうかは将来の期待キャッシュフローの大きさに依存している．それゆえ，任意の時点で実現している企業利潤の状態は再金融を実現可能とするような将来利潤の期待をも成立させるようなものでなければならない．加えて，企業の期待将来利潤の資本還元価値は過去に資金を資本資産へ投下したことを正当化し，

また資本資産の生産,すなわち投資にかかわる現在の意思決定を導くのに十分大でなければならない。企業の将来期待利潤は,どのような論理が存在するにせよ,現在および最近の企業の実現利潤を考慮して決定されるのであって,それゆえ企業の現在利潤は十分に大でなければならないのである.

いやしくも家計や政府の負債の現金支払債務が履行されなければならず,そのうえまた新たな負債の追加的な発行が見込まれているとするならば,賃金や税収入額は家計や政府の支出および既存負債への現金支払総額によって設定される水準を上回るものでなければならない。しかしながら,賃金総額や租税徴収額（租税率表は事前に決定されている）は経済の総需要を決定する原因であるというよりも,むしろその結果である。現在利潤,予想利潤,そして現在の投資需要,これらの間に見られるような密接な関係は,過去および現在の賃金水準や租税水準には存在しない。利潤と投資需要については次のような関係が見られる。すなわち,過去や現在の変数の値が将来の値の予想形成のインプットとなり,将来の値についての予想はまたフィードバックして現在の需要の一部を決定するというような関係である。資本主義経済では利潤は格別の重要性をもった変数である。というのは,利潤は企業自らの負債を有効化しうるキャッシュフローの源泉であり,また予想利潤というのは現在および将来の投資を導く魅力的な誘因だからである。企業が負債の発行によって投資のための資金および資本資産所有のための資金を調達することができるのは,企業が将来利潤を入手しうるとの予想があるからにほかならない。いやしくも投資が実現しつつある資本主義経済はどのように機能するかを明らかにしようとする理論があるとすれば,それは必ずや総利潤の決定と総利潤の分配,すなわち負債利子支払い,家計の可処分所得,および企業内部留保への分配に焦点をあてたものでなくてはならないのである.

新古典派経済理論によれば,利潤は資本の限界生産性に資本の量を乗じた値に等しい。しかし,現実の資本主義経済では雇用,産出量,および利潤は変動するのであって,それゆえこれら諸変数の動きは資本量の変化やその生産性変化によって説明することはできない。さらに,資本の量という概念が

第2章 金融と利潤

そもそも曖昧である．将来の予想利潤の大きさや資本還元率の値から独立であるような資本量概念に，どのような意味を付与できるというのか疑問である．投資財が資本資産ストックに付け加わる際の価格という概念にはなんら曖昧性はない．しかし，その価格はその財の資本資産としての価格を決定するにおいてほとんどあるいは全く重要性をもたない．

投資財の減価償却価値は均衡においては将来利潤の資本化価値に等しい．ほとんどの経済分析では投資財の減価償却価値が資本価値に等しいものとされている．したがって，これらの経済分析は経済が均衡状態にあることを暗に仮定しているわけである．しかし，経済がいつも均衡していると考える経済理論によっては経済変動を説明できない．もし資本価値がいつも投資財の減価償却価値に等しいのであれば，どれほど大規模な外生的衝撃が経済に与えられても，それは経済システムの内部で決定される諸均衡値に影響を及ぼしえない[6]．

新古典派理論では，価格水準と貨幣はいつも産出量の決定や相対価格体系の決定の枠組みの外にある．この思考体系においては貨幣供給の変化が外生的衝撃の変数であっても，それは相対価格——および価格でデフレートした実質利潤には影響を及ぼさず，貨幣価格水準を変えるだけである．それゆえ，新古典派理論は変動する利潤を説明するうえで全く有用性を欠いているのである．のみならず，その理論は資本主義経済の金融構造が経済の動きにどのような影響を及ぼすかを理解する手だてとしても役に立たない．

資本主義経済では産出物（そのどの部分をとるにしても）の総価値は賃金と資本所得の総計に等しい．かくして，消費財についてその産出量の価値（価格に消費財の量を乗じたもの）は賃金額と利潤の合計に等しい．同様に，投資財の価値（価格と投資財の量を乗じたもの）は賃金額と利潤を加えたものに等しい．ここで，大胆ではあるが必ずしも不合理とは言えない仮定を第一次接近として採用しよう．すなわち，賃金のすべては消費財の購入に向け

---

[6] これはかのケンブリッジ・ケンブリッジ論争の核心を，拙ないながらも手短に要約したものである．論争については Harcourt(52)を参照されたい．

られるが，利潤が消費財支出に向けられることは全くないとするのである．このことは，消費財の生産で稼得される賃金と投資財生産でのそれとを合計したものは消費財産出物価値の総計に等しいことを意味する．いうまでもなく，その値は消費財生産における賃金支払いの総額と利潤額の合計にも等しい．消費財生産に伴う賃金額は消費財に対する需要と費用の両面に現れる．そこでこれを式の両辺から控除すれば，

　　　　消費財生産における利潤＝投資財生産における賃金総額

という式が導かれる．この式の両辺に今度は投資財生産における利潤を加えてやると，

　　　　総利潤＝投資

という式を得る．

　このような単純な式は大胆な仮定にもとづいているとは言え，われわれの資本主義経済について多くのことを語ってくれる[7]．消費財生産における利潤が投資財生産における賃金総額に等しいというのは，価格体系が作用する結果として消費財がさまざまの消費者の間に価格により割り当てられることの帰結にほかならない．さらに，同じその命題は消費財生産における労働者が自分たちの生産したものをすべて買い戻すことはできないことを意味している．もし彼らがそうしようとするならば投資財生産の労働者は飢餓に陥らねばならないのである．

　「利潤は投資に等しい」という命題は，投資財生産における利潤が投資財生産における利潤に等しいという恒等式にもとづいている．この同義反復を証明するには投資財生産の金融過程を価格決定のモデルに統合することが必要である．投資財は特別の用途をもったものであることがしばしばであり，一般的には注文生産の形態をとる．投資財の生産には通常一定時間の経過が必要とされ，また，現代的な投資財の場合――その例としては大型のジェット飛行機や原子力発電所をあげることができる――には，その生産は特殊な

---

[7] 利潤および投資に関する命題はカレツキーによるものであり，Kalecki(63)を参照されたい．

第2章 金融と利潤

構成要素の連続的な組立てという形をとる．典型的な投資財の生産では，日付表にしたがって貨幣が順次支出されていき，投資財が最終財となりいよいよ資本資産となる時点で貨幣の受取りと最終財の引渡しが生じるという過程を踏む．建設業において見られる現金支払いと受取りの継起は次のようである．プロジェクトの建設途上では，一時金融ないし建設金融 interim or construction financing という形がとられ，プロジェクトが完了した時点では，本金融ないし引取り金融 permanent or take out financing という形がとられるのである．

投資財生産で使われる資金はしばしば借入れによって調達される．借入資金が用いられる場合には，借り手と貸し手はともに投資財の売上収入が，ある一定の安全の余地を考慮したうえで，負債に伴う現金支払債務を十分カバーするものと期待するはずである．不確実性の要因を所与とすれば，借り手および貸し手によって要請される安全の余地が非常に大きなものとなる可能性はある．したがって，投資財の価値を経常的労働用役費用よりも高からしめる要因は生産過程にある投資財を金融するときの諸条件である．なお，自ら所有する資金についても，これを他の諸活動の金融に用いたならば得られたであろうところの収益〔すなわち，機会費用〕が認識されなければならない．労働用役費用だけが経常的費用（購入原材料等費用）のすべてであるといま仮定すれば，投資財の供給価格は賃金費用に対するマークアップによって与えられる．このマークアップの大きさは金融の利子支払いと貸し手および借り手によって要求される安全の余地の大きさを反映する．

投資財の供給価格は金融市場の諸条件と生産者および貸し手によって要請される安全のためのさまざまの措置とに依存する．生産には時間がかかるということを，また貸し手と借り手の双方はともに不確実な世界の住人であるということを認識し，その結果これに対しては安全のための備えが必要であると考えるならば，異なる産出物の相対価格は金融諸条件と借り手・貸し手が望む安全のための備えとに依存して決まる．

一期間内に生産される投資財の供給価格を進んで支払おうとする人が存在

するのは，資本資産としての投資財需要価格が産出物としての投資財のこの供給価格に等しいか，あるいはそれを上回るかのいずれかの場合に限られる．この点は注目しておいてしかるべきことがらである．ここで需要価格というのは将来利潤を資本還元して得られる価値の大きさである．それゆえ，投資が実行されるのは将来利潤の資本化価値が投資財産出物の供給価格を上回る場合に限ると言うことができる．

利潤と投資が相等しいという命題は，消費財や投資財生産で生み出される賃金所得以外のもので金融されるところの他の消費的支出をも考慮しうるよう拡張できる．とりわけ重要なのは，実現する利潤の大きさが政府予算および国際収支勘定からどのような影響を受けるかを明らかにすることである．まず，連邦政府による消費的支出を考察しよう．

政府は労働者を雇い，生産物を購入し，移転支出を行う．政府支出は政府の被雇用者への賃金支払いと民間産業からの購入代金支払い，および移転支出（政府の負債に対する利子支払いを含む）の合計に等しい．政府の購入代金それ自体も賃金と利潤とに分かれるから，政府支出は結局のところ直接的および間接的賃金支払い，民間との契約にもとづく財の生産による利潤，および移転支出の総計に等しい．

政府は税を徴収する．単純化のため，すべての税は所得税であり，租税収入──ないし租税徴収額──は総賃金の一定割合と総利潤の一定割合とを加えたものに等しいと仮定しよう．

政府の予算状態は政府支出と租税徴収額との差で示される．政府予算を利潤決定の式に統合すると，

$$税引後利潤＝投資＋政府赤字$$

であことがわかる．この式は，戦後われわれが深刻な不況を経験してこなかったことの理由を理解するうえで重要である．

税引後利潤が投資に政府赤字の大きさを加えたものに等しいという命題の一つの含意は，租税が投資と政府財政赤字との総額に影響を及ぼさないかぎり，利潤に課される租税の大きさは税引後利潤の規模になんらの効果ももた

ないということである．しかしながら，租税の対象が賃金から利潤へシフトすると，それはインフレ的な作用をもつ．というのはすべての可処分所得の増大は需要を拡大し，利潤に対する税金の増大は税引後利潤が投資と政府赤字の合計に等しくなるように税引前利潤の水準を高めるからである．税引前利潤とは経済主体ごとの利潤額に経済主体の数を乗じた大きさに等しい．税引前利潤の水準が高まりうるのは産出量が増えるか，産出量単位当りの利潤マークアップ水準が高まる場合である．産出量を増やすような行動が生まれるのは，市場独占力を有する供給者がその独占力の低下を受け入れる産業の場合に限られる．そのかぎりでは，課税対象が利潤にシフトするとすべての生産物価格は上昇する傾向をもつという前提にすべきであろう．

利潤を生み出す過程をさらに拡張して，輸出入，賃金所得からの貯蓄，そして利潤所得からの消費支出の存在を考慮することも可能である．輸入から輸出を控除すると貿易収支の赤字を得るが，これを利潤決定式に考慮すると，

　　　税引後利潤＝投資＋政府赤字－貿易収支赤字

となる．この式の意味することは，貿易収支の黒字は国内の利潤にプラスに作用するのに対して，赤字はマイナスに作用するということである．

次に，賃金所得からの貯蓄や利潤所得からの消費支出をも考慮すると，利潤決定式は，

　　　税引後利潤＝投資＋政府赤字－貿易収支赤字＋利潤からの消費
　　　　　　　　－賃金からの貯蓄

となる．利潤は投資，政府赤字，および利潤所得からの消費支出に対して正の方向に反応し，貿易収支赤字と賃金所得からの貯蓄に対しては負の方向に反応する[8]．

本章の目的にとっては，最も単純な式

　　　税引後利潤＝投資＋政府赤字

が中心的な重要性をもつ．われわれの経済がどのように機能するかを理解す

---

8) 利潤に関するこのような命題は Kalecki(63) のそれである．なお，本書の第5章として転載された Minsky(99) も参照されたい．

るためには，まずこの単純な式の意味を究明し，次に無視された諸要因，すなわち，貿易収支，賃金からの貯蓄，および利潤からの消費支出が経済の動きに対してどのような効果をもつかを考察するという手順をとることができる．

この単純な利潤決定式にもとづく完全な経済モデルを構築するためには，実業界や政府において利用されるさまざまの計量経済モデルと同様，投資と政府の赤字支出をまず説明する必要がある．

投資は期待利潤フロー，既存負債や予想される将来負債を履行するのに必要なキャッシュフロー，投資財および金融諸資産の現在価格，そして資本資産の供給価格などの諸要因がもつ効果を解釈することによって説明できる．その際，つなぎ融資や資産ポジションの金融でのレバリッジ比率を決定する不確実性の状態 stafe of uncertainty を考慮しなければならない．レバリッジ比率は借り手リスク（不確実性）と貸し手リスク（不確実性）の両者を考慮して決められ，したがってそれは投資財の生産水準に影響を及ぼす．

政府赤字は政府支出と租税徴収額との差であるが，このうち政府支出は政府部門での雇用，移転支出計画，および民間産業からの財の購入から成る政策変数である．租税徴収額は政治的に決定される租税徴収表と経済の成果とを反映して決まる．

経済の総雇用（労働用役需要）は政府部門，投資財生産部門，そして消費財生産部門における雇用の総量である．政府部門と投資財生産部門を所与とすれば，これら二部門での労働用役需要は一定となる．投資および政府赤字が所与であれば税引後利潤は既知である．消費財生産部門の利潤は総利潤から投資財生産部門および政府に財を供給する部門の利潤を控除したものである．

消費財生産は，それから得られる利潤が総利潤から投資財生産と政府支出のための生産から得られる利潤を差し引いたものに等しくなる水準まで実行される．ここで二つのタイプの消費財生産を考えることができる．一つは，価格が固定されていて（産出物単位当りの利潤マージンが一定），産出量し

たがって雇用量の方が変化するタイプのものである．二つ目のタイプは価格が自由に変動する産出物の生産である．第二のタイプの生産では支払賃金が一定で，マークアップ率が変化する．支払総賃金は社会の選好体系によって固定価格財への支出と自由変動価格財への支出とに分かれる．賃金所得は固定価格財生産における雇用増加により増大するが，この賃金所得は消費財生産で得られる二つのタイプの利潤総額が消費財生産で稼得されるべき利潤に等しくなるように固定価格財支出と変動価格財支出とに振り分けられる[9]．

貿易収支が赤字であれば，消費財生産から得られるはずの利潤はその赤字分だけ調整されなければならない．輸入は消費の関数と考えられるので，消費財生産から得られる利潤は雇用水準の上昇とともに低下するかもしれない．同様に，利潤所得からの消費支出および賃金所得からの貯蓄は投資および政府赤字の各水準に対応する消費財生産の雇用量に影響を及ぼす．

本節の基本的な視点は，民間の雇用水準が利潤機会の大きさによって決定されるという点である．最も本質的な分析では，経済の総利潤機会は投資の規模と政府部門の赤字額によって決定される形となる．投資および政府支出は特定分野の生産における利潤機会をつくり出し，賃金所得（より一般的に言えば，消費者可処分所得）は消費財生産における利潤機会を生み出す．銀行家の観点からすると，投資財生産では総投資支出が賃金と利潤に分かれる．ところが，これとは異なって消費財生産における利潤は，変動価格財については先決の賃金コストに対するマークアップの変動によって，固定価格財については固定マークアップを前提に雇用量の変動によって決定される．なお，総雇用量（および総賃金額）の水準が固定価格や変動価格で特徴づけられる諸産業の利潤とどのように関係するかを決定するものは家計の選好体系である．

---

9) 最近の多くの著作のなかでは Hicks(56) が固定価格財と変動価格財について多大の貢献をなした．

6. 利潤の決定と財務構造の有効化

　企業の任意の負債構造が有効なものとなりうるか否かを決定する要因は利潤というキャッシュフローである．期待利潤の大きさとその安定性いかんが借り手の企業やこれと取引関係をもつ銀行，さらに経済の富の究極的所有者の三者に受容されうる負債構造を規定する．とりわけ金融債務の不履行が重大な帰結をもたらす原因となる〔資本主義〕経済では，実現利潤がその期待水準から下方に乖離する潜在的可能性があるか否かが受容可能な負債構造を決定する重要な要因となる．

　われわれが定式化した以下のようなさまざまの利潤公式は，受容可能な経常的負債構造を決定するうえで，すなわち有効需要がいまどのような負債でどの程度金融されつつあるのかを決定するうえで重要である．というのは，それらの公式は利潤の潜在的安定性のいかんを規定するからである．

(1)　利潤＝投資
(2)　税引後利潤＝投資＋政府財政赤字
(3)　税引後利潤＝投資＋政府財政赤字－貿易収支赤字
(4)　税引後利潤＝投資＋政府財政赤字－貿易収支赤字
　　　　　　　　＋利潤からの消費支出－賃金所得からの貯蓄

(1)式から(4)式までの諸式は異なった構造をもつ経済を表しており，各構造のもとでは一定期間の予想利潤動向は異なったものとなる．

　最初のケース──(1)式──の経済は，小さな政府と貯蓄をせずしたがって富の蓄積をもたない貧しい労働者，および自己の資本維持・拡大のために消費を抑制し，「手綱をゆるめず」「ピューリタン的」で効率的な経営者から成るところの企業群によって特徴づけられる閉鎖経済である．このような経済では利潤の変動幅は投資の変動幅に等しい．

　第二のケース──(2)式──は大きな政府を伴った閉鎖経済を表す．大きな政府とは政府支出とある所与の租税率表のもとで，投資水準に比較して相

対的に大きな財政赤字を生み出している政府の意味である．仮にこのような政府の赤字の規模が投資の動きと負の相関をもっているとすれば，税引後利潤の変動幅は投資の変動幅に比べ相当程度小さくなるであろう．

　第三のケース──(3)式──は大きな政府が存在する開放経済体系を表している．この経済では利潤フローが投資や政府赤字の動向のみならず貿易収支の動きにも依存する．このことは重商主義的認識──貿易収支の黒字は当該経済に利するところがあるという認識──が有効であることを意味する．

　第四のケース──(4)式──も大きな政府をもつ開放経済体系であるが，ここでは労働者も貯蓄をし負債を発行して消費を金融しうるほどにその賃金所得が十分高くかつ安定的であるとか，また企業組織の経営管理構造が官僚化して経費がかさみそのため利潤のうちの大きな割合が給与支払いや広告費用などの補助的活動を賄うのに費消されるとかいった特徴がさらに付加されている．今日の合衆国経済はこの第四のタイプの経済であると言えよう．

　小さな政府をもつ閉鎖経済（第一のケース）では，債務者がその負債構造を利潤キャッシュフローによって有効化しうるか否かは現在の投資水準に依存している．それゆえ，資本資産ポジションを金融するための負債の利用は投資の予想変動性によって制約される．他方，投資は外部金融するための資金の利用可能性や有利な条件での短期金融の利用可能性（それは資産選好や［銀行］制度の構造次第である）に依存する．したがって，金融の諸条件や予想利潤の変動性は投資水準を変動させ，負債構造が有効なものになるかどうかに影響を及ぼす重要な要因となる．かくして，第一のケースでは，経済が循環的に不安定化する傾向がある．金融市場が生成・発展する結果短期負債の利用可能性は高まるが，その場合に成立しがちな負債構造は，総投資がおそらく長期にわたってはとても維持できそうにない速さで拡張するかぎりにおいてのみ有効なものとなりうるであろう．このような経済ではおだやかな景気後退が頻繁に生起するとともに，深刻な不況が定期的に発生せざるをえない．景気の後退や不況の時期には契約不履行，貸倒れ，および再金融の結果として，既存負債構造のもとでの実際の現金支払債務額は減少する．

第一のケースはルーズベルト時代の改革や世界大恐慌前の合衆国経済を表すものと解釈できる．当時，連邦政府の総予算は粗国民生産に比して小さく，労働者階級の賃金は微々たるものであった．企業はまだ高度に官僚組織化してはいず，個人企業家が中心的であった．このような環境のもとでは，投資の変動性が企業負債の有効化に必要なキャッシュフローの変動性にただちに反映しがちである．利潤が減少すると掛け繋ぎ金融主体は投機的金融主体に，投機的金融主体はポンツィ金融主体に転化しやすい．経済の金融の構造がこのような方向に変化すると，資本資産価格は低下し，その結果投資水準は下落する．金融市場の崩壊が投資減少をもたらし，これがまた利潤を減少させる．かくして，金融上の失敗が投資減少を，それゆえ利潤減少をもたらし，これが金融上の失敗をいっそう多く出現させるといった一連の反復的過程をいとも容易に実現させてしまう．このような過程はアービング・フィッシャー Irving Fisher が1933年に実際に描いたものであって，30年代初期の経済学者はこのような作用様式が現実のものとなることについて十分な認識をもっていたのである[10]．連邦準備制度が創設されたのは，このような累積的デフレ過程の実現を避けるために最後の貸し手が必要であると考えられたからであった．

第二のケースは政府の規模が非常に大きくなり，財政赤字の変化が投資変動の利潤に対する効果を相殺しうるようになった経済の本質的な関係を表している．とりわけ，投資が減少するとき政府支出が増加し政府の収入が減少するならば，利潤フローは安定的に推移するであろう．この経済では金融的な攪乱のゆえに受容可能な金融諸条件が変化すると，投資の減少が生じる．そうすると利潤水準が低下する．この利潤減少は経済の既存の金融状態を変化させずにおかない．つまり，経済の金融状態を集約的に示すところの投機的金融主体やポンツィ金融主体のウエイトが上昇することになるのである．このことの結果，資本資産価格は低下し，投資水準はいっそう低下する．し

---

[10] Fisher(31).

かし，この過程は一方で租税収入の減少をもたらし，他方で政府支出（このうち今日大きな割合を占めるものには移転支出がある）の増加をもたらす．それゆえ政府の赤字は拡大する．投資水準の低下は利潤を減少させるが，政府財政赤字の拡大は利潤を高める．かくして利潤が減少する潜在的可能性はこの場合小さくなっている．政府赤字によって利潤が維持・拡大されるので，投機的金融状態およびポンツィ金融状態のウエイトが高まるという負債構造のこれまでの変化の方向は，ついには逆転する．粗利潤フローが安定し，現存の負債が削減されたり借り替えが進行して，別の金融状態への再構築が進められる[11]．

標準的な経済分析では，政府支出が総需要(Y)それゆえ雇用水準に対してどのような効果を及ぼすかに焦点が絞られる．したがって標準的な定式化（$Y=C+I+G$）においては，政府支出の拡大や租税収入の減少がもつ効果は消費(C)，投資(I)，政府支出(G)の値がより大きくなることに反映するのみである．これらの変数の値がより大きくなれば，政府の規模が小さい場合に比べてより高い雇用水準が実現する．本節での先述の分析によれば，政府の所得・雇用拡大効果は政府の，しかも大きな政府の，利潤増大効果によって強められるのである[12]．

---

11) 現在（1980年）の合衆国経済では，失業率の任意の1％ポイント上昇は民間経済主体の赤字270〜300億ドルの増大と関係するものと推測される．したがって，将来の政府予算が7％の失業率で均衡するのであれば，連邦議会が経済拡張的な租税政策や拡張的支出活動をとらないとしても10％の失業率は800〜900億ドルの財政赤字と結びつくことになる．

12) さまざまな政府系機関や民間の予測サービス機関が経済予測のために利用している計量経済モデルは $Y=C+I+G$ の式にもとづいている．ひとたびこの式に基礎づけられると，金融の側面に対する考慮は体系のビヘイビアーを決定する上で末梢的な役割しかもたなくなる．筆者の知るかぎり，負債の存在や負債構造を有効化するための利潤の必要性，さらに資産の市場価格などをいかなる意味においてであれ本質的な形で統合した予測モデルやシミュレーション・モデルはまだない．上記のようなモデルが現実適合性をもつのは，せいぜい金融的静穏が支配的であった1946-65年の時期に限られる．

安定化政策についてはこれまでも多くのことが語られてきた．しかし，真に問われるべきことがらは「景気後退や不況の脅威を封じ込め，累積的下降過程を食い止めるには一体何を安定化させる必要があるのか」ということである．これに対して上述のわれわれの議論から得られる答えは，利潤の下方への変動性を抑制するという意味において利潤を安定化させることであるということになる．大きな政府と大きな政府が存在するもとで生じる財政赤字は経済の安定化にとって重要である．それは大きな政府が利潤フローを安定化することになるからである．

　大きな政府のこの利潤安定化効果から，借り手や貸し手は利潤の下方への不安定性は減退したものと認識するに至る．しかし，ひとたびこのような認識が成立すると企業や銀行が負債金融に依拠しようとする意欲と能力は高まる．その意味で政府の利潤安定化効果はまた新たな不安定化への種をやどしていることにも注意しておく必要がある．負債を有効にするためのキャッシュフローが大きな政府の利潤拡大効果によって実質的に保証されると，負債の発行によって資本資産ポジションを金融しようとする傾向はかえって助長されることになる．また，総利潤の下方への変動性が政府赤字によって抑制されることからインフレ的な経済体質がもたらされる．

　第三のタイプの経済は大きな政府をもつ開放経済であった．貿易収支が利潤の動向を決定する上で重要な意味をもつためには，輸出入の水準が投資と同様の規模をもたなければならない．利潤の大きさが国内生産者の投資意欲と投資を行う企業の負債金融能力を決定するものであるならば，貿易収支の黒字は急速に発展する経済にとって利するところが大きい．しかし，国内利潤が大幅な貿易収支の黒字に依存する経済は，この黒字収支を逆転させるなにがしかの要因が作用すると（それがいかなる要因であれ）その非常に脆弱な体質を露呈せざるをえなくなるということに注意しなければならない．

　日本の経済はいくつかの点において非常に脆弱な側面をもった開放経済である．日本の製造業の諸企業は大量の負債金融に依存し，その産出物の大きな割合を輸出している．日本の貿易収支が逆転すれば，政府赤字が突出しな

いかぎり，負債の有効化は困難となるであろう[13]．

　小さな政府をもつ開放経済体系では次の利潤式が成立することを付言しておいてもよかろう．

（3a）　利潤＝投資－貿易収支赤字

である．このような経済では貿易収支赤字の急増──または貿易収支黒字の急減──は利潤の壊滅的減少を招き，その結果経済の金融の構造全体を崩壊させる可能性がある[14]．

　第四のケースは合衆国経済にとってはもっとも現実的な利潤決定式である．ただし，賃金所得からの貯蓄性向や利潤所得からの消費性向についてのデータは利用できない．第四のケースは合衆国経済の動きを分析するのに有益な枠組みであるが，その場合利潤からの消費支出はその大部分が利潤から給与支払いや研究・広告および企業の特別のスタイルに関連するその他の支出に振り向けられたものであると解釈されている．このケースが全体として強調していることは，利潤所得の消費支出への処分は官僚的な企業スタイルのゆえに生じるということであって，こうした消費的支出は発行済み負債と同様，「非裁量的な uncontrolled」支出となりがちである．

7.　統計データにもとづく実証研究

　戦後のわれわれの経済は1939年以前のそれとは異なったビヘイビアーを示すに至った．そのわけを理解するには，経済の総需要の全体の輪郭がどのように変化してきたかを正しく把握し評価しなければならない．また1960年代

---

13)　1974-75年に生起したことはまさにこのようなことにほかならない．石油価格の急騰と合衆国の景気後退は日本の貿易収支を大幅な赤字に転じ，企業倒産の波をもたらした．しかし，日本経済はインフレーションによってこの危機を脱した．

14)　スムート-ホーリー関税 Smoot-Hawley Tariff は小さな政府をもつ多くの国の収支を変化させ，その結果，発展しつつあった国際的な不況過程をいっそう悪化させた．スムート-ホーリー関税がかの大恐慌の原因ではないとしても，それが大きな収縮過程を増幅した一つの要因であったことは確かである．

半ば以降の経済が第二次大戦後当初の時期に比べて，なぜ異なった行動を見せるようになったのかを理解するためにも，金融面でどのような構造的変化が生じたのかその概略を把握することが不可欠である．需要全体の輪郭が変化することによって投資の変動に対する総利潤の反応は変化し，その結果企業がその負債を有効化しうる能力の循環的変動もまた影響を受けた．金融面の構造的変化の結果として，投機的金融状態やポンツィ金融状態の経済に占める比率が高まってきた．そのため再金融の危機 refinancing crisis あるいは負債有効化の危機 debt validating crisis が生じた場合，これらの危機に対処する金融システムの脆弱性は高まった．このような一連の変化の結果，最後の貸し手としての連邦準備の介入や政府財政赤字によって企業利潤を維持するような，反循環的財政政策の採用がますます求められるようになってきたのである．

有効需要の大まかな輪郭

1929-33年の大規模な経済収縮は小さな政府の存在という環境のなかで生起したものである．1929年の繁栄の年において粗国民生産は1,034億ドルであり，連邦政府の総支出は財・用役の購入と国民への移転支出を加えても26億ドルであった．同年の投資水準は162億ドルである．33年には経済の大収縮が頂点に達し，ニューディール政策がとられ始めた（ちなみに，ルーズベルトが大統領に選ばれたのは32年11月で，執務を開始したのは翌33年3月である）．その年の粗国民所得は558億ドルで，連邦政府の総支出は40億ドル，投資水準は14億ドルであった．

利潤は投資に政府赤字を加えたものに等しいことを想起しよう．連邦政府が全体で40億ドルしか支出しないのであれば，民間投資支出が148億ドル減少したことによる民間利潤削減効果を政府財政赤字で相殺することはできそうにもない．29年の企業の粗留保利潤は117億ドルであった．33年には32億ドルとなっている．33年当時に存在する負債はそれ以前の時期に発行されたものを引き継いだ遺産であって，そのかぎりでは繁栄の時期に発行された負

債の現金支払債務がいまや不況時の所得キャッシュフローによって履行されなければならないということ，これが企業金融上の大問題である．

　1929年時の162億ドルの投資と26億ドルの政府支出の水準においては，投資の減少を相殺するに足る政府支出の自動的ないし半自動的調整は期待できない．29年と33年の間に投資は148億ドル減少（162億ドルから14億ドルの水準へ）し，政府支出は14億ドル増加（26億ドルから40億ドルの水準へ）した．その結果，企業の粗留保利潤——これは投資を金融したり満期に達した負債の元本支払いに充当するのに利用可能な内部資金量の目安となる——は29年の117億ドルから33年の32億ドルへと下落した．

　1973-75年の景気後退は戦後において最も底が深くまた長期に及んだ停滞であった．もちろん，1929-33年の大きな経済収縮に比較すればとるに足らないが，比較の対象としてはこれを取り上げるのが最も望ましく思われる．1973-75年の時期の経済収縮は大きな政府が存在するもとで生じたものである．73年の粗国民生産は1兆3,066億ドルで，政府総支出は2,650億ドルであった．すなわち，連邦政府支出は粗国民生産の20.3％を占めていたのである．他方，同年の投資水準は2,206億ドルであり，対国民生産比率は16.9％であった．

　1973-75年の景気後退における投資や政府支出，さらに利潤の大きさの推移は1929-33年の動きとは鋭い対照を見せている．産業生産指数でいえば，1974年9月の125.6から75年5月の109.9への低下には実に激しいものがある．74年7月の500万人もの失業者数は75年5月にはピークを迎え825万人に達した．これは大きな衝撃として受け止められた．それというのも，1年以内に失業率は5％近傍から9％の水準へと跳ね上がったことになるからである．しかし，産業生産指数がこのように急減したにもかかわらず，企業の粗留保利潤は73年から75年にかけて大きく増加した．同じ期間，粗投資水準は2,202億ドルから1,909億ドルへ約293億ドルの減少を見た．それに対して，政府支出は2,650億ドルから3,568億ドルへと918億ドル増加した（その，すべてではないにしても，多くは移転支出で占められている）．この結果失業

第1表 粗国民生産とその構成額（1929-79年）　　　（単位：10億ドル）

年	粗国民生産	消費	投資	政府総購入	連邦	州・地方	対個人移転支出	輸出	連邦政府支出	企業粗留保利潤
1929	103.4	77.3	16.2	8.8	1.4	7.4	0.9	7.0	2.6	11.7
1933	55.8	45.8	1.4	8.3	2.1	6.2	1.5	2.4	4.0	3.2
1939	90.8	67.0	9.3	13.5	5.2	8.3	2.5	4.4	8.9	8.8
1949	258.0	178.1	35.3	38.4	20.4	18.0	11.7	15.9	41.3	31.4
1959	486.5	310.8	77.6	97.6	53.9	43.7	25.2	23.7	91.0	58.5
1969	935.5	579.7	146.2	207.9	97.5	110.4	62.7	54.7	188.4	101.7
1973	1,306.6	809.9	220.2	269.5	102.2	167.3	113.5	101.6	265.0	140.2
1974	1,412.9	889.6	214.6	302.7	111.1	191.5	134.9	137.9	299.3	137.9
1975	1,528.8	979.1	190.9	338.4	123.1	215.4	170.6	147.3	356.8	176.2
1979	2,368.5	1,509.8	386.2	476.1	166.3	309.8	241.9	257.4	508.0	276.0

（資料）　1980年1月の大統領経済教書の203ページ，B1表．ただし，個人対象の政府移転支出は223ページのB18表，連邦政府支出は288ページのB72表，および粗留保利潤は213ページのB8表である．

第2表 粗国民生産とその構成比（1929-79年）　　　（単位：％）

年	粗国民生産	消費	投資	政府総購入	連邦	州・地方	対個人移転支出	輸出	連邦政府支出	企業粗留保利潤
1929	100.0	74.8	15.7	8.5	1.2	7.2	0.1	6.8	2.5	11.3
1933		82.1	2.5	14.9	3.8	11.1	2.7	4.3	7.2	5.7
1939		74.2	10.3	15.0	5.8	9.2	2.8	4.8	9.8	9.7
1949		69.0	13.7	14.9	7.9	7.0	4.5	6.2	16.0	12.2
1959		63.9	16.0	20.1	11.1	9.0	5.2	4.9	18.7	12.0
1969		62.0	15.6	22.2	10.4	11.8	6.7	5.8	20.1	10.9
1973		62.0	16.9	20.6	7.8	12.8	8.7	7.8	20.3	10.7
1974		62.9	15.2	21.4	7.9	13.5	9.5	9.8	21.2	9.8
1975		64.0	12.5	22.1	8.1	14.1	11.2	9.6	23.3	11.5
1979		63.7	16.3	20.1	7.0	13.0	10.2	10.9	21.4	11.7

（資料）　第1表に同じ．

率が上昇し産業生産は大幅に減少したにもかかわらず，企業の粗留保利潤は73年の1,402億ドルから75年の1,762億ドルへと増大したのである．これは360億ドルの増加ないし25.7％の成長率である．

　利潤決定式に入るのは，正しくは政府支出ではなく財政赤字額である．1929年に連邦政府は12億ドルの黒字を示し，33年には13億ドルの赤字となっ

た．この間の変動幅は25億ドル，29年の粗国民生産に比して2.4％の大きさである．他方，73年の財政赤字は67億ドルで，75年には706億ドルであった．すなわち，639億ドルの財政赤字増加である．この変動幅は対GNP比率では4.7％となる．しかし，より重要な点は政府の財政赤字の変動幅639億ドルは293億ドルもの投資水準の落込みを相殺して余りある大きさであると言うことである．

標準的な政策分析では，大きな政府の存在や政府の赤字支出が利潤に対して及ぼす効果を，したがって金融諸債務を履行する企業の能力に及ぼす効果を見過ごしている．企業が負債に表示されている現金支払債務を充足できなければ，この企業に資金の利用可能性を与える金融の回線は断ち切られてしまう．さらに，企業が債務不履行に重ねて陥ると企業組織および金融機関組織の会計計算において考慮されるはずのリスク・プレミアムは増大しよう．企業投資が減少しても利潤が維持・拡大されるなら企業の貸借対照表の構造は急速に改善されることになる．1973-75年時の景気後退からの速やかな回復の原因は，その大部分を政府財政赤字の存在に帰することができる．1973-75年の期間に，議会および政権が財政の赤字の爆発的な膨張を抑制しようとしていたならば，景気の後退はより深刻化していたであろうし，また長期化していたであろう．と同時に，その場合1979年および80年のインフレ率は実際そうであったほどには高まらなかったであろうと思われる．

1950-75年期間の金融構造の輪郭

1960年代半ば以降，われわれの経済は第二次大戦後の早い時期に比べはるかに大きな不安定性を示すようになった．これはなぜであろうか．そのわけを理解するためには金融構造の変化を検討しなければならない．本章の分析を基礎に合衆国の金融構造の生成・発展を包括的かつ詳細に研究するなら，それはとても有益なはずである．しかし，ここでそれを実行することは不可能である．

およそ完璧な調査・研究をめざすのであれば，さまざまの経済部門の資産

負債構成の変化を追跡し，それが金融諸条件の変化と相まってすべての部門のキャッシュフローに対してどのような含意をもっているかを検証しなければならない．負債の存在から発生するキャッシュフローの構造は資産の所有から生じるキャッシュフローと所得の生産から生じるさまざまのキャッシュフローとを統合した上で検討されねばならない．特に，現金の受取りと現金支払債務の関係の変化および現金支払債務と安全の余地の考慮との間の関係の変化が十分に理解される必要がある．

このような完璧な調査や研究は存在しないから，われわれとしては非金融事業法人，家計，および商業銀行——これら三部門はファイナンスを考慮する単純な経済モデルの基本的構成要因である——に関する時系列データを検討することにしたい．部門分割とこれに関する諸データは連邦準備の資金循環勘定からとった．

非金融事業法人

第1図は1950-79年の間における非金融事業法人の粗内部資金に対する粗固定資本投資の比率の推移を示している．この図のデータは固定資本投資のうちのどの程度が粗内部資金フローによって金融され，またどの程度が外部資金に依存しているかを示す．最初15年間はこの比率に弱い循環と傾向的低下現象が見られる．1950年を無視すると，最高の比率の値は51年の1.15である．1958-67年の間をみると固定資本投資は高くても内部資金の1.05倍でしかない．そしてこの10年間のうち6年間は，固定資本投資が内部資金の量にも満たないでいたことがわかる．

1967年以降，この比率はその変動を拡大するとともに，明白な強い上昇傾向を示している．当該期間の循環的変動は時系列にはっきりと現れている．1970年にこの比率は1.3の水準に達し，72年には1.15まで低下した．74年にはこの比率は1.5よりも大きな値を示し，75年にはかろうじて1.0を超えるにとどまった．しかし，76年には1.0の水準を割っている．ところが79年に至るまでには1.25の値を超えている．内部資金に対する固定資本投資比率の時

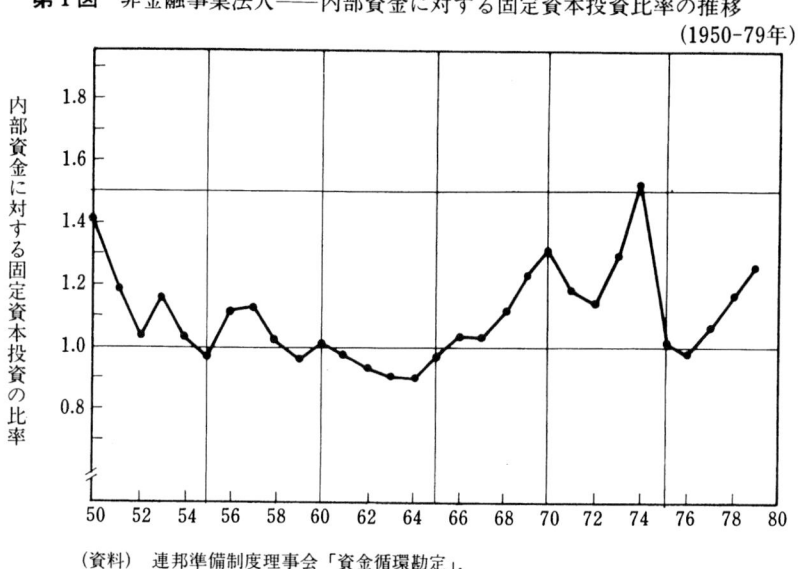

第1図　非金融事業法人——内部資金に対する固定資本投資比率の推移
(1950-79年)

（資料）　連邦準備制度理事会「資金循環勘定」．

系列は経済の運動様式が1960年代半ばに変化したことを示している．60年代半ば以前は事業法人による固定資本投資はほとんど内部資金で賄われてきたのに対し，60年代半ば以降は外部金融への依存度をしだいに高めてきたことが示されているのである．

　第2図は非金融事業法人の内部資金に対する総負債の比率を示す．これは負債から発生する企業の現金支払債務額が債務充当に利用できる資金量に対して相対的にどのような傾向を示してきたかを明らかにしている．負債額は現金支払債務額の代理変数である．もちろん，負債の満期までの長さや負債の利子率が期間単位当りに支払う必要のあるキャッシュフローの大きさを決定することは言うまでもない．また，内部資金単独ではなく，これに利子・配当収入をも加算考慮することが必要である．というのは，その結果得られるものが税引後の粗資本所得の目安となるからであって，それこそが既存の負債構造を有効化しうるかどうかの指標となる真の変数であるからである．

　この粗野な近似的方法においても，1960年代半ばにデータの背後の諸関係

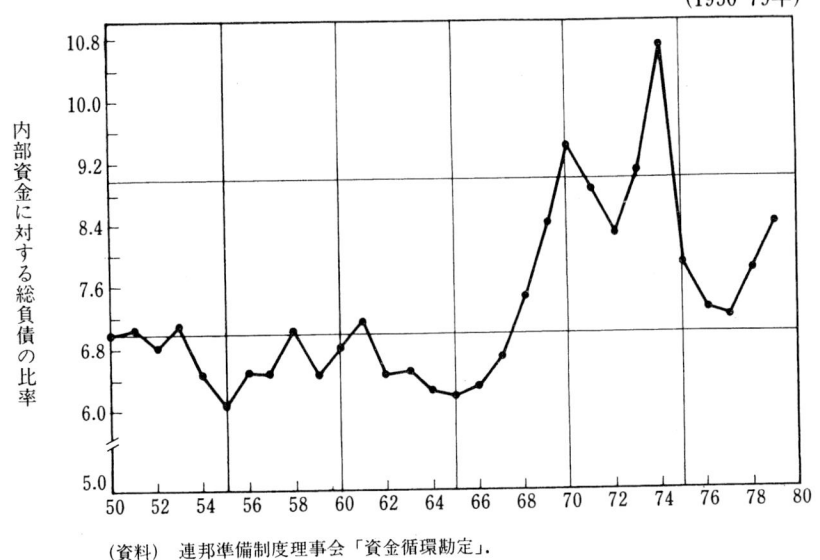

第 2 図　非金融事業法人――内部資金に対する総負債の比率の推移
(1950-79年)

（縦軸）内部資金に対する総負債の比率

（資料）　連邦準備制度理事会「資金循環勘定」．

が変化したことが示される．1967年まではわずかな下降傾向を中心に緩やかな変動が観察される．それ以後，比率の値は強い循環的変動と上昇傾向とを示している．1950年から67年までは内部資金に対する負債の比率が主として6.2から7.2の間にある．67年以降は比率の値が上昇し始め，また鋭い変動を示すようになる．1970年に9.4の高値に達し，72年には8.3へ下落した．そして1977年の7.2まで下落する前に，1974年に10.75というさらに高い水準が実現した．79年にはまた8.5まで上昇した．1970年および74年に再び比率の値が極大に達したことから推測すると，近年の景気循環的拡張期の末期には企業キャッシュフローが負債を有効化する能力は相当大きくなってきたことがわかる．

　第1図および2図は，企業の収益性および現金支払債務の充足能力を測る一つの目安としてのフロー変数（内部資金量）に対し，別のフロー変数（第1図の粗固定資本投資）とストック変数（第2図の総負債額）が相対的にどのような大きさで変動してきたかを示している．第3図は総負債額を要求払

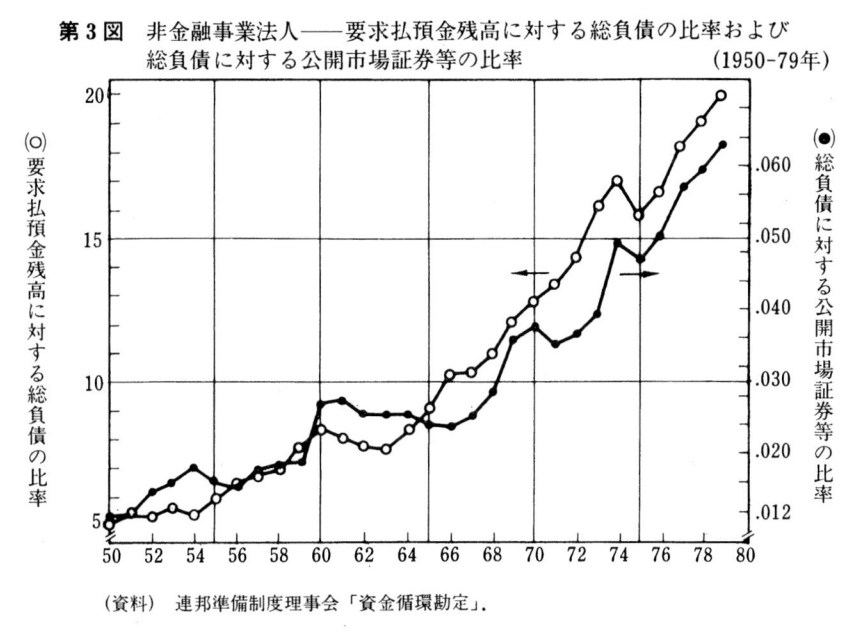

第3図 非金融事業法人──要求払預金残高に対する総負債の比率および
　　　　　総負債に対する公開市場証券等の比率　　　　　（1950-79年）

(○) 要求払預金残高に対する総負債の比率
(●) 総負債に対する公開市場証券等の比率

（資料）　連邦準備制度理事会「資金循環勘定」.

預金残高で除した値の時系列と公開市場証券 open market paper 残高を総負債残高で割った比率の時系列を示している．これらいずれの時系列も非金融事業法人の貸借対照表の質的側面の変化を明らかにしてくれる．要求払預金残高に対する負債額の比率は粗利潤形態のキャッシュフローが中断した場合に，現金支払債務が手元現金によってどれほど充足されうるかを示すものである．もう一つの比率は，企業がその活動を金融するのに不安定な資金源 volatile source や風変りな資金源 exotic source にどの程度依存しているかを測定しようとして採用したものである．「公開市場証券」のなかにはコマーシャル・ペーパー（無担保商業手形）──これは気まぐれで変化しやすい資金源である──と金融会社 finance company からの借入れ──これは通常，コストの高い資金源である──とが含まれる．

　二つの時系列は全く異なった変数であるにもかかわらず，著しく似通った推移のパターンを示している．すなわち，50年代にはどちらかと言えば緩やかな上昇傾向が見られ，60年と66年との期間は平坦な推移を見せている．そ

れ以降は，60年代半ばまでと比較してより強い上昇傾向を示している．ただし，第3図の時系列において最初15年間は比率の値の実際の増加率がバラバラになっている．ちなみに，両方の時系列の上昇傾向が1974年にともに中断しているのは興味深いことである．

　非金融事業法人に関して示されたデータは，1960年代の半ばに何事かが変化したことを暗示している．内部資金に対する負債の比率，要求払預金残高に対する負債の比率，そして総負債額に対する公開市場証券残高の比率は，企業部門がいまや得ることのできるキャッシュフローに比し相対的により大きな現金支払債務を負うていること，のみならず手元現金残高（それは負債支払いに対して配慮されたところの安全の余地の程度を表している）が減少し，気まぐれでどちらかといえば不確実性の高い資金源泉に対する企業の依存度が高まったことを示している．両者の違いは非金融事業法人の負債構造が金融市場の攪乱を増幅させうるということや，そうした攪乱を引き起こすきっかけにさえなりうることを示しているのである．

家　　計

　所得や手元保有貨幣（要求払預金と現金通貨）残高に対する家計負債の比率もまた1960年代半ばに生じた構造的な変化について語ってくれる．ここでも，検討対象となるデータは負債から生じる現金支払債務の代理変数である．現金支払債務についての望ましいデータは利用できないからである．

　家計負債の現金支払債務は典型的には当該個人の可処分所得によって充足される．1950年から65年に至る間，消費者の可処分所得に対する負債の比率は単調に増加し，0.37から0.74へと倍加した．65年から75年まではこの比率が0.74と0.69の間を変動している．その後，76年には0.76，77年には0.8，78年には0.83，そして79年には0.85へと上昇している．1960年代半ば以降に始まった金融的混乱の時期，この比率の値はほとんど変化せず，比率が再び上昇し始める70年代半ばまでほぼ一定の値を維持した．

　第4図から明らかであるように，家計負債の要求払預金と現金通貨の量に

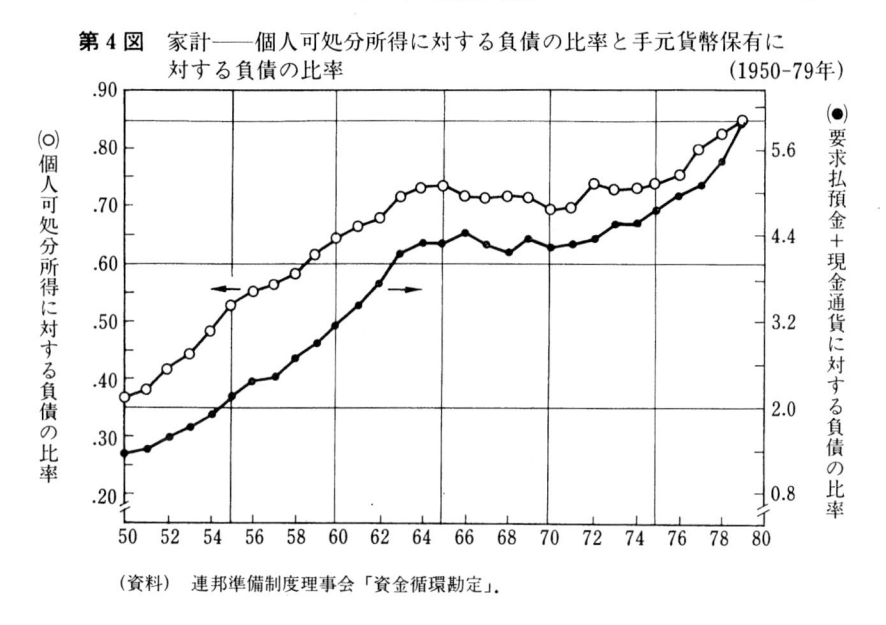

第4図 家計──個人可処分所得に対する負債の比率と手元貨幣保有に対する負債の比率　　　　　　　　　　（1950-79年）

(資料)　連邦準備制度理事会「資金循環勘定」.

対する比率は個人可処分所得に対する比率とほとんど平行的な動きとなっている．

　家計に関するデータによれば，60年代半ばから70年代半ばまでの金融的混乱は主として家計の負債がますます大きな重荷になってきたことによるのではないことがわかる．70年代末における比率の上昇はインフレ期待に対する反応と解釈できる．しかし，そのように解釈できると考えても，長い期間にわたってインフレーションと不安定性とが並存してきたこと自体がその期待形成に影響を及ぼしてきたという点は理解しておかなければならない．

商業銀行

　非金融事業法人や家計において非常に衝撃的であった60年代半ばの急激な変化は，商業銀行に関するデータには発見できない．第5図を見れば，金融的正味資産の総負債に対する比率が50年代を通じて一貫して上昇してきたこと，そして60年にピークに達したのち若干の中断があることを別にすれば，

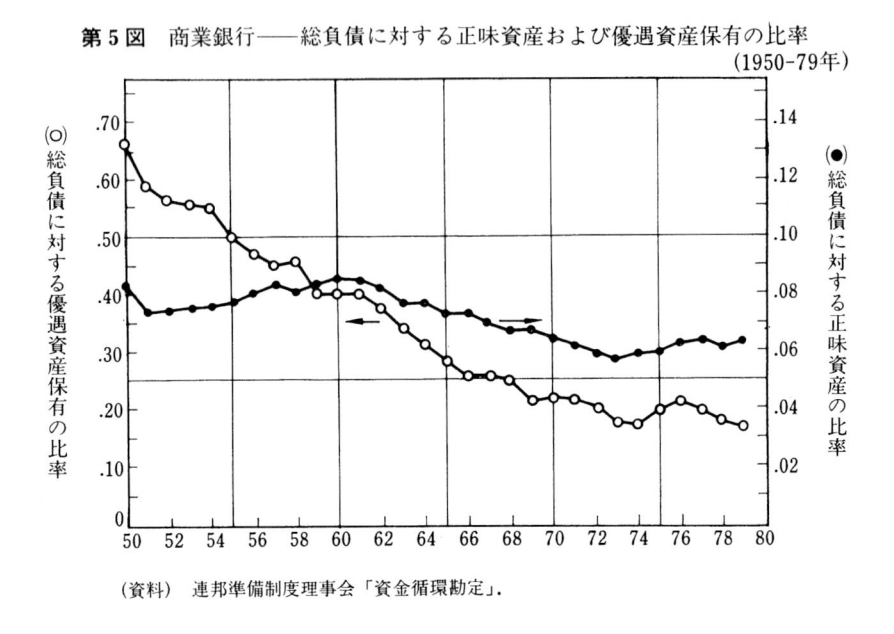

第5図 商業銀行――総負債に対する正味資産および優遇資産保有の比率
(1950-79年)

(○) 総負債に対する優遇資産保有の比率
(●) 総負債に対する正味資産の比率

(資料) 連邦準備制度理事会「資金循環勘定」.

その比率は73年に至るまで低下し続けていることは明らかである．また，1974-75年の金融的困難の時期この比率は上昇したが，それは一時的なことであったこともわかる．

総負債に対する優遇資産 protected asset［合衆国政府証券，手元準備現金，および加盟銀行準備預金］の比率は1950年から74年にかけて着実に低下している（第5図参照）．しかし，1960年代半ばの時期この比率の減少の速度はわずかばかり落ちたように見える．1974-75年の金融的困難が銀行業界に残した外傷は負債に対する優遇資産の比率の増大となって現れている．

第6図には二つの比率――つまり，総負債に対する要求払預金および市場調達資金 bought money の比率――が示されている［市場調達資金とは大口の譲渡可能定期預金証書 NCD，在外の銀行支店預金，連邦資金 Federal funds，レーポー（買戻し条件付き証券売買 security repurchase agrement, 略して repo）および公開市場証券の総計である］．総負債に対する要求払預金の比率は1950年から79年にかけて0.7ほどの水準から0.25の水準へと着実に

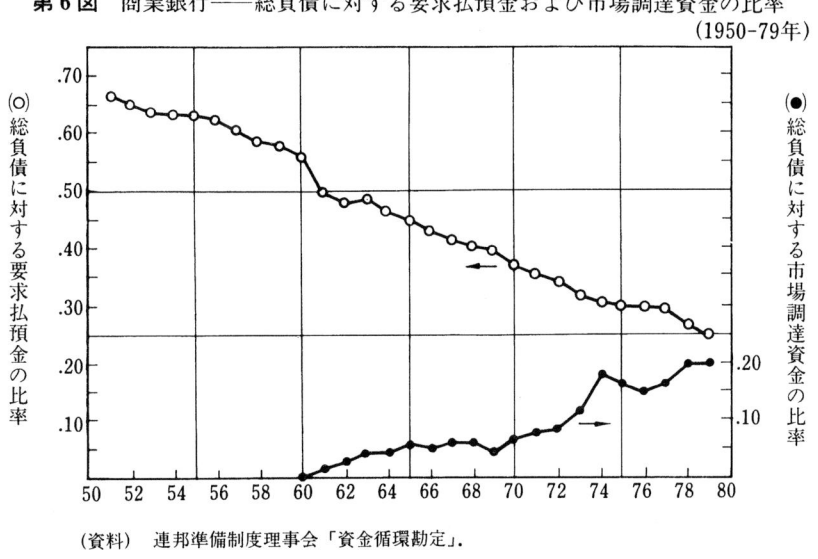

第6図 商業銀行——総負債に対する要求払預金および市場調達資金の比率
(1950-79年)

(資料) 連邦準備制度理事会「資金循環勘定」.

低下している．総負債に対する要求払預金比率の動きは銀行の特性が戦後変化したことを象徴する衝撃的な事柄である．戦争直後の時期，商業銀行は主として優遇資産を所有し，この資産保有を要求払預金で金融していた．近年になると，商業銀行の優遇資産所有は総負債の20％以下に低下してきている．他方，要求払預金は総負債のおよそ25％の比率まで低下してきている．今日の商業銀行は主として民間負債を所有し，これを要求払預金以外の負債で金融しているのである．

1960年の当初，そして69年以降は加速度的に，大口NCD（譲渡可能定期預金証書）や在外支店預金，連邦資金，レーポー，さらに公開市場証券等からの市場調達資金が銀行負債の大きな割合を占めるに至った．これらの負債のうち在外支店預金は戦後一貫して存在してきたものである．しかし，戦後の早い時期にはそれは商業銀行の負債サイドにほんのわずかな部分を占めるにすぎなかった．

1960年以降のNCDの導入とその急速な成長は，銀行業の不可欠な要素と

しての市場調達資金の導入や負債管理 liability management 手法の導入のきっかけとなった．それ以来，さまざまの金融手段が生み出されてきた．しかし，資金循環データとしてとらえられているのはそのうちのほんの一部分でしかない．たとえば，資金循環勘定データでは銀行引受手形 bankers' acceptance や貨幣市場金利 money market rate をつけた商業銀行の定期預金を区別することができない．それにもかかわらず，上述の金融手段だけに限ってみても，これらの市場調達資金は1979年までには銀行の資金源泉としての要求払預金とほとんど同じ程度の重要性をもつに至ったのである．

8. 当初の疑問に対する解答

本章の分析からわれわれは，資本主義経済がどのように機能するかは利潤の水準，その安定性，および将来利潤の見込みいかんに依存するという結論を得た．利潤は企業の行動を動機づける魅力的なものであり，同時にそれは過去の意思決定が現下の経済成果の善し悪しという観点から適切であったのかどうかを判断するうえで最も中心的な企業キャッシュフローである．現在の総利潤フローは過去と現在とを結ぶ連結環であり，将来利潤の獲得という誘惑が現在の利潤フローを決定する要因である．

利潤追求という目的に導かれて投資が実行されると，それは資本資産の追加分になるという副次的な効果をもつ．新たに増加した資本資産は産出物の生産過程に変化をもたらす．実行された投資のすべてが適切であったかどうかによって，有効生産能力の成長径路および使用労働に対する有効産出量比率の変化，すなわち労働生産性の変化が決定される．投資が全体に適切であれば，この投資の結果生じる技術の改善によって，労働費用を上回る十分に大きな利潤マージンが得られる．翻って，それはまた利潤を維持するのに必要とされる十分な大きさの投資を誘因する．これに対して，生産物の増加——もしくは，既存資本ストックで生産される産出量——が適切でなければ，利潤フローは小さくなるであろう．このとき，投資は減少する傾向をもつこと

になる．同様に，対外収支が悪化するとか，家計の貯蓄比率が高まると，利潤フローは減少する．利潤フローの減少は総投資水準を低下させ，したがってまた利潤水準を低下させるといった自己回帰的な過程を始動させることになる．

「大きな政府」が存在する今日のわれわれの資本主義経済では，この自己回帰的ないし反復的な過程の始動が政府財政赤字の利潤維持効果によってすぐにも阻止しうる．政府の赤字が拡大するとき（たとえば，1975年の第2四半期のときのように）企業の総利潤フローは増大する．それゆえ，実現しつつある投資が仮に不適切であってもその投資に対しては十分な利潤が保証されることになる．投資が労働生産性を高めることに寄与しなくても，このマイナスの効果は政府が生み出す赤字が利潤に及ぼす正の効果を通じて相殺される．つまり，大きな政府は非効率的な産業構造を保護する防壁の役割を担ってしまうのである．産出量が減少し，労働生産性が高まらない場合でも，総利潤の水準が維持されたり高められたりするときには，価格水準もまた上昇するであろう．かくして，政府財政赤字によって利潤の維持・拡大が図られると，このことは経済にインフレ要因を導入することになる．ところが，労働生産性が貨幣賃金に比して相対的に高まる場合には，産出量増大による利潤増加が価格水準の低下と結びつきうるのである．

かくして，インフレーションと労働生産性上昇率の鈍化という目下の政策上の問題は，相互に因果の関係に立つというよりは，むしろともに共通の原因の結果にほかならない．利潤の創出が政府赤字によって図られるとしても，この財政赤字は有用な産出物を生み出す意図をもってなされるような政府支出の結果生み出されたものではないということである．このことが両者（インフレと労働生産性上昇の鈍化）の共通の原因となっているのである．

「1946年以降，われわれの経済がなぜ深刻な恐慌を経験せずにきたか」という最初の疑問に対して，次のように答えよう．それは大きな政府の存在によって1929-33年のような利潤の崩壊が生じるのは不可能になったからであると．失業率が増加するときは，いまやいつでも政府の赤字が膨張し，企業

の総利潤は維持される．大きな政府は三つの意味における経済安定化装置である．すなわち，財・用役の需要者としての効果，政府赤字により企業利潤の創出を図る効果，さらに民間負債に対する投資が忌避される時期にこれに代わる高品位の貸倒れ危険のない負債を金融市場に供給するという効果の三つである．しかし，経済安定化装置としてのこの大きな政府の存在はそれ自体その後に長く続くところのインフレーションを加速する契機となる．

われわれが1946年以降深刻な恐慌を経験しなくなったについては第二の理由がある．持続的な経済成長を金融していくことの当然の帰結として1960年代半ばに脆弱な金融構造が顕在化したが，金融恐慌の懸念があるときはいつでも連邦準備が最後の貸し手として強硬に介入するようになってきたということである．連邦準備によるこの介入は経済が底の深い不況に落ち込むのを避けるのに有効であった．しかし，同時にそれはどちらかといえば緩やかな不況に続くところの回復過程を必ずやインフレーションが伴うものにしてしまったのである．

1946-65年期の平穏な成長期から近年の混乱期への移行は，おもに企業や家計，そして金融機関の金融上の諸関係が変化したことによってもたらされたのである．第二次大戦が終息した当初の時期には保守的な金融の枠組みが存在していた．それは戦時金融の遺物的な金融構造と大恐慌の経験を反映したポートフォリオ選好態度とが存在した結果である．また，銀行がその総負債の60％に当る部分を優遇資産（おもに合衆国政府債務）で所有していたような経済では，金融恐慌はそもそも生じようがない．同様に，当時の家計および企業の貸借対照表と負債－所得の関係は現金支払債務をいとも容易に充足させうるものであった．

われわれの分析によれば，スタグフレーションは大不況もしくは深刻な不景気を成功裡に回避したことの対価である．60年代半ば以降負債デフレーションを避けるためにとってきた政策技術は，インフレーションの段階的な加速化に対して明らかに責任があると思われる．われわれが展開した議論によれば，インフレの段階的な加速は企業の分不相応な負債構造と誤れる投資決

定を政府の財政赤字によって有効化したことの一つの派生的帰結である．インフレーションが成長率の鈍化と結びついて存在するようになったのはこのためである．企業は調達資金のますます多くの部分を負債発行に依存し，企業意思決定の時間視野は終始ゆとりのない負債構造のもとで短期化しつつある．経済の混乱そのものが慎重な投資とそのための資金調達行動に対してマイナスの効果を与える．60年代半ば以降経済全体の調子が芳しくないために，資本蓄積や経済の長期的発展よりも短期的な投機に関心が集まるようになってきたのである．

　本章の結論は次のようである．1960年代半ば以降の合衆国に内在する明白な問題は政府財政赤字の気まぐれな変動の結果でも，貨幣供給コントロールの失敗の結果でもない．存在する問題は，われわれの経済が一連の成功的な発展の期間に必然的にたどらざるをえない正常な径路の反映にほかならない．われわれが経済活動をもっと首尾よく営めるようになるためには，大量の負債を担った金融の構造に原因をもつ不安定性を減少させるように，われわれの経済構造を変えなければならない．

第3章 金融的不安定性の仮説[*]
――「標準理論」に代わるケインズ解釈――

1. はじめに

シカゴ大学のジェイコブ・バイナー教授 Jacob Viner はケインズ『一般理論』について長大で真摯な批評論文を著した．これはケインズから反論を引き出しえた唯一の批評論文でもあった．バイナー教授の見解はこうである[1]．『一般理論』は伝統経済学から真に袂を分かつものではなく，ケインズが到達した新しい結論は貨幣の流通速度が可変的であって価格・賃金は硬直的であるという仮定から導出されたものであると．バイナー教授の批評論文は新古典派総合をめざすものであって，やはり同じシカゴ大学のパティンキンの仕事[2]は新古典派総合への努力が頂点を極めたものであると言ってよい．

ケインズはバイナー教授への反論において，バイナー教授のケインズ解釈を退け，『一般理論』の骨子を簡潔に再述しようとした[3]．ケインズの反論は新しい考え方を伝統的な見解の轍から解放するカギになるととらえるならば，得られる解釈は必然的に次のようになろう．すなわち，『一般理論』は「経済の産出量および雇用量がなぜかくも変動しやすいのかという疑問に解答を用意しようとした理論である」という解釈[4]である．ケインズの議論に

---

[*] 本章は Minsky(97)から転載したものである．
[1] Viner(130).
[2] Patinkin(108).
[3] Keynes(66).
[4] Keynes(66), p. 221, 訳書291ページ.

忠実な『一般理論』解釈は，ヒックス＝ハンセン流のケインズ理論定式化[5]や新古典派総合のいずれとも相容れない．バイナーに対するケインズの反論に即して『一般理論』を忠実に解釈するならば，われわれは資本主義経済の諸過程を理解する上で標準的新古典派理論よりもいっそう適切かつ有用な理論を得ることができるであろう．ケインズ解釈を基礎に構築されるこの理論が「金融的不安定性の仮説」[6]にほかならない．

本章の主要な目標は金融的不安定性の仮説を簡潔に述べ，支配的な新古典派総合に比べてその考え方がなぜわれわれの資本主義経済の理解により適切であるのかを手短かに示すことである．しかし，金融的不安定性の仮説を述べる前に，バイナーに対するケインズの反論（およびこれにもとづく『一般理論』解釈）が金融的不安定性の仮説とどう結びつくのかを明らかにするために若干の議論を行っておこう．

金融的不安定性の仮説がケインズ解釈として正当であるかどうかは，この仮説がわれわれの資本主義経済にどの程度よくあてはまるかといった議論に比べればさほど重要でない．しかし，ケインズと金融的不安定性の仮説との関連性を強調しようとするのは，筆者が過去10数年におけるクレジット・クランチやその他の金融的攪乱の存在を観察して，この経験上の視点からケインズを理解しようとする筆者の試みのなかにこの仮説が芽生えたものだからである．『一般理論』の懐妊期間に極端な金融的攪乱が起きたにもかかわらず，『一般理論』以降の多くの解釈学的文献は金融的不安定性の存在を無視してきたと言えよう．

---

5) Hicks(54)および Hansen(50)．
6) G. L. S. シャックルはバイナー教授への反論 Keynes(66)がケインズ貨幣思想の「究極的な抽出物」であると長らく主張し続けてきた．Shackle(116)を参照せよ．なお，この代替的解釈＝金融的不安定性の仮説の正当性をめぐる詳細な議論としては Minsky(95)を参照されたい．

2. ケインズのバイナーに対する反論に沿う『一般理論』解釈

　ケインズ時代の標準的経済理論および現在支配的な新古典派理論の観点からすれば，金融恐慌も深刻な雇用・産出変動もともに異常な現象と映らざるをえない．言い換えれば，これらの理論はこのような諸現象に対してなんら説明を与えることができないでいる．『一般理論』において展開された資本主義経済過程に関するケインズの考え方は，金融的不安定性や産出量の不安定性が不確実性に直面した市場行動の結果として生じることを説明しようとしたものである．しかし，不幸にもこの新しい理論の内容は伝統的理論の名残りによってしばしばぼかされてきた．そして，この新しい理論についての明瞭かつ厳密な論述はケインズがバイナーに対して反論を差し向けるまではなされなかったのである．バイナーに対する反論をカギに，『一般理論』の解釈を試みると，それは標準的な解釈から著しくかけ離れていることがわかる．

　新しい理論は投資決定が資本主義的な金融慣行を前提にしてなされ，経済全体の活動水準を決定する重要な要因になると考え，この投資の過程に焦点を絞ろうとしたのである．バイナーに対する反論において，『一般理論』の主要な見解は金融市場に作用する不均衡化の諸力をめぐるものであるとケインズは主張している．こうした不均衡化の諸力が経常産出物価格に対する資本資産の相対的価値に直接影響を及ぼす．そしてこの相対価格比は金融市場の繁閑の諸指標と相まって投資活動の規模を規定する．このように見れば，『一般理論』の関心は上記二組の価格（資本資産や金融資産の価格と経常産出物の価格や賃金）が経済の異なる諸力から影響を受けつつそれぞれ異なる市場でどのように決定されるかという点，およびこのような経済がなにゆえに「かくも変動しがちであるのか」という点にあることが理解されよう．

　標準的経済理論――すなわち，新古典派総合――の構成は次のようである．すなわち，あたかも村の定期市で行われるであろうような物々交換をまず考

察し，ついでこれを基礎にして生産，資本資産，貨幣，そして金融資産を順次導入するという理論構成である．なるほど，このような「村の定期市パラダイム」によって分権的市場メカニズムが整然とした帰結をもたらしうることを示すことはできる．しかし，この斉一的な姿が定期的に見られなくなる事態を内生的な現象として説明することはできない．ケインズの見解では，整然とした状況が打ち砕かれるのは資本主義的金融慣行と投資活動を媒介とした金融的拡散性とに原因があるとされる．なぜそうした現象が生じるのかを説明するためには，村の定期市パラダイムと経済取引をたんに円滑化するにすぎないと見なされるところの貨幣概念の両方を廃棄処分にするほかない．

　ケインズが『一般理論』で採用したのはいわば「シティー・パラダイム」ないしは「ウォール・ストリート・パラダイム」というべきものであった．ここでは，経済がウォール街の投資銀行家の会議室の窓から観察されている．理論化の作業は発展した金融機関をもつ貨幣経済をまず前提する．このような経済では，貨幣は経済取引が実現するために必要な欲求の二重一致 double coincidence of wants の問題を解消するだけの，一般的な交換基地的役割にとどまるものではない．むしろ，貨幣は資本資産保有が金融されるときに創造される特別のタイプの債券である．貨幣に関するこの概念がはっきりと述べられたのは，ケインズの1931年の論文においてであった．

> 　われわれの資本的富を構成するものには実に多くの実物資産がある．たとえば，建物，商品在庫，生産過程上もしくは輸送途上の財などである．しかし，これら資産の名目的所有者がその資産を所有するためには貨幣を借り入れることがしばしばである．富の実際の所有者は実物資産に対してよりも貨幣に対して相当程度の請求権を有している．この「金融」の相当部分は銀行システムを介して生じる．銀行システムとは，貨幣を貸す預金者と実物資産の購入を金融するための貨幣を借り入れる銀行顧客との間にそれ自身の保証を介在させようとする装置である．実物資産保有者と富の所有者との間に貨幣のベールをかけるというのは現代社会のとりわけ際立った特徴であると言わなければならない[7]．

---

7) Keynes(68), p.151.

第3章 金融的不安定性の仮説

「実物資産と富の所有者」の間の金融的ベールという意味のこの貨幣概念は，銀行家が貨幣を観るごく自然な方法であり，ケインズの見解と資本主義経済の双方を理解する上で基本的に重要である[8]。

ケインズの観点からすれば，われわれは「変化してやまない将来予想という要因が，経済の雇用量に影響を及ぼしうるような」世界に住んでいるのである[9]。変化してやまないこの将来予想要因が最も直接に影響を及ぼすのは，資本資産の市場価値や金融資産の価格，および負債構造に関連する企業家およびその銀行家たちの行動などに対してである。ひとたび金融の視点が取り入れられると，ある商品が追加的に経済システムに導入されるのとちょうど同じような流儀で経済分析から時間概念が捨象されうるとは考えられなくなる。ケインズ理論においての「時間」は歴史的時間 calendar time であって，将来はいつも不確実である[10]。かくして，投資決定とそのための金融の意思決定は御しがたい不確実性に直面したままでなされることになる。そして，不確実性が存在するということは将来予想が短期間のうちに大きく変化しうることを含意する。変化してやまない将来予想は，とくに資本資産価格と経常産出物価格との相対的関係やさまざまの資本資産と金融諸資産の相対価格にも影響を及ぼす[11]。

ケインズの考えによれば，資本主義経済には実際に観察される経済の不安定な動きをもたらす金融上の属性がある。発展した金融システムをもつ経済では，金融的ベールが狭義の——あるいは広義の——いかなる貨幣概念以上にも多くの金融諸資産を内包している。とりわけ，貨幣を金融の視点からと

---

8) Dillard(20)のケインズ解釈は，ここに提供した解釈の方向に大きく踏み出したものと言えよう。しかし，不幸にもその論文はあまり大きなインパクトをもちえなかった。
9) Keynes(65), p. xxii, 訳書 xxvi ページ。
10) Hicks(57)(pp.135-51)は，IS-LM 曲線に体化された「箱庭的ケインズ均衡理論 potted equilibrium version of Keynes」を最終的に棄てた。IS-LM はいまやケインズ理論の核心を見失っており，それは現実の時間過程と不可分に存在するありのままの経済にはあてはまらないとヒックスは断言している。
11) Keynes(66).

らえるケインズの見方は「貨幣が経済システムのなかに本質的かつ独特の仕方で組み込まれている」[12]ことを主張するものである．この点でそれは古典派経済理論や今日の標準的な新古典派経済理論と顕著な対照を見せている．これらの経済理論では貨幣が経済の本質的ビヘイビアーに影響を及ぼすことはないからである．

　学説史上の興味深い問題として，ケインズ『一般理論』にはそのすぐれた内容について景気循環論的解釈を許すような側面が欠けているのではないかと言う点についての議論がある．しかし，本章ではこの問題に触れない．それよりも以下では，「景気循環現象」[13]を説明する一つの理論として「金融的不安定性の仮説」を提示し，これをもっぱら論述することにしたい．この仮説は標準的解釈とは異なる，多くのケインズ解釈の一つにすぎない[14]．この解釈の正当性を主張すべくこれ以上証拠だてすることはよそう．ケインズ解釈の一つを提示するというよりも，現在の標準的新古典派理論に代わる代替的理論を提示することに本来のねらいがあるからである．

3. 金融的不安定性仮説の資本主義観

　第二次大戦後の最初20年間は金融的平穏とでも言いうるような時期であった．この時期，金融恐慌や（アービング・フィッシャーが描いたような）[15]負債デフレーション過程のごとき深刻な脅威は全く生じなかったからである．しかし，1966年以降の10年間は金融的混乱の時期として特徴づけることができる．この時期には三つの金融恐慌の脅威が生じ，潜在的な恐慌の芽をいち早く摘み取るために連邦準備の貨幣市場や金融市場への介入が要請された．

---

12) Keynes(65), p. xxii, 訳書xxviページ．
13) Keynes(65), p. 313, 訳書313ページ．
14) Davidson(19)，Weintraub(131)，およびLeijonhufvud(73)は標準的解釈とは異なるケインズ理論解釈を行っているなかの代表的なものである．
15) Fisher(31)．

連邦準備による特別の介入を必要とした戦後初の金融恐慌の脅威は1966年のいわゆる「クレディット・クランチ」であった．これは銀行の譲渡可能定期預金に対する「取付け騒ぎ」を中心とした出来事であった．第二番目は1970年に生じたもので，ペン・セントラル鉄道の倒産に引き続いて起きたコマーシャル・ペーパー市場での「取付け騒ぎ」が，当時の金融的混乱の中心的な事柄であった．第三番目の恐慌の脅威は1974-75年に生じたもので，巨大銀行の投機的活動を中心に起こったと言ってもよかろう．その原因は経済の多くの主体がその金融的ポジションを過大に拡張しすぎたことにある．この第三の事件の渦中で50億ドルもの資産（1973年12月時点）をもつニューヨーク・フランクリン・ナショナル銀行がその海外支店に対する「取付け騒ぎ」から倒産した．

　このような近年の金融的不安定性は，第二次大戦以前の資本主義経済を特徴づけた規則的な循環現象の再現にほかならない．それゆえ，金融恐慌は偶発的出来事であるというよりもむしろシステマティックなものであると考えるほうが適当であろう．この観点からすれば，戦後の最初20年間金融恐慌が存在しなかったことこそ異常な現象であると言わなければならない．しかし，これは大恐慌の苦難とこれに続く大戦の経験から生まれた著しく堅固な財務構造 robust financial structure の存在によって説明できよう．ところが，60年代中期以降になると資本主義的金融制度をもつ経済は歴史的に有してきた恐慌体質から派生するビヘイビアーを再現するようになったのである．このような時期と大戦前の時期との相違は，前者においては連邦準備制度ととてつもなく巨大化した政府部門の存在が有する，所得や雇用に対する効果および金融的効果によって金融恐慌の芽が早いうちに摘み取られてきたという点にある．しかしながら，この面での成功は副作用を伴った．金融恐慌を未然に防ぐことに成功するたびにインフレーションが加速度的に高まったからである．

　経済をウォール街の会議室から眺めると「ペーパー社会」が見えてくる．すなわち，今日あるいは明日に現金を支払うという取り決めから成る社会で

ある．このような現金の流れは，今日の貨幣が将来の貨幣と交換されるという，過去になされた契約の遺物にほかならない[16]．さらに，将来のある時点で現金を支払うという契約が，今日の現金と交換される取引もある．この〔契約からなる〕ペーパー社会が存立可能であるかどうかは，企業組織や家計，および州や市町村などの政府部門が所得創出過程にたずさわる結果として受け取るキャッシュフロー（あるいは経常費用と租税を除く粗利潤）の大きさに依存する．

しかし，ここで焦点はおもに企業負債にしぼられる．というのは，企業負債は本質的に資本主義経済に特徴的なものだからである．企業負債がその契約通りに有効に履行されるためには，ほとんどすべての企業が負債の支払いあるいは借替え金融に必要な粗現金支払いを十分に満たすだけの余剰（労働費用・原材料費用を上回る余剰）を稼得できなければならない．すなわち，そのことが保証されるような価格や産出量が実現しなければならないのである．なお，借替え金融を実現できるのは新たに発行される負債の債務を滞りなく履行するか，あるいはいっそうの借替え金融を促すに足るだけの十分に大きな粗利潤が期待される場合に限られる．

消費財生産における粗利潤は消費財生産と投資財生産にたずさわる賃金稼得者からの消費支出，さらに生産過程以外から所得を得る人々の消費支出の大きさに依存している．賃金所得は消費財生産および投資財生産からのみ受け取られ，その賃金所得はすべて支出される．また賃金所得のみが消費財に支出されるという単純化の仮定をおけば，消費財生産において得られる利潤マークアップ（労働用役費用を超える余剰）は投資財生産で支払われる総賃金費用に等しい[17]．この単純な定式化は，政府部門の雇用から得られる賃金

---

16) Keynes(65)の第17章「利子率および貨幣の本質的特性」に述べられている q, c, および l はキャッシュフローまたはキャッシュフローの等価物と解釈するのが適当であろう．この点は Minsky(95)の第4章「資本主義的金融と資本資産価格の決定」を参照されたい．

17) Kalecki(62).

所得や移転支出からの所得，さらに利潤からの諸費用支出や所得稼得者の貯蓄などをも含むように拡張することができる．消費財に対する総支出によって，消費財生産においての労働用役費用を超える利潤マークアップが実現する．この労働用役費用を超えるマークアップは営業活動による粗利潤 gross profits from operation と言われるものである．

投資財生産における利潤マージンは消費財生産におけるほど直截的に決定されはしない．しかし，いずれにしても利潤フローは特定の資本資産の相対的希少性によって決定されるといえよう．投資財の生産に使用される資本資産の相対的希少性は，したがって投資財生産においての粗収入と賃金費用との差は，投資率の大きさに依存する．消費財生産者および投資財生産者双方の負債契約を満たすのに利用しうる資金は投資規模の関数となる．それゆえ，現在許容しうる負債構造は将来の投資活動に関する現在の思惑を反映するのである．

税引後粗利潤は，資本資産保有を金融するために発行された負債を履行するのに利用しうる資金である．と同時に，負債の現金支払債務額を超過する利潤部分は株式所有者に流れるキャッシュフローとなる．株式価格はこの残余キャッシュフローの期待流列を資本化して得られる．株式価格――ウォール街の存在する世界ではこれは変動する――は，企業に集積された資本資産の市場価値の総額を決定する．資本資産の市場価値は投資財の需要価格に影響を及ぼし，投資財の需要価格は投資財の供給条件および金融市場の諸条件と相まって投資の規模を決定する．

もしわれわれの政府が財・用役を購入しまた移転支出をするのであれば，消費財や投資財の生産における粗利潤は政府の財政赤字の規模にも依存する．現に，1974年第4四半期から75年第3四半期にかけて政府の赤字金融は急激に増大した．このような政府の赤字支出は有効需要水準を維持するばかりか，企業利潤をも維持し，ときにはこれを増大させさえする．このような大きな政府の赤字支出は，企業利潤に及ぼす効果を通じて，金融市場の攪乱から消費者・企業の支出が減少した場合にはいつでも生じるような企業の負債履行

能力の低下を相殺するように作用する．戦後の経済がそれ以前の時期と比べて異なった動きを示すようになったのは，政策担当者の技術が若干なりとも向上したからであるというよりは，むしろ連邦政府の相対的規模が拡大したことによるところが大きい．

　結局，われわれの資本主義経済のビヘイビアーは投資率の大きさに依存している．資本主義経済では現在の投資を決定する資本資産の市場評価やその金融の可能性いかんが契約上の債務を履行する能力のあるなしにかかっており，他方この債務返済能力は基本的に粗利潤の流れの大きさに依存しているからである．翻って，この粗利潤はおもに投資規模によって決定される．このようにして新規投資が負債の発行で金融しうるかどうかは，将来キャッシュフローの大きさが今日発行される負債の償還や借替え金融に十分なものであるという期待が成立するかどうかにかかっているわけである．

　民間負債が存在する経済は，投資率の変化からことのほか影響を受けやすい．というのは投資が総需要の大きさならびに特定の負債構造の存立可能性 viability〔あるいは，有効性 validity〕を決定するからである．このような経済では不安定性が顕在化しやすい．それは諸種の資本資産の保有ポジションを金融するのに適切と思われる負債構造が，銀行と銀行の顧客である企業とによって主観的に決定されること，および投資の将来動向予測が主観的性質を有していることに原因がある．資本主義的金融慣行が支配的な世界では——ケインズが使った意味での——不確実性の存在が所得および雇用の時間径路を決定する主要な要因となる．

　負債と所得の関係の分析を行うにあたって，現在はとてもうまくいっているが過去には循環的変動も見られた，そういう経済を前提することから始めるのは自然であろう[18]．現在に受け継がれた負債は，近い過去の必ずしも満

---

18) 実際上仮定しなければならないことは，経済がこれまでいつも均衡にあったとは限らず，不均衡の記憶が脳裏から「容易には去らない」ということだけである．一般均衡理論では，再契約 recontracting またはワルラスの奇妙なせり競売人というものを持ち出すことによって，すべての経済取引が均衡でなされるという仮定を保証

足すべき成果を挙げえなかった時期の当該経済の歴史を反映している．容認しうる負債構造とは，たとえ経済が順調な動きを示さない時期にあっても，期待キャッシュフローが負債支払債務を十分カバーできるようななにがしかの安全性の余地 margin of safety を加味して決定される負債構造のことである．経済が全体として順調に機能する時期が長引くと，ウォール街の会議室ではしだいに二つの事柄が明らかになってくる．まず，現存負債がいとも容易に履行しうるものであるということ，そして第二には負債に大きく依存している企業ほどかえって繁栄を享受しているということ，つまり負債発行による梃子作用の効果がきいているということである．すると，負債構造を決定する際に加味された安全性の余地は過大であったのではないかと，いまや考えられるに至る．その結果，経済が大変うまくいっている時期の許容可能な負債構造もまた変化する．かくして，銀行や投資銀行，および企業家の間で続けられる交渉において，さまざまの企業活動や資産保有ポジションを金融するのに利用される負債の最大許容量は増大する．このように負債発行によって金融しようとする傾向が強まると資本資産の市場価格は上昇し，投資は増大する．このことが続けば経済は好況への足取りを強める．

資本主義経済では資本資産所有を負債の発行で金融することが認められており，負債発行金融の程度は市場の決定に委ねられている．このような投資決定様式は経済の安定的成長とは相容れない．資本主義経済の基礎的不安定性は上位方向へのそれである．すなわち，順調な経済を投機的な投資ブームへと誘う傾向の存在こそが資本主義経済の基本的な不安定性なのである．

経済が首尾よく機能しているときに金融慣行の革新が生じるのはわれわれの資本主義経済の一つの特徴である．たとえば，不動産投資信託 Real Estate Investment Trusts（以下 REITs と略称する）といった新しい制度や

しようとしている．分権的市場経済はおのずと均衡に導かれると主張する標準的均衡理論は，経済はいま均衡状態にあり，これまでもそうであったと前提しているにすぎない．また，新古典派理論で言う不均衡とは「仮想的な virtual」不均衡であって，「現実の actual」不均衡ではない．

譲渡可能定期預金証書（NCD）のような新しい金融手段が導入されたり，またコマーシャル・ペーパーのような在来の金融手段が広く利用されるようになったり，新たな用途を見出されたりするということである．新しい金融手段の開発や旧来の金融手段の応用・発展は経済活動を金融したり，過去から受け継いだ諸資産を保有したりするのに利用しうる資金量を増加させる効果をもつ．金融に利用しうる資金量が増加すると，資産価格は経常産出物価格よりも相対的に高まり，その結果投資規模はより大きくなる．ケインズが定義するところの貨幣の量は，内生的に決定される．標準理論の貨幣概念をもってしては——それが銀行の準備ベースを意味するのであれ，要求払預金や現金通貨を意味するのであれ，あるいは貯蓄性・定期預金を含む広い概念のものであれ——資本主義経済のビヘイビアーの重要な貨幣的諸現象を理解することはできない[19]．

　資本主義経済の掛け繋ぎ金融と投機的金融を区別することは有用である．掛け繋ぎ金融とは，所得生産活動から得られるキャッシュフローが負債の現金支払債務を満たすのに十分の大きさをもつと期待される場合を言う．他方，投機的金融とは，所得生産活動からの期待キャッシュフローの現在価値が現金支払債務の現在価値を上回ってはいるが，前者のキャッシュフローが後者のそれを充足させるのに十分でない場合を言う．したがって，投機的金融にかかわっている主体は，いずれ負債を追加的に発行しこれによって既存の現金支払債務を履行することができると予測していることになる．定義により，要求払預金や満期の短い預金を発行している「銀行」は，通常の場合投機的金融の状態にあることになる．1970-73年の時期，REITsや諸航空会社およびニューヨーク市は投機的金融にかかわった．これらの諸主体が1974-75年に金融的困難の状況にたち至ったのは，利子率が上昇したことと実現キャッシュフローが期待以下にとどまったことの双方によって現在価値の逆転——負債の現金支払債務の現在価値の大きさが期待現金受取りの現在価値のそれ

---

19) Minsky(77).

を上回ったこと——が生じたことによる.

　経済が順調に推移しているかぎり，民間負債は一般に，投機的金融でさえ債務履行が可能という意味において，有効であり続ける．ただし，掛け繋ぎ金融の有効性は投入要素市場と生産物市場が正常に機能するかどうかに依存している．これに対して，投機的金融の場合にはさらに金融市場が正常に機能するかどうかにも依存している．とりわけ，投機的金融主体は継続的に借替え金融を行わねばならないことに留意しよう．投機的金融主体の資産収益が高まらず利子率水準だけが高まると，その主体にとっての貨幣コストは大きくなる．〔ミルトン・フリードマンの主張する〕貨幣供給のルール方式は掛け繋ぎ金融が支配的な経済においてならば妥当な政策指針かもしれない．しかし，投機的金融の比重が高まるにつれてその限りではなくなる．投機的金融のウエイトが大きくなると連邦準備は信用市場の繁閑にいっそう注意を払わなければならなくなるからである．というのは，投機的金融主体が引き続き存立可能なのは利子率の変動が概して狭い範囲内の変動にとどまっているかぎりであるからである．

　投機的金融主体は三つの面で脆弱な体質をもつ．一つは，借替え金融を行う場合彼らはその時点の市場の要求を飲まざるをえないということである．利子率の上昇があれば現金支払債務額は現金受取額に比して相対的に大きくなる．第二は，彼らの資産満期が負債満期よりも長いため，長短利子率の上昇は資産の市場価値を負債の市場価値よりも大きく引き下げるであろうということである．このため，資産の市場価値は負債のそれよりも小さくなることもある．第三の弱点は許容可能な負債構造は主観的なものであるから，経済のどこかの局面で現金受取りが現金支払いよりも相対的に小となると，許容可能な望ましい財務構造は急速に，また広い範囲にわたって再評価の対象になりがちであるということである．負債比率を高める試みは実験的に数年をかけてゆっくりと進行するもので，その過程は市場の限界が奈辺にあるかを手探りする過程である．これに対して，ひとたび経済がなんらかのつまずきを見せると，許容可能な負債構造の再評価はただちに行われがちである．

掛け繋ぎ金融および投機的金融のほかに、ポンツィ金融というものを区別することができる。それは負債の現金支払債務が負債の追加的発行によって賄われていくような状態を示す[20]。利子率水準が高く、また上昇しつつある場合には掛け繋ぎ金融主体は投機的金融主体に、投機的金融主体はポンツィ金融主体へと転換を余儀なくされることがある。ポンツィ金融主体はもはや長くそのままの状態で存続するのは困難となる。経済主体のいくつかが金融的脆弱性を露呈すると、銀行家や企業が負債の発行で進んで金融しようとする意欲は減退する。それゆえ、政府の支出によって相殺されないかぎり負債発行による金融は及び腰となり、そのために生じる投資の減退は利潤の水準としたがって負債履行能力をいよいよ低下させる。その結果、負債比率の増大を食い止めるための圧力が全く突然のパニックという形で生じることもあるのである。

金融的不安定性の仮説は、資本主義経済を金融恐慌に陥れがちな財務構造がどのようにして内生的に生み出されるか、また金融市場が正常に機能しその結果景気のブームがもたらされるにもかかわらず、これがその後どのようにして金融恐慌の引き金となるのかを説明しうる理論を内包する。

経済の内生的運動の結果として経済が仮に恐慌の瀬戸際に追い込まれても、

---

20) シャルル・ポンツィ Charles Ponzi はボストンの住人で「金融の魔法使い」と言われた。〔ちなみに、訳業の段階で著者から教示を受けたところによれば、ポンツィに関しては次の書物がある。Donald H. Dunn, *Ponzi, The Boston Swindler* (New York : McGraw Hill, 1975).〕彼が発見したことは、「預金」に対し高い収益を提供することによって大量の「預金」を手にすることができるということであった。彼の借入総額が彼の約束した「金利」の水準よりも大きな値で成長するかぎり、彼は負債を増加させることによってその〔高い金利支払いの〕約束を実行することができる。しかし、ひとたび預金の成長率が約束した金利水準を下回れば、彼の約束は反古同然のものとなり履行しえない。負債が利子(または配当)支払いに利用されるかぎり、このポンツィ方式は究極的には崩壊せざるをえない。いかなる時点においてであれ、負債保有者に対する現下の支払いが、期待される将来キャッシュフローにもとづいてなされる場合、この金融はポンツィ金融の特徴をもつと言える。この基準からすれば、多くの REITs が将来収益をあてこんで配当を支払った時点でそれらはポンツィ金融にかかわったということになろう。

連邦準備制度の介入措置によって，恐慌や負債デフレーション過程が全面的に展開する前にその芽を摘み取ることは可能である．過去10年間の経験によれば，負債デフレーションが未然に防止されたとしても，この後に続く期間において負債金融される消費支出や投資支出の大きさは縮小し，その結果所得も低下する．しかし，今日の経済では所得の低下に伴って積極的財政支出がとられ，またいわゆる自動安定化装置の作用から大規模な政府の財政赤字がもたらされる．このような赤字支出は所得を下支えし，企業利潤水準を維持もしくは上昇させる．これにとどまらず，財政赤字は元本・利子が確実で譲渡可能な金融資産〔すなわち，国債〕を安全性と流動性に餓えた経済主体のポートフォリオにそそぎ込む．このような一連の結果として，経済は不況過程から急速に回復する．しかし，さまざまの金融市場はそれまでの間にすでに連邦準備制度の介入によって保護されてきているから，不況からの回復過程はいずれインフレーションを伴うブームの再現という形で進行することになろう．

4. おわりに

ケインズ解釈をめぐる論争そのものはさほど重要な事柄ではない．むしろ今日の標準的経済理論——すなわち，新古典派総合——が資本主義経済の分析や政策提言に有効かどうかの問題のほうが重要である．資本主義経済の循環的変動とか金融的不安定性の存在は新古典派総合の有効性を否定する「重要な試金石」であると考えられる．新古典派総合は「役に立たない」ということをひとたび認めるならば，問題は「一体どのような理論なら用をなしうるか」あるいは「われわれの経済に適切な経済理論はどれか」ということになる．

新しい理論の構築は決して容易ではない．しかし，偉大な巨人の肩に身を委ねた上でのことであれば，なすべき課題の実行ははるかに容易である．巨人ケインズは，強度の景気循環と金融的不安定性の存在で特徴づけられる時

代にあって，標準的な理論がはたして「役に立つ」であろうかと疑問を投げかけたのである．彼はこの疑問に否定的な答えを用意した上で，伝統理論に代わる代替的理論を提案した．過去40年の間に，ケインズ理論解釈のうちの主要な一つは標準理論にますます酷似してきた．その解釈は金融市場や金融慣行についてのケインズの関心事を事実上無視したものとなっているからである．ところが，経済的・金融的不安定性の問題はいまや覆い隠しがたい．したがって，経済を金融の視点と循環の視点からとらえるという方向性を指し示したケインズ理論の箇所（今日の標準的解釈においてほとんど無視されてきた箇所）が，必要な新しい理論の基礎として有用であるかどうかを検討することはますます重要になってきているのである．

　金融的不安定性の仮説は発達した金融機構をもつ資本主義経済にふさわしい理論を構築し，もってそのような経済が不安定的であるのはなぜかを示そうとする試みの一つである．この仮説はケインズの考えに基礎づけられている．しかし，それはケインズと古典派を総合化する試みのなかで利用された『一般理論』の箇所を強調するものではない．従来ほとんど無視されてきた箇所をむしろ強調している．その箇所というのは，ケインズがバイナーに対する反論として書いた論文で強調した点であり，資本主義の経済的枠組みでは金融の諸慣行が経済の安定性に対して無視しえない効果をもつと論じた所である．それゆえ，金融的不安定性の仮説がケインズ解釈として正当なものであると主張するだけの根拠はあるのである．

　「ケインズ理論解釈」としての正当性のいかんはともかくとして，金融的不安定性の仮説はわれわれが住む世界によく適合するということを強調しておきたい．1974-75年に経験した所得水準の急降下，利子率の騰落，金融的契約の再構築 financial restructuring と金融的緊急救済 bailout〔倒産の瀬戸際に立たされた経済主体への金融資金の緊急援助〕，そして完全なる倒産等々，金融的諸困難があまねく散見されるという事実からは決して目をそらすまい．これらの事実を認識すれば，金融的不安定性こそが経済の本質的属性であるとする理論が不可欠であり，また適切でもあるということを示すの

にもはや詳細なデータは不要であろう．

　金融的不安定性の仮説から得られる政策上の含意は次の通りである．まず，経済の微調整 fine-tuning は一時的に有効であるにすぎず，この点を除き微調整は現在の金融的枠組みにおいては不可能な事柄である．第二に，1946-65年の間のような堅固な金融的環境のもとであったならば有効に機能する政策も，そうでない別の状況においては（たとえば，過去10年間支配していた脆弱な金融的環境下では）必ずしも有効ではないということである．第三は，経済運営をこれまでの経験以上にうまくやろうとするのであれば，企業や銀行家が投機的金融を行おうとする傾向を抑制するような「優れた金融社会 good financial society」を形成し，これを実効あらしめていくことが必要である．

第4章 資本主義的金融過程と資本主義経済の不安定性*

1. はじめに

シカゴ学派の創設者であるヘンリー・シモンズ Henry Simons は貨幣の内生的性格をよく認識していた．潜在的な利潤の魅力が誘因となって金融慣行の革新がもたらされるような経済では，何か特定の負債量を選びこれをコントロールしても貨幣を管理できるわけではないとシモンズは考えていた．この考えは彼の言葉にはっきりとうかがわれる．

> 銀行業というのは普遍的な現象であり，われわれが銀行と呼ぶものを律する法律だけで単純に取り扱えるものではない．銀行券の発行をコントロールするという経験は将来においても繰り返されよう．しかし，この金融慣行〔すなわち，銀行券の発行〕をコントロールしようとする多くの手段は有効ではなく，たんに失望をもたらすにすぎないことがいずれわかるようになろう．禁止された慣行は禁止されていない新しい姿に形を変えて再現するからである．このような回避がどのような形で現れるかを予見することは不可能である．また，特定の禁止措置が名目以上の有効性を発揮しうるためには，どのような工夫が必要であるかを理解することも不可能であるように思われる[1]．

---

* 本章は Minsky(101)を転載したものである．
1) Simons(117)．ただし，再録版(p.172)から引用．この論文はケインズ『一般理論』を育んだ知的興奮が渦巻いていたのと同じ年に書かれている．それゆえ，これにも資本主義経済のビヘイビアーの基本的な原理を理解しようとする同様の関心が反映しているのである．

シモンズは，貨幣が内生的に生成発展する性格をもつものであるとの洞察を前提に，企業が発行しうる負債を厳格に制限し，もって金融機関のなしうる活動を有効に制約すべきだと主張したのである．

シモンズのこの観点からすると，貨幣をコントロールするためには「短期の金融が大々的になされること」[2]を厳格に制限することが必要である．それゆえ，シモンズの提言からすると，資本資産保有ポジションや生産過程での在庫投資の金融を短期の負債を発行する銀行やその他金融仲介機関を通じて行うことは止めるべきだということになる．しかし，シモンズのこの処方箋にとっては不幸なことにも，銀行やその他の短期負債で経済活動を金融するという方法が資本主義経済の投資過程における最も主要な連結環である．資本資産の所有は長期で金融されるかもしれないが，投資財の生産は他の生産活動と同様に当然短期の金融を必要とする短期の現象である．

現代資本主義経済の本質的属性は，資本資産所有や生産過程での在庫投資が擬似所有者（つまり生産者ないし企業）[3]の負債と流動資本債務との結合によって金融されるところにある．ここで負債というのは長期間にわたって現金支払いをなす債務契約であると解釈するのが最もよかろう．企業が資本資産を稼働することによって生み出すキャッシュフローは，経常的支払いと負債に対する陽表的な現金支払債務の履行とに充当され，企業それ自身には現金残高を，企業の所有者には〔配当という名の〕所得をもたらす源泉である．企業の特定の負債残高は必要最小の（広義の）利潤水準を規定する．この最小利潤とは，負債契約に表示された支払現金所要額が利潤フローか借替え金融の契約で入手しうる資金かのいずれかによって満たされなければならないとするとき，その場合になくてはならない利潤の最低水準である．負債契約を取り交わしたり，このために生じる必要な支払いを履行したりすると

---

[2] Simons(117)の再録版，p. 171.

[3] 以下では，「会社」あるいは「企業」は経済の資本資産の近似的な所有主体を示すものとする．このように特定すれば，説明が単純化でき，他方でこのことによって現実を必ずしも極端に歪めてとらえることにはならない．

いうのは資本主義経済の本質的過程である．というのは，そのいずれもが利潤（期待利潤であれ，実現利潤であれ）の大きさに依存するからである．

　銀行に対して負債をもつ場合，これを履行するための現金支払いは「貨幣の破壊 money destruction」を含意する．貨幣が主として銀行負債の形で存在する資本主義経済では，経済が正常に機能するかぎり貨幣は絶えず創造されたり，破壊されたりしている．貨幣を創造する交換取引にのみ焦点をしぼった経済理論や，さらに貨幣は「経済システムの外にあるなんらかの主体が発行するものであり，利子を生まない負債」と規定するだけの[4]経済理論は，次の点で不十分であると言わざるをえない．すなわち，それら理論は資金の借り手がどのようにして負債契約を履行しようとするのか，またその債務返済が経済全体にかかわる諸理由から不可能となった場合どのような経済的帰結をもたらすかといった事柄を，検討する必要性をさえ感じていないという点である．

　これに対して，貨幣は究極的な富の所有者を「カムフラージュ」する「ベール」であると考えるならば，貨幣的経済理論の主要な関心対象は負債の創造を導き出す期待利潤の大きさとかこの負債契約の履行を可能とする実現利潤の大きさとなるはずである．抽象経済学が資本主義経済の現実の分析に移行できるかどうかは，貨幣を金融的相互連関 financial interrelation の「産物」として定義するかどうかにかかっている．この点はケインズによってよく認識されていた．すなわち，曰く

> われわれの資本的富を構成するものには実に多くの実物資産がある．たとえば，建物，商品在庫，生産過程上もしくは輸送途上の財などである．しかし，これら資産の名目的所有者がその資産を所有するためには貨幣を借り入れることがしばしばである．富の実際の所有者は実物資産に対してよりも貨幣に対して相当程度の請求権を有している．この「金融」の相当部分は銀行システムを介して生じる．銀行システムとは，貨幣を貸す預金者と実物資産の購入を金融する

---

4)　Arrow and Hahn(8), p. 346, 訳書381ページ．

ための貨幣を借り入れる銀行顧客との間にそれ自身の保証を介在させようとする装置である。実物資産保有者と富の所有者との間に貨幣のベールをかけるというのは現代社会のとりわけ際立った特徴であると言わなければならない[5]。

　この「現代社会のとりわけ際立った特徴」を無視すれば，どのような経済理論であっても政策立案のための有効な手段とはなりえない．特に今日の標準理論——つまり，新古典派総合——は貨幣がもつ「金融的ベール financing veil」の側面を無視し，貨幣はもっぱら「物々交換のベール bartering veil」であると見なすことに固執している．標準理論が不安定性はなぜ資本主義経済の正常な機能の結果にすぎないかを説明できないのはそのためである．同様の理由により，新古典派経済理論は不安定性をコントロールしたり，弱めたりするための政策立案の手段として利用できないという欠陥をもつ．失業やインフレのコントロールをもっと首尾よく行いたいのであれば，シモンズやケインズの洞察に立ち返って，貨幣の金融的ベールという特徴を完全に認識した経済理論を構築する必要がある．

　シモンズやケインズが現在においても重要であるということは全く驚くに値しない．というのは，彼らの洞察や分析はそもそも資本主義経済の不安定性を観察することから生み出されたものであるからである．経済学および現実の経済においてわれわれが直面している諸困難は，われわれ自身が資本主義経済の不安定性を理解しえないで，これを扱いあぐねているところに原因がある．われわれがもっと首尾よく事を図りたいと願うのであれば，たとえ1930年代の旧弊な人間たることを余儀なくされてもこれを甘受しなければならない．

2. 金融と資本主義経済のビヘイビアー

　金融は三つの側面から資本主義経済のビヘイビアーに影響を及ぼす．まず，

---
[5] Keynes(68)の再録版，p.151より引用．

第4章　資本主義的金融過程と資本主義経済の不安定性

現存資本資産ストックの保有が金融されなければならないということがある．第二に，生産活動と消費財・投資財間への配分といった経済諸活動が金融されなければならない．第三に，金融的諸契約に明示された現金支払債務が履行されなければならない．

資本資産の保有ポジションを金融するのに利用しうる技術いかんは資産価格に影響を及ぼす．資本主義経済ではすべての資産が価格をもっている．この価格は資本資産が生産過程で利用されることによって生み出すと期待されるキャッシュフロー（すなわち，準地代）と資本資産所有を金融するために同意せざるをえない現金支払債務との関係を反映する．負債は現在の貨幣と将来貨幣を支払うという約束との交換である．一定の期待キャッシュフローをもたらす資本資産保有を金融するためには現在の貨幣が必要となる．しかし，この現在の貨幣を受け取るためには将来の現金を支払う約束をしなければならず，その額が小さければ小さいほどこの資本資産に対する需要は大きい．

資本資産の供給は短期的には固定的である．それゆえ，需要の増大は価格の上昇をもたらすであろう．金融仲介 intermediation を通じて資金を動員する方法や資本資産を金融するときの金融的契約の内容などに革新が生じると，資産の価格は上昇する傾向をもつであろう．住宅金融におけるさまざまの「革新」は住宅価格を高めてきたし，企業の貸借対照表に占める負債比率の高まりを受容する余地もまた拡大しこれが資本資産価格を下支えしてきた．さらに，短期金融市場資産投資信託 money market funds〔以下では MMF と略称する〕の爆発的な成長は企業が利用しうる短期資金の量を増大させてきた．

借入れや貸出しは安全性の余地 margin of safety を考慮してなされる．基本的な安全性の余地は資本資産を生産活動に用いることから生じる期待準地代の大きさが金融諸契約に明示されるキャッシュフロー債務の額をどの程度上回るか，その超過分に現れている．二つの時系列——すなわち，期待現金受取りの時系列と契約にもとづく現金支払いの時系列——は経済全体の金融

的状態を集約している．シモンズが短期金融を批判する場合，それは短期金融の支払債務が少なくとも当初の期間は期待準地代を上回るような取り決めになっていることを問題にしているのである．企業家および銀行家がこのような取り決めに合意するとすれば，それは企業が得る準地代のほかになんらかの現金源泉，すなわち借替え金融により得られる現金の源泉が利用可能であるとの見込みを，両方の当事者が抱いていることを意味する．第二の安全性の余地は，借替え金融のなされる市場がどの程度の広さ，深さ，および弾力性 breadth, depth, and resilience を有しているかで与えられる．

　資本資産を所有する主体の金融的連関 financial relation は次の事柄に依存する．すなわち，キャッシュフローの確実性や考慮されている安全性の余地や，もし準地代の実現キャッシュフローが予想水準を下回った場合にはどのような代替的資金源を利用できるかということについて，資金の借り手および貸し手の双方がいかなる見解を有しているかに依存するのである．将来キャッシュフローの予想はキャッシュフローの過去の歴史に依存し，考慮される安全性の余地は過去において考慮されたそれが適切であったかどうかに依存する．そして借替え金融に頼ろうとする意欲の大きさいかんは借替え金融を行う市場の過去の歴史および制度的な構造いかんにかかっている．経済的平穏の時期には事態が順調に推移し，制度上の革新が進展する．このような時期には借り手・貸し手双方が，得られる準地代キャッシュフローの確実性を確信し，配慮すべき安全性の余地は実際の水準より低くてもよいと考えるようになる．また，借替え金融を必至とするような債務の取り決めでも，それが堅実的ではないということには必ずしもならないと信じられるようになる．経済的平穏の経験はこのような効果をもつのである．経済の金融面の成り行きは，経済が正常にはどのように機能するかということについての見解と「経済のオペレーター」〔つまり，諸経済主体〕がもつ選好体系の変化とを反映する．資本資産保有ポジションが金融される場合の負債構造は，当該経済主体が流動性不足状態に陥るかもしれない可能性の許容限度を主観的にどう考えているのかについての見解を反映する．資本主義経済においては銀

第4章　資本主義的金融過程と資本主義経済の不安定性

行家および企業家の流動性選好が本質的に重要であり，流動性選好の状態の推移は企業や銀行の貸借対照表上の動きとして観察可能である．

　流動性選好の変化は資本資産の貨幣価格に直接的な効果を及ぼす．流動性選好が弱まると，近い将来の現金支払債務が，近い将来実現されると期待される準地代に対して相対的に高い比率となることが許されるようになる．この結果資本資産の貨幣価格は上昇する．他方，典型的には準地代が負債構造を有効化 validation できない場合〔つまり，負債構造に反映している債務を履行するに足るキャッシュフローが得られない場合〕や金融市場で借替え金融が不可能になる場合に，流動性選好が強まる．このような場合には，近い将来の現金支払債務を期待準地代に比して相対的に低めざるをえなくなる．この結果は，資本資産の貨幣価格を低めることになろう．

　資本資産保有ポジションばかりでなく，生産活動や消費財・投資財への配分の活動にもまた金融のための資金が供給されなければならない．消費財「生産者」の銀行に対する現金支払債務は売上収入から得られる現金で履行される．この売上収入は，消費者の負債発行を無視すれば，消費者の可処分所得（主に賃金・給与から成る）の大きさに依存する．投資財生産者もまたその支払債務を履行するための現金を売上収入から得る．しかし，投資財購入者によって使われる「現金」は，留保利潤と外部金融資金との組合せから得られる．投資財生産が金融されることによって投資財生産者の負債は増加する．この負債が履行されるのは資本資産の購入者がその購入代金を支払うときである．資本財購入者はその必要資金の少なくともなにがしかを借入れで賄う．投資過程では負債が連続的に返済されていくが，投資財を資本資産として購入する主体がその金融的取り決めによって「償還して」いくのは，投資財生産者の短期負債である．

　資本主義経済の特徴は金融契約に明示される現金支払債務が重層的に存在する点にある．このような現金支払債務は生産活動からのキャッシュフロー──企業においてのこのフローは粗利潤にほかならない──か，あるいは負債の新規発行による資金手当てのいずれかによって履行される．どれだけ負

債を発行することができるかは将来キャッシュフローに対する,すなわち将来利潤に対する借り手と貸し手の予想に依存する.かくして,資本主義経済の機能を理解するためのポイントは,貨幣単位で測られる粗利潤フローの大きさがどのようにして決定されるかというところにある.

3. MMFについて(主題を離れて)

銀行業が普遍的な現象であるとか,資金の貸借による利潤機会の存在は金融革新の誘因であるとかいう命題は,過去数年間におけるMMFの発展とその成長のうちに見事なまでに例証されている.MMFは1974-75年の利子高騰期にはじめて登場した.1975-77年の低い利子率水準のもとでその伸びは停滞したが,MMFが管理する資産規模は1978-79年にかけて爆発的な成長を遂げ,残高は10倍に増大した.さらに,MMFの資金のうち,公開市場資産その他に投資される比率は,1975年の推定値16.2%から79年の推定値46.2%にまで高まった.それゆえ,MMFはいまや短期金融資金の直接の供給者であることがわかる.

MMFの保有資産と発行負債に注目するならば,どのような分析をしても,MMFを発行する金融機関は銀行であり,その負債は貨幣であると認識せざ

第1表 短期金融市場資産投資信託(MMF)の資産内訳推移

	1973	1974	1975	1976	1977	1978	1979[a]
総　資　産	0	2.4	3.7	3.7	3.9	10.8	39.6
要求払預金と現金通貨	0	－	－	－	－	0.4	0.3
有　期　預　金	0	1.6	2.1	1.5	1.8	5.3	14.2
信用市場諸金融資産	0	0.8	1.5	2.1	1.9	5.1	24.1
合衆国政府証券	0	0.1	0.9	1.1	0.9	1.5	7.1
公開市場金融資産	0	0.6	0.5	0.9	1.1	3.7	17.1
そ　の　他	0		0.1	0.1	0.1	0.3	1.2
公開市場金融資産＋その他／総資産 (%)		25.0	16.2	27.0	30.8	37.0	46.2

(資料) 連邦準備制度理事会「資金循環勘定」(ワシントン,D.C.,季刊).
(注a) 1979年における変化率で外挿して算出.

第4章 資本主義的金融過程と資本主義経済の不安定性

るをえない．MMFが成功した結果，われわれは二段階構成の貨幣システム two-tier monetary system をもつことになった．すなわち，貨幣供給 money supply は銀行の自己資本，中央銀行窓口を介してなされる借替え金融の確立した方式，および預金保険制度〔の三つ〕によって守られた部分と，このような安全措置を欠く部分とから成るのである．貨幣供給が収益率や危険の面で異なった複数の金融手段から成る場合には，一方のタイプの貨幣を保有する主体がそれを別のタイプの貨幣へとすばやく交換する動きが生じる可能性がある．すなわち，取付け騒ぎの可能性にほかならない．その場合，需要が少ないほうの貨幣を発行する金融機関も需要の多いタイプの貨幣を発行することができるという規定がないと，その種の金融機関は悲惨な状況にたち至ることになる．たとえば，金融市場が1966年，1969-70年，そして1974-75年のような体験を重ねるとか，経済が金融恐慌の瀬戸際に追いやられるような時期にはどうであろうか．MMFのもつ性格を考慮すると，なにがしかの最後の貸し手の介入が必要になると思われる．

しかし，MMFは過去数十年間にわたって金融システムの性質を変化させてきた金融市場や銀行業における一連の革新のなかでは最も新しいものである．これ以前には，1950年代半ばの連邦資金市場 Federal funds market の出現をはじめとして譲渡可能定期預金証書NCDの発行，コマーシャル・ペーパー市場の爆発的成長，REITs（不動産投資信託）の盛衰，銀行業の国際化，そして条件付き債券売買 repurchase agreements〔RPsともrepoとも称する〕の広範な利用などの諸変化が生じた．これらの諸変化は利潤機会に対する反応の結果として生じたものであり，それは金融のための資金需要が伝統的源泉からの資金供給よりも速いペースで増大し，その結果利子率格差に変動が生じたことを原因としている[6]．

---

6) Minsky(77)，およびこれを再録した本書の第7章を参照されたい．

4. 連邦準備によるインフレ抑止政策

　金融のための伝統的な資金供給様式はその大部分が銀行を通じるものであった．インフレーションを抑止するための連邦準備操作はまず銀行の能力を制約しようとするものであった．というのは，言うまでもなく銀行が自らの資産取得を金融しうるのは準備の積立てが必要な銀行負債〔＝預金〕の拡大を通じてであるからである．金融上の革新や制度の発展は，連邦準備のこのインフレ抑止操作の結果生じる利子率上昇効果によって刺激される．したがって，連邦準備の操作が銀行を通じて金融過程に及ぼす抑止的効果は，その一部分ないし全部が革新や制度の生成発展によって相殺されることになる．それどころか，時によっては連邦準備操作の抑止的効果を相殺して余りある場合もある．

　民間経済主体がこうした制度的革新によって対応するならば，金融資金を得て実現される経済活動の成長率は，銀行準備を吸収する商業銀行債務の成長率を上回ることも可能である．それゆえ，（現金通貨ならびに準備を必要とする銀行債務の合計として狭義に定義される）貨幣供給の流通速度は上昇する．連邦準備操作の抑止的効果を相殺するこのような貨幣流通速度の上昇は，金融市場でしばしば見られるごく正常な出来事である．制度や慣行の変化によって金融引締めの効果が最大どの程度相殺されるかは，新規に利用される金融手段のもとで生じる現金支払債務が，さまざまの資産・負債の組合せのもとでのキャッシュフロー関係にどのような影響を与えるかで決まる．金融引締めの操作はインフレの伴う経済拡張を即座にもしくはなだらかに減速させるものでは必ずしもない．インフレ的経済拡張の加速化に直面して引締め措置がとられると，銀行を介する通常の金融過程以外の金融方式がまず急激に増加する．これに続いて（その間の時間ラグの長さは場合によりまちまちであるが）負債にもとづく支払現金所要額が，企業利潤の大きさに比して相対的に急速に大きくなる．そして，実行されつつある投資活動は金融の

第4章 資本主義的金融過程と資本主義経済の不安定性　　123

ための資金需要を増加させつつある．このような場合に引締めの効果が有効であるのは，それが資本資産の流動化を不可避とするかもしくは資本資産ポジションに対する資金手当てを不可避とするような市場の圧力を創り出し，これによって資産価値の急激な下落を招く場合でしかない．1960年代以降をとってみても，金融引締めが有効であったのはそれが経済を負債デフレーション[7]の瀬戸際まで追い込んだときでしかない．たとえば，1966年のクレディット・クランチ，1969-70年の流動性逼迫，および1974-75年の金融市場崩壊がその例である．

　現代資本主義経済の金融構造は複雑で，それはまた絶えず生成発展していく性質をもっている．したがって，金融引締めが深刻な不況過程をもたらすであろうところの恐慌の引き金になるほどでないかぎり，企業および銀行家はこの引締めの効果を相殺することができる．かくして，上位方向への不安定性が資本主義経済の基本的な不安定性であると言える．中央銀行が経済の上方への拡大を抑止しようとする試み，あるいはそうせざるをえないという金融システムの内生的な限界，から生じる現在価値およびキャッシュフローの諸関係が，経済の拡大をたんに弱めるというのではなくそれにとどめを刺すのだと言ったほうがより適切であろう．ひとたび上方への拡大過程にとどめが刺されると，予想名目利潤の水準は高くても資産価格水準の維持にそれはなんらの貢献もしない．このことは資本資産価格が急激に低下する傾向のあることを示唆している．資本資産価格の急落は投資財の需要価格水準を引き下げ，投資の金融に利用しうる資金供給量を減少させる．資本資産価格がインフレ期待を反映したものであれば，この期待が萎むと投資水準の急激な下降が生じる．資本主義経済が内包する上方への不安定性は深刻な不況過程の開始に必要な先行条件である．

---

7) Fisher(31).

5. 資産価格,投資,および金融

ダッドレー・ディラード Dudley Dillard はその大変に優れた,また鋭い指摘をした1955年の論文(ただし,それは不幸にもこれまで顧みられることなく無視されてきた)において次のように述べた.すなわち,ケインズにとっての「経済学上の問題」とは生産過程を含む貨幣経済monetary production economy のビヘイビアーを分析することであったと[8].また,ディラードの論じるところによると,『一般理論』およびそれに続くケインズ解釈の文献では利子率の決定メカニズムに貨幣がどのようにかかわってくるのかという点に力点が置かれた.筆者がかつて指摘したところによれば[9],『一般理論』およびその内容をより明確にしようとして書いたのちの論文[10]で,ケインズは流動性選好が貨幣と資本資産の価格水準との関係を示すものであるとして扱った.

一方で貨幣と利子率の関係,他方で貨幣と資本資産の「価格水準」との関係,これらは形式的には同等のものであると考えることができる[11].しかし,この二者は実際は資本主義経済がどのように機能するかについて全く異なった観点を与えるものである.利子率と貨幣供給の関係を,金融市場が経済の動きにどのような影響を及ぼすかを示す理論的関係としてとらえてみよう.しかし,このような見方は流動性選好関数が貨幣に対する需要関数にほかならないとするマネタリスト的反革命への道であることは明らかである.貨幣需要関数の安定性とか貨幣供給の外生的決定という命題は世俗的なマネタリスト信仰の土台にほかならない[12].

---

8) Dillard(20).
9) Minsky(95).
10) Keynes(66).
11) Minsky(95),第4章「資本主義的金融と資本資産価格の決定」を参照されたい.
12) Friedman(33).

第4章 資本主義的金融過程と資本主義経済の不安定性

　流動性選好が資本資産の価格水準を決定する要因であると考える場合と利子率を決定する要因であると考える場合とでは，経済過程に対する見方が根本的に異なる．準地代および不確実性に関する任意の期待のもとで，貨幣量は資本資産ポジションの金融諸条件に影響を及ぼす．この理由から貨幣量は資本資産の価格水準を決定するものであると考えることができる．この考えにおいては資本主義経済には二つのタイプの「価格水準」，すなわち経常的産出物価格と資本資産の価格が存在することが想定されている．資本主義経済に合致した経済理論であるためには，これら二つのタイプの価格が明示的に取り扱われなければならない．ケインズの基本的な洞察はまさにこの点にあった．価格は二組存在し，これらは異なる市場で決定されまた異なる現象に反応して変化するという考え，この考えにこそ経済理論は基礎づけられなければならない．そのようなわけで，この二組の価格の相対的関係——あるいは比率——は時に応じて変動するが，その変化自体が経済システムのビヘイビアーに影響を及ぼすことになる[13]．それゆえ，ジョン・ヒックス卿 Sir John R.Hicks のように，流動性選好関数は貨幣供給と利子率の関係を示すものと解釈[14]したことで，資本主義経済のビヘイビアーを説明しようとしたケインズ理論の意義深さは失われることになってしまった．

　「政府部門が存在しない」ケースでは，経常産出物需要は消費財需要と投資財需要とから成る．投資財需要は資本資産価格，投資財供給価格，および投資金融のための内部資金の利用可能性に依存する．

---

13)　新古典派理論が拡張され資本蓄積と成長の問題が扱われるときには，きまって次のような仮定が利用される．すなわち，歴史的な過去の投資の減価償却価値は将来利潤の現在価値で決定される資本ストックの価値に等しいという仮定，換言するとこれら二組の価格は等しいという仮定である．しかし，この仮定は投資がなされつつある経済が均衡にある場合にのみ妥当するものにすぎない．したがって，新古典派の一般均衡理論が投資の行われつつある資本主義経済に適用されるときには，経済が均衡にあるとまず仮定したうえで均衡の存在を証明しているようなものである．Harcourt(52)を見られたい．同様の指摘はJ.クリーゲルの諸著作でも明瞭になされているが，特に Kregel(70)を参照されたい．

14)　Hicks(54), pp. 147-59, 訳書171-92ページ．

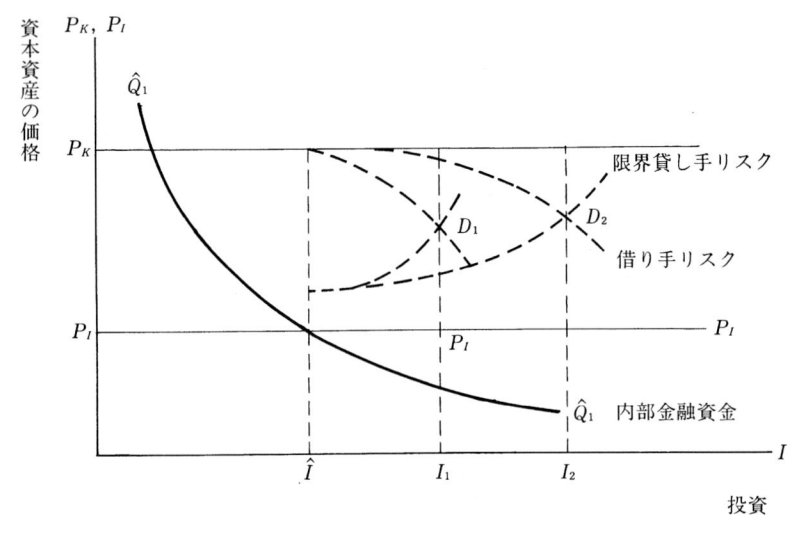

第1図 投資水準の決定

第1図に代表的企業の投資と金融資金の関係を示した．資本資産の貨幣価格P_Kは投資財の需要価格である．P_Kの値は，ケインズが長期期待の状態と呼んだところのもの，すなわち将来利潤に関する現在の予想，および資本資産ポジションを金融する諸条件，そして貨幣供給量に依存する．ここで貨幣は流動性という性質以外は何も生み出さず，他方で貸倒れがない資産であると定義しておく．

P_Iは粗投資の供給関数である．P_Iの「位置」は投資財生産者の短期利潤期待に依存する．投資財の供給曲線は現在の貨幣賃金や投資財が生産されるときの持越し利子費用，および投入要素の購入費用が与えられた場合の最小価格水準を示す．

企業の現在の負債構造は将来の現金支払債務額を確定する．国民所得勘定に記録されている税引後粗利潤および負債の利子支払額の合計は粗資本所得である．この所得から負債に対する粗利子支払いおよび配当を差し引くと，内部金融のための粗資金量が得られる．内部金融で賄える投資財数量と投資

第4章 資本主義的金融過程と資本主義経済の不安定性

財価格とを乗じれば,内部金融によって賄える価格と数量との組合せを定義する直角双曲線(第1図の$\hat{Q}_1$曲線)が得られる.この期待される内部金融資金曲線と投資財供給曲線との交点は,内部資金で賄いうると予想される投資量水準を示している.第1図ではこれが$\hat{I}$で表示されている.

投資が$\hat{I}$の水準を上回れば,その分は外部金融を必要とする.$P_K > P_I$とすれば,投資財を取得するために外部金融資金への需要が生じよう.投資財供給価格は負債金融に伴う費用部分だけ修正されなければならない.負債金融に伴う費用のうちには,一定の利子率に対するプレミアムとして現象する貸し手リスクが含まれる.他方,投資財需要価格曲線も借り手のリスクを反映してその分だけ資本資産価格曲線から下方へ乖離する.結局,投資は借り手リスク分を修正した資本資産価格と貸し手リスクを調整した投資財供給価格とが均衡する水準まで実行されることになる.第1図ではI_1だけの投資がなされる.その場合,$\hat{I}$の部分は内部金融され,$(I_1 - \hat{I})$の部分は外部金融されることになる.

I_1の粗投資の結果として,$P_I(I_1 - \hat{I})$の負債額が企業の既存負債残高に新たに付け加わる.投資の金融におけるレバリッジの程度はI_1の$\hat{I}$に対する比率で与えられる.この比率は,P_Kがどの程度P_Iを上回っているか,利用可能な金融契約のタイプはどのようなものか,そして貸し手と借り手のリスク評価とリスクに対する態度等に依存する.貸し手リスクは利子率や契約上の諸条件の形で部分的には客観的な現象として現れる.しかし,借り手リスクはほとんど主観的な現象であって,これは粗利潤との対比で負うべき現金支払債務の上限を設定する.

すでに論じたところの金融制度や慣行の革新によって,実現可能なレバリッジ比率は高まる傾向がある.過去の金融の結果を反映する現金支払債務が首尾よく履行されると,「主観的に許容しうる」外部金融の程度は好況という経済的平穏状態の続く間高まっていく.第二次大戦後30年間の資金循環データはこの点を確証させるのに十分である.粗利潤に対するレバリッジの比率が上昇するに伴い,粗利潤に対する負債の現金支払債務比率は高まる.す

なわち,キャッシュフローについて配慮された安全性の余地は縮小することになる.このようなことが実際に生じると,金融システムは脆弱な体質に転化するのを免れない.

金融の諸側面と投資決定とを総合して考察すれば,われわれの知る資本主義経済は明らかに内生的不安定性をもつものだということがはっきりするはずである.ディラードが指摘するように,ケインズの考えでは「雇用は投資に依存する」という命題が資本主義経済全過程に対する批判的理解の一般的手掛かりとなる.その場合,富の蓄積に関する矛盾と緊張の関係が分析の前面に押し出され,不安定性は異常事態であるどころか,むしろ正常の事態として認識される[15].

6. 投資,利潤,および企業負債の有効化

負債が存在する場合,負債をもつ経済主体の現金収入の一部はこの負債契約を履行するのに用いられる.それゆえ,負債が有効である〔すなわち,貸倒れに終らない〕ためには,債務者の現金収入額がなにがしかの最少基準を満たすものでなければならない.さらに,負債は資本資産および生産過程にある投資財のほんのわずかを金融することができるにすぎない.負債や支払済みの資本資産購入代金が有効なものとなるには,資本資産から得られる現金収入にもなんらかの最少額が存在する.負債や資本資産購入代金の支払いを有効なものにしうるキャッシュフローは,粗資本所得(広義の利潤)である.資本主義経済が首尾よく機能するためには,現在の粗資本所得および将来の期待粗資本所得が十分に大であって,過去の投資決定とその金融のための意思決定を有効なものとするのに十分でなければならない.

資本主義経済では,現在の実現利潤が過去になされた意思決定の有効性〔ないし妥当性〕をさえ決定するのであるから,将来利潤に関する現在の予

---

15) Dillard(20), pp. 22-23.

第4章 資本主義的金融過程と資本主義経済の不安定性

想は現在の投資とそのための金融の意思決定を規定する．資本主義経済に妥当する経済理論を構築しようとするなら，再契約 recontracting を仮定したり，先物契約あるいは条件付き取引契約 future, or contingent contracts が普遍的に存在するような経済を前提して，一方的な流れでしかない歴史的時間のうちに含まれる諸問題を避けて通るということは許されない．資本主義経済の本質は，不確実な世界において経済主体がその都度意思決定しなければならないという点にある[16]．

投資が実現しつつある世界で，労働者は賃金所得のすべてを消費財支出に向け，資本家は全く消費をしないと大胆に仮定すれば，次のような結果を得る[17]．すなわち，

(1) $C = W_C N_C + W_I N_I$

(2) $\pi_C = P_C Q_C - W_C N_C = W_I N_I$ および

(3) $\pi_I = P_I Q_I - W_I N_I$

であるから，$\pi_C + \pi_I = \pi$ および $P_I Q_I = I$ を考慮して

(4) $\pi = W_I N_I + \pi_I = I$

を得る．よく知られているように，カレツキーのこの単純な分析結果は場合に応じて拡張することができる．すなわち，もし政府部門が導入されれば，

(5) $\pi = I + D_f$

となる．また，利潤からの消費支出と賃金からの貯蓄の可能性を考慮すると，

(6) $\pi = I + D_f + c\pi - sW$

を得る．最後に，開放経済を前提すれば

(7) $\pi = I + D_f + c\pi - sW + BPS$

---

16) Kregel(70)および Davidson(19)を参照されたい．
17) ただし，$C=$消費，W_C (W_I)＝消費財（投資財）生産で支払われる賃金率，N_C (N_I)＝消費財（投資財）生産での雇用量，π_C (π_I)＝消費財（投資財）生産で得られる利潤額，$\pi = \pi_C + \pi_I$ は総利潤，D_f＝政府財政赤字，c＝利潤からの消費性向，s＝賃金からの貯蓄性向，および BPS＝国際収支赤字を意味する．Kalecki(63)の第7章「利潤の決定要因」（ただし，この章は1942年初出の論文を転載したものである）を参照せよ．

となる[18]．

　投資は将来の経済動向に関する現在の予想などの諸要因を含む複雑な相互作用の結果として定まる．したがって，この点を所与とすれば，カレツキーの簡単な関係式は利潤が投資によって決定されることを意味するものと解釈できる．カレツキーの関係式が拡張されるにつれ，投資から利潤へという因果の論理は，政府の財政赤字，国際収支，家計の貯蓄，そして資本所得からの消費支出といった構造的および政策的諸要因によって強められる．

　投資は資本資産の調整済み価格（これは期待利潤と資本資産および金融資産の保有に利用可能な金融資金の借入れ諸条件との関数になる）と投資財の調整済み供給価格（これは貨幣賃金水準の関数となる）が均衡する水準に決定される．ここで調整済みとは，不確実性の要因と金融の諸条件が考慮されていることを意味している．金融市場の制度的進化は資本資産の価格決定と投資のために利用可能な資金量の双方に与える効果を通じて，投資の規模に影響を及ぼす．投資の水準が維持され，その結果過去の負債が有効になる〔すなわち，履行される〕とともに，将来のいっそうの投資を誘因するだけの利潤が生み出されるためには，金融システム全体が正常に機能することが必要である．金融システムの機能がひとたび頓挫をきたすと——たとえば，1929年や1933年に大規模な形で生じたそれや，あるいはまた1966年，1969-79年，そして1974-75年に小規模ながらも生じたそれのように——これは経済の機能を分裂させる．制度上の変化が生じた結果として，あるいは中央銀行行動の結果として，利用可能資金が急速に拡大するならインフレ的ブームがもたらされよう．ところが，中央銀行が信用引締めの行動をとると負債デ

---

18) 形式的には $Y=C+I$ 等々の式と $\pi=I+D_f$ 等々の式とは等価である．両者の違いは，$Y=C+I$ の形の定式化では受取所得がすべて同質的なものであると考えられているのに対して，$\pi=I+D_f$ の定式化では所得の源泉ごとに異なった扱いを受けている点にある．ひとたび金融構造が特定され，また利潤フローは過去の金融と資本資産価値を有効化するか否かの決定的な要因であることが認識されるなら，π が資本主義経済にとって特に重要な変数であることはどれほど強調してもしすぎることはない．

第4章　資本主義的金融過程と資本主義経済の不安定性　　　131

フレや深刻な不況過程が生起する．

　第1図は貸し手リスクや借り手リスク，ならびに生成発展する金融的連関の構造によって決定される負債金融 debt financing の程度が，投資水準に対してどのように影響を及ぼすかを示している．経済的平穏の時期には新しい金融制度や慣行が発展する結果，レバリッジ比率は高まる．I_1 が期待された $\hat{I}$ に比して右側の位置に「追いやられる」と，より大きな実現投資 (I_2) は期待以上の利潤を実現させることになる．このことは，内部金融が予想以上に大きくなり，外部金融は予想を下回って小さくなるということを意味する．投資を実行する企業およびこれに資金を供給する銀行家が負債金融を増大させようと考えている場合でさえ，実際に期待以上の大きな利潤が得られると，実現する負債金融比率は結果的に予想されていた負債金融比率を下回ることもある．それゆえ，景気循環の拡張過程においては企業や富所有者の借入能力に「未使用」の部分ないし「余力」が拡大する．

　金融の条件が改善され投資が増加すると利潤も増大する．利潤の大きさとその動向が資本資産の価格の決定に作用する．したがって，金融様式の進化的な発展は，二つの方向から資本資産価格を高める効果をもつ．それは一方で期待準地代を高める．他方でそれは期待準地代の時系列に対して市場が進んで支払おうとする価格の水準を高める．

　歴史的時間における資本主義経済の運動径路は，企業家や銀行家が資本資産所有や投資活動を金融するときの取引いかんにかかっている．好況の時期には貸し手・借り手ともに外部金融に伴うリスクを過小評価するので，このことを反映した金融取引が多くなる．したがって，このような経済は基本的に「上位方向への」不安定性をもつことになる．このため経済は平穏な拡張の時期から「インフレ的な」ブームの時期へと導かれる．

　新規投資のレバリッジ比率が高まるにつれ，既存負債構造もこの新しいレバリッジ比率に足並みを揃えるよう調整される傾向がある．すなわち，既存資本資産ストックの保有ポジションのうち「低いレバリッジを有する」部分についても再金融 refinance がなされるのである．このような再金融は負債

の残高が資本ストックや利潤の大きさ以上に高い率で成長するという結果をもたらす．したがって，金融契約で定められている利子率の水準は上昇しなくても，利潤に対する現金支払債務の相対的比率はますます大きくなる．

投資の増大が利潤増加をもたらすのと相まって，金融革新は経常産出物価格の上昇をも含意する[19]．銀行を通じて利用しうる金融資金量を中央銀行が引き締めるとか，金融資金に対する需要が資金の利用可能性を上回って増大するかすれば，「生産過程にある」投資の増大は利子率の上昇を招く．投資の決定は一連の投資財需要となって現れるから，経済の平穏状態が続くかぎり，投資財生産を金融するのに必要とされる非弾力的な資金需要が増大することになる．需要がこのように非弾力的である場合に，金融資金の供給もまたなんらかの理由で非弾力的になると利子率は急速に高騰する．この利子率の急騰は，資本資産の価格をまず押し下げる．したがって，利子率の上昇が続きその結果投資財の供給価格が上昇する傾向のもとでも，投資財の需要価格は低下する方向にある．その結果，内部金融の期待額に対する計画投資需要の比率は低まる．このようにして，高いレバリッジ比率を反映する投資の拡大とその結果いっそう大きな利潤が得られるといった一連の継起は，やがてその推力を失うことになる．

資本主義経済の金融過程では，平穏な状態で成長しつつある経済が上位方向へ不安定化するという形で金融的不安定性が現れてくる．同時に，その過程で経済の上方への拡大過程に弾力的な上限が課されることになる．外部金

---

19) カレツキーの定式化から
$$P_c Q_c = W_c N_c + W_l N_l$$
が得られるが，これより
$$P_c = \frac{W_c}{Q_c/N_c}\left(1 + \frac{W_l N_l}{W_c N_c}\right)$$
あるいは，
$$P_c = \frac{W_c}{A_v}\left(1 + \frac{W_l N_l}{W_c N_c}\right)$$
が求められる．ここで A_v は消費財生産における労働の平均生産性である．N_l が N_c に対して大であるほど消費財の価格は高い．

第4章　資本主義的金融過程と資本主義経済の不安定性　　　133

融に対するこの上限の設定は，しかしながら，脆弱な金融的状況を不可避的に創り出す．投資の減退は利潤を減少させる．その結果，既存負債の現金支払債務額はその支払いに充当しうる粗資金量に比して相対的に高い比率となる．この場合外部金融で賄わなければならない投資部分の割合も高まる．利潤の増大があれば，銀行家や企業家が投資のより多くの部分を負債の発行で金融する必要はなくなる．同様にして，利潤が減少すると負債比率を低めようとしてもその試みは思うに任せないものとなるのである．

　金融システムが堅固 robust であれば負債デフレーションへの突入は避けることができる．歴史的に，金融市場が時折脆弱な体質になることはあった．たとえば1929-33年のときのような深刻な不況はその一例である．しかし，第二次大戦後はこのような負債デフレーションや深刻な大不況がわれわれを襲ったことはない．

　そうは言っても，1960年代半ばを過ぎると経済は三度——1966年，1969-70年，および1974-75年——の負債デフレーションの危機に遭遇した．しかし，それでも実際に負債デフレーションに発展することはなかった．これは連邦準備がいち早く介入し，銀行とその他の金融機関を保護するための保証措置でもって金融システムを下支えしたことに部分的な理由がある．加えて，他方で政府の赤字支出が大規模になり，これが民間投資行動に代わって利潤の水準を下支えしたことも大きい．利潤が下支えされるかぎり経済が負債デフレーション過程に発展することも，また負債デフレーションが勢いを得ることもありえない．

　(5)式に示されるように，$\pi = I + D_f$ が成立する．投資活動や雇用量が低下し，同時にこれが政府財政赤字の拡大の引き金になれば，赤字支出の増大そのものが投資の減退の効果を相殺する．かくして利潤は減少しないのである．利潤が維持されるなら資本資産所有者が得る粗キャッシュフローの大きさも維持される．このことは，既存の負債やすでに済ました資本資産価格の支払いが有効であることを意味している．

　投資が減少し，このため金融上の行き詰まりが生じようとしているときに，

大規模な政府の財政赤字が出現する可能性を示唆する三つの事柄がある。まず，財政の自動安定化装置，第二に政府のさまざまの移転支出計画がラグを伴いつつも過去のインフレに調整されること，そして第三に財政支出による市場への裁量的介入である。かくして企業活動や雇用水準が低下しても利潤は維持されることになる。したがってこのような活動水準の低下が生じても，民間企業部門はその負債を有効化しうるのである。この結果，深刻な大不況という経済の螺旋的下降過程をもたらす投資・利潤・金融市場の間の作用・反作用運動は生じないで済むということである。

　大きな政府，すなわち，所得や雇用が減少するときにとりわけ大々的に支出を拡大するところの政府の総需要創出効果によって，労働用役費用に対する利潤マークアップ率は維持されたり，高められたりする[20]。労働の超過供給が存在していても政府の移転支出計画は貨幣賃金を下支えし，政府支出によって貨幣賃金に対する利潤マークアップ比率が高められないまでも，それが維持されるかぎり諸価格は下落しようとしない。それどころか失業が存在するおりに諸価格が上昇することさえあるのである。かくしてスタグフレーションはまさに大きな政府の帰結であると言うほかない。しかし，1966年以降深刻な大不況を経験していないということもまた，大きな政府が存在していることの結果である。

　タダ飯というのはありえない。これと同様に，深刻な大不況の代わりに，われわれは慢性的なインフレーションを，そしていまでは加速度的なインフレーションを経験するはめになったのである。

---

20) 注19と同様にして
$$P_c Q_c = W_c N_c + W_l N_l + D_f$$
より
$$P_c = \frac{W_c}{Q_c/N_c}\left(1 + \frac{W_l N_l}{W_c N_c} + \frac{D_f}{W_c N_c}\right)$$
または
$$P_c = \frac{W_c}{A_v}\left(1 + \frac{W_l N_l}{W_c N_c} + \frac{D_f}{W_c N_c}\right)$$
を得る。労働用役費用に対する利潤マークアップは $\frac{W_l N_l}{W_c N_c} + \frac{D_f}{W_c N_c}$ に等しい。

第4章 資本主義的金融過程と資本主義経済の不安定性　　135

7. おわりに

　抽象経済学から目を転じて，費用のかさむ資本資産や発達した金融システムの存在によって特徴づけられる資本主義経済の実際のビヘイビアーを分析することにしよう．そうすれば標準的経済理論で持ち出される均衡，均衡化，および安定性といった諸特性は資本主義経済となんのかかわりもないことが理解されよう．そのような資本主義経済は，その金融過程を反映して生じる内生的諸力のゆえに不安定的な性格をもつ．負債，投資，利潤，および諸価格が継続的かつ加速度的に拡大しないと，資本主義経済の金融過程は平穏で相対的に安定したシステムから深刻な大不況の契機となる不安定的システムへ転じる傾向がある．

　1929-33年の時期を1966年や1969-70年，および1974-75年と比較すれば明らかなように，金融恐慌の危機が迫っていても実際にどのようなことが実現するかは，経済の構造や当局の裁量的介入次第で異なる．すなわち，このような危機的状況下では政策のあり方が決定的に重要となるのである．1929年以降30年代当時がそうであったように，連邦政府の総支出が民間投資の規模に比べ相対的に小さいとか，連邦準備が自らの責任事項について狭い見解しか持ち合わせていないならば，金融的な衝撃は深刻な大不況や負債デフレーション過程を呼び込むことになろう．これに対して，ちょうど1966年や，1969-70年，および1974-75年のときのように，政府総支出の規模が民間投資のそれに比して相対的に大であり，また連邦準備もその責任領域について広い見識をもつならば，金融的衝撃に続いて生起する事柄はスタグフレーションと段階的に加速するインフレーションである．

　1946-66年の期間の経験は，資本主義経済でも不安定性を伴うことなく走り続けることができることを示している．しかし，このような経験こそは特別のケースであると考えるべきである．第二次大戦終了直後は1929-39年の大恐慌の記憶が消え失せていなかったので，貸借対照表の構成について保守

的な態度が一般的に存在した．また，戦時金融の名残りで経済主体の支出能力には大きなものがあったが，これは徐々に現実の支出へ形を変えていった．その結果平穏な経済状態が長期にわたり続き，この間の経済は成長と価格の相対的安定性で彩られることになったのである．しかしながら，1960年代半ばにはすでに明らかであったように，戦後の安定性の基礎はしだいに侵食されつつあった[21]．

　1930年代の大恐慌も，1966-79年の時期の大インフレーションや断続的な経済停滞もともに，資本主義経済の背後にある不安定性の兆候である．大恐慌は政府が小さく連邦準備が臆病であったときの帰結であり，大スタグフレーションは政府が大きく中央銀行が力強く介入するようになったときの帰結である．

　われわれの金融システムが本来脆弱なものであるということを前提すれば，これまで経験したなかの最後の恐慌を思い起こさせるような新たな金融恐慌を，われわれは遠からず体験することになろう．しかし，そのときには，大きな政府は（金融の国際的連関性の高まりのゆえに）1974-75年のときほど速やかに，また有効に貨幣を経済に注ぎ込むことはできないであろう．連邦準備にしても，市場に介入し貨幣ベースを増加させたり広範な保証を与えたりすることには及び腰となるであろう．そこで，ここでの見通しは次のようである．すなわち，金融的不安定性が今度顕在化したときには，政策的対応は1974-75年のときに比べ遅れがちとなり，また控え目なものになるであろう．その結果として，不況過程はより長期でより深刻なものとなるであろう．

　現在の制度的構造はあまり芳しいものではない．それは変革される必要がある．というのは，資本主義の本質的に重要な欠陥はその不安定的性格にあり，この不安定性は資本資産保有と資本蓄積を金融する様式に由来する．これがわれわれの認識である．しかしながら，シモンズも理解していたように，銀行のコントロール——望むなら，貨幣のコントロールと言ってもよいが

　21）　この点はMinsky(83)を参照されたい．

――だけでは十分でない．経済の大量の資本資産を保有する経済主体が利用することのできる負債構造そのものに対して，制約が課されなければならない．

経済を組織する際の基本的なディレンマは分権的金融市場に付随する不安定性を回避し，かつ分権的意思決定がもつ活力と弾力性をいかに保持するかという点にある．ケインズの解答――すなわち，投資の社会化 socialization of investment――は，最も資本集約的な経済過程の金融と費用のかさむ資本資産の保有とを民間の負債市場から排除し，これによって金融的不安定性を消滅させないまでも緩和する方法ではありうる．というのは，資本集約的な投資の金融を民間に代わって政府が行えば，民間企業の負債構造は制約されることになるし，資本主義経済の不安定領域を縮小することもできるであろうからである．

シカゴのシモンズとケンブリッジのケインズの経済学には共通点が多い．しかし，これは驚くに値しない．なぜなら，ケインズ『一般理論』もシモンズ『ルール対権限』の著作もともに，現実世界の同一の状況を前提に書かれたものであるからである．しかし，シモンズは当時受け継がれていた伝統理論から決別したわけでは決してない．これに対してケインズは，受け継がれた伝統理論によっては現に生じつつある経済諸現象を説明できないことに当時の危機の一端があると理解していたのである．

今日の経済学の危機――経済成果，政策，および理論の各面における危機――は，多くの点で1930年代のそれを思い起こさせるものがある．いまや学会は再び二分されてしまっている．受け継がれてきた理論が経済や経済学双方の将来的発展にとっての適切な基礎になると考える一派と，受け継いだ標準理論ではどうしようもないと主張し続けている一派とにである．30年代とちょうど同じように，今日でも体系の不安定性をコントロールすることが経済上の，また政策上の最も重要な問題である．そして，この不安定性という現象こそは受け継がれた標準理論の疑わしさを確証するのに十分なものであると言わなければならない．

第5章 金融的不安定性仮説の再述*

1. はじめに

資本主義経済は「通常考えられているような動きを示すものではない」という認識は、もはやありきたりにすぎるかもしれない。しかし、ほとんどの経済学者——とりわけ合衆国においては、政策を勧告するエスタブリッシュメントの経済学者——は、自分たちの過ちの少なくとも一部がそのような通常の「想定」に根ざしていることを認めようとしない。資本主義経済の諸問題の原因の一つは経済政策の背後にある経済理論（この種の経済理論は資本主義経済のビヘイビアーに関する標準的な「想定」を採用している）が今日の経済にはほとんどあてはまらないことにある。

本章では、今日の標準理論に代わる代替的理論の特徴を強調したい。筆者が金融的不安定性の仮説と呼ぶこの理論からすれば、資本主義経済の最近の動きは決して異常な現象ではない。それどころか、これまでの経済の実際の動きはわれわれが想定する資本主義経済（この経済の特徴はよく発達した金融制度が存在することである）の行動様式そのものである。われわれの想定では、政府が経済的介入によって抑制的な措置をとらないかぎり、資本主義経済の脆弱な金融的諸連関は負債デフレーションや深刻な不況過程へと発展する。金融的不安定性の仮説は資本主義経済の正常な動きについて従来の標準理論とは異なる見解をもっている。のみならず、理論の政策に対する諸含

---

* 本章は Minsky(99) より転載したものである。

意もまた現在の標準理論のそれとは異なっている．

　いまわれわれは経済学の危機の真只中にある．危機は相互に密接に関連する三つの側面，すなわち経済成果，政策，および理論において存在する．経済成果上の危機とは，インフレーション，金融的攪乱の存在，慢性的高失業率，通貨の対外価値の不安定性などの経済の望ましからぬ属性が，現在合衆国ばかりでなくほとんどすべての非常に豊かな資本主義経済国でも普遍的に観察されるということである．

　政策上の危機とは，金融政策および財政政策がともに有効であるようにはみえないということである．これはたんにフィリップス曲線に集約されるようなインフレと失業の「トレードオフ関係」の存在によるだけではない．より重要なことは，経済の拡張への強い足どりが，金融恐慌の初期症状であるインフレ的拡張の状態を呈しがちであるということである．経済とこれへの政策的対応との間に存在する現下の構造的関係のもとでは，金融恐慌の初期症状がインフレを伴う景気後退へと発展する．つまり，例のスタグフレーションがもたらされるのである．1960年代半ば以降，断続的にではあるが金融恐慌が目前の明白な危機として出現し始めた．現在の経済と政策との間の構造的関係においては，過去から受け継いだ負債の重荷をインフレを通じて解消することが，資本主義経済を長期の深刻な不況に陥れずにすませるための不可欠な要素となってきた．

　経済理論における危機には二つの側面がある．一つは，従来から存在する伝統的理論の「荒廃した論理的欠陥」が顕著になってきたこと，二つは伝統的理論で金融恐慌を説明することは全く不可能であるということである．標準的な経済理論の論理的欠陥は，それが資本資産や現実の貨幣（貨幣は資本資産の生産と所有とを金融する際に銀行が創造する）を取り込んでいないということにある．新古典派経済理論の主要な命題としては，多数市場から成る経済に完全雇用均衡が存在するとか，この均衡の所在は市場の調整過程で模索されるとかいうのがある．しかし，これらの命題は資本資産が存在し，資本主義的金融機関や金融慣行をもつ経済にもあてはまるかどうかは，今の

第5章　金融的不安定性仮説の再述

ところまだ示されていない．また，現代的な銀行を通じて投資活動や資本資産保有を金融する方式のもとでは，有効な貨幣供給量が内生的に決定される．内生的貨幣供給は均衡からの乖離が諸市場間の〔代替性をではなく〕補完性をいっそう強めることを含意している．それゆえ〔粗代替性を前提に安定的均衡の存在を証明する経済理論とは異なり〕，補完性が大であるため，多数市場からなる相互依存的な経済システムに〔安定〕均衡は存在しないことになるのである．特に，しっかりした足どりで経済が拡張したり収縮したりする時期には，金融的な相互作用から来る市場の補完性の存在が，資本主義経済の一時的ではあるが支配的な特徴をなすことがある．貨幣的経済理論では，貨幣的変化がいつも均衡化への強い傾向をもつとは仮定できない．貨幣が存在する資本主義経済に固有の均衡概念は，標準的な「ワルラス流の」理論の概念規定とは異なる[1]．

標準理論の第二の欠陥は，それが金融的不安定性について何も語りえないということであった．合衆国では過去12年ほどの間に3回（1966年，1969-70年，そして1974-75年の3回）の金融的不安定性が顕在化した．標準理論の観点からすれば，経済過程が正常であるかぎりたとえば1974-75年に生じたような事柄は生起しうるはずもないであろう．

金融的不安定性の仮説は新古典派総合，つまり今日の標準的経済理論にとって代わりうる一つの代替理論である．この仮説は，不安定性が資本主義経済の正常な機能の結果として生じることを説く．金融市場の不安定性――定期的に訪れるクレディット・クランチであれ，金融的逼迫であれ，市場の崩

---

[1] 数理経済学者のなかでは，F. H. ハーンが数学的理論の限界について最も率直な態度を示してきた．Hahn(47), (48) pp. 61-80，および(49)を参照されたい．また，Arrow and Hahn(8)の特に第14章「ケインズ・モデル」pp. 347-69, 訳書379-402ページも見よ．アロー＝ハーンは議論のはしがきで次のように述べている．すなわち，一時的均衡がいつも存在することについての彼らの証明では，「均衡が存在するとされるその瞬間に経済主体は過去になされた諸契約をなんらもたない」と仮定していると．つまり，負債や資本資産のストックは存在しないと仮定したのである．興味深くも，第14章の冒頭にアロー＝ハーンは詩人W. B. イェーツの『再来』から「万物は離散し，中心を保つことができない」の一節を引用している．

壊であれ——は,現に観察されているところのものである.われわれの理論構成においては,金融的不安定性が資本主義経済のビヘイビアーの結果として内生的に生じる.

　金融的不安定性仮説の内容は非常に豊かである.それは深刻な景気循環の存在を説明できる.また,それはスタグフレーションの説明に際し貨幣供給や政府の財政支出態度いかん,さらに労働組合の誤った行動等の諸要因以外の要因をも指摘している.この理論では相対価格の決定と総需要構成の決定が統合されている.さらに,資本主義経済の機能において利潤が担う普遍的な役割の重要性を明らかにしている.利潤とは過去の金融的契約を有効化するのに必要なキャッシュフローの源泉であり,金融システムおよび金融的連関構造をこれによって支えるところの,価格の一構成要素である.さらに,利潤は投資および現在の金融的契約のためのシグナルでもある.市場の競争度や独占的要因の存在は実現する利潤の大きさに異なった影響を及ぼすので,経済の諸市場がどの程度競争的であるか,あるいはどの程度独占的であるかは金融政策や財政政策の諸手段に対する経済システムの反応に影響する.しかし,このようなこと以上に何よりも重要な点は,金融的不安定性の仮説が次のような「重要な命題」を内包しているということである.すなわち,よく発達した金融機関をもつ資本主義経済はさまざまの行動様式をとりうるが,任意の時点で実際にどのような行動様式が支配的になるかは制度上の関係,金融的連関の構造 structue of financial linkage,および当該経済の歴史に依存して決まるという命題である.

　金融的不安定性の仮説は新古典派総合から導かれる政策上の見解(金融政策や財政政策の単純なルール方式の主張)を超える政策的含意をもつ.すなわち,この仮説の政策上の重要な含意は,深刻で有害な不況を回避し有効なインフレ対策や完全雇用政策を実現するための必須の条件は堅固な財務構造 robust financial structure が維持されていることであるということである.このことは堅固な財務構造を維持するために金融制度の進化的発展をコントロールもしくは誘導する政策が必要であることを意味している.

2. 経済理論における金融的不安定性仮説の位置づけ

　金融的不安定性の仮説はポスト・ケインジアン経済学の一つのバリエーションである．ヒックス，ハンセン，モジリアーニ，そしてパティンキン流の『一般理論』定式化にみられるケインズ解釈がはたして妥当なものであるかどうかはこれまでも問題にされてきたところである[2]．ポスト・ケインジアン経済学という，いささか不幸な呼称のもとに発展しつつあるケインズ解釈は，ケインズを理解する上で歴史的時間と不確実性が重要であることを強調している．時間と不確実性は資本資産の価格決定，投資決定，および家計・企業・金融諸機関の負債構造決定との関連で特に重視されるものである．登場しつつあるポスト・ケインジアン理論[3]の一つの中心的な主張は次のようである．新古典派総合の流動性選好関数はケインズ思想の貧弱な解釈でしかなく，それをもってしては貨幣や金融が資本主義経済の動きに及ぼす影響を検討するのに適当でないと．

　新古典派総合によるケインズ解釈は，流動性選好関数を貨幣需要関数であると見なしている．バイナーには優れた『一般理論』批判があるが，これに対するケインズの反論はそのような解釈が妥当でないことを断じたものである[4]．長期期待の状態（および制度上の取り決めや金融慣行）がいま所与であるとすれば，貨幣の需要と供給が資本資産の価格水準に影響を及ぼす，これがケインズの論じたところである．そして，ケインズがとりわけ批判したのは，貨幣数量の効果がおもに産出物の価格水準に及ぶという見解，あるいは産出物の貨幣価値にさえ及ぶとした見解に対してである．ケインズのこの

---

2) 従来のケインズ解釈の最良の参照文献は Hicks(54), pp. 147-59, 訳書171-92ページ, Hansen(51), Modigliani(104), および Patinkin(108) である．
3) 出現しつつあるポスト・ケインジアン総合の中心的な著作としては, Robinson(111), Davidson(19), Kregel(70), Weintraub(132), および Chick(16) がある．
4) Viner(130), および Keynes(66)．

反論はその後無視され，新古典派モデルを構築する人たちによって流動性選好関数は貨幣需要方程式であると解釈され続けている．ミルトン・フリードマン Milton Friedman 教授が復興した貨幣数量説は安定的な貨幣需要関数を前提に，貨幣供給は総産出の貨幣価値を決定する主要な要因であると主張している[5]．フリードマンの理論構成から，労働の需給が産出量を決定し，貨幣数量が価格水準を決定するという前ケインズ的な見解に到達するのはわけもないことである．

ワルラス流の理論構成は，相対価格が唯一の変数となるところの相互依存的な方程式体系である．現在支配的な経済理論の一派はこのワルラス的な理論構成が適切であり，経済は完全雇用成長径路を辿るというその主要な命題もまた有効であると主張する．しかし，このような経済理論は理論の発展過程を一巡させ，経済学を1920年代や30年代の振出しに全く立ち戻らせるだけである．ケインズが批判したにもかかわらず，新古典派理論は「後退した，ご都合主義の諸仮定」と科学思想家が呼ぶところのものによって支持されているのである．資本理論の現状に照らしてみれば明らかなことであるが，貨幣や資本資産が存在し投資が実行されつつある経済に均衡成長 growth equilibrium が実現すると言いうるのは，投資財価格と資本資産価格はいつも等しいという仮定をあらかじめ設けているからにほかならない[6]．この両価格が等しいという仮定は，経済がいつでも均衡状態にあると仮定することに等しい．いまから証明しようと意図しているところの「帰結」をあらかじめ仮定しておくというのは，明らかに薦められた方法ではない．資本資産価格と投資財価格は等しいと仮定して新古典派理論を擁護するのは，新古典派理論を一つのトートロジー（同義反復）の体系に換言すること以外の何ものでもない．

---

5) Friedman(33).
6) これは資本理論をめぐる両ケンブリッジ学派間の論争を通じて得られた成果である．しかし，この論争を要約した標準的な文献 Harcourt(52)はこの点を明瞭に記していない．

バイナーに対する反論でケインズが提示しようとした見解（それこそ『一般理論』の中心的な見解である）は，負債構造に関する選好や資本資産ミックスの存在，および金融資産供給量と相まって，貨幣供給量が資本資産の価格を決定するというものであった．ケインズの見解では，資本資産や金融資産は即座に利用可能な手元現金と将来得られる所得とを結合させる役割をもつ．また，負債は確定日付きか条件付きで現金の支払いを要求される債務である．負債や金融的契約の性質から考慮すると，手元に現金を保有するについてはいつも主観的な報酬が存在する．貨幣供給量は即座に利用可能な現金量をどれだけ保有するかを決定し，かくして貨幣を保有することに伴う主観的報酬の大きさを決定する．即座に利用可能な現金を入手するために（費用をかけて，またさまざまの程度の不確実性下で）交換に供されうるかあるいは担保として供されうるかしてそれ自身現金所得の流れを生み出すところの資産の貨幣価格は，貨幣の主観的報酬によって設定される価格水準の標準に調整される．資本資産価格体系の決定のされ方とは対照的に，経常産出物（消費財と投資財の双方）の価格体系は企業の短期利潤期待と需要の大きさ，そして産出物の生産費用とによって決定される．

　閉鎖経済では，資本資産を使用して経常産出物を生産するための費用は主として労働用役の費用である．経常産出物の価格体系は，異なる産出物の単位当り相対的費用を主として決定するところの貨幣賃金率に調整される．

　かくして，資本主義経済の特徴は二組の相対価格が存在するという点にある．すなわち，一つは経常産出物の価格であり，他は資本資産の価格である．資本資産の価格は，将来利潤（準地代）フローに関する現在の見通しと不確実性に対する貨幣もしくは即座に利用可能な現金の保険的性格を現在時点で主観的に評価したものとに依存して決定される．将来についての現在の見通しは経済の長期的な動向に関する期待〔あるいは予想〕に依存する．他方，経常産出物の価格は将来の需要動向に関する現在の見通しと貨幣賃金率についての現在の知識を基礎に決定される．それゆえ，経常産出物の価格——および産出物を生産するときに提供される雇用量——は短期期待の状態に依存

する．したがって，資本資産価格と経常産出物価格は全く異なる時間視野にわたった期待の状態に基礎づけられている．資本資産価格は長期期待を，経常産出物価格は短期期待を反映するのである．

全く異なる時間視野をもつ期待と全く異なる近似変数とに基礎づけられたこれら二組の価格が，金融諸条件と相まって，投資の規模を決定する．そして，現在の投資財需要はその他の諸要因（たとえば，利潤所得からの消費，賃金所得からの貯蓄，政府による課税や歳出の所得に対する反応の仕方，および貿易収支など）と相まって総有効需要を決定する．消費，投資，政府支出，そして輸出などによる財への総有効需要から雇用は創出される．

金融的不安定性の仮説は，各期の有効需要を決定する諸要因から議論を始める．この理論は過去の金融の副産物ないし過去の金融活動の遺物を取り上げ，これが現在や将来の経済の動きにどのような制約条件を課すことになるかを考察する．金融的不安定性仮説は粗国民生産物表の単純な勘定会計だけではなく，その背後にある資金循環にも目を向ける必要を説く．資本主義経済にみられるこの資金循環は現金支払債務が存在することの反映である．現金支払債務の存在それ自体は過去の金融的意思決定の遺物にほかならない．

ケインズの思想に基礎づけられた金融的不安定性仮説は，ケインズの著作に明示的に表されているものとも，他のポスト・ケインジアン経済学のそれとも異なっている．この仮説は金融諸制度や金融の諸慣行を議論に統合している点でユニークであると言えよう．のみならず，金融的不安定性仮説は金融の重要性を強調し，経常産出物の資本資産に対する相対価格の変化がどのようにしてもたらされるかに議論のポイントを置いている．それゆえ，他のポスト・ケインジアン経済学のどの理論よりもいっそう明確に資本主義経済の循環的な動きを説明しうる理論であると言えよう．ひとことで言えば，金融的不安定性の仮説は「投資行動を核とする景気循環理論 investment theory of the business cycle」と「金融的投資理論 financial theory of investment」を得るための基礎理論である．

3. 投資，消費，および有効需要の理論[7]

投資需要と消費需要を区別し，これらの需要に影響を及ぼす諸変数，諸市場，そして諸考慮事項を認識しておくことは，以下の諸点を理解する上で根本的に重要である．すなわち，

1. 有効需要理論はなぜ必要か．
2. 投資が実行されつつある資本主義経済を理解するのに関係のある均衡概念は何か．この均衡概念は標準的経済理論で使われる均衡概念とどう異なるのか．言い換えると，ケインズ的均衡の概念とワルラス的均衡の概念の違いは何か．
3. 費用のかさむ資本資産を生産過程で使用し，またよく発達した複雑で絶えず進化発展する金融諸制度と金融の諸慣行をもつ資本主義経済のビヘイビアーはどのようなものか．

以上である．

近年，ケインズ解釈やその真の意味をめぐって多くの文献が生み出されてきた[8]．このような解釈学的な文献の一部には，ワルラス流の静学的一般均衡理論の枠組みを用いて，「ケインズ経済学」は「不均衡状態」を描写したものであると理解するものがある．このような解釈は市場のビヘイビアーに関連して硬直的価格という仮定を持ち込む．その場合，市場の「ショート・サイド」側の供給 "short side" sales または「割当て rationing」が均衡を特徴づけることになる．「ショート・サイド」での雇用機会の決定もしくは「割当て」が，制約された体系 constrained system の均衡値として失業を生じさせる．このような種類のモデルでは賃金，価格，および利子率の硬直性が失

---

[7] この節は，ヤン・クリーゲル Jan Kregel やイグナチオ・ムース Ignazio Musu との議論や執筆過程中の彼らの著作から得られた知見を基にしている．
[8] Clower(18)および Leijonhufvud(73)はポスト・ケインジアン経済学者ではないが，ケインズの「真意」をただす議論の引き金となった．

業という結果をもたらすところの市場制約要因であるということになる．そしてこの失業という結果がケインジアンの分析を特徴づけるものであるとされる[9]．

　しかしながら，このような不均衡アプローチはケインズが中心問題と見なしたものを完全に見失っている．ケインズは資本主義経済の投資需要を決定する変数および市場は「経常産出物」の生産における労働および既存の資本資産の雇用量を決定する変数および市場とは異なるということを中心問題として考えたのである．もちろんケインズは相互依存的な諸市場を問題にしていた．しかし，諸市場間の相互依存関係は時の経過とともに変化し，一連の意思決定（それは歴史的時間に規定されてなされる）に影響を及ぼす変数や市場は他の一連の意思決定に影響する変数や市場とは決して同じではない．このような相互依存性を有する諸市場では，現在の稼働率から投資需要に伝わるシグナルが経済の過去の経緯を反映する諸関係や諸制度に依存して適度なものであったり，過少であったり，あるいは全く存在しなかったり，さらに時としてつむじ曲がりなものであったりするのである．

　ケインズの真の主張点がどこにあったかに関する論争のポイントは，「大家の」原著の真意を克明に探索することにあるのではない．資本主義経済の動きの理解に資する一つの理論を構築することこそが目標でなければならない．資本主義経済がどのように機能するかを理解できれば，経済をコントロールし変化させることによって，おそらく資本主義経済の最もやっかいな特徴をなくしたり，弱めたりすることができる．このような探求の過程でわれわれが応分の努力をする場合，ケインズはわれわれに頼りがいのある「巨人の肩」を提供してくれる．それゆえ，ケインズを理解しようとする試みは科学的探求のための一つの有効なやり方である．

　ケインズを理解するためには，ケインズの分析がたんに失業を説明するだけのためになされたのではないことを知らなければならない．確かに，1930

9）このアプローチを洗練した形で論述したものには Malinvaud(75) がある．

年代の大量かつ持続的な失業の存在は歴史が与えた「危険な実験」であった。そのため，これが当時の支配的な経済理論が有効であるかどうかを再考する契機となったのは無理からぬことである。しかし，ケインズは深刻かつ執拗な失業が時折出現することを認識しこれを説明しようとしたが，深刻な不況が資本主義経済の普通の，あるいは正常な，さらにまた永続的状況でさえあるとまで主張したわけではない。1929-33年の期間の，世界の金融秩序の崩壊はいまひとつの「危険な実験」であった。これも当時支配的であった経済理論の有効性を再考するきっかけを与えた。ケインズの特別の理論によれば，金融恐慌や負債デフレーション過程が生起するとこれを契機に市場の内生的諸過程は非効率的となり，つむじ曲がりなものになりがちである。というのは，この場合市場内生的過程は失業を排除するということに関して事態をいっそう悪化させるきらいがあるからである。このような事態が永久に続くことはあるまいが，それでも政治的・社会的に問題となりうるほど十分に長期にわたって続くということはありうる。

　ケインズ『一般理論』は経済の進歩が循環的過程をとると見なしている。すなわち，彼の理論では，高率のインフレや深刻な不況のみならず，少しばかりの失業やわずかのインフレが一時的に存在する状態もありうると考えられているのである。循環的ビヘイビアーこそ資本主義経済の基本にほかならないが，ケインズは正常な循環と病的な循環とを区別している。『一般理論』の脚注でケインズは「現実にわれわれが生活を営んでいるのは，その移行過程 transition のただ中においてである」[10]と付言している。ケインズのこの言葉は，研究対象たる資本主義経済が本来的に動学的な特性を備えている点を簡潔に指摘したものである。

　エドモンド・マランボー Edmond Malinvaud のようにケインズ経済学を不均衡体系の経済学と見なす理論家は，本来的に動学的な問題の分析でなければならないものを静学的な一般均衡の枠組に押し込めようとしている。こ

---

10) Keynes(65), p. 343 (fn. 3), 訳書343ページ(脚注4).

の分析的枠組みでは,「均衡」の状態を定義するために制約要因や価格の硬直性が導入される．こうすることによって，マランボーは興味深くてまた重要でもある経済学を制約諸要因の決定にあずかる市場過程や社会過程のうちに押し隠してしまうのである．いずれにせよ，この種の理論家は論理的に問題のないモデルを構成し，巧みな理論構成に自分がいかに秀でているかを誇示できるかもしれない．しかし，それは彼らの経済学を意味のないつまらないものにするという犠牲を払ってのことでしかない．

　ケインズ理論の新奇さにもかかわらず，ケインズの考えは政策の指針として社会に急速に受け入れられるようになった．しかし，これはケインズ経済学が経済の下降過程を転換し不況からの回復を速めるための適切な措置として，負債発行による政府支出や金融緩和政策を奨励したからではない．そのような政策的指針は全世界のさまざまの経済学者によってすでに推奨されていたからである．ケインズが彼の同僚や同時代人に向かって不満を抱いたのは，彼らの支持する政策が彼らの理論からは得られないという点に理由の一半があった．合衆国ではポール・ダグラス Paul Douglas やヘンリー・シモンズ Henry Simons, さらにジェイコブ・バイナー Jacob Viner でさえも（これらの経済学者はみなシカゴ大学にいた），『一般理論』が出現するはるか以前に拡張的財政政策の名で現在呼ばれているところのものを，奨励していたのである．ハーバート・フーバー Herbert Hoover は大統領になる前に商務長官を経験したことがあったが，その立場で彼は連邦予算が毎年均衡する必要はなく景気循環の数年にわたって均衡すればよいとする委員会の議論や報告書を支持していた．言ってみれば，フーバーは反循環的財政政策を奨励する後ろ盾であったのである．しかしながら，このような経済学者・政治家たちは彼らの政策に対する信認を高める理論（資本主義経済のビヘイビアーに関する理論）をもっていなかった．つまり，政策上の彼らの勧告は自分のもつ理論からは乖離していたのである．それゆえ，ケインズの貢献は積極的拡張政策が「小気味よくまとめられた理論の論理的推論の帰結」[11] として支持され

---

11) Blaug(11), p. 164.

第5章　金融的不安定性仮説の再述

るのを可能とする理論を提供したことにあると解釈できる．

「有効」需要あるいは総需要の概念および有効需要と供給の一時的均衡を決定する市場過程は，ケインズ理論の中核であり，経済の動きを決定する動学的な過程の理解にとっては中心的なものである．重大でかつ深刻な市場の失敗が生じるのは，市場過程では完全雇用を達成するのに十分な有効需要の存在がおのずとは保証されないからである．他方，有効需要が十分で，完全雇用が達成されこれが維持されると，市場には「投機的」投資や金融的ブームの状態が現れるようになる．しかし，これはいつまでも続くような事態ではない．

有効需要ないし総需要は二つのタイプの需要の総額である．すなわち，消費需要と投資需要である．（ただし，当面は政府部門やその他の世界の部門は捨象する．）企業は雇用機会を提供し，労働と既存の資本資産を利用して産出物の生産にたずさわる．この場合，得られると予想される期待利潤の大きさが生産の動機となっている．また企業は産出物を消費財生産と投資財生産に配分する．この生産と配分において，生産過程で既存の資本資産と合体されて一緒に使用される労働の需要はケインズが「短期期待の状態」と見なしたものに依存する．たとえば，イタリアの靴製造業者を例にとると，「次の」シーズンに合衆国やドイツの流通業者にどのような価格で靴を提供するかを決めるにあたって，この相対的に短期の時間視野で労働用役と原材料の費用がどう推移するかを推定する必要がある．他方，合衆国やドイツの卸売業者や小売業者はそれぞれの国における翌年の夏の靴市場の規模を推定しなければならない．この場合の推定は所得や雇用，そして価格動向に関する彼らの期待に依存している．計画中の投資プロジェクトや企業の投資支出決定，および投資の金融のための諸準備をめぐる短期的な予想は投資財生産者の雇用や産出量決定に影響を及ぼす．たとえば，建設業界では「受注残高」を基礎にプロジェクトが実行されていくが，この業界が提供する雇用機会もまた短期の期待に関連している．このように消費財や投資財の生産に結びつくのは短期の期待である．標準的な粗国民生産物の統計は短期間における短

期期待の状態の一つの帰結を表していると言える．

　現存の生産能力をどの程度利用するかという意思決定のほかに，企業は生産能力を拡大すべきかどうかの決定やどの程度拡大するかの意思決定もしなければならない．既存生産能力の稼働率は相対的に短期の（6カ月とか1年ないし2年の）間における価格や費用，したがって利潤についての予想によって決定される．これに対して，生産能力の拡大の意思決定ははるかに長期の時間視野，たとえば10年や20年，さらには40年という長期にわたっての利潤期待に依存する．かくして，不確実性や将来の経済的・政治的状況についての推測（確率計算ではこれを決してとらえるとができない）をもとに意思決定し行動しなければならない．この意味で，不確実性は今日の有効需要を構成する投資財生産部分の決定に本質的な形で入り込んでこざるをえない．

　投資財需要は消費財需要とは異なる方法で金融される．消費者信用が存在する場合には確かに銀行や金融的諸連関が消費財需要に影響を及ぼす．しかし，消費者の需要はおもに所得と資本資産需要とに依存している．これに対して，投資は短期および長期の外部金融資金を利用する場合の金融諸条件に依存する．それゆえ投資財に対する需要は企業家の長期期待のみならず金融界の長期期待からも影響を受ける．金融および金融市場の要因は投資財に対する有効需要創出に本質的な形で入り込むのである．

　家計の支出需要に対する外部金融——消費者金融や住宅所有のための金融——と企業の投資需要や資本資産所有に対する外部金融との相違は，供与される信用の時間視野と負債の履行に利用されると期待されている資金源にある．住宅金融を別にすれば，消費者の負債は典型的には短期的なものである．銀行システムは企業の特に短期期待にもとづく活動に対して，短期金融資金を供給する．しかし，投資の金融や資本資産の金融ではより長期の負債手段や株式が利用される．

　消費者負債や住宅金融借入債務を履行するのに必要な現金は，賃金所得やその他の家計所得として受け取られるものによって通常は手当てされる．他方，企業負債の支払債務を履行するのに必要な現金は利潤の形で生み出され

るか，長期利潤期待が資産価格に転換する形で生み出される．それゆえ，負債金融の役割や銀行が資金を供給する場合に配慮する事項は家計負債と企業負債とで異なる．

　投資需要は，現存生産能力の稼働率を決定した企業の短期利潤期待が妥当なものであったかどうかを確定する．投資需要が適切な水準にあるのであれば，現在の生産能力をもって生産されたさまざまな産出物は期待利潤に等しい利潤を生み出すであろう．もしこうした事態が実現すれば，企業は同一の産出量を生産し，同量の雇用を提供し続けようとする誘因が与えられることになる．しかし，これも最初の意思決定と次の意思決定との間の時間間隔が小さく，それゆえ実行されつつある投資が生産能力を大きく変化させず，また投資を金融するために負債が発行されてもこれが現金支払債務の大きさに大きな影響を及ぼさないかぎりにおいてのことである．

　需要が現存生産能力の稼働率に影響を及ぼし，その結果として総利潤が決定されるかぎりでは，実現利潤が短期利潤期待に沿った水準になるかどうかは投資活動の水準に依存する．総有効需要の大きさを（乗数過程を通じて）貯蓄と投資が均衡する水準にもたらす変数は，金融のための資金をあてがわれた投資需要の大きさである．投資水準がある水準に定められると総利潤フローの大きさが決まる．そして市場過程を通じて最終的に落ち着く雇用の水準は，仮に設定された投資水準から得られるであろう利潤額を，あらかじめ正しく予想することによって定まったところの水準である．かくして長期期待の状態に対応して投資水準が決まり，短期期待がその投資水準のもとで得られると予想されるところの利潤水準に調整されると，経済の落ち着くべき雇用水準が与えられる．長期期待の状態と整合するこの雇用水準はケインズの考えた体系の「実質的」均衡 "virtual" equilibrium である．ただし，この均衡は陽表的に実現する均衡 achieved equilibrium ではなく，暗黙の均衡 implicit equilibrium である．というのは投資とこれに対する金融の活動が，「その他の所与条件 ceteris paribus」に包括された生産能力や現金支払債務額などの諸要因に対して実際は影響を及ぼすのであり，このような効果が累積

すると体系の暗黙の均衡は変化しなければならないからである．また，長期期待の状態に陰伏的に存在する短期均衡が達成され，それが維持されると，「安定的」ないし「平穏な」経済の状態が実現しよう．しかし，このような安定的で平穏な経済状態がしばらく続くと，これは翻って経済成果についての長期期待に影響を与える．このことは内在する不確実性の見通しを変化させ，資産価値ならびに許容可能な負債構造に影響を及ぼすようになる．

　経済が雇用の実質均衡点に維持され，この均衡において短期利潤期待と金融された投資水準とが整合するためには，利潤フローは負債を有効にするのに十分なだけの大きさをもつものでなければならない．つまり，企業はその負債構造に体化された現金支払債務を充足できなければならない．しかし，負債の現金支払債務が遅滞なく充足されると，銀行や顧客企業の負債発行金融に対する許容限度が高まり金融の意欲は強まる方向へ影響を受ける．すなわち，経済が平穏に推移すると，貨幣保有の保険価値＝確実性保証の価値は低下する．ところが，過去に景気循環の経験があり資本主義的金融制度が存在する世界では，安定性——ないし平穏——が不安定化の種となる．

　現在の短期期待で規定される一時的均衡 transitory equilibrium が完全雇用水準と異なる場合，問題は労働市場や生産物市場，そして金融市場の現状に対する反応が短期期待や長期期待のいずれかを変化させ，完全雇用実現の方向へ経済を突き動かすであろうかということである．それは市場の調整が長期期待の状態に対しどのような影響を及ぼすかにかかっているというのがケインズの回答であった．すでに述べたように，長期期待の状態とは企業や銀行が資本資産を保有したり保有ポジションを金融したりする場合に，また投資支出を計画しこれを金融する場合に，彼らに指針を与える期待の状態のことである．大規模な経済収縮の経験をもった1929-33年の時期には，労働市場，生産物市場，および金融市場の反応，すなわち失業や超過供給の存在，そして金融債務の履行の困難さといった諸現象への反応は，事態を良くするどころかかえって悪化させるものであったと思われる．賃金や産出物価格の下落は現在価格や産出量，そして賃金に依存する利潤フローに比べて既存負

債の現金支払債務額を相対的に高めた．これは企業や銀行の長期期待の状態を，投資財需要に対してマイナスに作用する方向へ変化させた．

かくして，資本主義経済では有効需要不足 effective demand failure という問題が存在するが，これは賃金や価格，利子率が硬直的であることによるものではない．このような問題の存在を認識するためには，よく発達した金融制度をもち，これを介して投資が金融され実行されつつある資本主義経済をわれわれは分析の対象にしているのだという明確な姿勢が必要である．失業に対する市場の反応が長期期待を変化させ投資を増加させる場合とか，超過有効需要の存在に対する市場の反応が長期期待を変化させ投資を減少させるような場合に限って，経済システムは完全雇用の近傍に「均衡」を有し，自律的な均衡化の機能が作用しうるのである．

金融的不安定性の仮説は投資需要が資本資産ストックの市場評価，内部資金や金融市場を通じて得られる金融資金，および投資財の供給価格などの諸要因の組合せでどのように決定されるかに重点を置いている．そして，この理論は投機的金融やポンツィ金融[12]の状態にある経済主体のポジション維持を不可能にするような問題が発生したとき，発生する資産価値の崩落が投資の減退をどのようにしてもたらすかを明らかにしようとする．投資活動の落ち込みは資本資産から生み出される利潤フローを減少させ，これは企業の金融債務の履行を不可能にしないまでもいっそう困難にする．資本主義経済において投資の急減をもたらすような長期期待の状態の変化は内生的に生じる現象である．それは持続的経済成長の余韻が残る環境のなかで，財務構造 financial structure や金融的相互連関 financial interrelation が進化発展する結果として生じるのである．

---

12) 「ポンツィ」と言う呼称は，第一次大戦直後のボストンにおける一事件を指す．これはピラミッド的な金融の仕組みが労働者階級から社会的地位のある人々に至るまで席捲した事件であった．〔本書108ページ，脚注20参照．〕

4. 金融的不安定性仮説の再述

　金融的不安定性の仮説は資本主義経済に存在する二組の価格の分析を基礎とする．二組の価格とは短期的ないし経常的予想を反映する経常産出物価格と長期期待を反映する資本資産の価格である[13]．それゆえ，この理論はケインズ理論の一つのバリエーションである．

　しかし，金融的不安定性の仮説は『一般理論』で明示的に述べられている内容だけに限定せず，負債構造とそのために生じる現金支払債務の存在を資本資産価格の決定と投資の金融の分析に統合する試みをも行っている．背後にある経済観は「ウォール街」または「シティー」のそれである．経済活動は企業にキャッシュフローをもたらす源泉であると見なされる．このキャッシュフローの一部は負債を有効化するのに，つまり契約的債務を履行するのに用いられる．企業活動から得られる期待キャッシュフローは，資本資産ポジションや新規資本資産（投資財）の生産を金融するのに利用されるところの「負債」の需給を決定する．貨幣は銀行が企業に金融資金を供給したり，他の金融資産を取得するとき創造され，銀行に対する借入負債が償還されたり，銀行がその資産を売却するとき破壊される[14]．

---

13) Minsky(95)を参照されたい．
14) Malinvaud(75)は次のようにして貨幣を導入する．「いま，r 個の商品（$h=1, 2, \cdots, r$）から成る経済を考えてみよう．ただし，最後の商品は貨幣とする……」（p. 18）．Arrow and Hahn(8)（の第14章「ケインズ・モデル」）は「添え記号の n は貨幣を意味するものとする．ただし，ここでの貨幣はわれわれの経済システム外にあるなにがしかの主体（たとえば政府）が発行する利子支払いのない負債と考える」（p. 349, 訳書381ページ）と記している．マランボーやアロー=ハーンの想定する「貨幣」は，明らかにわれわれが経済理論を構築する際に理解しようとする現実経済の「貨幣」とはほとんど意味のある類似性をもたないものである．アロー=ハーンは自分たちの概念が現実に背いたものであることを認識しており，彼らが探求しているのは「素朴な貨幣的経済理論 primitive monetary ideas」であると弁解している．これに対して，マランボーは彼の抽象化がいかに「大胆な」ものであるかを認識しているとははっきり述べていない．彼の著作が政策の分析にとって重要であると主

第5章 金融的不安定性仮説の再述

「ウォール街」または「シティー」の経済観では，現在の貨幣と将来の貨幣との交換が基本的に重要な経済取引であると見なされる．現在の貨幣の部分には金融手段，既存の資本資産，あるいは投資財が含まれよう．他方，将来の貨幣部分には利子，配当，元本の償還，あるいは生産過程で資本資産を稼働させることから得られる税引後粗利潤が含まれる．資本資産一般あるいは特定の投資財の取得というのは現在の貨幣と将来の貨幣との交換にほかならない．資本資産保有ポジションや投資財の購入を負債の発行によって金融すれば，この取引過程には現在の貨幣と将来の貨幣の間の二組の取引が含まれる．すなわち，一つは負債に対して支払いをなすという契約であり，他は資本資産もしくは完成投資財を生産過程で利用する〔すなわち，稼働させる〕ことから得られる収益の受取りである．

ウォール街をもつ経済は静態的でありえない．昨日の負債および資本資産の取得は今日のキャッシュフローによって有効化されなければならない．今日のキャッシュフローの大きさは今日の投資の規模次第で決まる．今日の投資は明日生み出されるキャッシュフローによってその妥当性が試されることになる．このように，ウォール街を有する経済は静態的でありえず，経済理論は時間を捨象することができない．

負債ならび資本資産に過去において支払われた代金を有効なものにするために必要なキャッシュフローは利潤である．ここでいう利潤とは財務報告書の正味利潤ではなく，粗国民所得のうちの資本分配分を示す．ウォール街をもつ経済では「利潤の大きさがどのようにして決まるか」が決定的に重要な問題である．

この問いに対する新古典派理論の解答は，利潤を生み出す元は資本の技術的限界生産性であるというものである．この解答は，生産量が変動し市場支配力が存在する世界では明らかにあてはまらない．経済の動学的・循環的性格をひとたび認識するならば，新古典派生産関数にもとづく理論構成は生産

張する場合においてさえそうなのである．

量ならびに相対的要素報酬の決定のいずれの理論的分析にもその基礎として役に立たない．

資本資産に体化した技術的可能性を反映する短期費用曲線は利潤フローを分析するための適切な出発点である．この費用曲線は事実上，経常的費用と産出量との間の関係を示している．費用曲線と市場条件を結びつければ，それは需要曲線の変動（これは総需要の変化を反映する）と粗利潤の変動として表すことができる．粗利潤が十分に大であれば，負債構造や過去の投資決定は有効化される．

カレツキー[15]と同様に，労働者の賃金所得はすべて消費財の購入にあてられ，利潤稼得者は消費を全くしないと仮定すれば，

(1)　　$\pi = I$　（利潤は投資に等しい）

を得る．これは $S=I$（貯蓄は投資に等しい）という命題を形を変えて表現したものにほかならない．ここで I は P_K（資本資産価格），$P_I(I)$（投資財の供給価格），$E\pi$（期待利潤），そして Ext. Finance（外部金融諸条件）に依存する関数である．したがって，

(1′)　　$I \to \pi$　（因果関係は投資から利潤へ）

ということになる．投資のほうが思うままの調整を要求するのである．ただし，金融の諸条件は投資に影響を及ぼす．D_f が財政赤字支出を，π^* が税引後の利潤とするとき，次の関係式が成立することは容易に示すことができる．

(2)　　$\pi^* = I + D_f$

さらに，BPD を国際収支の赤字額とすると

(3)　　$\pi^* = I + D_f - BPD$

が得られる．カレツキー・モデルは利潤からの消費 $c\pi^*$，労働者の貯蓄 sW

---

15) Kalecki(63)の第7章「利潤の決定要因」．金融的不安定性仮説では，利潤（その決定はカレツキーが示した通りであるが）は過去に発行した金融負債を有効化するのに用いることのできるキャッシュフローであると考える．すなわち，その仮説は利潤の動学的決定というカレツキーの観点と，過去から受け継いだ負債構造（それは現在と将来の利潤にかかわりをもつ）という資本主義的制度の事実とを結合させたものである．（ちなみに，そのカレツキーの第7章論文は1942年初出のものである．）

も考慮するよう拡張できる．このとき，

(4) $\quad \pi^* = I + D_f - BPD - sW + c\pi^*$

となり，したがって

(5) $\quad \pi^* = \dfrac{1}{1-c}(I + D_f - BPD - sW)$

を得る．かくして，利潤は生産関数が支配的な地位を占める新古典派総合の場合のように技術的条件によって決定されるというよりも，I, D_f, BPD, W, sW，および $c\pi^*$ を決定する経済的・政治的・社会的および心理的諸要因によって決定される[16]。

　利潤は経済が実際どのように機能したか，その結果を示している．利潤を一つのキャッシュフローとしてとらえるわれわれの考え方からすれば，資本主義経済で利潤がもつ異なったいくつかの役割を分析するのは当然の成り行きであろう．資本主義経済で実現する利潤は次のような役割を担っている．(1)発行済みの負債と資本資産に支払った代金を有効化するのに利用しうるキャッシュフロー．(2)労働力の一部によって生産された消費財がすべての労働供給者に配分されることを保証するところの，労働用役費用に対するマークアップの大きさを示す．（なお，労働用役の一部によって生産されたものをすべての労働用役提供者に配分するこのメカニズムは，余剰を創り出す一つの工夫である．）(3)資本蓄積を続行すべきか，あるいはまた余剰をどこに使用すべきかを示すシグナル．

　利潤の大きさ，特に負債の現金支払債務の大きさに対する利潤の相対的大きさは，企業や銀行の長期期待の状態に影響を及ぼす．資本主義経済では利潤が歴史的時間にわたる諸意思決定を結びつける決定的に重要な連結環である．すなわち，利潤はまず現在の総需要規模とその構成によって決まる．そして利潤は過去に発行された負債と資本資産に支払われた価格が適切であったかどうかを決定する．利潤の大きさは企業や銀行の長期期待の状態に影響を及ぼし，長期期待の状態は投資の規模とその金融の意思決定に作用する．

---

16) Skouras(119)を参照されたい．

われわれは過去，現在，そして将来といった歴史的時間の流れに身を任す資本主義経済をこそ分析対象としているのである．このような経済では，現在の利潤が過去になされた意思決定をどの程度有効化できるかが重要であり，その程度が長期期待の状態に影響を及ぼす．翻って，この長期期待の状態いかんが現在の投資とその金融の意思決定に決定的な影響を与える．また，現在の投資とその金融の活動は将来なされる意思決定を規定するところの経済的枠組みの構造「パラメーター」を決定する．利潤に注目し，これがどのようにして決定されるかを明らかにしたカレツキーの洞察が，歴史時間の流れのなかにある現実の資本主義経済を取り扱うための理論的基礎とならなければならない．

　資本主義経済は投資が実行されるときにのみうまく機能する．というのは利潤を生み出すのは投資だからである．利潤期待が負債発行による金融を可能にし，投資財需要の決定を支持することになる．投資が実行されるのは，資本資産が将来時点で利潤を生み出すとの期待があるからである．しかし，将来利潤がもたらされるのは，将来の時点で投資がなされるかぎりにおいてである．利潤は資本主義経済を動かすためのアメと鞭である．

　利潤は，生産物価格が産出物単位当りの労働用役費用と購入した投入要素費用を上回ることから得られる．経常産出物の価格体系は，利潤を特定の産出物，すなわち現存資本資産に対して配分する．政府支出や貿易が考慮されない単純なモデルでは，利潤と金融され実現した投資規模とが等しくなるように価格と産出量が調整される．相対価格体系，生産量，および雇用量は，利潤と投資の均等化で決定されるマクロの経済諸条件に適合するよう調整される．

　利潤が所得の生産過程で決定されるキャッシュフローの一つであるとの考え方は，金融的不安定性の仮説を構成する不可欠の要素のうちの一つにすぎない．この考え方からは，企業負債の金融的債務が充足されるかどうかは現在の投資の大きさに依存するという命題も導かれる．投資，所得，雇用，したがって利潤の水準が十分に低いと，企業負債の金融的債務は通常の資金源

によってはほとんど満たされなくなる．負債主体は債務履行に必要な資金を調達するために，たとえば資産売却によって資金を調達するがごとき特別の資金源に手をつけることがある．しかし，このような試みは金融的逼迫の状態があればこれを金融恐慌に転換するようなメカニズムの一部を用意することになる．投資の変動は負債を有効化しうるかどうかに対して決定的に重要である．かくして，ここで問われなければならないことは，「投資はなぜ変動するか」である．

この問いに答えるためには，金融システムと負債構造の問題に立ち返らなければならない[17]．いかなる資本資産保有「ポジション」も金融されなければならない．資産ポジションを金融するためになんらかの金融手段が利用されると，「ポジションを構成する」資産からはキャッシュフローが生み出されるが，同時に他方で支払いを必要とするキャッシュフロー債務が設定されることになる．両キャッシュフローの関係から，三つのタイプの金融状態を区別することができる．

(1)掛け繋ぎ金融 hedge finance——資産保有ポジションからのキャッシュフローが，すべての期間において負債のキャッシュフロー債務を凌駕する状態である．すべての期間，現金の流入額が現金の流出額を上回っているので，掛け繋ぎ金融の状態にある経済主体の現在価値は，利子率のどんな有限の値に対しても正の値をとる．このような場合の負債構造は，おもに長期の負債や株式から成る．とは言っても，生産過程にある商品を金融するための短期商業信用が掛け繋ぎ金融と相容れないわけでない．

(2)投機的金融 speculative finance——近い将来時点では，資産から得られるキャッシュフローが現金支払債務の額を下回っている．しかし，周知の会計慣行にしたがって測定された近い将来のキャッシュフローの所得部分は，負債の利子費用を上回る．したがって，より長期的な期待現金受取額は現金支払債務額を超過すると予想されている場合が投機的金融の場合である．投

---

17) Minsky(94)および(96)．

機的金融の状態にある経済主体は，近い将来の金融的債務を充足させるために負債のコロガシ roll over もしくは借替え金融 refinance をする必要がある．投機的金融主体の正味キャッシュフローの現在価値は，低い利子率に対しては正の値になるが，より高い利子率水準のもとでは負になることもある．銀行は典型的な投機的金融の主体である．

(3)「ポンツィ」金融 Ponzi finance ——近い将来時点において，資産から得られるキャッシュフローが現金支払債務の額を下回っていて，現金受取額のうちの正味所得部分が現金支払額のうちの利子費用部分よりも小さい場合を示す．ポンツィ金融の状態にある経済主体は，その金融的債務を履行するために発行負債残高を増加させなければならない．十分に低い利子率が将来成立すれば，その現在価値がおそらく正の値になるであろうような「僥倖 bonanza」もありえよう．ポンツィ金融はしばしば詐欺行為的な性格を帯びることが多い．しかし，長期の懐妊期間と幾分なりとも不確実な収益で特徴づけられる投資プロジェクトは，いずれもこのポンツィ金融の側面をもっている．合衆国の経験では，1974-75年に困難な状態に陥った不動産投資信託 Real Estate Investment Trusts（以下では REITs と略称する）の多くは，その持ち分を購入した家計投資家に全く感知されることなく，ポンツィ金融にかかわっていたと言うことができる．こうした REITs の多くは建設プロジェクトに金融資金を回していたが，もし REITs の負債が支払われなければならないとすれば，建設プロジェクトは良い値で速やかに売却されなければならない．しかし，モーゲイジ信用（不動産抵当金融）市場の逼迫によって竣工済み物件の売却速度が遅められ，その結果これらの建設プロジェクトには「現在価値の逆転 present value reversal」（この概念は165-66ページで定義される）が発生した．

掛け繋ぎ金融，投機的金融，およびポンツィ金融はいついかなる時点でも混在する．任意の一時点の金融状態は経済の歴史とこの歴史が長期期待の状態に及ぼしてきた効果とを反映しているからである．特に経済的平穏の時期は，経済は完全雇用に十分近い状態にあるから，貨幣の保有といういわば保

険の評価は低下している．この場合，資本資産の価格を高めるような効果が作用している．他方ではポートフォリオ選好がシフトし，投機的金融やポンツィ金融が企業によってより多く試みられるようになる．銀行もこのような事態の推移を容認するようになる．このように，資本資産価格の上昇とこれに伴って投資需要が増大する時期には，必要な金融資金の少なくとも一部は金融システムで内生的に準備されることになる[18]．

　経済全体の財務構造において投機的金融やポンツィ金融の比重が高まると，経済の本質はますます利子率の変動に敏感なものへと変化する．投機的金融主体においてもポンツィ金融主体においても，その財務構造を有効化するために必要な期待キャッシュフローは負債の現金支払債務よりも時間的に遅れて実現する．また，短期利子率が十分に高いと，投機的金融主体は容易にポンツィ金融の状態に転化する．他方，ポンツィ金融主体においては発行済み短期負債の利子率が高騰した結果，その持越し費用が高まる．かくして，現金支払債務額は，当初の利子率水準のもとであったならばその資産ポジションを有効化しえていたであろう期待キャッシュフローの額を上回ることになりかねない．すなわち，近い将来のキャッシュフローだけが短期的に過少であるというポンツィ金融状態の特徴は，利子率高騰の結果として，キャッシュフローが恒常的に不足するという状態に転化する．

　外部金融と利子率とは，全く異なる二つの段階で投資過程に作用する．投

---

18) この投機的金融へのシフト，さらにポンツィ金融へのシフトは資金循環勘定に集約された統計データにみてとれる．世界中の巨大多国籍銀行は「市場性資金の購入 bought money」に重きを置き始めているが，これはかなりの投機的金融の存在を含意している．すなわち，一般にすべての銀行は投機的金融を行っているといってもよいが，投機的金融に抜きんでて大きく依存している銀行があるということである．いずれにせよ，金融がどの程度投機的金融に依存しているか，あるいは金融契約による現金支払債務の履行能力がどのような臨界的状況においてならば崩壊しうるか，といったことを明らかにするためには，経済をキャッシュフローの視点から分析する方法 cash flow analysis of an economy が採用されなければならない．この点 Minsky (96) を参照されたい．なお，資金循環勘定については Federal Reserve System (27) を見られたい．

資財の生産には時間がかかるので，投資財の費用を決定する際には，初期の金融費用としての短期利子率が複利計算されて考慮される．この点は合衆国で建設プロジェクトが実際に金融される方法を観察すればうまく説明できよう．建設プロジェクトでは銀行によって供給される資金が漸次取り崩されていくという方法がとられる．言うまでもなく，このような資金に対する利子費用はその投資財の「引渡価格」によって償われなければならない．したがって，投資財の引渡価格は（短期）利子率の右上がり関数となる．

投資財の引渡しが済み，これが生産過程で「稼働し始める」と，それは資本資産となる．資本資産としてのその価値は経済活動に関与することから得られる税引後予想粗利潤（準地代）の現在価値で与えられる．したがって，資本資産の現在価値は（長期）利子率の負の関数となる．

投資需要の増大は生産過程にある投資財を増加させる．この生産過程中の投資財が増加するにつれ，金融資金に対する需要曲線は非弾力的になる．金融資金の供給曲線が無限弾力的であれば，投資が増加しても金融費用は上昇しない．いっそうの投資によってより大なる利潤がもたらされる．このとき利子率一定のもとで資本資産の価格は上昇する．この資産価格の上昇はより大きな規模の投資を誘引する．その結果，ブームを特徴づけるような価格と利潤の急速な上昇が観察される．しかし，銀行業の内部的メカニズムもしくは中央銀行のインフレ抑制的行動の結果として，金融資金の供給は無限弾力的とはならず，むしろその弾力性はたぶんゼロに近くさえなろう．生産過程にある投資財の急増とこれに伴う金融資金需要曲線の非弾力化は，金融資金供給の非弾力性と相まって短期利子率の急騰をもたらす．

短期利子率が急騰すると，投資財の供給価格は上昇する．また，この短期利子率の急騰は長期利子率の上昇をももたらす．その結果，資本資産によって稼得されると期待される税引後粗利潤（準地代）の現在価値は下落する．利子率の上昇は資本資産価格から導出される投資需要曲線を下方へシフトさせ，他方で投資供給曲線を上方へシフトさせる．投資の需要と供給の条件がこのようにシフトすると，投資は減少する．しかし，これは現在の準地代お

第5章　金融的不安定性仮説の再述　　165

よび近い将来の期待利潤を低めることになる．利潤期待が低まると資本資産価格は低下する．すると企業が投資財に支払ってもよいと考える価格の水準も同様に下落する．

　利潤の減少は，企業が金融債務を履行する能力を弱めることを意味している．利潤が減少すると，掛け繋ぎ金融主体のあるものは投機的金融主体に転じ，投機的金融主体のあるものはポンツィ金融主体に転化する．長期利子率の上昇と期待利潤の減少は，ポンツィ金融主体にとりわけ大きな打撃を与える．というのは，将来に期待されていた僥倖の現在価値は急落するからである．ポンツィ金融主体は，現金支払債務を履行するために資産ポジションをいまや売却によって取り崩さなければならないことに気づくのである．しかし，この時点では，負債をちょうどカバーするに足るだけの価格水準においてさえもその保有資産を処分できないことを知るようになろう．借替え金融よりも資産ポジションの売却によって資金を調達しようとする動きが一般化し出すと，資産価格はそれを投資財として生産する場合の費用水準よりも低くなることさえある．

　上述の事柄は金融恐慌に至る筋道の概略を示したものである．完全な金融恐慌に発展するかどうかは，中央銀行が最後の貸し手として有効に機能しうるかどうかということと，粗利潤フローの水準が政府の赤字支出の増大または国際収支の黒字によって維持されるかどうかということに依存している．しかし，全面的な金融恐慌に至らなくても，企業や銀行，および金融資産の究極的所有者の長期期待は，このような事態の推移から影響を受けるであろう．その結果，投資プロジェクトで考慮されるリスク・プレミアムは高まり，企業や銀行が選好するのは投機的金融の比重がより小さい貸借対照表構造になろう．

　利潤と企業資産に適用される有効な割引率との間の反復的な相互作用的過程は，「現在価値の逆転」という事態が生じるまで続く．ここで現在価値の逆転とは，投資財供給曲線が投資財需要曲線の上位に位置することになり，結局のところ投資や利潤が壊滅的に減少するような事態を指している．利潤

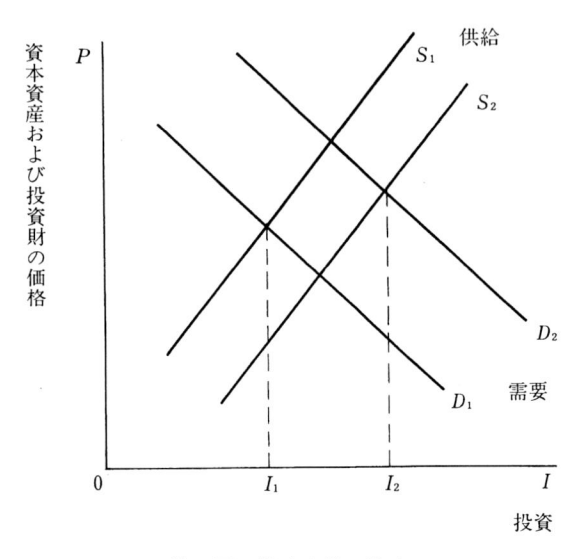

第1図　投資水準の決定

がひとたび急減すると，掛け繋ぎ金融主体でさえもその負債を履行するのに必要なキャッシュフローを得られなくなることがある．(このような諸関係は第1図と第2図に示されている．)[19)]

第1図には「正常な」状態が描写されている．金融諸条件を考慮した投資財の需要・供給条件は，利潤やリスク・プレミアムおよび投資財生産コストの変動とともにシフトする．その結果，投資水準は通常 I_1 と I_2 の間を行ったり来たりすることになろう．これに対して，第2図は「負債デフレーション」のもたらした反響が，利潤および有効な金融諸条件に対して劇的な影響を及ぼしている状況を示す．このケースでは，貨幣賃金率不変のもとで「貸し手リスク」の増大により投資財供給価格が上昇するときでも，これとは逆に資本資産の需要価格水準は利潤減少のゆえに低下してしまっている．第2図は供給曲線が「すべての部分で」需要価格曲線の上位にある極端な場合を

---

19) Minsky(98).

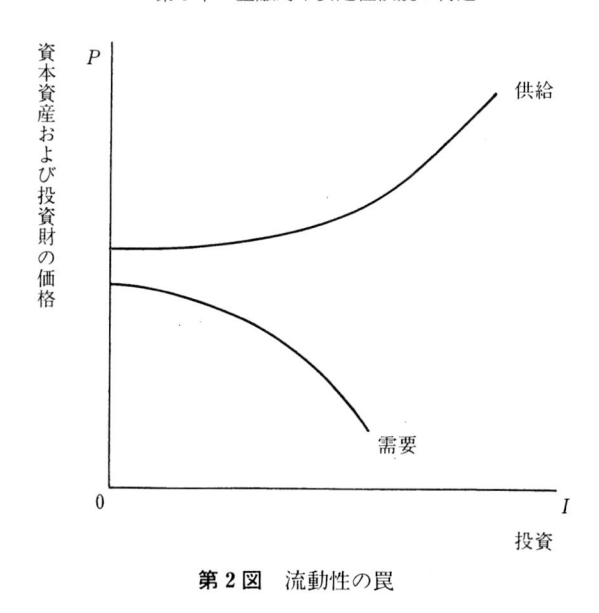

第5章　金融的不安定性仮説の再述

第2図　流動性の罠

示している．

　第1図において，投資財需要曲線と投資財供給曲線は総需要や総供給の近似的決定要因として作用する諸変数の変化を反映してシフトする．これらの諸変数は長期期待の形成に作用する変数の値が変化しない場合でも変化しうる．このことは稼得される利潤や金融的契約の諸条件に変化が生じても，長期利潤に関する現在の期待や利子率および許容可能な金融の負債構造は不変であることを意味する．第1図における供給曲線や需要曲線の左方シフトは，貨幣市場の繁閑の状況や政府の財政支出態度，および貨幣賃金率などのちょっとした変化で相殺することができる．

　第2図における投資財の需要曲線と供給曲線の位置は，利潤に関する長期期待の変化と金融の望ましい負債構造の変化を反映している．第1図の状況から第2図の状況への変化は，掛け繋ぎ金融・投機的金融・ポンツィ金融を論じた際に概説したところの，負債構造にかかわる好ましくない経験を反映している．このケースでも，近い将来の利潤，市場利子率，貨幣賃金率，お

よび政府の財政支出態度が短期的に変化すれば,所得および雇用は維持できるかもしれない.しかし,こうした短期的変化が生じても,それは投資財需要曲線や供給曲線に対して即座に影響を及ぼすものではない.ケインズが『一般理論』を書いた時期のように,政府規模の小さい経済システムのもとでは貨幣賃金の引下げや貨幣市場の緩和によっても第2図の状況を第1図のそれに速やかに転換することは不可能である.それどころか,第2図の状況が持続する主要な理由は利潤が負債の現金支払債務に比して相対的に小さいことにあるのであるから,「ドル建ての」利潤総額を減少させると思われる貨幣賃金の引下げは事態をいっそう悪化させるだけであろう.

長期期待が投資を促進させるような状態にあるかぎり,生産物市場・労働市場・貨幣市場での「需給」条件で決定される市場諸変数の変化は投資率の決定に有効な影響を及ぼす要因として作用しうる.しかし,金融恐慌と同時に,あるいはそれに引き続いて長期期待の状態がひとたびシフトしてしまうと上記の市場諸変数は投資率の有効な決定要因ではなくなってしまう.

第2図の状況に似た事態が生じれば,経済は深刻な不況に向かいつつあるか,あるいはすでにそのただ中にあると言ってよい.しかし,このような状況が全面的な不況過程に発展するか,あるいは発展するとしてもどれほどの期間それが持続するかといった事柄は,政府の経済に対するかかわり方いかんによる.つまり,政府がどれほど速やかに介入するか,あるいはその介入がどれほど有効であるかが経済の成り行きを決定するのである.1929-33年の時期には,政府はささやかな介入をしただけであり,介入の時機も逸していた.また,合衆国ではその時期最後の貸し手として介入するという中央銀行の責任を連邦準備が事実上放棄していた.この中央銀行の機能〔最後の貸し手としての機能〕は,投機的金融やポンツィ金融の主体の資産ポジションが速やかに借替え金融を受けられるように保証する機能であると言える.というのは,これらの金融状態下にある経済主体といえども,現在の(恐慌前の)価格水準やほぼ完全雇用に近い所得水準のもとで投資ブーム期に支配的な利子率よりも低い利子率水準でより長期のキャッシュフローを得ることが

第5章　金融的不安定性仮説の再述

できさえすれば，その負債を有効にすることは不可能でないからである．

1974-75年に出現した金融的崩壊 financial debacle の脅威に対して，連邦準備は最後の貸し手として積極的に介入した．連邦政府もまた財政赤字支出を実質的に拡大することによって対応した．こうした対応は，企業総利潤を維持するのに貢献した．合衆国の経済――ならびに世界経済――は1974-75年の間，1929-33年の時期に比べ極めて柔軟性に富んでいた．それは政府の経済介入がはるかに大きくまた有効であったことによる．

金融的不安定性仮説の本質は，負債デフレーションにさえ発展する可能性のある金融的外傷 financial trauma が資本主義経済の正常な機能の自然な結果として生起しうることを強調する点にある．とは言っても，これは資本主義経済がいつも大きな惨事の周辺を行きつ戻りつしていると言おうとしているのではない．企業や家計が短期負債の発行という金融の方式にほどほどに関与するという態度をとっているがために，負債デフレーションから影響を受けにくい堅固な金融市場というのも存在しうるのである．しかし，企業や家計が投機的金融やポンツィ金融に多く関与している場合には脆弱な財務構造があらわとなる．堅固な財務構造のもとでは，経済が正常に機能するかぎり平穏な状態が維持され，ほどほどの経済成果が実現する．しかし，経済状態が平穏でかつ首尾よく推移するという状況は自己再生的にいつまでも続く状況ではない．この経済状態下では資本資産価格が経常産出物価格に比して相対的に高まる．すると，(1)任意の期待所得水準に比して，許容しうる負債水準は相対的に高まる．続いて，(2)投資が増大し，(3)これがまた利潤を高める．このような一連の同時的な動きは，はじめのうちは堅固であった財務構造を時間の経過とともにしだいに脆弱なそれへと転換していく．投機的金融や「擬似ポンツィ」金融 quasi-Ponzi finance（それは懐妊期間の長い投資を中期的な資金で金融する状態を示す）が財務構造において大きな比重を占めるようになると短期金融資金に対する需要が増大し，短期利子率は急騰する．短期利子率が急騰すると金融債務を履行しえない経済主体が出現するようになる．その場合，流動性の価値（ないし流動性に対する評価）が上昇

すれば「現在価値の逆転」という現象も生じうる．投資財の生産費用が資本資産価値を上回るようになると，金融のための資金を得るのは困難になるであろう．このことは資本資産価値が投資財の供給価格よりもはるかに低い水準に「崩落」することを意味する．これは投資活動をさらに減退させ，投資の減少は得られるべき利潤をいっそう減らす．かくして，事態はますます悪化するのである．投機的金融とポンツィ金融の比重がひどく高まってしまうと，所得の一時的な落ち込みが生じても，市場がこれに対して直接的で敏感な反応をする結果事態は急速に悪化してしまう．その意味で有機的に相互に関連した市場システムは不安定的なのである．

5. 政策上の含意

金融的不安定性の仮説は政策に対してきわめて重要な含意を有する．まず第一に，この仮説は資本主義経済機構が避けえぬ本来的な欠陥をもつ旨を指摘している．しかし，資本主義経済が欠陥をもつとは言っても，資本主義経済を排斥する必要があるということをそれは必ずしも意味しない．金融的不安定性の仮説は制度の重要性や制度が経済のビヘイビアーに対して修正的な効果を発揮する力を有することを強調するものである．したがって，資本主義にもさまざまのものがありうるというのがわれわれの基本的な考えである．要するに，問題は，必ずしもいつもそうだと言うわけではないが，少なくとも現時点では，どのようなタイプの資本主義がより望ましいかということである．

小さな政府が存在する資本主義経済では，$\pi = I$ となる．それゆえ，I を低めるであろう資産価値の崩落は所得や雇用水準を低下させるばかりではなく，利潤をも減少させる．このことは資産価値の低下がたんにそれだけにとどまるものではなく，負債の現金支払債務の履行を困難にするということをも意味しているのである．これは投機的金融やポンツィ金融に関与した主体において特に言えることである．

これに対して，大きな政府が存在する資本主義経済では $\pi^* = I + D_f$ となる．すなわち，税引後利潤は投資に政府の赤字支出を加えたものに等しい．I の減少が赤字支出の増大で相殺されるならば，利潤フローの大きさが縮小することはない．実際，政府の赤字支出が十分に大であれば利潤は増大しさえする．これは1975年に合衆国で実際に起きたことである．その年の第1，第2四半期の巨大な政府赤字支出によって，投資減少の状態下でも税引後利潤は維持され，早い時期に深刻な負債デフレーションの過程の芽は摘み取られたのである．

価格体系は利潤が投資に等しくなるようなものでなくてはならない．この命題の一つの含意は，投資財生産で支払われる総貨幣賃金が消費財生産で支払われる賃金総額に比して高まれば，それは必ずインフレ的であるということである．さらに，消費財に対する支出のうち政府の移転支出や利潤所得からの消費支出部分が増加すれば，これもまた必ずインフレ的に作用する．間接的労働用役に支払われる賃金や広告活動のような補助的企業サービスは利潤の処分と見なすのが最も適切であろう．したがって，広告支出や幹部職員への給与支払い，さらに新規生産物の研究開発のための支出などの増大はインフレ的な効果をもつ．かくして，現在のインフレーションの主要な原因は，投資を通じた成長，企業の巨大化への偏向，広告支出や間接費用を高める経営スタイル，そして移転支出の拡大などにある．

金融的不安定性仮説の観点からすれば，インフレーションは負債の現金支払債務の重荷を軽減する一つの方法である．1970年代には，維持することの困難な負債構造をインフレによって流し去り，もって大きな不況の到来は回避された．かくして，スタグフレーションは大規模な不況の代替物だと言える．ただし，インフレによって負債を流し去るのは一度かぎり成しうるところの「ゲーム」にすぎない．それゆえ，銀行がポンツィ金融に対して用心深くなるにつれ，ブームへの拡張傾向は弱まってくる．他方，投資を維持するための政府の介入は過大になりすぎるきらいがある．それは，投資が名目的便益ではなく実質的便益をもたらすことを，また個人的な便益よりも社会的

な便益をもたらすことを保証するのに必要な「厳密な経済計算 sharp pencil」が，政府の投資支出については徹底されにくい傾向があるからである．

すべての企業家や銀行家は，取り上げるに値するいかなる投資プロジェクトにも，文字通り無駄銭使いに終るあまたの案件が存在するということを知っている．投資を通じて救済するという教義がひとたびわれわれの政治的・経済的システムに深く浸透してしまうと，ばかげた投資を抑制する諸要因も緩和されがちである．政府に特定の投資家や特定の投資プロジェクトが損失を被らないよう保証しようとする用意がある場合にはなおさらである．大きな政府が見かけ上は民間投資に似せた経済活動を行い，これを通じて完全雇用実現の目標に献身しているといった振舞いを見せはじめた資本主義経済は，合理的な現在価値計算を拒絶したスターリン主義的非効率経済に接近することになる．

銀行家や企業家，そして政府の保証人のおろかしい行動は，巨大な政府の財政赤字支出によって概して消し去られる．それは巨大な赤字支出によってならば，過去の総投資およびすべての企業負債を有効化するのに十分な大きさの利潤がもたらされうるからである．ただし，その場合インフレーションという犠牲を支払わされたり，企業経営技術がますます非効率になる可能性があったりする．選択された技術が非効率的なものであれば，それはインフレと失業の共存状態をもたらす．かくして，スタグフレーションは背後にある資本資産が不適切であることの兆候である．

不安定性の存在は投資の重要性が強調される結果として明らかになるものであり，インフレーションは投資や移転支出，そして恐慌の脅威にさらされた負債構造を窮地から救い出す必要等の帰結である．この議論を前提にすれば，金融的不安定性仮説は次のことを意味することになる．すなわち，政策的に現在志向している技術よりも資本集約度の低い技術によって消費財の生産を行おうとする経済は，金融的不安定性やインフレーションから影響を受けにくいということである．このことは，投資を通じて成長を刺激するよりも消費財の生産を通じて完全雇用の実現を図る政策に強調点を移したほうが

第5章　金融的不安定性仮説の再述

よいことを示唆している．さらに，金融的不安定性仮説は金融の負債構造を単純化することが高い安定性を実現する一つの方法であることをも示唆している．しかし，この仮説は金融の負債構造の歴史的動学分析に基礎を置いているのであって，金融的な取り決めを単純化することが容易であるとは決して認識していない．

　金融的不安定性の仮説は以下の事柄をも示唆している．すなわち，われわれは経済を近年の過去の経験以上に首尾よく運営する方法を知っている．しかし，経済組織や枠組みというものがいったん形成され作動し始めたとしても，それがあらゆる時期の経済政策上の問題に解答を与えるわけではない．そのような魔法のような組織のあり方や枠組みはないのである．経済は進化発展するものであり，経済メカニズムの内生的な変化と相まってそれは法律で定められた諸制度の適切な構造や政策のあり方を変化させずにおかない．したがって，一世代の経済学者が次の世代の経済学者を不必要にするということは決してありえない．そこで，筆者は次のように考える．まず，変化することもなければ変化する必要もないような制度的構造があると考えてはならない．そして，既存の制度的枠組みにいついかなるときでも適合しうるものと意見の一致を見た理論，あるいは合意を得た理論 agreed-upon theory なるものが存在すると考えるべきではない．さらに，経済学者はこの合意された理論を適用するだけのたんなる技術屋になってはならないと．

第6章　金融的不安定性仮説の再考*
——「惨事の経済学」——

1. はじめに

　合衆国経済がもつ驚くべき特徴は，金融恐慌を繰り返し経験してきたという事実である．そのような金融恐慌の後には深刻な不況と活動水準の低い経済停滞の時期が必ず訪れる．しかし，30年代の大恐慌の引き金となった金融的衝撃からはすでに40年以上が経過した．この40年という期間は前世紀に恐慌や大不況が頻発した時間的間隔と比べれば非常に長い[1]．大恐慌以降のこの経験（つまり，恐慌や深刻な不況をその後経験していないということ）は経済システムそのものおよびそれについてのわれわれの知識が根本的に変化

---

*　本章は Federal Reserve System(26)のなかの Minsky(92)を一部割愛のうえ転載したものである．
　この下書きは当初1966年秋に書き，1970年1月に改訂した．モーリス・タウンゼント Maurice I. Townsend，ローレンス・ゼルツァー Lawrence H. Seltzer およびバーナード・シュル Bernard Shull の各氏は筆者にコメントを寄せ，激励してくれた．記して感謝の意を表したい．

1) マイルドな不況と深刻な不況の循環の歴史については Friedman and Schwartz (38)を参照されたい．
　そこで明らかにされているように，すべての深刻な不況過程は金融恐慌の存在と結びついているのに対して，マイルドな不況過程は必ずしもそうではない．しかし，フリードマンとシュワルツはこの現象を無視することにしたようだ．それは，彼らが1929-33年と1960-61年の事態に対して全く類似の説明を与えることを好んだ結果である．マイルドな不況と深刻な不況は全く異なるタイプのものであって，持続する期間の長さや不況の深刻度の差は金融パニックがあったか否かによると考えたほうが適切であると思われる．筆者のフリードマン＝シュワルツ論文に対する批判として Minsky(81)を参照されたい．

した結果なのであろうか．それとも基礎的な諸関係はやはり不変であり，われわれの知識や能力もまだ不適切であって，恐慌や大不況は今後も依然として生起しうるのであろうか．

あらかじめ言ってしまえば，経済の基本的な諸関係は不変であるというのが本章の見解である．したがって，持続的な経済成長や景気循環過程におけるブーム，およびこれらに伴う金融面の発展によって，経済全体に惨事をもたらす条件を育む可能性は依然として存在するのである．

どのような惨事であれ（金融的なものであれ，否であれ）それが生じるのは，当初の変動ないし衝撃と経済システムの構造的特徴，さらに人為的過ちなどが重なることによってである．本章で展開される主張の理論的内容は次のようである．すなわち，金融システムの構造的特徴は長期間にわたる経済的拡張とブームの過程で変化し，これが累積することによってシステムの安定領域が狭められる．すると，経済拡張がしばらく続いた後にほんのちょっとした事態が生じても（それが必ずしも常軌を逸するほどの規模で，また長期にわたって生じなくとも），急激な金融的反作用がこれを契機に生起しかねないということである[2]．

最初の変動がシステムのビヘイビアーあるいは人間の過ちの結果であるということはありうる．また，ひとたび急激な金融的反作用が生じると制度上の欠陥があらわになったりすることもある．したがって，危機が生じた後に引き金となった事象や制度上の欠陥を強調することによって，惨事の原因を事故や過ちもしくは容易に矯正することのできる制度上の欠陥に帰せしめるといったもっともらしい議論[3]を展開することはいつも可能である．

筆者はかつてシーリング（天井）制約とフロアー（底）制約付きの加速度原理-乗数モデル accelerator-multiplier cum constraining ceilings and floors model を使って，現実経済のビヘイビアーを再現しようとしたことが

---

2) Fisher(31)．
3) Friedman and Schwartz(39)，p.309，p.310，fn.9 は，このような理由づけの驚くべき一例である．

ある[4]．このモデルではシーリングからの定期的乖離は決して異常な事態ではなく（それはパラメーターの値を反映して生じる内生的な現象である），これに「見合った」金融的環境ないし財務構造が存在しさえすれば，「不安定な」金融的反作用を引き起こしかねない代物である．翻って，この金融的反作用は所得水準の有効フロアーを低めるように作用する．筆者は，所得のフロアー水準とシーリング水準の格差が十分に拡大すると加速度係数の値は低下し経済停滞が引き起こされると仮定した．かくして，発散的経済拡張をもたらす一群のパラメーターの値は，停滞的な経済をもたらすパラメーターの値にとって代わられる．筆者は所得のフロアー水準とシーリング水準との格差が加速度係数の決定要因であると仮定し，金融的不安定性仮説の直接的な効果はフロアー所得を低めることであると想定したのである．というのは，金融諸変数——普通株の市場価値を含む——は伝統的なケインズの消費関数の位置を決定するからである．

ただし，上記の議論はさまざまの意思決定がなされるのは体系のビヘイビアーを決定する要因としての不確実性が存在するもとにおいてであるという点を捨象している．分権的な意思決定と生産資源の私有から成る企業経済システムには，金融的諸連関 financial relations の存在ゆえに本来的に特別のタイプの不確実性が存在する．このような経済の金融システムは不確実性を細分化し拡散させる特性をもつ．金融的不安定性を理解するためには，意思決定は不確実性の存在という本質的に不合理な事実に直面しつつなされなければならないことを認識しなければならず，この認識を前提としたモデルが必要とされる．しかし，金融システムの安定性特性を，したがって経済システムの安定性特性を検討しうるようになるためには，ケインズ経済学をまさに上述のごときモデルとして再解釈するか，もしくは貨幣的制約要因——政策によって課される制約であれ，経済のビヘイビアーにより内生的に生じる制約であれ——が経済システムにどのような作用をするかをあらかじめ吟味

---

4) Minsky(84)および(79)．

しておくことが必要である．資本主義経済の基本的な不安定性は，システムが発散する傾向をもつ——すなわち，ブームの状態ないしは「多幸症的」状態 euphoria に入る——という点にある．

本章では，実証研究は全く行わない．しかし，(1)初期の諸研究で分析された種類の最新の情報を検討すること，(2)一連の新たなデータを追加的に調査すること，そして(3)新しいデータを創り出すこと（これは本章の第7節で行ったが，原論文を本書へ転載する段階で省略した）は必要である．こうした情報を付け加えてはじめて問題点を厳密に詰めることができ，分析で得られる諸命題を検証することができるからである．

本章で取り上げられる問題を実証研究するについては，特別に言及しなければならない側面がある．金融恐慌や金融パニック，さらに金融的不安定性は短期間に限って持続するだけであり，またまれにしか生じない現象であるということである[5]．われわれは1930年代以降，経済の特定部門ないし少数の部門が金融的な苦難をなめた以上のことを経験してはいない．法律や金融慣行の進化発展により，金融の諸制度や慣行は大恐慌以前の時代と今日とではずいぶん異なったものになっている．たとえば，金融恐慌が任意の当初の事象から生じるのはどのような条件のもとにおいてかを推論するためには，預金保険がどの程度の役割を果たしているかを推測しなければならない[6]．金融恐慌の持続期間が短いということは，平滑化政策 smoothing operation やこの結果生み出されるデータをもとになされる計量経済学的分析が恐慌の重要性を過小に評価する傾向を有するということを意味している．

このような事情が存在することを考慮すれば，金融的不安定性の原因とその効果に関する諸命題を検証するための最も意味のある方法はシミュレーション研究であるということになるかもしれない．シミュレーション研究では，

---

5) 1929-33年の期間の大規模で長期にわたる経済収縮は，初期の攪乱を増幅させた一連の恐慌の連鎖と理解できる．

6) 1966年の金融面における事態の推移は，金融的な制約から生じる不安定化作用を相殺するものと期待されていたところの，預金保険の有効性をおそらく試すものであったろうと理解できる．

第6章　金融的不安定性仮説の再考

モデルを工夫すれば金融的不安定性が誘発されるいくつかの代替的なあり方を描写することができよう[7]。

本章の第2節では単純な恒常的成長径路をたどる経済とブーム期にある経済との違いを論じ，多幸症的経済の諸特徴を明確にする．この節で展開される命題は次のようである．すなわち，ブーム下にある経済ないし多幸症的な経済では進んで投資を行い，また進んで負債を発行しようとする意欲が強く，貨幣供給の増加率とは独立に旺盛な貨幣需要が存在する．その結果，貨幣市場は逼迫するということである．ここで，貨幣市場の逼迫度は利子率の水準やその変化率およびその他の金融諸条件いかんによって定義される．

第3節では所得の生産，特定の貸借対照表構造，および実物資産や金融資産の取引から生み出されるもろもろのキャッシュフローに焦点がしぼられる．金融的不安定性が生起する可能性は現金支払債務と現金を入手する正常の源泉との相対的関係にまず依存する．のみならず金融的不安定性の可能性は正規の源泉から十分な現金を得られず，そのため他の源泉から現金を調達しなければならない場合に影響を受けるはずの諸市場の動きいかんにも依存する．

第4節では不確実性が投資需要の決定要因としてどのような役割をもつかをケインズ経済学の枠組みで議論する．

第5節では金融の逼迫要因が経済にどのように作用するか，その代替的作用様式について検討を加える．多幸症的経済下の金融逼迫は安定的な投資表に沿ったスムースな動きを経済にもたらすというよりも，むしろ流動性選好関数をシフトさせるように作用する．このようなシフトは典型的にはなにがしかの流動性危機から発生するものである．

第6節は金融システムと経済システム双方の安定領域 domain of stability がどのようなものであるかを考察している．システムの安定領域は内生的に変化し，ブームが長期間持続するとその間に安定領域は徐々に狭まっていく．さらに，多幸症的な期間において生じる金融上の諸変化もまた安定領域を狭

---

7) Minsky(84)には，素朴なものながら，多くのシミュレーション・モデルが提示されている．

める傾向をもつ．多幸症の状態から生じる反作用は各経済部門に金融上の困難をもたらす傾向があり，これがついには経済全般の金融パニックにエスカレートしうるのである．このような金融パニックが生じると，それは深刻な不況過程のきっかけとなる．その場合でも，中央銀行は経済が金融恐慌に陥るのを未然に防止できる．しかし，その可能性があっても，恐慌の瀬戸際では金融システム全体を覆う緊張感や不安の念から，金融諸機関およびその他の経済主体の望ましいポートフォリオ構成は変化する．そしてポートフォリオ構成を改善しようとする努力はかえって深刻な景気後退を招いてしまいがちである．

本書掲載時に省略した原論文の第7節および第8節は二つの論点，つまり銀行検査 bank examination と地域経済への影響という論点を扱っている．第7節は貸借対照表と金融契約による債務関係とで決定される正味キャッシュフローをチェックするという観点から銀行検査を行うならば，連邦準備にとっては貴重な政策指針が，また銀行にとっても重要な経営管理手段が得られるということを論じている．このような銀行検査が採用されると，金融機関経営者および経済政策立案者は実物経済と金融システム双方の諸特性から金融機関がどのようなインパクトを被るかを否応なく考慮せざるをえなくなるであろう．

第8節の地域経済への影響に関する議論は，金融的に脆弱な体質の経済主体が任意の特定地域に集中する可能性について論じたものである．金融的に脆弱な経済主体の経済全体に占める比重が小さく，したがって金融上の困難が顕在化する可能性がほとんどない場合でも，そのような主体が一つの地域に集中すると金融上の制約から金融恐慌に発展する可能性はありうる．

第9節〔本訳書では，これを第7節と改めた〕は連邦準備制度の政策に対する指針を提示している．割引窓口〔すなわち，中央銀行貸出窓口〕はあらかじめ選択された貨幣市場ディーラーにも開放されるべきであり，連邦準備制度は銀行総準備のいっそう多くの部分を割引操作によって供給する方向へ進むべきである．これが第9節の中心的な命題である．このような方針をと

るよう勧めるのは，金融恐慌の可能性が潜在的にはいつも存在すること，そして広範な金融資産スペクトラムにわたって広く，深く，かつ弾力的な broad, deep, and resilient 市場が存在する必要性があることを認識しているからである．このような市場はひとたび金融恐慌の脅威が生まれた場合に恐慌の効果を緩和する作用をもつのであって，上記のような市場が必要なのはこのためである．

2. 多幸症の経済学

1960年代の半ばに合衆国経済の状態は一変した．政界のリーダーやエコノミストは合衆国経済は新しい時代 a new era に入り，景気循環として知られてきた現象も終止符を打ったと宣言した[8]．これを起点にそれ以降は，循環的現象が仮に現れるとしてもそれは正の所得成長率の増減という形での循環にすぎないであろうと考えられるようになった．しかも「微調整 fine tuning」の教義によって，所得成長率の低下さえ食い止めることはできると主張されるようになった．当時の経済評論もまた，このような中央当局周辺の見解と整合的な意見を展開していた．

経済状態に変化をもたらしたのは投資ブームであった．1963年から66年までの毎年，企業投資の増加率は上昇し続けた[9]．将来は恒久的な経済拡張の

---

[8] Tobin(126).
[9] 農業および金融産業を除く一般事業法人の1926-66年の間における投資の推移は以下のようであった．

年	実物資産の購入	
	(10億ドル)	成長率(%)
1962	44.7	—
1963	76.7	4.5
1964	53.5	14.6
1965	64.9	21.3
1966	79.8	21.6*

実現が約束されているという信念がすでに60年代半ばに確立し，企業投資はこれに導かれる形で増大することになった．とまれ将来についてのこのような〔楽観的〕期待が支配的になり投資活動が活発化した上述のような経済状態を，多幸症的状態と呼ぶのは適切であろう．

さて，ここで企業の価値について考えてみよう．企業の税引後期待粗利潤は市場や経営の成り行きに関する予想だけではなく，経済全体の動向に関する予想をも反映する．正常な景気循環の期待に代わって恒常的成長の期待が支配的になると，直接的には二つの結果がもたらされる．一つは，これまでは景気後退の可能性を予想しこれを考慮して粗利潤の現在価値が求められていたが，いまや持続的拡張を前提にして現在価値の計算がなされるに至ったということである．いま一つは，経済の将来のビヘイビアーに関する不確実性が従来に比べてより小さくなったということである．新しい時代の到来が信じられ現実に対する信頼の念が強まると，資本設備の稼働停止とか操業短縮の可能性の予想は低下する．その結果，資本設備の現在価値は高まる．繁栄のなかで恒常的な粗利潤フローについての確信的な期待が成立すると，企業の意思決定者にとってはポートフォリオ投機 portfolio plunging がますます魅力的なものに映るようになる．

実物資産から得られる期待収益の急増により，経済は一夜にして資本不足の状態になる．このような資本不足が金融のための資源に対する〔有効〕需要となって顕在化するのは，従来ほど保守的でない負債構造や以前ならば望ましくないと思われたであろう諸機会をいまや進んで利用しようとする意欲が高まってきた場合である．

金融的資源〔＝金融資金〕の供給者は需要者と同一の期待環境のなかにいる．ひとたび期待が好転すると，いくつかの金融市場ではこれまで資金供給者の観点から貸し出すのにふさわしくないと思われてきた，そういう負債構

（資料） 1969年大統領経済教書，B 73表．
（注＊） 1966年のクレディット・クランチは8月末から9月初めにかけて生じた．その結果，投資水準は落ち込み，1967年の実物資産購入は741億ドルに低下した．

造をもつ資金需要者でさえも,市場に容易に受け入れられるようになる.このようにして,実物資産を獲得するために必要な金融資金の供給条件は金融のために進んで負債を発行しようとする借り手側の意欲が強まるのと同時に改善される.

しかしながら,このような新たな拡張の時代は三つの点で不安定化への要因をはらむことになる.第一は,そのことによって既存資本資産の価値が急速に上昇することである.第二は,実物資産の獲得を金融するに際して,以前ならばコストが高いと考えられていた負債でも,これを積極的に発行しようとする意欲が増大しているということである.ここで言う負債コストには負債発行者が負担すべきリスクないし不確実性(すなわち,借り手リスク)も含まれる.第三は,以前には収益性が低いと見なされていた資産でも,資金の出し手によって受容されるようになるということである.ここでいう資産の収益性は資産取得者が担うリスク(貸し手リスク)[10]を考慮して調整されたものを意味している.

上記の考えをもう少し厳密に言えば以下のようになる.企業に集積された一連の資本財の現在価値は税引後の期待企業粗利潤を反映する.すべての企業において,歴史上の景気循環がその粗利潤に対してどのような影響を及ぼしてきたかについては一つのパターンが見られる.現在価値は最初過去の循環パターンを反映する.たとえば,短い時間視野を前提して

$$V = \frac{Q_1}{1+r_1} + \frac{Q_2}{(1+r_2)^2} + \frac{Q_3}{(1+r_3)^3}$$

であるとしよう.Q_1は繁栄期の,Q_2は景気後退期の,そしてQ_3は景気回復期の税引後利潤であるとする.ここで$Q_2<Q_3<Q_1$である.新しい時代の到来とともにQ_2'とQ_3'の期待が成立し,繁栄期の利潤が不況期および回復期の収益にとって代わるようになると,$V'>V$という結果になる.ここでV'は新しい時代の企業価値を,Vは従来の期待の状態のもとでの企業価値

---

10) Kalecki(61).

を表す．企業に集積された現存実物資本資産の価値のこのような上昇は，企業が資本資産の追加購入にあたって支払ってもよいと考える価格の水準をも引き上げる．

　一般に，負債を発行しようとする意欲は企業組織になんらかの不利な条件が降りかからないようにとの見地から，あるいはまた安全性を確保する必要性から制約を受ける．さて，経済主体によって実際に予想されることはないが，深く長い景気後退が生じる潜在的可能性がある場合の税引後利潤は Q_2'' および Q_3'' になるとしよう．危険回避者の観点からすれば，仮に Q_2'' や Q_3'' が実現したとしても，このことから企業組織に深刻な帰結がもたらされることのないような貸借対照表構成をあらかじめ図るというのがポートフォリオ構成の基本原則であろう．かくして，Q_2'' や Q_3'' ——それらは実際には実現しそうにもないが——は望ましい貸借対照表を構成する際の重要な決定要因となる[11]．状況が多幸症的状態に転化すると，Q_2'' と Q_3'' の実現予想はますます非現実的となる．したがって，Q_2'' や Q_3'' の実現に備えて企業組織を保護する必要性はいよいよ小さくなるといった見解がしだいに支配的となる．その結果，リスクの面で費用が高くつくと思われていた負債構造もいまでは安価なものであると考えられるに至っている．というのは，いまでは Q_2' や Q_3' の実現可能性のほうがむしろ高いからである．このような負債構造のもとでは金融のコストないし資本コストはより小さくなる．

　金融機関は一つの金融市場で資金需要者として現れ，同時に他の金融市場で資金供給者として存在する．ひとたび多幸症的な時代が始まると，もっと沈んだ期待環境のなかであったならば拒絶したであろうような負債構造——金融機関自身の負債構造と借り手の負債構造の両方——でも金融機関は受け入れるようになる．そして，経済成果のいかんに依存した収益をもつところの資産に適用される不確実性ディスカウントの値は低下し，貨幣や財務省証券の保有は相対的に魅力の乏しい資産となる．それゆえ経済が多幸症的な状

---

11) Fellner(29)およびFellner(28)．さらに，Ozga(107)を参照されたい．

態にシフトすれば，金融機関は流動性を減少させる方向にポートフォリオ構成を変化させ，ますます収益性を追求しようと欲するようになる．

新たな多幸症的時代には流動性を削減する方向へのポートフォリオ変換が普遍化し，これに伴い投資ブームが出現してくる．貨幣市場の利子率は投資需要の増大とともに上昇し，貨幣市場利子率やその他の金融の契約諸条件に対する投資需要の弾力性はしだいに低下する．複雑な金融システムではポートフォリオ変換を通じて投資を金融することができる．したがって，期待が多幸症的なものに変化するとき，金融される投資の量は短期的には金融政策から独立でありうる．拡張への欲求とポートフォリオ変換を通じた金融の拡大とはおのずと膨張する傾向を有し，これに対する反作用が大きな抑制的効果を発揮しないかぎり経済はインフレ的発散傾向をもつようになる．

多幸症的ブームの経済といえども，不確実性のより高かった以前の時期の金融の遺物から影響を受けないわけにいかない．現実の世界は瞬間ごとに新しく生まれ変わるというものではない．過去のポートフォリオ決定や過去の金融諸条件は現在の金融負債ストックのうちに体化されている．特に，いまでは起こりそうにもないような状況に対してなにがしかの保護的措置を施した資産があるとすれば，その市場価値はやがて低下するであろう．換言すると，新規に発行されるそのような資産を経済全体のポートフォリオに組み込ませるためには，その資産にいっそう高い利子率が提供されなくてはならないということである．このような資産が長い満期を有し，これを預金金融機関がその短期または要求払い性の負債の発行で保有しているならば，多幸症的経済状態下でのこれら預金金融機関の経営は圧迫されざるをえない．また，投資ブームと積極的な負債発行意欲の増大とをもたらした諸要因の変化は，預金金融機関の負債を保有する経済主体のポートフォリオ選好にも影響を及ぼさずにおかない．かくして，預金金融機関の発行した安全資産の市場評価が多幸症的経済状態のもとで低下する場合，これら金融機関は利子率競争に巻き込まれることになる．すなわち，預金金融機関の支払う利子率はその他資産の利子率に比べ相対的により大きく上昇しなければならないのである．

多幸症的ブーム期での安全資産の利子率上昇は，保護と安全性を提供する役割を担う金融機関の経営に対し強い圧迫を与える．これら預金金融機関の経営と行動，金融的取り決めの諸慣行，および特定の実物財市場の間には，各部門への抑圧的な諸力がブームから特定の個々の市場にフィードバックするといった関係が存在する．このような抑圧的な力の存在は実物資源を配置転換するメカニズムの一部を形成するものである．

利子率の上昇は特定の金融仲介機関の経営に対して重大な圧力要因となる．現時点では（1966年），貯蓄貸付組合 Savings and loan association や相互貯蓄銀行 Mutual savings bank が，これら機関と密接に関係する住宅建設業界とともに，最初の反作用から圧力の相当部分を受けているように思われる．反作用の力はこれらの部門に続いて生命保険会社や消費者金融会社にもかかっていくであろう．

金融的諸変数と実物的諸変数がどのように結びついているかの問題で少しばかり理解されている点は株式の市場価格に関するものである[12]．実物資本資産の価値は景気後退の予想が低まるときに上昇するが，この価値の上昇は株式価格に反映する．負債金融比率の上昇もまた株式の期待収益を高める．富の所有者が企業経営者と同一の期待状態にあるかぎり，景気後退ないし不況到来の予想が低まるとポートフォリオ選好は株式をより多く保有する方向にシフトする．かくして，株式市場の活況は投資ブームによって火をつけられるが，逆にそれは投資ブームに火をつけもするのである．

投資ブームを金融する必要から利子率は上昇する．この利子率の上昇は長期負債の市場価格を低め，このことから金融機関のなかには不利な影響を被るものも現れる．また，高い利子率水準は株式保有ポジションを金融するための信用コストを高めもする．さまざまの金融部門相互間における資金獲得競争は最初急速な経済拡張を促す．しかし，利子率が上昇するにつれて投資実行主体の利潤は抑圧され始め，株式の保有ポジションを維持するためのコ

---

12) Turvey(129)および Keynes(65)（第12章）．

ストは高くなる．こうした動きは最初株式価格の上昇を抑制気味にし，やがて株式価格水準そのものを低める傾向をもち始める．

　ところで，多幸症的経済状態は概して短い生涯で終るものである．小域的にあるいは特定部門において景気が停滞したり株式価格の下落が出現すると，新しい時代は果たして本当にやってきたのであろうかという疑念が生じる．その結果，ポートフォリオに防壁 hedging を巡らそうとする動きが生じ始め，投資計画の再考が促される．しかしながら，多幸症的経済状態は短命であっても，この間におけるポートフォリオ契約は負債構造のうちに体化され固定化されてしまっている．投資計画の再考や資源配置換えへの圧力は時間的ラグを伴って他の経済部門にも影響し始める．このことの結果，金融費用増大の原因となる非弾力的資金供給と相まって，投資実行主体の現実の所得水準は多幸症的期待のもとで楽観的に予想された所得水準に比べて低下する．

　これは多幸症的経済状態の時期より受け継いだ支払いキャッシュフローの重い債務が存在するにもかかわらず，受取りキャッシュフローは期待を下回る低い所得水準によってしか与えられないということを意味している．いまとなってはもはや望ましくないこの金融のポジションが，経済に重大な衝撃を与えることなく収拾されうるか，それとも一連の金融的衝撃の火種となるかはなんとも言えない．しかし，投資需要の水準が多幸症的経済状態の時期のそれを下回ることだけは確かである．ブームが問題を生ぜしめることなく収拾されるならば，経済が再び「新しい時代」に入ることは決して困難ではない．しかし，ブームの収拾過程で金融的不安定性が顕在化すると深刻な不況や経済停滞が実現する見通しは高まる．

　多幸症的経済状態の時期は，以下の諸側面で特徴づけることができる．

(1) 多幸症的時期に生じる金融の逼迫は，資金供給の制約によるというよりも増大する一方の資金需要によるところが大である．したがって，貨幣市場の繁閑の程度を推測するのに貨幣の供給サイドを特に重視するのは間違っている．

(2) 短期利子率や長期利子率の急騰は預金金融機関や貯蓄性金融機関の経

営を圧迫し，これら諸機関との間に金融のチャネルをもつ諸産業に対し壊滅的な影響を及ぼす．多幸症的な経済状態下ではこのようにいくつかの実物的経済部門が需要制約的な反作用効果を受けるのである．
(3) 多幸症的経済の本質的側面は所得の生産から得られるキャッシュフローと(直接的に，あるいはまた金融の重層化 layering を通じて間接的に)密接に関連した現金支払債務を含意するような負債構造が構成されるという点に見られる．そこで，多くの部門で窮屈な金融的ポジションが形成されたのち，ひとたび金融のチャネルを破壊するような衝撃が加えられると，これら部門の行動と金融活動に対してはますます抑圧的な影響が作用することになる．

3. キャッシュフローの諸類型

金融恐慌が生じるのはどのような場合であろうか．それは，経済主体が通常の源泉から利用しうる以上の現金を必要とするか欲求する結果として，現金調達の非常手段を利用しようとするからである．本節ではさまざまのタイプのキャッシュフローを区別し，これらキャッシュフロー間の相互関係やキャッシュフローと経済の他の諸特徴との関連について検討する．

各現金源泉に対する信頼度はそれぞれ異なる．これは銀行理論の領域でよく知られた現象である．一経済主体にとって，ある源泉からの現金に対する市場の正味の需要がゼロであればその源泉は頼りにしうる源泉である．しかし，市場からの正味需要が正であれば，この現金源泉は確実なものとはいえない．さまざまの金融機関や非金融経済主体は必要に迫られて，たとえば自己防衛的な財務戦略として，いくつかの金融市場から資金を引き揚げるかもしれない．このような資金の引き揚げは当該市場の潜在的な価格変動性の大きさに影響を及ぼすばかりでなく，企業間のつながりを破壊することもある．正常の事業活動ばかりでなく，緊急予備用および自己防衛用の現金源泉も影響を受ける．

第6章　金融的不安定性仮説の再考

　資金供給者が金融市場から資金を引き揚げると，資金繰りが特別難しいわけでも，また金融市場の逼迫から直接影響を被るわけでもない資金需要者でさえ，新規の金融ルートの開拓を迫られる場合がある．このように初期の攪乱は第三者ないし善意の傍観者にさえも影響を及ぼし，こうしたことの諸帰結は累積しうるものである．十分に確立した金融チャネルさえも金融市場の成り行きで崩壊に至る場合には，直接影響を被らない経済主体の現在価値やキャッシュフローも負の効果を受けることになる[13]．

　ほとんどの消費者および非金融事業会社にとってはその経常所得が最大の現金源泉である．賃金や給与はほとんどの消費者の主要な現金源泉であり，生産物の売上げは企業の主要な現金源泉である．ディーラーを除く金融仲介機関の通常のキャッシュフローは保有する金融資産から生み出される．たとえば，商業銀行のポートフォリオに占める企業の短期負債は，銀行が特定日に利用しうるように借り手が現金を支払う旨を契約によって約束したところの準備貨幣 reserve money である．また，貯蓄貸付組合のポートフォリオに存在する抵当貸出債権はさまざまの時点でキャッシュフローをもたらすように契約で取り決めたものである．他方，金融市場のディーラーにとっての現金受取りは自ら保有する資産ポジションの売却から通常得られるものであって，保有資産がその契約で約束しているところの現金支払いから生じるものではない．普通の市場環境では，永久事業体 going concerns としてのディーラーがその保有資産ポジションをすべて取り崩してしまうとは考えられない．ディーラーというのは，資産の一部を売却する一方で，新規に資産を購入する経済主体だからである．

　さまざまの経済主体がごく普通の源泉から現金を得る場合，それを営業からのキャッシュフロー cash flow from operation と呼ぼう．これには三つの

---

13)　1966年央，南カリフォルニア州の貯蓄貸付組合によって構成される不動産抵当金融市場 mortgage markets は崩壊した．このため合衆国のすべての経済主体の現在価値とキャッシュフローが影響を受けたが，それはまさにこのような金融的連関を通じてであった．

タイプが考えられる．所得，金融上の契約，および在庫の売上げから生じるキャッシュフローである．これらはいずれもおおむね国民所得水準の関数であると見なしうる．支払債務を履行する能力は所得生産システムの正常な機能いかんに依存しているからである．

ディーラー——およびその他の金融・非金融経済主体——は負債の現金支払債務を履行するのに資産売却から得るキャッシュフローのみならず新規に負債を発行することで得られる資金を利用することもできる．この第二の現金源泉を用いる場合を，ここではポジションの借替え金融 refinancing of positions と呼ぶ．

さらに，資産ポジションを流動化するもしくは市場放出するということも，特定の経済主体にとっては現金を得るための可能な第三の方法である．これはまさに小売業者や卸売業者が在庫商品を売るときに行う方法である（季節商品を扱う小売業者は実際そのポジションを売却することによって流動化を図っている）．

経済主体の金融資産と金融負債は契約上の現金受取りと現金支払いの時系列に転換できる．このような契約上の現金受取り・支払いを構成するさまざまの項目は国民所得の大きさに依存する．たとえば，抵当借入契約の諸金融条件を履行しうるかどうかは消費者の可処分所得の大きさに依存する[14]．国民所得水準の変動が経済諸部門・諸主体の金融債務の履行能力に直接・間接及ぼす効果の大きさを推定することは可能である[15]．

いかなる経済主体も現金を得るための準備的なあるいは緊急用の源泉を持ち合わせている．多くの主体にとっての緊急用の現金源泉は市場性のある資産 marketable asset もしくは償還可能性のある資産 redeemable asset のポジションという形をとる．貯蓄債券や定期預金は消費者にとっての典型的な緊

---

14) これこそはキャッシュフローの観点にもとづく銀行検査 cash flow bank examination を支持する根拠である．現実のキャッシュフローが契約上のキャッシュフローからどれほど乖離するかは，経済のビヘイビアーいかんに依存する．

15) Minsky(84)におけるミンスキー＝ボーネンの実験 Minsky-Bonen experiment はこのような推定をめざした素朴な試みの一つである．

急用現金源泉である．企業であれば，予想外の現金支払いが生じた場合および予想外に現金収入が少なかった場合に対応できるよう，財務省証券その他の貨幣市場資産の形で準備を保有するかもしれない．遊休現金残高の保有はすべての主体にとっての緊急用現金源泉となろう．現金の保有は現金の利用可能性がいかなる市場の正常なあるいは異常な機能のいかんにも依存しないという特別の利点をもっている．

各経済主体すべてにとっていずれが正常時の現金源泉であり，また二次的な現金源泉であるかを識別することは原則的に可能である．そしてそれらが金融的支払債務全体に対してどのような比率で存在しているかを推定することも原則的には可能である．ほとんど大多数の経済主体はその所得収入を自分の金融的支払債務を履行するのに用いる．消費者の抵当借入れや割賦払債務に対する支払いと企業の利子支払いや減債基金積立ては，正常時それぞれの所得キャッシュフローによって金融される．

銀行の負債構造において顧客Aの預金が顧客Bの預金にとって代わられるとすれば，これは銀行のポジションの借替え金融を意味している．金融機関は典型的には借替え金融に依存する経済主体である．というのは，その負債の現金支払債務を履行するにあたって，金融機関は資産がもたらすキャッシュフローや資産売却から得られる現金に依存するというよりも，むしろ代替的負債を発行することによって現金を得るからである．（現金支払債務を履行するために資産によってもたらされるキャッシュフローを利用する唯一の金融的組織は，借入負債のあるなしを問わず，クローズド・エンド型の投資信託である．）

金融債務を通常は所得のキャッシュフローで履行する経済主体が借替え金融に依存してそのポジションを維持しなければならないとか，あるいはそのことが望ましいと考えるときは，金融機関に新たな圧力が加わることになる．

金融的連関のあるものは資産の定期的な流動化に依存している．たとえば小売業における季節商品在庫の場合がそうである．資本市場のディーラーや引受業者は新規に資産を取得するために一連の資産ポジションを流動化する．

しかし，普通は所得キャッシュフローや借替え金融で得た現金を金融債務の履行に利用する経済主体が，そうではなくて自らの資産ポジションを売却せざるをえないような場合には，この資産市場が意外と底の浅い市場 thin market であったということが結果的にわかるかもしれない．その場合には，資産供給が少々増加してもその資産の価格は急激に下落するかもしれない．単身家族用の住宅市場における住宅売却は通常止むなく売却せざるをえなくなった結果生じる類いのものではない．その場合の住宅の売り手は別の住宅の買い手や貸し手であったりすることがほとんどである．もし住宅所有者が一団となって自分の住宅を売却しようものならば，市場は大幅な価格下落を招かずにこの事態に対処することはできないであろう．しかし，価格を大幅に切り下げれば，それは（住宅を売る主体だけでなく，住宅を所有するすべての主体の）正味資産が減少することを意味する．とりわけ，価格の下落は住宅を提供しようとする主体が必要とする，ないし期待しただけの現金額を調達できなくなることを意味する．

　経験を一般化して言えば，ほとんどすべての金融的支払債務は二つの正常時の現金源泉によって賄われる．すなわち，所得フローと資産ポジションの借替え金融とである．たいていの主体——特に，実物資本財を資産ポジションとして保有する主体——にとって，資産ポジションを売却によって取り崩すことは不可能な選択肢である．実物資本財の場合にはその売却を速やかに実行するための市場がそもそも存在しないからである．また，それ以外の主体にとって資産ポジションの取崩しで現金を調達するという方法は，特別の貨幣市場を介して限界的に調整する場合を除けば，非常時の現金源泉に手をつけることにほかならない．

　もう一つの経験をも一般化して言えば，資産価格——ストックの価格——は所得の価格——フローの価格——に比してはるかに速やかに下落しうるということである[16]．現金を得る必要ないし欲求から再生産可能な資産ポジシ

---

16) これがケインズ理論における賃金硬直性の仮定と言われるものの内容にほかならない．Johnson(58)を参照されたい．

ョンを流動化する試みがなされると，どのような場合であっても，それは正味資産の大幅な価値減少をもたらしたり，再生産可能資産の市場価格を経常的生産の費用よりもはるかに低い水準まで押し下げたりする．

資産売却によって現金を得ようとする必要なり欲求が広範に存在しても，すべての資産価格が下落しうるのではない．資産価格のなかには，中央銀行による購入もしくは貸出し（ポジションの借替え金融の機会を中央銀行が提供すること）によって安定化されるものもあるからである．このような資産をここでは優遇資産 protected asset と呼ぶことにしたい．

金融的不安定性は多くの経済主体が非常用の現金源泉に手をつけようとするならいつでも生起しうる．非常用の現金源泉がどのような条件のもとで利用できるかが金融的不安定性の引き金の条件を規定する．たとえば金融機関を例にとると，その資産ポジションがどのような条件で流動化しうるか（すなわち，取り崩したり，売却したりできるか）というようなことである．負債に比して所得のキャッシュフローの大きさが適切であるかどうか，保有ポジションの大きさに比して借替え金融の可能性が適切に利用しうるかどうか，および優遇金融資産に対する非優遇金融資産の比率の大きさがどの程度であるかなどが金融システムの安定性を決定する要因である．金融的不安定性が生起するかどうかの可能性は，金融的不安定性を決定する上記諸要因の動向や発展の傾向に依存して変化する．

4. 金融的不安定性と所得水準の決定

ケインズ経済学と古典派や新古典派の経済学との本質的な相違は不確実性を重視する程度の差にある[17]．古典派・新古典派経済学の基本命題は不確実

---

17) 筆者は伝統的なケインズ解釈を新古典派経済学の部類に入れている．それは有名なヒックスの論文 Hicks(54) を嚆矢として，Ackley(2) のような標準的ケインズ解釈の教科書に結実したものである．しかし，標準的なケインズ解釈は，有名な批判論文 Viner(130) に応えて『一般理論』の内容を簡潔明瞭に再述したケインズ自身の解釈とは相容れない．いうまでもなく，ケインズ自身の再説とはバイナー教授に対

性抜きで演繹される．これらの経済学では不確実性の要因はせいぜい理論の諸命題をいささか修正するだけのものにすぎない．貨幣，投資，および不完全雇用均衡などに関する特殊ケインズ的な諸命題は，消費の取扱いと同様，不確実性が存在する世界の体系のビヘイビアーを表現したものだと理解せざるをえない．実現可能ないくつかの世界の状態 state of the world が考えられているとき，最も望ましくない帰結がもたらされるのを避ける一つの方法は，防御的なポートフォリオ選択 defensive portfolio choice を適切に行うことである[18]．

不確実性の本質に関するケインズの考えや彼の『一般理論』の主要論点を明確にしようとして，ケインズは次のように述べた．不確実性が存在しない世界であったならば，精神病棟に住んでしかるべき人でないかぎり，いったい誰が貨幣を富の一貯蔵手段として用いたりするであろうかと[19]．現実の世界では貨幣や財務省証券が現に資産として保有されている．ポートフォリオ

する反論 Keynes(66)のことである．このケインズ自身の解釈では，ポートフォリオ構成，資本資産価格の決定，および投資率の決定が不確実性の要因によって決定的な影響を受けると強調されている．

18) Galbraith(40)および Arrow(4)の見解によれば，労働市場や生産物市場が競争的状態から乖離しているのは，生起可能な諸状態のなかで望ましくない状態が実現する可能性を制約する必要があることを反映している．企業・家計の最適化行動に関するガルブレイス=アローのこの見解は，ケインズのバイナーに対する反論を補完するものであるといえよう．Arrow(5)（第2講「危険回避理論」と第3講「保険，リスク，および資源配分」）も参照されたい．

19) Keynes(66)．関連する部分をすべて引用しておこう．「よく知られているように，貨幣には二つの主要な役割がある．まず貨幣は計算単位として機能することによって，それが客観的な実在物として表面に立ち現れない場合でも交換取引を容易にすることができる．この点で，貨幣は実体のないあるいは実物的影響をもたない一つの便宜であると言えよう．第二に貨幣は富の貯蔵手段である．われわれは真顔でそのように教えられてきた．しかし，古典派経済学の世界で貨幣がそのようなものとして利用されると考えるのはいかにもばかげている．というのは，富の貯蔵手段としての貨幣は何も生まないのであり，この点は貨幣の周知の特徴であるからである．これに対して，その他の富貯蔵手段はいずれも実際上なにがしかの利子や利潤を生み出すのである．精神病棟に住んでいるわけでもない普通の人々が，この場合貨幣を富の貯蔵手段として使用するはずはないであろう」(p. 215-6，訳書284-5ページ)．

第6章 金融的不安定性仮説の再考

は正気の人間が本来的に不合理な（つまり，予想不可能な）世界においてできるかぎり合理的に行動しようとする選択的意思決定を反映している．かくして，相当多くの割合の富所有者は実現可能な多くの代替的な経済状態のうちいずれが実際に生起しようとも，これに関係なく十分に危険のないようなポートフォリオを構成しようと努めるのである．

経済主体がポートフォリオを選択する場合は一般にどのような事柄であっても，ある事象が将来の経済状態を指し示す証明済みの〔すなわち，確かな〕指針であるとは考えない．現在の行動とは異なった別の行動を支持する強い理由がないかぎり，経済主体は現在の状況や動向（それに対し100％の信頼を置いていなくても）の延長線上に導かれて行動することがしばしばである[20]．このように確信の欠如が背景となる場合には，期待の状態と将来所得の現在価値とは本来的に不安定である．それゆえ，「ほんのちょっとした人騒がせ」や所得水準のわずかな減少などのごくごく普通のことが生じても，場合によって期待の急激な改訂が生じ，したがって資産の価値が急速に再評価し直されることもある．このことは特定の合理的な人間が予想する事柄に急激な変化をもたらすばかりではなく，一般的に同意された将来経済の予想に対しても顕著な変化をもたらしうる．

特定の長期資産あるいはそれらの集積物の価値は，概念的に異なる二つの段階の過程を経て決定される．第一段階では連続的な一連の各時期にどのような経済状態が成立する可能性があるかに関して主観的な信念が，確信をもってもたれる〔すなわち，各経済状態の生起可能性が主観的確率分布の形で推定される〕．第二段階では代替的な各経済状態の生起可能性に関する「信念」がどの程度の確信度でもたれるかが評価される〔つまり，主観的確率分布がどの程度信頼しうるものであると考えられるべきかが評価される〕．

---

20) 信頼性に対する疑念は，どのような「慣性 inertia」が存在するか解らないという形をとる．すなわち，慣性が伴うのは変数の水準の値にか，それともその変化率（速度）にか，あるいはさらに変化率の変化率（加速度）にかが不確定であるということである．

さまざまの代替的な経済状態の生起可能性に関する信念が完全な確信をもってもたれるのであれば，しばしばなされる確率分布の期待値計算は必ずしも無意味とは言えない．そのような場合，長期資産の現在価値は特定日の特定経済状態のもとで得られると予想されている収益の（主観的）期待値とその特定日にその特定の経済状態が生起すると思われる確からしさの程度とを反映するものとなる．安定的な条件下では，i 番目の資産の t 番目の日付における税引後期待粗利潤（のキャッシュフロー）Q_{it} は，$\sum p_{st} \cdot Q_{is}$ に等しい．ここで Q_{is} は s 番目の状態が生起すれば得られるであろう i 番目の資産の税引後粗利潤であり（生起する状態が日付から独立であれば，Q_{is} は日付 t における状態 s のもとでの粗利潤 Q_{ist} に修正されなければならない），p_{st} は t 番目の日付において s 番目の状態が生起するであろう（主観的）確率の値を示す．ただし，S 個の状態は任意の t のもとで $\sum p_{st}=1$ となるように定義されている．いずれにしても，期待が完全な確信をもって抱かれている場合にとって最もふさわしい割引率で Q_{it} を割り引くと，この i 番目の資産の現在価値 V_i が得られる[21]．

いま S を，相互に排他的で起こりうるすべてを完全に記述する経済状態の集合であるとする．t 時点で S のうちの一つ s が生起するとしよう．したがって $\sum_{j}^{s} p_s=1$ である．しかし，この p_s が t 時点の期待粗利潤とキャッシュフローを計算するために各予想粗利潤のウエイトとして使われる場合は，

---

[21] もし望むならば，各収益 Q_{it} に対して効用 $U(Q_{it})$ を与えることも可能である．確率計算や現在価値計算はこの効用に関して行うことができる．意思決定主体の危険回避性向は効用関数の曲率によって示される．確信の程度の変化は曲率の変化によって表すことができ，確信の程度の低下は曲率の値の増大で示される．もし選好体系が過去の経験を反映すると仮定しうるならば，長期にわたり深刻な不況を経験しないかぎり曲率は低下し，金融恐慌を経験すると効用関数の曲率は大きくなるであろう．不確実性の心理，および楽観主義と悲観主義の循環の波に関する社会心理は経済学者が社会科学の姉妹領域から学ぶべき二つの要点である．不確実性の枠組みで不確実性や経済政策について論じようとすれば，心理学上の諸仮定を必ず導入する必要がある．そして，結論は時としてこの心理学上の諸仮定に決定的に依存するということもありうるのである．

第6章 金融的不安定性仮説の再考

それは予想の確信の程度に応じて異なった値をとりうる．i 番目の資産価値は，さまざまの状態や日付のもとで得られると予想される収益と収益に付される確率の値ばかりではなく，その確率が立てられる場合の確信の程度にも依存するのである．すなわち，$Q_{it}=\phi\cdot(\Sigma p_{st}\cdot Q_{is})$ となる．ここで ϕ はさまざまの経済状態が生起する（主観的）確率＝見込みを立てる場合の確信の程度を表すものであり，$0\leq\phi\leq1$ である．

上記の議論を言い換えると，期待利潤 Q_{it}，したがって資産価値 V_i の決定には少なくとも二つの推定要因が関与することになる．一つは Q_{si} が予想されなければならないということであり，他は生起可能な状態の確率分布（それは p_s の値に反映している）が確実に知られているわけではないということである．明らかである点は，生起可能な事象の確率分布を予想する場合の確信の程度に影響を及ぼす要因が予想利潤 Q_{is} を予想する場合の確信の程度にも影響を及ぼすということである．いかなる資産のであれ計算して求められるそれの現在価値 V_i は，一定の幅をもつ確信の程度（確信の程度は確実性に近いそれから，ほんの推測にすぎないそれに至る広がりをもつ）に応じて評価されなければならない．どの程度の確信をもって現在価値が計算されているかということも資産の市場価格に影響を与えるのである．

消費者や企業，さらに金融機関にとって重要なポートフォリオ決定は個々の資産についてなされるのではなく，資産の束についてなされる．一つのポートフォリオを選択するという問題は，諸資産収益が経済状態の変化とともに相互にほとんど独立に変化するような諸資産を組み合わせ，これを通じて意思決定主体の独自の目標を達成することにほかならない．危険回避的経済主体の目標は，どのような経済状態が実現しても少なくともある最小限の満足水準は確保できるようにすることであると言ってもよい．かくして，ポートフォリオ選択の問題とは次のようなものだと言い換えることができる．すなわち，潜在的には生起可能などのような経済状態 s に対しても $V_s\geq V_{min}$〔最小限の市場価値〕が成立するという制約条件のもとで，特定の評価手続きを前提として市場価値 V の値を最大化するようなポートフォリオを選択

するということである[22]．

　利用可能な資産には内部資産 inside asset と外部資産 outside asset とがある．外部資産は貨幣と政府の負債から成る[23]．貨幣的資産（貨幣プラス政府の負債）の名目価値は経済の状態いかんから独立である．政府の負債の名目価値が利子率変動に応じて変化するのは確かである．しかし，景気循環の過程で政府負債の名目価値が内部資産の期待名目価値と高い相関性をもって変動することはない．

　われわれは二つのタイプの時期を区別することができる．一つは一定の時間視野において生じると予想される諸状態の生起可能性に関する信念が，強い確信をもってもたれている時期である．他は，生起可能性についての信念がほとんど確信を欠いたままで抱かれている時期である．後者のような時期には，ほとんど賭を強制されているようなものである．こうした時期——それはいわば高次の不確実性 higher-order uncertainty が支配している時期であると言ってもよい——には，経済の成果に依存して変動する資産の名目価値が相対的に低下するのは明らかである．高次不確実性の時期のポートフォリオ構成は名目価値が大きな減少を被ることのないような資産へとシフトするからである．融通 flexibility がきくというのは，ほとんどいつの場合でも求められる長所である．高次不確実性の時期には融通のきく資産により大きなプレミアムがつく．合理的な人ならば浴びせられる多くの質問に対して「私にはわからない」と答え，意思決定を当面先へ延ばすという選択肢をとることも確かに可能である．しかし，意思決定をためらわれるほど状況があまりに流動的である場合でさえ，富の所有者はその都度さまざまの資産の価値を評価しなければならないのである．

　ケインズの流動性選好は両方の確信状態を含んでいる．代替的な経済状態

---

22) これとは別に，望ましいポートフォリオ選択の目標をキャッシュフローの観点から論じることもできる．あまり慣例的でないそのような議論は本章の第6節でなされる．

23) Gurley and Shaw (45).

の生起可能性についての予想は，さまざまの確信の程度をもってなされている．安定的期待が成立している時期には，どの状態が成立しても容認しうる成果が得られるようにポートフォリオを組む．ほとんどの経済主体は流動性危機に陥るといった惨事を避けることに最大のウエイトを置く傾向がある．したがって流動性危機や一時的な資産市場の崩壊などから経済主体を保護してくれるような資産は，どのような場合でも必ずポートフォリオの一部を構成する資産となるはずである．このような資産のほかに資本損失が生じないよう保証された市場の資産〔つまり，著者の言う優遇資産〕もある．かくして，流動性選好とは合理的経済主体による資産としての貨幣に対する需要であると規定できる．その結果，高次不確実性の程度がどうであれ，その程度の任意の水準のもとである確定的な貨幣需要関数が存在することになる[24]．

　生起可能なさまざまな状態の実現について安定的な予想が立つと思われる時期がある．しかし，他方では状態の生起可能性に関する主観的評価がほとんど確信をもてない状況のなかでなされなければならないといった困難の時期もある．確信の低下に対する危険回避者の反応は，ポートフォリオの融通性を増すのに貢献するような資産の保有割合を高める行動として現れる．換言すれば，危険回避者は貨幣やその他の広く，深く，かつ弾力的な市場をもつすべての資産の保有額を増やそうとするのである．不確実性が増大する場合はいつでも流動性選好関数がシフトする．しかし，このシフトは極めて顕著な形でまた突然に生じる傾向がある．

　当然のことながら，上記の場合とはちょうど逆の場合——不確実性の低下の場合——も起こりうる．多くの主体が危険回避者であれば，不確実性の増大は速やかに顕在化する．ところが，不確実性の低下は確信の程度をゆっくりとしか回復させない．確信の喪失が確信の回復と同じペースで進行するという理由は通常は必ずしも存在しないのである．

　望ましいポートフォリオ構成が急変するとしても，それは主要な資産（実

---

24) Tobin(123), pp. 65-68，訳書25-33ページを参照されたい．

物資本資産および政府証券）の供給が短期的には非弾力的であるような状況下で生じがちである．その結果，異なる諸資産の相対価格は変化する．不確実性の増大が生じれば，内部資産——すなわち，実物資本資産や持分証券——の価格は外部資産——すなわち，政府証券——の価格や貨幣に対して相対的に低下する．他方，不確実性の低下が生じれば内部資産の価格は外部資産の価格に比して相対的に高まる．

　われわれの部分準備銀行制度のもとでは，名目貨幣供給量はほとんど無限に弾力的でありうる．実物的富を所有する主体が不確実性増大の原因となる要因に直面すると，商業銀行が直面する不確実性も必ず増大する．内部資産の価格が中央銀行によって釘付けされないかぎり，不確実性の急激な増大によって内部資産の価格は貨幣に対してばかりではなく，貸倒れ危険のない資産または優遇資産の価格に対しても相対的に下落することになる．

　民間商業銀行が存在する分権的私企業体制では，不確実性の急激な増大が内部資産価格に及ぼす諸効果を相殺するのに十分なだけ貨幣供給量がおのずと増加するものとは期待できない．逆の場合について言えば，不確実性の急激な低下からくる諸効果を相殺するのに足るだけの貨幣供給量の減少がおのずと生じると期待することもできないのである．それどころか，利潤極大を追求し自らも危険回避的行動をとるところの民間銀行は全くもってつむじ曲がりな行動をするものだと考えなければならない．というのは，不確実性の低下とともに銀行は自ら積極的に貨幣供給量を増大させようとするし，逆に不確実性の増大とともに貨幣供給を収縮させようとするからである[25]．

---

25) 深刻な恐慌過程に続く過去の経済停滞状況下では，貸倒れ危険のない資産の利回りが非常に低い——すなわち，資産の価格が非常に高い——という特徴があった．「流動性の罠」の一つの解釈は次のようである．すなわち，「流動性の罠」は貸倒れのない資産の利回りをさらに低めても実物資本資産の利回りとの間にいっそう大きな格差を設けることはもはや不可能であるといった状況のことであると．しかし，同じ内容ではあるが，次の見方がいっそう啓発的である．すなわち，「流動性の罠」とは貨幣量を増加させても，現存実物資産ストックの単位当り価格を投資を誘発するのに必要なだけさらに引き上げることはできない状況のことであると．この状況下でも，拡張的財政政策（特に，政府支出）によっては実物資本ストックにもたら

すべてのポートフォリオには民間実物資産の現存ストックや政府証券・貨幣の現存ストックがすべて含まれていなければならない．投資ブームのただ中においても，実物資本ストックの毎年の増分は総ストック量に比べれば小さいものである．しかし，再生産可能資本資産のストックは新規に生産される資本財価格水準のもとでやがて無限弾力的になる．かくして，現在の市場において実物資本ストックの単位当り価格には上限があることになる．この上限価格の存在ゆえに，ストック価格は新規生産単位の価格水準までは最大限低下しうる．

企業内部に集積されている実物資本の現下の利回り水準は，繁栄の時期であれ不況の時期であれ，経済活動状況を反映する．投資ブーム期には利回り水準は高い．上述の通り，資本ストックの単位当り価格には投資コストによって与えられる上限が存在する．したがって，望ましいポートフォリオ構成が実物資本資産をより多く含む方向にシフトしても，市場価格で評価された実物資本の短期的な収益率が大きく低下することにはならない．経済的活況および資本稼働率の高さのゆえに，実物資本の利回りが実際は上昇しさえするのである．外部資産——たとえば，政府証券など——は不確実性の高い状況下に比べていまやそれほど需要されなくなっている．したがって，これら資産の利回りは内部資産ないし実物資産の利回りと均等化する水準まで上昇しなければならない．ケインズの表現を借りるなら，次のようになろう．すなわち，「不確実性が存在しない世界であったならば，精神病棟に住む者でないかぎり誰も」その利回りが実物資産の利回りを下回る政府証券などをもつはずはない．

貨幣の陰伏的な利回りとは主として貨幣そのものが含意する「保険」の価値であるから，不確実性の低下はこの陰伏的な利回りの水準を低めることを

されるキャッシュフローは増加するであろう．停滞的な状況のもとでも経済が「流動性の罠」にはまり込んでいなければ，政府支出の拡大から生じる実現利潤の回復は内部資本資産の相対価格を引き上げ，もって投資を誘発することに寄与するはずである．

意味する．それはポートフォリオのなかに需要される貨幣の量を減少させる．それにもかかわらず，存在する貨幣はすべて保有されなければならない．ところが，このような時期には銀行は貨幣供給量をむしろ増やすことに熱心でさえある．他方，貨幣の名目価値は低下しようがない．それゆえ，その他資産の貨幣価格，とりわけ実物資産の価格が上昇しなければならないことになる．

一般に多幸症的経済においては，疑念に満ちた将来経済見通しという過去に抱かれた予想が誤った判断にもとづいていたのだと考えられるようになる．このような時期には，貨幣市場や資本市場の諸利子率が貸倒れ危険のある資産と貸倒れ危険のない資産の利回りを急速に収斂させる方向へと動く．この収斂過程は，貸倒れ危険のない資産価格が経済の背後にある実物資本資産の価格に比して相対的に下落する——したがって前者の利子率が後者の利回りに比して相対的に上昇する——という形をとる．

貸倒れ危険のない資産——政府証券や金——や貸倒れ危険のある資産——実物資本，民間負債，および持分証券など——のほかに，優遇資産というものがある．これは好ましくない事態から悪影響を受けるという危険からさまざまの程度に，またさまざまの方法で保護されている資産のことであり，その典型的なものには貯蓄債券や貯蓄預金がある．

金融仲介機関——貨幣を発行する銀行も含まれる——は少なくとも部分的には保護された優遇資産を生み出す．経済の金融仲介度の上昇，とりわけ銀行貨幣の増大は，銀行の取得する資産が貸倒れ危険をもつものではあっても，現下のポートフォリオ・バランスに貸倒れ危険のない資産への需要を高めるような攪乱をもたらす．貨幣の供給を通じて経済活動に刺激を与えることができるという銀行の能力は，銀行および金融当局が銀行の発行する負債に対して上述のような保護を与えることができるという信念に由来する．銀行以外の金融仲介機関の負債もまた保護されている．ただし，その程度は銀行の負債の場合ほどではない．いずれにせよ，銀行以外の金融仲介機関が経済活動を刺激する効果もまた無視できない．もちろんその効果は銀行のそれに比

して小さい.しかしながら,多幸症的状態下ではこのような金融負債に与えられている保護の価値は大きくない.したがって,保護された金融仲介機関の負債の価格もこのような多幸症的時期には実物資産ないし持分証券の価格に比して相対的に低くなる[26].

以上の議論を要約しよう.諸資産の相対価格は将来の経済状態に関する見通しの変化と,これから生じるポートフォリオ不均衡とから影響を受ける.不確実性の低下は実物的内部資産ストックの単位当り価格を,一定量の貨幣やその他の外部資産,および経済の逆調から不利な影響を受けないよう全面的または部分的に保護された資産〔優遇資産〕に対して,相対的に高める.逆に,不確実性の増大はこれらの価格を低める.不確実性の状態や実物資本資産のストック量を所与とすれば貨幣やそれ以外の外部資産,さらに優遇資産の量が多ければ多いほど,実物資本ストックの価格はより高い.ところで,投資とは実物資本ストック諸単位の代替物の生産を意味している.したがって,実物資本ストックの単位当り価格は新たに生産される実物資本の需要価格である.投資財の供給がその需要価格に正に反応するかぎり,投資のフローはポートフォリオのストック不均衡から生み出されるものであると言うことができる.

投資過程を詳細に記述するためには,(1)資本資産の市場価格を貨幣供給量の関数として与えるポートフォリオ均衡関係(第1図),(2)資本資産の各市場価格水準に対して,どれだけの投資財が生産されるかを示す投資財供給関数(第2図)の二つを明らかにすればよい.資本資産の市場価格は投資

---

[26] ちなみに,なにがしかの保護的措置に対する評価が下がり,このことによって市場価格にも影響が及ぶといった現象は労働市場にも存在する.公務員や教師は「安全性」を手にする代償として,同等の就業機会を当初有していた他の人に比べると相対的に低い賃金水準を受け入れる.これは公務員が他の人々よりも「安全性」に対してより高い価値を置くからである.公務員に対する評価は多幸症的な完全雇用経済においては下がる.したがって,このような状況において公務員志望者の数を増やす必要があれば,その市場賃金の相対的な高さを高めてやらなければならないということになる.

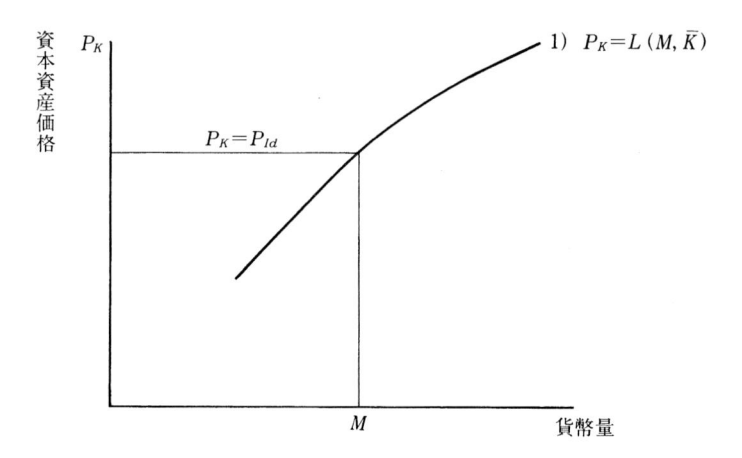

第 1 図　資本資産市場（ストック）

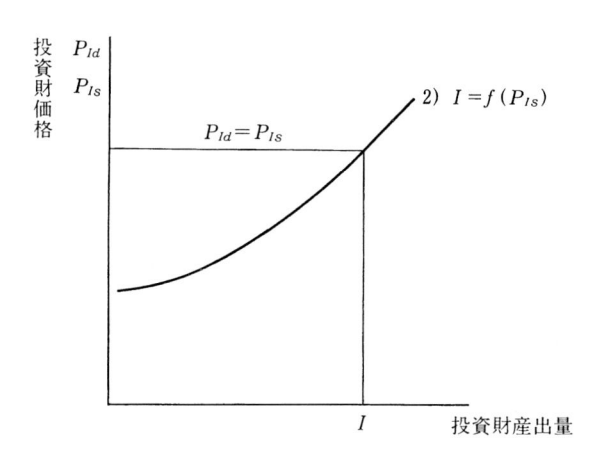

第 2 図　投資財生産（フロー）

財に対する需要価格であると考えられている．投資財供給曲線は右上がりの勾配をもっている．ある正の価格水準で投資財産出量はゼロになる．ポートフォリオ選好によって決定される資本資産価格は，将来に関する期待の状態もしくは将来の不確実性の程度に敏感に反応する[27]．

27) 本文の投資決定に関する議論は Clower(17) と Witte(133) に依拠している．ただ

第1図では資本ストックが一定に与えられている．V を富の大きさ，P_K を資本資産の価格水準，$\bar{K}$ を固定資本ストックの量，そして M を外部貨幣量とすれば，$V=P_K\bar{K}+M$ である．M の増大とともに，V の値は M 増大の直接的効果と P_K の上昇という M 増大の間接的効果のゆえに大きくなる．

もし，M が天から降り注がれるマンナ manna のように増加しうるものであれば，消費関数が M/P_y（P_y は経常産出物の価格水準）という変数〔すなわち，実質現金残高〕を含むのはもっともなことである．もしそうであれば，M の増大が産出量に影響するメカニズムとしては消費関数の上方シフトの可能性がもう一つ付け加わることになる[28]．

さて，$C=C(Y)$ および $Y=C+I$ であれば，上の図から所得水準は M の関数として決定されることになる[29]．

し，この二人の論者は資本ストック単位当り価格が外生的な利子率の関数として決まるものと強調している．われわれはポートフォリオ均衡ないし実物資本資産需要の投機的側面を強調している．したがって，利子率は期待収益フローと市場価格との関係から計算されることになる．つまり，資本資産価格が貨幣供給量の関数で与えられるという関係こそまさに流動性選好関数の内容にほかならないというのがわれわれの基本的立場である．

28) 本文とは異なり，富の価値が一定であるとすることもできる．すなわち，$\bar{V}=P_KK+M$ である．M の増加ははじめ公開市場操作によってもたらされる（$\varDelta M=-\varDelta(P_KK)$）．しかしながら，ポートフォリオにはいまやより多くの貨幣が保有されており，資本財の保有はより少ないから，資本財単位当りの価格は上昇する．それは V の値を一定とするように中央銀行によって資本財が買い上げられているからである．これが純粋のポートフォリオ均衡関係である．

初期の状態 $V_0=P_{K0}K_0+M_0$ から M が増加すると，実物資本ストックが一定であるとした場合よりも，富が一定であるとした場合のほうが P_K の値はより高い．逆に，M が減少するときには後者において P_K の水準はより低い．富が一定である場合を単純化したものが，民間資本ストック一定の場合にほかならない．第1図では資本ストック（K）が一定であることを前提している．

29) 資本資産から得られると予想される将来収益が既知ならば，ポートフォリオ関係式 $P_K=L(M,\bar{K})$ は $r=r(M,\bar{K})$ の式に転形できる．M の水準が異なると同一の将来所得流列に対して異なる価格が支払われるであろう．貨幣量が大であればあるほど，現存資本の市場価格はますます高い．それゆえ，資本の市場価値に対する収益率はいっそう低くなる．同様にして，投資関係式 investment relation は $I=I(r)$ に転形することができる．しかし，そのためにはポートフォリオ関係を転形する際

上記の考え方では，流動性選好説で主張されるところのポートフォリオ調整から独立であるような投資関数 $I=I(r)$ は演繹できない．資本主義経済においては投資は一種の投機的活動であって，それは生産力とはほとんど関係をもたないと言ってもよい．

二つの現象を区別することができる．資本蓄積の過程で M が一定に保たれるならば，$L(M,\bar{K})$ の関数（第1図）はゆっくりと下方にシフトするであろう．したがって，実物資本ストックが増大するなかで実物資産価格の水準が維持されるためには，M の増大が必要となる[30]．これとは異なり，不確実性の変化の結果として生じるであろうポートフォリオ選好の変化は，実物資本蓄積の効果とは独立に $L(M,\bar{K})$ の関数をシフトさせる．ケインズ的世界観で中心をなすのはこの第二のタイプのシフトである．このことは金融分析でも，また投資決定の分析でも従来無視されてきた点である．

投資財需要を決定する場合には，いついかなるときも，生起する可能性のあるさまざまの経済状態のもとで収益はどれくらい得られるであろうかを考慮しなければならない．攪乱が一つ加わると，収益期待は不況過程で得られるような低い水準に大きなウエイトを置くようになるかもしれない．攪乱の影響が鎮静化するにつれて，好ましくない状態が生起する可能性の見通しは低下する．その結果，これまで重視されてきた流動性への配慮は減じ，投資活動はしだいに活発化してくる．

資本の収益期待が大幅な過剰生産能力を反映して再び低い水準になること

に利用されたのと同じ情報が期特収益率について必要となる．他方，$I=I(r)$ および $r=r(M)$ は $I=I(M)$ に転換することができる．P_K の関数，つまり $P_K = P_K(M,\bar{K})$ では，Y ではなく $\bar{K}$ が変数であるから標準的な IS-LM モデルの構造を得ることはできない．

30) P_K が一定となるために，背後の関係が $\dfrac{dM}{M}=\dfrac{dK}{K}$ でなければならないという理由はない．それは $\dfrac{dM}{M}<\dfrac{dK}{K}$ でも，$\dfrac{dM}{M}>\dfrac{dK}{K}$ でもよいのである．この点については Arrow(5)を参照されたい．フリードマンの周知の結果によれば，$\dfrac{dM}{M}<\dfrac{dP_K K}{P_K K}$ である．Friedman(34)を見よ．

第6章 金融的不安定性仮説の再考

がないように，名誉投資 honorary investment（すなわち，政府の支出）によって幸いにも投資支出が補填されることをわれわれは十分に知っている．それにもかかわらず，ひとたび攪乱が生じると攪乱の効果が消え失せるまでに何ほどかの時間経過が必要とされるものである．このような状況下では，名誉投資支出が完全雇用を維持するという責務を相当長期にわたって負わなければならないであろう．

これまでの議論の本質は，投資活動がポートフォリオ選好活動の一つの分枝であること，そしてポートフォリオ選好は不確実性に満ちた世界で合理的な経済主体が首尾よく行動しようとした試みを反映したものであるということである．ポートフォリオ選好への攪乱が投資支出を急激に低下させるようなものであるとすれば，その攪乱はいかなるものであったにせよ，それ以前のポートフォリオ選択からは良い成果を得られなかったという経験を背景として生じたものであろう．金融恐慌の余波が存在する間は，どのようなポートフォリオ選択がなされても必ずしも良い成果が得られないというのが常である．

第4節への補論――モデルの提示

モデルは次のようになろう^(訳注)．

（訳注）　原モデルでは(3)式が $I=I(P_{ls}, W)$ となっていた．訳業の段階でこれをその逆関数に当たる $P_{ls}=P_{ls}(I, W)$ に変更したい旨の意見を筆者から得た．
　　また，原モデルには(7)式として M_d（貨幣需要量）$=M_s$（貨幣供給量）が付け加わっていた．ところが M（貨幣量）と M_s の概念的な関係は不明であって，この点を筆者に質したが回答を得られなかった．仮に(7)式は「貨幣量は内生的に決定される」というミンスキー氏（およびポスト・ケインジアン）の主張を表現するものと理解し $M_d=M$ であるとすれば，今度はモデルが「閉じない」という困難に遭う．M_d がどのようにして決定されるかを特定していないからである．このような諸点を考慮し，訳者の判断でここに掲載のモデルとした．このモデルでは「外生変数」である貨幣量に依存して投資水準と所得水準が（少なくとも形式的には）一義的に決定される（可能性がある）．
　　しかし，貨幣量を外生変数としたことを含め，本モデルはミンスキー氏の考えを明らかにするうえで必ずしも成功的でないと思われる．ミンスキー氏の意図は「金

(1)　　$Y = C + I$
(2)　　$C = C(Y)$
(3)　　$P_{Is} = P_{Is}(I, \bar{W})$　　ただし，$\partial P_{Is}/\partial I > 0$，および $\partial P_{Is}/\partial W > 0$
(4)　　$P_K = L(M, \bar{K})$　　ただし，$\partial P_K/\partial M > 0$，$\partial P_K/\partial K < 0$
(5)　　$P_{Id} = P_K$
(6)　　$P_{Is} = P_{Id}$

ここで，M は貨幣量，$\bar{K}$ は資本ストック量，$\bar{W}$ は賃金水準でこれらは外生変数とする．貨幣それ自身の価格 P_M は 1 に等しい．記号の意味は通常の通りであるが，このモデルでは投資財単位当りの供給価格 P_{Is} や現存実物資本ないし内部資本資産単位当りの市場価格 P_K，そして投資財 1 単位当りの需要価格 P_{Id} の諸変数が導入されている．〔なお，(3)式は基本的には第 2 図の $I = f(P_{Is})$ の逆関数である．〕

(4)式は不確実性についての見解に依存する不安定な関数である．不確実性が増大するとき(4)式はいつでも「下方へ」シフトする．このポートフォリオ・バランス方程式（流動性選好関数）では貨幣数量の大きさに対応して実物資本財の市場価格が与えられる．

$\bar{W}$ が一定であれば，I は $P_{Is} = P_K$ となるような水準に調整されて決まる（方程式(3)，(5)，および(6)から）．I が決まると C および Y が決定される（方程式(1)および(2)から）．このモデルにはどこにも利子率や資本の生産力が現れてこない．「流動性選好」（方程式(4)）は実物資産ストックの市場価格を決定する．流動性選好のシフトは(4)式のシフトを意味し，(4)式の関数上の動きを意味するのではない．

このモデルでは実物資本ストックの市場価格〔P_K〕という変数が調整の役割を担っている．産出量がゼロのとき正の価格をもつような投資財生産費用曲線〔P_{Is}〕を前提する．これを所与とすれば，資本財が多少なりとも生産されるところの価格水準を，投資財需要価格が大きく下回るということもありうる．この場

融的不安定性仮説モデル」を樹立することにあるというよりも，P_K こそが市場で現象する価格であり，利子率（あるいは利回り）は計算を通じて観念的に得られる存在であるので，流動性選好関数は資本資産の価格決定機構を明らかにするものとして理解するほうがより適切であると主張すること（このことの評価は別としても）にあるように思われる．

第6章 金融的不安定性仮説の再考

合，投資活動は完全に停止する．

　もちろん，このモデルにおいても期待準地代と言う意味での資本の生産力は実物資産ないし蓄積された資本資産全体の市場価格の決定要因としていつも考慮されていると言わなければならない．しかしながら，本モデルの定式化では資本の生産力を過大評価する危険は回避できる．というのは，このモデルは資産の流動性という属性が資産の市場価格を決定する上でその生産力以上にときとして大きな重要性をもつことを強調する形になっているからである．本モデルの定式化で採用されている視点は景気循環のそれであって，完全雇用下の恒常状態 steady state という視点ではない．

　資本の生産力は生産主体の内部に集積された一体としての資本財がどれだけの期待収益（税引後粗利潤）をもたらすかという形で示される．どのような意思決定をするにしても，現実世界では特定資本財ないし資本の集積体がもたらすであろう収益を推定しなければならない．しかし，その場合資本ストックの異質性 heterogeneity が考慮されなければならない．

　ひとたび収益性が推定されると，現在の市場価格を前提として割引率の大きさを計算することができる．資本ストックの総価値は既知の収益流列 Q_{it} の割引価値に等しいという(7)式のごとき代数学的関係が存在する．

$$(7) \quad P_K \bar{K} = \sum_{i=1}^{n} \sum_{t=1}^{\infty} \frac{Q_{it}}{(1+r_i)^t}$$

市場において $P_K K$ が決定され，他方 Q_{it} は推定されうるならば，これより利子率が計算できる．望むならば(7)式を用いて(4)式を書き換えることもできる．すなわち，

$$(4') \quad \frac{1}{\bar{K}} \cdot \sum_{i=1}^{n} \sum_{t=1}^{\infty} \frac{Q_{it}}{(1+r_i)^t} = L(M, \bar{K})$$

である．

　貨幣に対する取引需要の存在を考慮し〔すなわち，$M_d = \lambda Y$〕，Q_{it} が所得水準 Y の関数であり〔つまり $Q_{it} = Q_i(Y)$〕，r_i はすべて共通〔すなわち，$r_i = r$〕と仮定する．〔なお，貨幣需要は貨幣量に常に等しくなるよう調整されるものと考え，$M_d = M$ とする．〕このとき短期的に K は一定と考えてこれを消去すれば，

(4″)　　$M_d = \mu(r, Y)$

が導かれる．

　投資の決定を論ずるに際して，資本財増分の将来収益が現存資本ストックのそれに等しいものと仮定しよう．Q_{it} が既知で，これが短期的な投資の大きさから独立であると仮定するならば，

(3′)　　$P_{Is} = \dfrac{1}{K} \cdot \sum_{i=1}^{n} \sum_{t=1}^{\infty} \dfrac{Q_{it}}{(1+r_i)^t}$

となる．それゆえ，投資財の供給価格が（W 一定のとき）投資水準とともに増大するという事実を前提すれば，投資水準の大きさは利子率水準の高さと逆相関することになる．すなわち，

(3″)　　$I = I(r, Y)$　　ただし，$\partial I / \partial r < 0$

である．

　(4″)式も(3″)式もともに，それぞれ(4)式と(3)式を代数学的に転形したものにすぎない．ただし，(4)式や(3)式は市場で現象として顕現する関係を示しているのに対し，(4″)式と(3″)式は市場の条件を転形して演繹された関係にすぎない．

　債券のような金融契約では，Q_{it} の大きさが契約の項目の一つとして特定されている．ところが，満期までの利回り yield は計算の結果として得られる数値であって，債券価格こそが市場で実際に現象として現れる数値にほかならない．

　投資の決定およびそれの流動性選好との関係は，利子率を計算で演繹しない場合のほうが，より自然な形で定式化できるのである．もちろん，実物資本について言えば，Q_{it} は（現在のであれ，将来の予想されたものであれ）キャッシュフローの形で資本の生産力を表している．しかし，資本および投資の生産力が現在の経済成果に影響を及ぼすのは，それらが不確実で不合理なこの世界の諸状態の生起可能性に関する評価（これが流動性選好関数の位置を決定する変数である）を媒介してのことである．生産力 productivity や節倹 thrift といった要因は確かに存在する．しかし，資本主義経済においてそれら諸要因が現実に影響力を発揮するのは，いつも不確実性や金融システムがもつ諸効果を媒介してのことでしかない．

5. 金融逼迫の作用様式

　金融逼迫 tight money とは，利子率が金融契約のその他諸条件の引締めと相まって上昇することである．この金融逼迫は二つの径路を通じて需要の抑制に作用するものと考えられる[31]．まず通常の考えでは，金融の逼迫は利子率の上昇によって需要が切り詰められるという形で作用するものと見なされる．これは典型的には利子率の負の関数で示されるところの安定的な投資需要（およびなにがしかの消費需要）関数に沿った動きとして理解される．これに代わって，別の考え方が前節の議論から導かれる．すなわち，金融逼迫は金融恐慌や金融的な行き詰まりといった経験を踏まえて生じる，期待の状態（それは不確実性の認識に影響を及ぼす）の変化を媒介に作用するという考え方である．この考え方は第1図や2図の枠組みでは無限弾力的な投資財需要曲線が下方シフトするものとして理解されることになろう．

　金融の逼迫が実際にどのように作用するかは，経済の状態いかんによって決まってくる．現在の負債構造が満足すべき望ましい状態にあると考えられるような経済状態では，すなわち経済が多幸症的拡張過程にない時期には，金融の逼迫は安定的な投資需要曲線に沿って需要を削減するように作用する．これに対してブーム期の多幸症的経済においては，資本資産価格が上昇しつ

---

[31]　「金融逼迫度 tightness」とは経済活動を負債の発行によって金融する場合のコスト（契約諸条件を含む）の高さを示している．利子率水準が高いか上昇しつつあること，および金融契約のその他諸条件が厳しいことなどは金融が逼迫していることの証である．金融逼迫度は貨幣供給量の変化率とか貨幣ベース（その他どのようなものであれ）の変化率などとは直接関係がない．このような貨幣供給量などの変数は金融契約の諸条件に影響を及ぼすかぎりでのみ，金融逼迫度を変化させうると言えよう．

　金融資金の供給者が価格変化によらないで割当て rationing を行うと，これはいずれかの資金需要者の金融条件（価格以外の条件）が著しく厳しいものになることを意味している．金融の逼迫度は，契約の一条件にすぎない利子率だけを考慮しても正しく測定されたことにはならない．

つあり，同時に企業部門では負債構造の「伸展」を図ろうとする意欲がみられ，金融機関においては進んで自己の資産・負債ポジションに賭をしようとする積極的な姿勢が見られる．したがって，このような経済状態下ではポートフォリオないし財務構造を積極的に試そうとする行動に制約を課すものでなければ金融逼迫は有効に作用しない．特定の財務構造を賭けようとする主体のその金融的実験に対して再考を促し，その実験を思いとどまらせるような気運を生じさせるためには，そのためのなんらかの契機となるような事態を発生させてやらなければならない．ひとたびそのようなきっかけが与えられると，それによる反作用は急速かつ悲惨な形で現れるであろう．そもそも多幸症的ブームというのは流動性の拡散ないし希釈として特徴づけられるものである．したがって，ブームの終焉は現実の流動性水準が望ましい流動性水準を大きく下回るときにやってくる．

　多幸症的経済では確信の程度もしだいに高まりつつあり，ますます多くの実物資本ストック保有を促す事態の発生可能性の見通しがいっそう強まる．その結果，実物資本資産の価格と貨幣量とを関係づける関数は上方へ押し上げられる（第1図参照）．

　この上方シフトは，すべての資本資産諸単位に関してその稼働から得られる期待キャッシュフロー水準とこの期待の確信の程度の双方が高まりつつあることを意味している．こうした期待の状態のもとでは，企業家は(1)負債を発行しても，その元利支払いに必要な現金はいまや確信をもって予想できるキャッシュフローで賄えるものと考え，(2)投資プロジェクト（ここから得られると予想される収益のキャッシュフローは金融のための一つの資金源になる）に安んじて乗り出すことができると考えるに至る．予想外のキャッシュフロー減に直面して経済主体は一般に金融逼迫状態に陥るが，現金の準備をあらかじめもつことが必要とされるのはそのような状態の負の効果を避けるためにほかならない．しかし，多幸症的経済状態のときにはこのような必要性に重きを置く傾向はますます小さくなる．

　時間的ラグが存在しないならば——すなわち，すべての投資決定が過去を

第6章　金融的不安定性仮説の再考

いわばその都度清算した上でなされるのであれば——現在の投資支出は現在の期待の状態と金融市場や貨幣市場の現在の需給条件とで決定されるであろう．しかし，現実の世界では今日の投資が過去の意思決定を反映するような世界である．このような世界では，今日の支出に必要な金融資金の需要量は今日の金融諸条件に対して全く非弾力的であるということがしばしばである．今日の金融諸条件は将来の投資支出に対して効果をもつのである．このように貨幣・資本市場の市場条件と投資支出を決定する条件との間にはある一定のラグ・パターンが存在する．このラグ・パターンは経済的諸事象から独立ではない．たとえば，金融市場の非常に劇的な出来事の効果，特に金融恐慌や経済全体に広く行き渡った金融的困難というものの効果は極めて速やかに浸透するものである．

　金融逼迫が生じると，負債ストックを抱えた経済主体がその負債ポジションを再金融するのに伴い現金支払債務は増大する．これは利子率水準が高まることによるだけではなく，借入契約のその他の諸条件もまた影響を被るからである．さらに，投資プロジェクトが資本資産の稼働から得られると予想される現金で少なくとも部分的には賄えるであろうという期待のもとに実行されるとしよう．その場合，実際に利用可能となるキャッシュフローが過去より受け継いだ負債の再金融費用がおそらく増加する結果として期待水準を下回るのであれば，より多くの部分が負債の発行または金融資産の売却によって金融される必要が生じてこざるをえない．この結果成立する貸借対照表は投資プロジェクトを実行する時点で思い描いた目標としての貸借対照表に比べ，質的には劣等なものとなっている．すなわち，このときの貸借対照表はより多くの現金支払債務を含むものとなっているのである．これとは逆に，粗利潤が費用よりもいっそう速やかに上昇し，その結果負債の発行で金融される投資の部分が予想よりも小さい部分でしかなくなれば，結果的に成立する貸借対照表は投資プロジェクトの実行段階で予想されていたものに比べ質的に優等なものとなるであろう．このように，投資はキャッシュフローや貸借対照表構造に対する配慮から抑制されたりあるいは加速されたりするもの

である[32]。

　預金金融機関が保有する資産の満期が負債のそれに比して十分に長い場合には，このような機関は金融逼迫に対して特に脆弱である。このような金融機関はその負債ポジションを実質的には日々再金融すべく，預金者に魅力的な条件を提供しなければならないからである。場合によってはこれら機関の利子支払いに必要なキャッシュフローが急速に増大することもあり，その場合当該機関の正味所得水準は急激に低下することになる。

　かくして，多幸症的拡張期における金融逼迫は実物資本資産を保有する経済主体に対しては相殺して余りある効果をもたらすが，他の主体たとえば貯蓄銀行に対しては（流動性の点でも，また正味資産の点でも）その金融のポジションを著しく悪化させる効果をもつ。

　多幸症的経済では貨幣や近似貨幣を保有しようとする意欲は減退する。近似貨幣やその他の負債の利子率の上昇という形で観察される金融の逼迫状況は，必ずしも貨幣供給増加率に対する過去のなんらかの制約によって引き起こされるものではない。むしろ，それは金融資金の需要が急速に増大することの反映である。貨幣当局が増加しつつあるこの金融資金需要の充足を銀行の信用創造に任せようとすれば，物価は急速に上昇することになろう。その結果多幸症的経済にはインフレ期待が付随することになる。多幸症的期待は所得の低下で終焉するようなものではない。というのは微調整を必要とするに至ったきわめて旺盛な投資需要は，金融の諸条件が上昇してもこれに非感応的であったりするからである。

　投資ブームで特徴づけられる多幸症的経済では，現金の支払いは現金受取りといっそう密接に関連づけられる。というのは，そのような多幸症的状態では貨幣や近似貨幣の投機的残高が涸渇するきらいがあるからである。これより二つの現象が発生する。まず，正常の営業から得られる現金受取りの不足額や現金支払いの超過額の規模はともに減少するということである。この

---

[32]　金融の実際が投資プロジェクトの決定とどのように関係しているかについての詳細な分析としてMinsky(87)を参照されたい。またGreenberg(43)も見られたい。

ことは支払いを満たすべき手元現金が不十分になるということである．第二には，現金支払債務を満たすために必要な再金融または資産売却の頻度が増大するということである．そのため，諸経済主体はさまざまの金融市場が正常に機能することにますます期待をかけざるをえなくなるのである．

任意の経済主体がこのような状況のなかで深刻な金融的困難に陥るには規模の小さな攪乱があれば十分であり，またそうした状況下では困難にあえぐ主体が他の主体をもその困難に引きずり込む可能性は高まる．のみならず，経済の一部ないし部門間に局所的に存在するにすぎない金融的手詰り状態や市場崩壊ですら，経済主体の多くを実物資産もしくは金融資産の現在のポジションから性急に離脱させるような効果をもつ．その結果ポジションの売却（すなわち，資産の流動化）によって流動性を得ようとする個々の試みが経済全域に拡散してしまうことになる．翻って，このような行動は所得水準や実物資産・金融資産の市場価格を押し下げるように作用する．このような事態の推移に対処するため，金融諸機関もまた現在の貸借対照表をご破算にしようと考えるようになる．すなわち，ごく直近の多幸症的な時期に構成したポートフォリオをそれとは逆の方向に再編成し始めるのである．貸借対照表の構造を改善しようとする金融機関・消費者・企業の同時的な試みによって，かつては正常とみなされまた頼りにしえた金融的諸連関 financing relations が機能しなくなる．かくして，損失が発生するに至り，これが市場の崩壊と相まって望ましい負債構造の姿について非常に保守的な見解を抱かせるようになる．

多幸症的経済状態において金融の逼迫が作用するのは，経済主体を取り巻く不確実性についての見通しが再評価されるに至ることを通じてである．この点についてのわれわれの見解は，金融逼迫の作用を安定的な投資関数に沿った支出削減という形でとらえる教科書的分析とは著しい対照をなしている．もし，経済拡張の過程で望ましいポートフォリオや負債構造が多幸症的期待を通じて転換することがなければ，体系は安定的な投資関数にそった支出の削減を通じて機能しうる．その場合，金融逼迫は投資の減少をもたらし，金

融の緩和は投資減少の動きを逆転させよう．この場合には伝統的な金融政策が経済の舵として機能しうる．

ところが，経済の拡張過程で多幸症的経済に特徴的な資産・負債構造の転換が生じるのであれば，金融逼迫が総需要を抑制しうるのはそれが貨幣需要関数をシフトさせるか，あるいは資本財価格関数をシフトさせるかのいずれかによってでしかない．このようなことが実現するためには，貸借対照表が相当程度変化するに十分なだけ長期にわたって経済の拡張が続かなければならない．その上でなおかつ貸借対照表構造の望ましい姿を見直すきっかけとなるような事態が発生しなければならない．多幸症的な気分を抑えるには，金融恐慌もしくは相当程度の金融的行き詰まり状態の発生が少なくとも必要である．長期間にわたる経済的成功を背景としてできあがった期待の状態は，金融的失敗の恐れが十分に大きくならなければ打ち砕かれないのである．

多幸症的ブームが出現する過程では，期待好転の効果が利子率上昇の効果を凌駕する．望ましいポートフォリオの基準が改訂される結果，金融資金の供給は段階的に上昇する利子率のもとでほとんど無限弾力的になる．このような「無限」弾力的な資金供給は，典型的には新しい金融手段や金融機関の出現と関連がある[33]．たとえば，ポジションを形成するための連邦資金 Federal funds の利用とか，譲渡可能定期預金証書の爆発的成長とか，第二銀行システム second banking system〔これは自然発生的に生まれた金融のサブシステムで，金融当局によって公に認知されてはいないが，現実には既存の銀行システムと十分に競合的活動を行っている一群の新興金融仲介機関のことであると言えよう〕の発展などである．このような状況のなかでは，貨幣供給または準備ベースの成長率を抑制しようとする中央銀行の行動は消費者や企業・金融機関の側の現金残高を減少させようとする積極的な意欲の前に圧倒されてしまう．すなわち，貨幣流通速度の上昇が貨幣数量に対する中央銀行の抑制を凌駕してしまうのである．裏をかかれた中央銀行は経済拡張抑

---

[33] この点，Minsky(77)を参照されたい．

制の失敗を穴埋めしようとして貨幣供給成長率をいっそう低めようとする．このことは各経済主体の現金保有ポジションを相互にますます緊密な連関関係に立たせるように作用する．この結果，金融環境はますます崩壊しやすい状況になる．金融逼迫はこのような環境のなかで進展することになるのである．経済は非常に急速な拡張の状態からゆったりした減速を通じてしだいに安定化の方向に向かうというような〔穏やかな〕過程をたどるものではない．むしろ経済は，経済拡張に急激なブレーキがかかり，これに続いて経済活動の急速な低下が生じるという形をとって推移するのである．

　多幸症的ブームの後に必ずなんらかの金融恐慌が発生するというのであれば，中央銀行が政策のための適切な処方箋を書くことは不可能である．しかしながら，中央銀行はそのような可能性のあることをよく知っていなければならないし，金融システムが崩壊しかけるときはシステム全体を維持するために最後の貸し手としていつでも行動する用意がなければならない．経済成長径路が貨幣供給増加率や銀行を通じる金融の相対的重要性から大体において独立であるときには，初期の引締め政策が十分速やかに作用しないときでも引締めをいっそう強化しようとする誘惑に対して中央銀行があえて抵抗するのはもっともなことであると思われる．中央銀行は準備ベースや貨幣供給の成長率を経済の長期成長率と整合的な水準に維持すべきだからである．この線に沿う中央銀行政策は貨幣流通速度の上昇——あるいは，すでに言及済みの貸借対照表構造の質的悪化——が多幸症的期待のゆっくりとした鎮静化を通じて最終的には維持可能な恒常的状態へ収斂するとの期待のもとに，それがどれほど淡い期待であるにしても，採用されるべきである．

　多幸症的経済拡張期には，とりわけ金融システムのなかで最も完全なコントロール下にある商業銀行に対しては，中央銀行が直接的コントロールを及ぼすことを避けるべきである．中央銀行が認識しておくべき点は，多幸症的拡張期は銀行および銀行以外の金融機関にとっての革新と実験 innovation and experimentation の時期であるということである．救いうるものはできるだけ救い経済主体の確信を回復させて経済を維持するという観点からすれ

ば，中央銀行が最も明瞭に保護すべき金融システムの領域はできるだけ大きいほうがよい．商業銀行を直接的なコントロールによって制約する代わりに，中央銀行は多幸症的経済状態下でも商業銀行の相対的重要性が維持されるようにめざすべきである．とりわけ，資金吸収のためにする利子競争への商業銀行の参加は不当に抑制されてはならない．

6. 金融的安定性の理論

第4節の結論では，経済が正常に機能するためには実物資本資産の価格水準（この資本資産価格自体は多分に陰伏的なものでしかない）が現在の賃金水準のもとでの投資財供給価格と整合的でなければならないと述べた．多幸症的ブームが生起するのは，ポートフォリオ選好が変化して資本ストックの価格水準が賃金水準に比べ相対的に高まり，その結果投資財産出の増大がもたらされる場合においてである．他方，実物資産ストックの価格水準が急激に低下すると投資および所得は著しく減少する．かくして，深刻な不況は相対価格のこのような変化が生じるときに限って起こりうるのである．

金融的安定性の諸属性

不確実性をめぐる議論のなかで，現存資本ストックの価格水準を急激に低下させる要因の一つをわれわれは指摘した．ポートフォリオの望ましい資産構成が急激に変化すると，実物資産の価値は経常産出物の価格水準と貨幣の双方に対して相対的に低下する．望ましい資産構成の急激な変化は将来の実現可能な経済状態についての予想が確信を喪失するときに生じる．しかし，期待の状態の背後にある確信の程度が変化するとしても，それはたんなる偶発的出来事の結果としてではない．

ポートフォリオ選好の変化が顕在化するのは，金融的な困難の程度の順番で示すと，金融恐慌 financial crisis，金融的苦難 financial distress，および金融逼迫 financial stringency の期間においてである．しかしながら，金融

第6章 金融的不安定性仮説の再考

上の諸困難を総称するものとしての金融恐慌は偶発的に発生するような事柄ではない．また，すべての財務構造が等しく金融的不安定化への必然的傾向をもつというのでもない．われわれは金融システムの安定性を決定するシステムの属性がどのようなものであるかということに関心がある．

われわれが議論の対象としている金融システムは大域的安定性が保証されていない．経済のシステムには安定的均衡点が複数個存在しうると仮定したほうが経済を最も適切に分析することができるように思われる．われわれにとって興味深いのは，これら複数個の安定的均衡点の周囲の安定領域を規定する要因は何かということである．問題は次のように表現できよう．すなわち，「経済のポジションを移動させても，体系が特定の初期均衡点に戻ることが必ずしも不可能でないような最大の攪乱とはどのようなものであるか」，そして「この最大の攪乱は何に依存するか」という問題である．

攪乱が生じてもこれを金融システムが吸収でき，それゆえ経済をもとの均衡ポジションに復帰させることが不可能でない攪乱の最大の大きさは，財務構造およびこれと実質所得との間の関係いかんに依存する．金融的諸変数に対して大きな抑制的効果を及ぼす衝撃には二つのタイプがある．一つは，所得水準が全般的に低下することから生じるキャッシュフローの不足であり，他は経営の「失敗」のために生じる個々の経済主体の金融的な困難である．しかし，すべての景気後退が金融的不安定性の引き金になるわけではなく，またあらゆる金融上の失敗が（たとえ巨大金融機関のそれであっても）金融パニックや金融恐慌を引き起こすわけでもない．これとは逆に，金融環境が十分に小さい安定領域しかもたないならば，金融恐慌につながる潜在的要因が存在するかぎり，ごくありふれた事柄であっても非常事態の引き金になることはありうる．

本節のおもな論点は，金融システムの安定領域が負債構造と制度的取り決めいかんに依存するところの主として内生的な現象であるという点にある．金融的安定領域を決定する外生的な要因は政府および中央銀行の行動に関する取り決めいかんである．たとえば，1966年の半ば以降においては，預金保

険という外在的政策手段が金融恐慌の引き金となりうる事態の効果を相殺する要因として作用してきたことは明らかである．

金融システムにはその安定領域を決定する二つの基本的な属性がある．(1)個々の経済主体において契約や慣習による支払いキャッシュフローとさまざまの受取りキャッシュフローとの間にどの程度の緊密な関連性があるかということ，そして(2)ほとんどいついかなる状況においても簿価ないし表面価格に十分に近い価格で売却したり，あるいは資金借入れのための担保物件にすることのできる資産が，資産ポートフォリオにどの程度の比重を占めているかということである．これらの属性ほど基本的ではないが，金融恐慌に至る脆弱性いかんを決定する第三の要因もある．すなわち，経済成長の期待や資産価格上昇の期待が，現在の資産価格とこれら資産が金融システムに取り込まれたときの価格に対してどの程度の影響を及ぼしてきたかということである[34]．キャッシュフロー収支が緊密に関係しあっているほど，またポートフォリオに占める「優遇資産」の割合が小さいほど，そして資産価格が成長期待と過去に実現した値上がりの双方を反映していればいるほど，金融システムの安定領域はより小さい．財務構造のこのような諸属性は時間の経過とともに変化し，それ自体金融システムの安定領域の大きさに影響を及ぼす．ここで一つの仮説を立ててみよう．それは完全雇用が民間需要によって維持されつつあるときには金融システムの安定領域はしだいに狭まる過程にあるという仮説である．

---

[34] 資産が金融システムに取り込まれるのは，それが借入れのための担保として利用されるときである．新規に建築された家屋は抵当証券 mortgage を通じて金融システムに取り込まれるが，その場合の価値は家屋の経常的再生産価格にもとづく．住宅価格が今後たとえば年率10％で上昇するであろうとの期待が支配的になると，既存住宅の市場価格は期待される資本利得を反映して高まるであろう．抵当つき貸付けが購入価格にもとづいてなされるのであれば，抵当流れの結果ひとたび住宅が金融機関の手に渡ると，その機関のポートフォリオ価値も住宅価格の上昇期待を反映して高まる．このことはテイク・オーバーや合併，およびコングロマリット化などに関連して生じる現象と同じである．このような形での企業成長が多幸症的期間に最も頻繁に生起するのは決して偶然のことではない．

完全雇用が維持されることに内在する効果に加えて，ディマンド・プル型の金融逼迫が伴う多幸症的経済では金融債務の重層化 layering が急速に進展する．このこともまた金融システムの安定領域を狭めると言える．というのは，重層化が進展するほど現金支払いと現金受取りとの間の関連性が緊密化するからであり，また重層化の進展によってその名目価値や簿価がシステムの成果いかんに依存しない資産の量に比してシステムの成果いかんに依存する内部資産の相対的比率が高まるからである[35]．多幸症的経済では典型的に株式ブームが伴い，また期待の急激な改訂に対して感応的に反応する金融資産の価値の比率が増大する．

民間需要を中心にした経済拡張が長引くと，必然的結果として金融恐慌につながるポートフォリオ変換や資産構造変化がもたらされる．多幸症的経済で生じるポートフォリオ変換はそのような傾向をいっそう急激に強めるものである．多幸症は金融恐慌に至る道を準備するものであるが，多幸症それ自体は私企業経済が首尾よく機能する場合のほとんど不可避的な帰結にほかならない．

以上のような金融的〔不〕安定性の理論は，資本主義経済のビヘイビアーの二つの側面を考慮したものである．すなわち，一つは長引く経済拡張の過程で財務構造が進化発展し，これが本源的資産の性質や金融的重層化の程度および金融諸制度・慣行の発展に影響を及ぼすということである．第二点は非常に楽天的な多幸症的経済が存在することから短期的に生じるところの金融的インパクトである．多幸症の経済は長期にわたる経済的成功の必然的帰結であるが，長期にわたるブーム期と短期的な多幸症的期間の双方においてポートフォリオの変換が生じ，そしてこれが金融システムの安定領域を狭めるように作用するのである．

システムの特性としての金融的不安定性は二つの側面が相絡まって成り立

---

[35] この文脈での「資産構造」とは，外部資産とすべての民間経済主体の結合総資産（負債） combined assets or liabilities との比率を意味している．民間主体の統合正味資産 consolidated assets との比率ではない．

つものである．一つは個々の経済主体がどのようにして金融的苦難に追い込まれていくかということであり，第二は個々の主体の金融的苦難がどのようにして拡散し，システム全体の恐慌へと発展するかということである．

「銀行理論」的アプローチによる経済主体の行動分析

経済主体の行動を分析するにあたっては，それらすべての主体をあたかも銀行であるかのように——あるいは少なくとも金融仲介機関であるかのように——想定することが望ましいと思われる．金融的経済主体の本質的特徴は自ら負債を発行することによって資産ポジションを金融する点にある．金融機関は負債に示される契約的な債務を履行するにあたって，その資産ポジションを売却することを，したがってそのポートフォリオを縮小させることを最初から予定してはいない．金融機関はその資産ポジションを金融するのに新規の負債発行をもってすることを予定しているのである．他方，銀行やその他金融機関も含むあらゆる経済主体には，その経済活動が正常に機能するならば得られるはずの「営業からのキャッシュフロー」がある．このキャッシュフローの大きさいかんや再金融の機会を利用しうるか否かということと負債契約の支払債務の大きさとの関係は，当該経済主体が金融的苦難の事態に陥らざるをえないか否かの重要な決定要因となる．

われわれの目的にとっては，「経済主体が金融的苦難に陥らないようにするためにはどういうことが必要か」といった守勢的な観点からすべての経済主体を眺めることが重要である．

支払能力制約と流動性制約——すべての経済主体には貸借対照表がある．資産と負債の価値が与えられれば，当該主体の正味資産ないし所有者持ち分を計算することができる．制約条件付きのもとで所有者持ち分の最大化を図ることが企業経営の近似的な行動目標であると言えよう．ここでいう制約条件とは，経済状態が最も悪化した場合においても所有者持ち分のある最小部分は保護・維持されなければならないということを意味する条件のことである．

第6章 金融的不安定性仮説の再考

　資産・負債の評価手続きを所与とすれば，ある主体の正味資産が正の値であるときその主体は「支払能力がある solvent」と言う[36]．また，その経済主体がその支払債務を履行しうるときこの主体は「流動的である liquid」と言われる．支払能力および流動性は，どのような民間経済主体であってもすべてが満たさなければならない二つの制約条件である．いずれの条件であれ，それを満たすことが不可能であるかあるいはほとんど不可能である場合には，当該主体以外の経済主体においてその主体の現状に対し著しい悪影響を及ぼすような行動が生まれよう．

　教科書的な解説では支払能力と流動性が相互に独立の属性であるかのように考えられている．しかし，これらは実は相互に密接に関連している．まず，いかなる経済主体のであれ，その負債を保有するか否かの意欲は負債所有者が不測の事態から不利益を被らないようにどの程度保障されているかに依存する．そして，この保障の程度は負債を発行した当該主体の正味資産の大きさで象徴される．正味資産価値の低下は――たぶん資産再評価の結果として生じるであろうが――当該主体の負債を保有しようとする他の主体の意欲を減じる．したがって，当該主体が資産ポジションを再金融する必要があるときでも，それが困難になることがある．そして当初は支払能力の問題であった事柄が，いまや流動性問題に転じているということもあるのである．

　同様にして，ある経済主体から正味の現金流出があれば，その主体は資産売却によって現金を得るという非常手段に訴えざるをえなくなる．この資産売却が試みられるとき，その資産市場が底の浅い市場であれば資産価格は急落することもある．これは当該主体の正味資産価値を急減させるであろう．負債への依存率が高い経済主体において特にこのようなことが生じやすい．

　以上のことから，（実物資本）ストックの価格水準が（所得や投資の）

---

36) 通常の評価手続きでは簿価または市場価値が採用される．個別経済主体の経営および中央銀行の意思決定の両方の目的にとっては，評価手続きが条件に応じて可変的であるのが望ましいであろう．つまり，経済がかくかくのビヘイビアーをするときにはしかじかの評価手続きでこれら資産を評価するというふうにである．

フローに比べて相対的に低下する理由を三つ指摘できる．一つは，実物資産や金融資産（その価値が実物資産価値に密接に結び付いている金融資産）を保有しても有益とはならないような経済状態が生起する可能性の見込みが大きいと考えられること，第二は不確実性の高まりから割引率が上昇する結果資産価値が減少すること，第三にこれら資産の保有ポジションが金融される場合，その金融諸条件の変化に伴って資産価値が低下することである．とりわけ，負債の現金支払債務を履行するために資産ポジションの売却を迫られるような場合には，当該資産の価格はいつでも急激に低下する可能性がある．資産価格のこのような下落は重大なインパクトとなって，金融市場から経常産出物に対する需要へと伝わる．

支払いのための現金需要——支払いをするためには現金が必要であるが，この支払いの必要そのものは所得取引や金融取引に関連して発生する．金融的相互連関 financial interrelations が重層化してくると，このことから取引の結果必要となる支払総額は影響を受ける．長引くブーム期に利子率の上昇に反応して重層化が進展する場合，さらには多幸症的期間に所得成長率よりも速いペースで重層化が進む場合，所得に対する支払総額の比率は高まる．消費者および企業の所得受取りと支払いとが金融の契約を介していっそう緊密に結びつけばつくほど，金融恐慌に至る潜在的可能性はますます高まる．

貨幣の支払いは，他方では同時に貨幣の受取りである．重層化が進展するにつれて，現金受取りのフローが攪乱されずに実現することの重要性は増す．ある経済主体がその支払債務を履行できなくなると，この支払いを受け取るはずであった他の経済主体の債務履行能力にも影響が及ぶ．

支払いのタイプを三つに区別すると，それは所得の支払い，貸借対照表に関連する支払い，およびポートフォリオに関連する支払いに分けることができよう．これらの支払いはさらに下位の支払いの範疇に区分することもできる[37]．いずれにしてもこれらの支払いの存在は，経済主体が所得を得，そし

---

37) 「所得支払い」とは経常所得の生産に直接関係した支払いのことである．労働用役費用のある部分は経常的産出から独立であるが，データではすべての賃金支払いが

第6章　金融的不安定性仮説の再考

てポートフォリオを管理しているという事実を反映するものである．

　ポートフォリオに含まれる負債は，履行されるべき現金支払債務を表している．この契約上の現金支払債務は，確定日払債務，要求払債務，および条件付き債務 contingent commitments に分類することができる．どのタイプの負債についても，支払債務の不履行についてはなんらかの罰則が定められている．したがって，ごく自然に支払債務の契約を債務不履行の場合の罰則の重さの程度に応じて分類することもできる．特に，担保を入れる必要がある支払債務の契約は重要である．というのは，担保は資産の市場価値と現金支払債務との間に直接的で密接な関連性があることを示しているからである．すなわち，担保資産というのは市場価格がある臨界水準を下回るときには，担保物件もしくは現金を追加供給する必要があることを含意する一種の条件付き支払債務であるからである．この追加的な支払いないし担保価値維持のための支払債務は相当大きな混乱の源泉となりうるのであり，それはときに資産価格の急減を招くこともある．

　この所得支払いの範疇に入っている．投入物を購入するためのレオンティエフ支払いは，すべてここで言うところの所得支払いである．

　一期間における「貸借対照表支払い」とは過去の金融契約を反映した支払いである．リース費用，利子費用，および元本償還はすべてこの貸借対照表支払いの範疇に属する．金融仲介機関について言えば，預金者による預金引出しや保険契約者に対する約款貸付けはいずれも貸借対照表支払いということができる．

　「ポートフォリオ支払い」とは実物資産および金融資産の売買取引から生じる支払いのことである．

　いかなる支払いであれ，支払いをなす側と支払いを受ける側とでは，異なった支払い範疇に属することになる．たとえば，投資財の生産者にとっては財の販売から得る受取りは所得受取りという範疇に入る．しかし，財の購入者からすればそれはポートフォリオ支払いということになる．

　上記の支払いのタイプに加え，支払いは「誰から」「誰へ」の支払いであるかによっても分類できる．

　貨幣が小切手支払形式をとる預金のみから成るとすれば，総支払額は勘定の借方記入総額を示し，総受取りは勘定の貸方記入総額を意味することになる．したがって，本文で検討しつつある事柄は総決済尻（そのなかには，金融上のキャッシュフローの尻と所得キャッシュフローの尻の両者が統合されている）の大きさがシステムの安定性に対してどのような含意を有しているかということにほかならない．

支払債務を記述する貸借対照表のもう一つのサイドは，支払いに充当することのできる現金の源泉を表している．現金の源泉についても三つを区別することができる．すなわち，所得を得るという現金のフロー，ポートフォリオとして所有されている資産からの収益の現金フロー，そして資産取引（新規負債の発行か資産の売却のいずれか）から生じる現金フローである．

個々の経済主体にとって，あるいは一群の経済主体にとって，現実の現金源泉もしくは潜在的な現金源泉に対する支払債務総額の相対的大きさの推移は，金融的相互連関の構造を変化させる要因である．ここで提示したい実証可能な基本的仮説は次のようである．すなわち，長期にわたる経済拡張過程の期間において――そして，とりわけ多幸症的期間において――支払いをなすべき貸借対照表上の債務契約は民間経済主体の所得受取額よりも速いペースで増加し（つまり，金融的重層化が所得の伸び以上に速く進展し），所得水準に対する金融的支払債務総額の割合は高まるという仮説である．さらに，多幸症的期間においてはポートフォリオ支払い（資産売買取引）の規模は所得および金融取引の双方に比べて相対的に高まる．それゆえ，拡張期に観察される貨幣の所得流通速度の上昇は，現存貨幣供給量によって履行されるべき支払債務の増大を過小評価することになる[38]．

体系の運動様式

経済システムのビヘイビアーは，事後的貯蓄がどのようにして実際に事後的投資とバランスするかに応じて〔後述の〕三つの様式をもつ．貯蓄を吸収するものとしては民間実物資本への投資と政府赤字支出とを考えることができる．便宜上，民間実物資本を内部資産，政府発行負債の蓄積残高を外部資産と呼ぶことにする．そうすると一定期間における経済全体の正味資産の総

---

38) 筆者は多くの論文でこれらの諸関係のいくつかを代理変数を用いて推定しようと努力した．安定性の実証的研究はこうした支払い関係をいっそう完璧にまた新しいデータのもとで検討することによってはじめて可能となる．本節で論じた支払い間の諸関係については，その詳細が Minsky(84)に述べられている．

額は内部資産価値の変化と外部資産価値の変化の総計に等しい．

いかなる時点においても，経済体系の民間正味資産総額は外部資産と内部資産を統合した総価値に等しい．外部資産の価値が体系の動きからほとんど独立であると仮定すれば，統合勘定における総資産価値もしくは内部資産価値に対する外部資産価値の比率は金融構造を表す一つのおおまかな指標となる．

いかなる期間においても，貯蓄は外部資産と内部資産とに吸収される．このときの内部資産に対する外部資産の比率がそれ以前の内部資産ストックに対する外部資産ストックの比率に比して大きいか否かによって，現在の所得形成過程における金融的偏向 financial bias の度合が確定する．たとえば政府負債によって現在の貯蓄を吸収する比率が，富全体に占める政府負債残高の当初比率に比べて大きいならば，この期間の「金融は外部資産に偏向している」ことになる．他方，その比率が当初の残高比率に比べて小さいのであれば，その期間の「金融は内部資産に偏向している」ことになる．比率の大きさに変化がなければ，「金融は中立的である」．

長期にわたる経済拡張期には，金融は内部資産に偏向する傾向がある．この傾向は以下三つの要因が重なることによって生み出される．すなわち，(1)現在の貯蓄が財政赤字よりも民間投資により多く配分されること，(2)内部資産ストックの市場価格が高まり資本利得が発生すること，(3)利子率の上昇から収益をもたらす外部資産の名目価値が低下することである．このように金融が内部資産に偏向する結果，ポートフォリオはこれを構成する諸資産の市場価格の低下に対してますます脆弱な体質となる[39]．

ポートフォリオが長期的に維持されてきたのは，蓄積された本源的資産 primary asset の相対的比重が循環的に変動することによってである．歴史的にみれば，ポートフォリオのこの循環は深刻な不況という景気循環を中心

---

39) もちろんこれは事実に関する一つの命題であって，その真偽は検証することが可能である．政府部門支出が GNP の10％を占める場合には，それが１％でしかない場合に比べて，上記命題の真実性はたぶん低いであろう．

にして存在してきたことがわかる．しかし，時間の経過のなかで何が生起しつつあるかを正確に判断するためには，金融慣行 financial usage の変化の重要性を認識する必要がある．たとえば，有効な預金保険制度の存在によって銀行システムが所有する内部資産の少なくとも一部は外部化されることになるからである．同様なことは，民間負債を政府が引き受けたり裏書きしたりするような場合にもすべて当てはまる．かくして，政府や政府系機関の条件付き負債が成長した結果，表向きは明らかに民間負債への偏向と見える金融の発展も実質的には外部資産への偏向となっているかもしれない．したがって，経済が金融的不安定性に陥る潜在的可能性の存否を推定するには，さまざまの資産や金融市場に対する政府の諸種の裏書き活動や引受け活動の事例を摘出し，これを〔適切に〕評価することが必要である．

流通市場

金融システムの安定領域の大きさは，市場価値がシステムの動きや成果から独立である資産の価値と独立でない資産の価値との比率に依存する．ある資産の価値がシステムの動きから独立であるのは，その資産市場価格が釘付けされているからか，あるいは資産から得られるキャッシュフローがシステムの動きに依存せず，したがってその元本価値が金融市場の市場条件から大体において独立であるからかのいずれかによる．

いやしくも資産の流通市場がシステムの安定性に有効に寄与するためには，必要があればいつでもこの市場は頼りがいのある現金源泉の一つとして機能しえなければならない．このことは資産の流通市場がディーラー市場 dealer market でなければならないことを意味している．換言すると，流通市場には自己勘定で大量の資産を購入したり，保有資産ストックを売却したりする自己売買業者 position taker が存在しなければならない．自己売買業者のポジション形成ももちろん金融されなければならない．通常の場合にはおそらく銀行や金融仲介機関，さらにその他民間の現金源泉からの借入れによって金融されるであろう．しかしながら，冒険心に富み，頼りがいのある自己売

買業者の場合には，即座に利用可能な金融資金源泉もしくは緊急用に利用できる適切な金融資金源泉をもっているはずである．すでに論じたポジション再金融に関する議論は，いかなる貨幣市場ディーラーや金融市場ディーラーにもいっそうよく当てはまる．

中央銀行は，金融市場に支配的ないかなる確信状態やまた確信の欠如からも真に独立したものとして唯一の，再金融のための資金源泉である．したがって，資産流通市場の参加者も優遇資産の発行が可能であれば，資産流通市場のディーラーが中央銀行貸出窓口へのアクセスを保証されることによって，金融システムの安定性は最も高まるであろう．

自らのポジションの一部を連邦準備銀行の割引窓口で直接金融するディーラー業者が通常の金融システムのうちに存在することは望ましいことと思われる．

連邦準備銀行がいくつかの民間負債市場で資産価格の釘付けを行うなら，これらの金融負債は保証された価格水準のもとでいくらでも利用可能な保証付きの現金源泉となる．このような資産は実質的にはほとんど外部資産であって，その存在はその他の負債構造がどのようなものであっても金融システムの安定領域を拡大することに貢献する．

新しい範疇の資産を選択しこれら資産の売買のための流通市場を創設するとか，このことに伴って新たに出現するであろう金融仲介機関に対して中央銀行の割引窓口を開放するならば，それは金融の構造変化がもたらす負の効果を相殺する——あるいは相殺して余りある——かもしれない．金融構造の変化の負の効果とは，言うまでもなく，長期にわたるブーム期に貯蓄の消化において民間投資が大きな比重を占める〔すなわち，金融が内部資産に偏向する〕ようになり，その結果経済の金融構造は変化し，これが金融システムの不安定領域を拡大するという効果のことである．

経済主体の不安定性と経済システムの不安定性

以下の三つの現象が長期にわたるブーム期に生じ，これが累積的に作用す

る結果として外生的衝撃を吸収する金融システムの能力が低下するとき，金融的脆弱性が顕在化する．三つの現象とは，(1)金融的な支払い——すなわち，貸借対照表とポートフォリオに関連する支払い——が所得支払いに比して高まること，(2)金融資産全体の総価値に占める外部資産および価格を保証された資産〔つまり，著者の言う「優遇資産」のこと〕の相対的比重が低下すること，そして(3)ブーム期待または多幸症的期待を反映した資産価格が財務構造に体化されることである．

金融的不安定性の引き金は一経済主体の金融的苦難にあるかもしれない．そのような場合は，一連の不幸な事態のきっかけとなった当該経済主体が，事態が収拾したあともその経営のまずさをそしられることになるであろう．しかしながら，金融システムの不安定性はこの主体の経営失敗が原因ではないかもしれないし，ましてその他多くの経済主体のそれが原因ではないかもしれない．システムの不安定性が顕在化するのは，当初のインパクトがきっかけをつくった経済主体から他の主体へと及んだ結果，これら他の経済主体が金融的困難または非常に切迫した状態に陥ってしまうような金融構造がもともと存在するときである．

恐慌の発展に結びつくような，システム全体に関わる一般的要因の一つは所得水準の低下である．所得の大きさに対して金融的支払債務額の比率が非常に大きいということが，金融的不安定性の生じる必要条件であると思われる．国民所得水準の低下はこの比率を高め経済主体を困難に陥れる．所得減少を被った経済主体は資産の売却によってその支払債務を履行しようとするかもしれない．そうすると，これが豊富な流動性をもち支払能力もある他の経済主体にマイナスに作用し，金融市場を不安定化するインパクトとなるのである．発散的な過程（そこでは資産価格の低下や所得フローの減少が累積的に生じる）の始まりが訪れるのはこのようにしてである．

非金融的経済主体の観点からすれば，銀行およびその他金融仲介機関の負債は(1)所得受取りや金融的受取りが遅れをきたした場合に備える現金の貯蔵所であり，(2)名目価値において決して減価することのない安全資産であ

第6章 金融的不安定性仮説の再考

る．銀行や金融仲介機関が倒産すると，それは経済主体の多くにインパクトを与えずにおかない．というのは，これら機関の負債を保有する経済主体の数は民間部門の他の主体の負債を保有する経済主体の数よりも圧倒的に多いからである．しかも，このような金融機関の倒産はすべての経済主体の資産構造の健全性に疑念を抱かせるきっかけともなる．その結果，望ましいポートフォリオの姿をすべて改めさせるような効果が生じる．金融機関においてさえ金融的困難の状態が出現するならば，これは個々の金融的困難を金融システム全体の不安定性や恐慌へと発展させる基本的要因になる．金融システムがズタズタに分断されても，これに続いて経済的損失が広範にわたって発生するとか，望ましいポートフォリオの姿がどれもみな変化するということがなければ，金融恐慌の発生は困難である．有効な中央銀行制度の発展により，金融機関の倒産が他の経済主体の損失となって伝播する可能性は低下してきた．歴史を特徴づけてきたすさまじい金融的不安定性の生起可能性が低下してきたのはそのためである．

　不確実性に関する以上の分析から，次のことが明らかとなった．中央銀行が有効な措置をとれば，これは支払不能や流動性不足に陥ったかもしれない経済主体を支え金融恐慌が全面的に発展するのを未然に防ぐことができる．しかし，このような未然防止の活動を必要とするに至った事態の発生から，各経済主体，すなわち負債を発行する民間経済主体，金融仲介機関，および資産の究極的保有者は，いまやもっと保守的な貸借対照表構造のほうを望ましいと思うようになっているはずである．そこで貸借対照表構造をもっと保守的なものに再編しようとする傾向が現れ，これによって経済は相対的に停滞の時期に入る．

　以上の分析から，次の命題が導かれる．
(1) 金融システムの安定領域の大きさは内生的に定まり，長引くブームの過程でその安定領域は狭まる．
(2) 深刻な不況が始まるための必要条件は，これに先立つ金融恐慌の発生である．

(3) 中央銀行は金融恐慌を未然に防ぐことができる．
(4) 金融恐慌が中央銀行の行動によって未然に防止されるとしても，この過程で生じる不安の心理は景気の後退をもたらしうる．この場合の景気後退は，金融的安定性が維持されたままで生じる緩やかな景気後退に比べればより深刻なものであろう．しかし，過去に経験したことのある大恐慌に比べれば，それは緩やかでまたそれほど長続きせずに終るものであろう[40]．

7. 中央銀行の役割

現代の中央銀行は少なくとも二つの側面をもっている．すなわち，中央銀行は経済の安定化と成長を促進する政府機構の一部であり，他方で金融システム全体ないしその一部の最後の貸し手としての機能をもつということである．この二つの機能は実は相互に矛盾する関係にある．

合衆国では，中央銀行の権限が分権的である．すなわち，連邦準備制度，さまざまの預金保険機構と貯蓄金融機関の監督機関，および財務省との間にその権限は分散している．中央銀行機能とその責務の分権化は「責任回避」の余地を残すことになった．その帰結の一つはこうである．金融的慣行や金融市場が進化発展するに伴って，枝分かれした中央銀行の多くの部分がそれ

---

[40] 上記の点は1966年の秋に書いたものである．1966年のクレディット・クランチの経験は金融恐慌を未然に防止することのできた金融的困難の一例であると考えることができよう．したがって，1966-67年の出来事は中央銀行や財政政策がことのほか適切に運用され，その結果金融恐慌への発展が未然に防止され，あとに続くはずの所得低下を相殺することのできた一つのケースとして解釈できる．1966年以降の経験から明らかなことは，恐慌や深刻な景気後退が未然に防止されたあとはインフレ期待を伴う多幸症状態が再び急速に伝播し始めるということである．1969年に顕著となったブームやインフレ期待が消滅するためには，深刻な不況の再発可能性が現実的な脅威とならなければならないのかもしれない．60年代の経験を前提にすれば，このような脅威が脅威として認識されるためには深刻な不況を実際に経験するほかはないということも真実のようである．

ぞれの担当すべき業務の範囲と機能とをどのように確定するかに関して絶え間のない論争を行うようになってきたということである．1966年半ばにおけるこれら諸機関の行動は，各機関がでたらめな取り決めで動いてもそれはそれで単体の中央銀行として事実上機能しうることを示している．しかしながら，中央銀行の機能が多くの諸機関に分散しているとはいっても，連邦準備制度がその筆頭格の位置にあるという事実は曖昧にされるべきでない．連邦準備制度はその他機関に割り当てられた二義的諸業務がいやしくも実行されうるように，それら機関の資産や負債のための市場を形成 to make markets してやらねばならない．

政府債券市場での債券価格の釘付けを廃止したとき，連邦準備制度はこの債券市場に秩序ある市場条件〔すなわち，乱高下のない債券価格ないし利回り〕が成立するよう努力した．金融システムの中心的な資産市場に秩序ある市場条件を成立せしめるということは，最後の貸し手としての中央銀行の機能を拡大することにも等しい．というのは，その場合の中央銀行は最後の予防的貸し手 preventive lender of last resort として機能していると言えるからである．このような行動を正当化する背後の理由は，「目下の秩序ある市場条件を永続させるために，われわれは事実上最後の貸し手であらねばならない」との考えにある．いくつかの市場で秩序ある市場条件を維持すれば，これらの市場で取引される金融手段を保有し，また売買を行う自己売買業者の保護に役立つ．自己売買業者に対するこの一種の保護的措置は効率的な金融市場の発展に必要不可欠な要素である．

中央銀行が秩序ある市場条件を維持しようと行動する結果，安定化操作の担当者としての機能と最後の貸し手としての機能とは最も直接的に対立する関係に立つ．たとえば，所得安定化のためにとられる引締め措置によって金融機関がその支払能力を脅かされることにでもなれば，中央銀行はこの引締め政策から手を引かざるをえないであろう．

もし金融恐慌が生じようものならば，中央銀行はどのような引締め政策をも放棄しなければならない．おそらく深刻な不況をもたらす資産市場価値の

崩壊が生じる前に中央銀行は介入すべきであろう．しかし，中央銀行があまりに早く，またあまりに効果的に介入してしまうと，引締め政策を必要とした経済の拡大傾向はいささかも滞ることなく進展してしまうであろう．

金融逼迫が金融的不安定性を引き起こす可能性の一つについてはすでに論じた．すなわち，現在よりも金融の緩和していたときの市場条件を体化した資産の保有者は，金融逼迫によって危険の高いポートフォリオ決定へと追い込まれるというものであった．加えて，金融逼迫の指標となる利子率の高騰は，まさに金融的不安定性の発生の可能性を高める方向にポートフォリオ代替を促すということであった．このような時期には，最後の貸し手としての責任と秩序ある市場条件の維持という責務を理由に中央銀行による介入の可能性が高まる．

金融的苦難の状態が出現した際中央銀行が最後の貸し手として活動し始めるまでにどれほど無秩序な市場条件が出現するかを，中央銀行は経済活動が活発な時期に見極めておかなければならない．多幸症的経済に対するおそらく適切な対処法は，経済が金融恐慌へと発展するのを容認することである．というのはこのことによって，多幸症的経済下において受容可能なポートフォリオが実は危険きわまりないものであることを一般に知らしめることになるからである．しかし，中央銀行は実際の金融恐慌において発生するような深刻な資産市場価値の損失が実現しないうちに行動しなければならない．もし金融の諸条件があまりに早い時期に緩和されてしまうと，重層化した貸借対照表はほとんど全く解体されないままにされてしまう．その場合，金融当局の行動はかえって多幸症的経済拡張に拍車をかけるだけであると見なされても不思議ではない．他方，恐慌が実際に起きてから金融の諸条件を緩和——したがって，望ましいポートフォリオ構成がより大なる安全の余地 protection を含むように変更される——しても，最後の貸し手としての機能が有効に発揮されるならば，多幸症的状態は癒され，現実の資本ストックと望ましい資本ストックとの関係は安定的な投資財需要によって維持可能なものとなる．

最後の貸し手としての機能があまりに遅く，またあまりに小さい程度でしか発揮されないと資産価格は下落する．これは投資の停滞を招き，景気の後退をより深刻かつ長引いたものにするであろう．しかし，あまりに早く金融を緩和してしまうと，それは多幸症的状況を抑制するという問題の解決をただ遅らせるだけである．このことを前提にすれば，金融政策にとっての最善の選択は秩序を欠き始めたあるいは擬似恐慌的な様相を呈し始めた市場条件の成立を防止することではなく，むしろ深刻な不況を招きかねない資産価格の重大な下落を阻止することである．資本主義経済は過去の成功の経験に反応して上方へ発散する傾向をもつものである．したがって，投資に対する直接的なコントロール手段がない経済システムではときおり小さな金融恐慌が発生するのを容認することが経済を安定化する唯一の有効な方法である．

　上述の議論は，ポリシー・ミックスには関係がないことに注意しなければならない．もし1965-66年の金融逼迫が貨幣供給成長率の低下によるというよりも，むしろ貨幣需要の急速な伸びによるというのであれば，財政支出の引締めを伴うならいっそうの金融緩和策がとられても役に立たなかったであろうことは明らかである．この期における拡張の主要な要因は投資ブームにあるのであって，ベトナム戦争に関わる支出はブームの程度に影響を及ぼしたにすぎない．後者が経済拡張過程の事態の推移に対して質的に重大な影響を及ぼしたとは考えられない．この点を認識すると，利用可能な金融資金の増大さえあればより高水準の投資と名目所得が実現していたであろうと思われる．また，ポリシー・ミックスの変化があったのであれば，新しい時代の到来を示すいま一つの証拠となっていたであろう．もちろん，財政支出の抑制がなされたならば民間所得は大きく減少し，それは既存の支払債務の履行が不可能になるほどに十分きついものでありえたであろう．金融恐慌もしくはこれに非常に近い状態は不当にきつい金融引締めによってのみならず，あまりに厳しい財政支出の抑制によっても生起しうるからである．

　連邦準備制度の内部では中央銀行の割引窓口の重要性を低める動きが見られるようである．しかし，この動きは金融的安定性を維持するという観点お

よび金融的不安定性が所得や雇用に及ぼすインパクトをできるかぎり最小化しようとする観点からすれば，あるべき方向とは逆の動きであると言わなければならない．経済システムが正常に機能している場合には流動性を供与し，システムが困難な状況に立ち至ったときは保護的措置 protection を与える手段の一つとして，資産流通市場が育成されなければならない．そのためには市場のディーラーに再金融の可能性を保証してやることが必要である．真に頼りうる保証は中央銀行による再金融の道を除いてほかにない．

　しかし，中央銀行がある市場に秩序ある市場条件を維持させるべく介入するという約束は，中央銀行がすでにその市場で介入操作 operation を行ってきていないかぎり信頼を得られない．中央銀行が当該市場で市場操作を行っていなければ，それは中央銀行が市場参加者との協働関係をもっていないということである．のみならず，それは当該市場の市場諸条件に関する直接的かつ持続的な情報を中央銀行が得ていないということでもある．すなわち，現在の政府債券市場に存在するような，市場条件の情報を伝達する正式なチャネルがないということである．かくして，連邦準備制度が資産流通市場を育成したいと考えるならば，連邦準備制度は平時でもその市場において資金供給者として機能しなければならない．

　銀行の総準備ベースのうち連邦準備制度の割引窓口を通じて供給されている部分は現在ほんのわずかである．連邦準備制度の割引業務は三つの機能をはたすことができる．貨幣市場の一時的な需給圧力を緩和すること，準備の恒常的供給源泉，そして緊急に価格安定を図る手段である．連邦準備制度が最後の貸し手を必要とするような恐慌の事態に直面して有効に機能しうるためには，連邦準備銀行が平時においてもさまざまの広範な市場で「ディーリング」ないし「ディスカウンティング（割引）」を行うべきである．そうするための一つのきっかけは，さまざまの資産流通市場においてディーラーを緊急事態に追い込み，このことによって連邦準備銀行がディーラーの通常の金融資金をも供給するようにすることである．銀行の現金資産〔すなわち，準備ベース〕もいま以上に中央銀行の割引を通じて供給されるべきであるか

もしれない．しかし，割引は銀行によってよりはむしろ資産流通市場に参加する経済主体によってこそ求められるものであるといえよう．

　ケインズ経済学の教訓を学べば，金融や財政の引締めだけでは不十分であることが理解されよう．金融政策や財政政策が経済の舵取り役であるとの考えは，不確実性のただ中でなされる意思決定をあまりに機械的なものとしてとらえていると言わなければならない．経済システムが首尾よく行動しよりよい成果をあげるかどうかもまた不確実性の程度に影響を及ぼすからである．このように不確実性がシステムの内生的結果から独立でないときは，割当てrationing の要素〔流動的資金を市場で調達するのではなく連邦準備制度の割引窓口を通じて得る場合のように，価格メカニズムではなく量的な調整に依存する側面〕を含む安定化の手段が必要となる．

　現在ある政策手段や政策目標を前提してみよう．政策目標からすれば，1952-60年の時期における大きな経済停滞は容認しえない経済成果であったと言わなければならない．このような経済の停滞状況下では，最後の貸し手たる連邦準備銀行の責務は連邦準備制度の機能のなかで最も大きな重要性を帯びる．ここで最後の貸し手たる責務とは資産価格全般が大きく下落しないように維持することであって，小域的ないし小規模な金融恐慌が生じるのを認めないというものでは必ずしもない．

　ところで最後の貸し手たる責務というのは，人間の過ちが経済状態の実際の帰結を決定する上で重要な役割を担う局面の一つでもある．しかし，中央銀行が過ちを犯す可能性が大きいのは，緊迫した多幸症的状態のもとで経済が発散の潜在的可能性を秘めているような場合においてだけであろう．このような環境のなかでは，人間の誤った行動が経済的帰結を左右する可能性は高まる．しかし，それは連邦準備制度理事会の側の過ちによるというよりも，むしろシステム特性——経済活動が上位方向へ発散する傾向をもつという特性——によるというべきであろう．

第7章 中央銀行業務と貨幣市場の変容*

1. はじめに

中央銀行が政策目標を達成できるかどうかは,中央銀行の諸操作が貨幣市場 money market を構成する諸要因に対してどのような影響を及ぼすかに依存する.したがって,特定の金融政策手段が有効であるか否かは,存在する金融諸制度と金融慣行に依存する.ひとたび中央銀行の諸操作の有効性が確立してしまうと,金融諸制度が大きく変化しないかぎり,金融制度そのものが金融政策の議論の俎上に載ることはない.しかし,金融市場の構造や機能の仕方が急速に変化する時期は,中央銀行諸活動の有効性が改めて検討されなければならないものとなる.

金融制度や貨幣市場の慣行が変化するのは法制度の改訂の結果かあるいは市場の生成・発展の結果のいずれかである.法律の改訂にもとづく制度変化は基本的には貨幣・金融システムの機能が事実上悪化したか,あるいは悪化したと見なされる結果生じる.したがって,法制の改革にもとづいて変化が生じる場合には,この変化はどのような諸影響をもたらすかが通常議論される.これに対して,市場の内生的な進化的変化は典型的には貨幣市場に存在するなにがしかの利潤機会に反応して生じる.市場のこの内生的変化は主と

---

* 本章は Minsky(77)を転載したものである.第2節は筆者が合衆国証券業の教育に関する合同委員会 the Joint Committee on Education of the American Securities Business の援助で,その研究員としてニューヨーク市にいたときの観察にもとづいている.有益なコメントや示唆を与えてくれたマーゴリス J. Margolis,ミラー R. Miller,およびローザ R. Roosa の各氏に深く感謝申し上げたい.

して貨幣市場の微細な技術的側面をめぐって生じるのが普通であり，また内生的諸変化は通常小さな規模で始まるものである．そのため，こうした変化が生じる当初は金融政策に対するそれの重要性が概して無視されるきらいがある．このような貨幣市場の内生的変化によって金融システムの機能が悪化したと事後的に判断されてはじめて制度が議論の対象となる．制度が議論の俎上に載り始めると，これは通常法制度「改訂」の前触れとなる．貨幣市場に制度的変化をもたらす諸条件を知り，その制度的変化が典型的にはどのような影響をもつかを理解するならば，連邦準備や法制当局はその変化に対する予防手段を講ずることができ，「恐慌」がひとたび起こった際にその効果を最小にするための準備をあらかじめとっておくことが可能となろう．

金融制度や金融慣行の内生的変化は利潤追求活動の結果であるから，このような金融上の変化は利子率が高い水準にあるか，あるいは利子率が上昇しつつあるときに最も頻繁に生じるものと予想される．利子率が高い水準にあるとか，それが上昇しつつあるというのは，利用可能な資金供給に比して活発な資金需要が存在することの証しである．このような利子率の動きは，貨幣市場のプロ〔すなわち，金融機関や専門的な貨幣市場ディーラー〕がその貸出能力をいっそう効率的に生かすすべを見出すように促すための信号として機能する[1]．

そもそも金融当局の諸活動は，存在するある一定の制度・慣行を前提とす

---

1) 「金融諸制度の基本的な機能は，経済活動を支持するための経済の金融的資源を十分に活用できるように動員することである．そこで，私は次のように考える．信用条件が引き締められ銀行組織を通じた新規の貨幣創造が制限されるときには，当該国の金融装置 financial machinery は現在の貨幣供給量をより効率的に動員し始める．このようにして，金融装置なるものは信用条件がもっと緩やかであったならば新規の貨幣創造によって〔十分〕なされたであろうところの任務のほとんどを，〔信用条件がきびしい状況下でも〕全うしうるように自動的に機能し始めるのである」(Smith(121), p. 601)．逼迫した信用条件は一定量の貨幣供給をより効率的に利用するよう促し，このことによって信用条件が少なくとも部分的に相殺されるというのはスミスの指摘した通りである．ただ，それが自動的に機能し始めるとか，それが不変の制度的枠組みのなかで生じるというのであれば，筆者には正しいと思われない．

る諸関係に基礎づけられている．そこで，もし金融当局の活動それ自体が金融制度・慣行を変化させる誘因になるとすれば，一定の制度・慣行を前提に想定された諸関係は「シフト」することになる．その場合，金融政策の効果は当初期待されていたものからは相当かけ離れたものになりうる．制度の進化発展が高い水準の利子率やその高騰によって引き起こされるとするかぎり，中央銀行が引締め政策によってインフレ圧力を鎮めようと努力しつつある場合に，この制度上の進化発展はとくに無視しえないものとなる[2]．

合衆国では少し前から（1954年以降），短期利子率が相対的に高い水準を維持しており，また上昇する傾向にある．この間，貨幣市場には二つの変化が生じた．連邦資金市場 Federal funds market が発展・拡大したことと国債取扱業者〔政府証券ディーラー〕government bond house が金融するにおいて非金融法人の重要性が増大したことである．次節ではこれら二つの進化・発展について解説し，検討する．第3節ではこのような諸変化が連邦準備の金融政策に対してどのような含意をもっているか，その問題点を取り上げる．第4節は貨幣市場の制度が進化するという予想が金融政策に対してどのような含意をもつかを検討する．

2. 制度上の二つの変化

A. 連邦資金市場

連邦資金市場の全貌をとらえることができるような〔たとえば，証券取引所のような〕単一の取引の場は存在しない．しかし，ニューヨークに存在す

---

[2]「さらに，金融引締め政策や負債の蓄積によってたぶんもたらされるであろう利子率の上昇は，非銀行金融仲介機関が〔最終的〕貸し手に対してより高価で魅力的な資産を提供し，もって銀行といっそう激烈に競争することのできる機会をこれら機関に与える」(Gurley and Shaw(44), p. 532)．ガーレイ＝ショーは経済成長の文脈で金融制度の進化・発展を扱っている．そのため，彼らは制度進化の誘因や制度上の変化の事実を当然のこととして考えるきらいがなくもない．

るあるブローカーは何年にもわたってこの市場で重要な役割を担ってきた[3]．連邦資金市場を観察するに際して，このブローカーの活動を観察することほど有利な方法はおそらくあるまい．

1956年6月末，ガルバン＝バンテル会社 Garvin, Bantel and Company は連邦資金取引の顧客として79の商業銀行と14のその他金融機関を抱えていた．もちろん連邦資金のすべての売りないし貸付けがこの企業の仲介によって行われているわけではない．取引全体の相当量がたとえば銀行間のコルレス関係のネットワークを通じて，あるいは時に銀行間の直接貸付けの形でなされている．しかしながら，ガルバン＝バンテル会社を通じない取引で成立する利子率でも，典型的にはこの会社によって売りと買いがつながれる場合の利子率水準に等しいと考えられる[4]．

連邦資金市場で取引される商品は連邦準備銀行預けの準備である．取引は銀行間の無担保でオーバーナイトものの貸付けという形をとる[5]．ニューヨークの市中銀行間では取引に小切手交換を伴う．資金の貸し手銀行は借り手銀行に対して連邦準備銀行宛の手形を振り出し，借り手銀行は貸し手銀行に対して自己宛に振り出された小切手を渡す．小切手決済には1日かかるの

---

3) 筆者はガルバン＝バンテル会社，ジョージ・ガルバン氏 George Garvin，およびラルフ・デ・パオラ氏 Ralph de Paola に感謝しなければならない．彼らは一介の大学人にすぎないこの私に，親切にも彼らの活動の一端を説明してくれた．以下の分析は彼らの顧客の特性に関するものであるが，これはガルバン氏やデ・パオラ氏たちの作業表 worksheet にもとづいている．ただし，国全体がこの企業のブローカー業務に負うところはほんの一部にすぎないということを強調しておきたい．言うまでもなく，以下に続く業務内容の報告ならびに解釈は全面的に筆者の責任に帰すものである．

なお，連邦資金市場のメカニズムを知るための良い入門書としては Nadler, Heller and Shipman (105) がある．

4) 連邦資金市場全体のより包括的なサーベイが連邦準備制度の特別委員会によって1956年中になされたらしい．しかし，本章の原論文が書かれる時点まで内密にされてきたその調査研究も，実は完成の日の目を見ずに終っている．したがって，利子率水準のことを市場全体に一般化していくらかでも確信をもって語るのは困難である．

5) ときおり，国債取扱業者は連邦準備制度に対する債券売却の結果として，連邦資金を貸し出す（連邦資金を「売る」）ことがあるであろう．

第7章 中央銀行業務と貨幣市場の変容

で,借り手銀行の連邦準備銀行にあるオーバーナイト残高はこの取引によって増加することになる[6]。ニューヨーク市中銀行以外の銀行については次のようである。すなわち,ある営業日に電信によって準備残高が一方へ移転される。そして,翌営業日の開始時点で同じく電信によって反対方向へ準備残高移転がなされ,先の残高の移転が相殺される。このような準備残高の移転は異なる連邦準備区の間においても可能であり,現に移転されている[7]。

いうまでもなく,連邦資金取引の結果貸し手銀行の準備残高は減少し,借り手銀行の準備残高は増大する。連邦資金市場に積極的に参加している銀行であっても,自由準備[8] free reserves がマイナスの期間は,その期間平均して連邦資金の〔売り〕取引残高以上に超過準備 excess reserves をもとうとしない。また,同じくこの市場で活発に取引を行う銀行は,連邦資金が利用可能であるかぎり当該準備区の連邦準備銀行から借入れを行おうとはしないのが通常である。貸し手銀行にとっての連邦資金取引のメリットが遊休残高の形でとどまっていたかもしれない資金に対して利子収入を得られることであるというのは明らかである。他方,借り手銀行にとっての便益はその銀行の連邦準備銀行から借入れを行わずに済むということである。これに対して,連邦資金市場に参加しない銀行は準備の不足を資産売却か連邦準備銀行借入れの形で賄わなければならないし,また短期的に超過準備に陥った場合にはそれをそのまま遊休資産の形で保有しなければならない。

連邦資金の利子率水準が連邦準備銀行の割引率を超えることは決してない。自由準備が大きくマイナスである場合には,連邦資金利子率は通常割引率に

---

6) 必要準備額を計算するとき,預金量は営業日の始まる時点で勘定するのに対して,準備額は営業日が終る時点で計算される。

7) 割引率がすべての連邦準備区において等しくない場合,割引率の低い区から高い区には準備を貸そうとしない銀行もあるかもしれない。さらに,ニューヨークの市中銀行のなかには,自己の連邦資金がニューヨーク連邦準備区外へ貸し出されるのをよしとしないものもあるであろう。

8) 「自由準備」は「超過準備」から連邦準備銀行からの借入れを差し引いたものに等しい。

等しい．任意の期間において，たいていの銀行は準備保有を以下のような形で平均化する．すなわち，当該期間のはじめのほうでは超過準備ポジションを形成し，期間の後半部分では準備不足が累積しても構わないというふうにである．このため，週ごとに準備状況を報告する加盟銀行が連邦資金市場で支配的なシェアを占めているという事実と相まって，利子率には一つの変動パターンが定着している．前述したように連邦資金利子率は，自由準備が大きくマイナスであるような時期には割引率に等しい．しかし，水曜日はたぶんその例外で，連邦資金利子率が割引率より低いということもしばしばである．このような利子率変動パターンを生み出す銀行行動は，1956年の半ばに至るまでにとられ始めていたことを示す若干の証拠がある．

連邦資金取引の全部または一部をガルバン＝バンテル会社を介して行い，積極的に市場参加する商業銀行79行の内訳は次の通りである．24行は金融センターの連邦準備銀行が所在する町の銀行 Central Reserve City Banks であり，39行はその他の連邦準備銀行が所在する町の銀行 Reserve City Banks である．残る16行は地方所在の銀行 Country Banks である．ガルバン＝バンテル会社を利用する最大でまた最も積極的な銀行グループはもちろんニューヨークやシカゴの25行である[9]．連邦準備銀行所在の市や地方の銀行が数多く参加しているということは，この市場が国全体への広がりをもっていることの証である．

ある銀行が連邦資金市場に参加するか否かの決め手となる有効な要因は銀行の規模である．参加するにはなにがしかの費用がかかる．職員の時間コストなり，また電話をかけたりすることのコストなどである．また，ニューヨーク市外にある銀行で，株式や社債関連の営業をするにあたってこのブローカーを利用しない銀行に対しては，連邦資金の売り買い各取引ごとに1/16％の手数料が徴される．連邦資金の貸付けはオーバーナイトのそれであるから，利子率が仮に2.75％であるとすれば100万ドルの1日分の利子は

---

[9] イリノイ州の奇妙な単店銀行制度 unit banking system のため，連邦資金市場に参加する最も小さい銀行（預金量のランク付けで）のいくつもシカゴに存在する．

76.389ドルであり，100万ドルの貸付けに対するブローカー手数料はその1/16％で3.472ドルとなる．このような費用の存在を考慮した結果としてであろうか，1956年半ばにおける取引単位は50万ドル前後であった．各参加銀行はそれの数単位規模で取引に参加しているように思われる．（連邦政府を除き）どの借り手に対しても，国法銀行が貸出しのできる最大許容額は銀行の資本および剰余金の10％と定められている．したがって，資本勘定が500万ドル以下の国法銀行であれば，この連邦資金市場には参加できないということになるのである．参加銀行の貸借対照表を検討すればこのことが真であることはわかろう[10]．

このように資本規模による参入下限が存在することに加え，ブローカーは各銀行が50万ドル単位の数単位を，多少とも規則的に借り入れたり貸し出したりすることを期待している．したがって，参加しようとする銀行は100万ドルないし200万ドルの超過準備ポジションなり過少準備ポジションの状態にしばしばならなければならない．ガルバン＝バンテル会社のリストに掲載されている79銀行のうち，4行だけが預金量1億ドル未満で，14行は1億ドルから2億ドルの預金を有していた．比較的小さいこれらの18行のうち，6行はニューヨーク都市部にあり，4行はシカゴにあった．

連邦資金市場の存在は，一定量の準備が預金残高を支持するにあたってより効率的に利用されることを可能にする．各銀行がそれ自身の必要にもとづいて連邦準備銀行と取引をするだけであれば，いくつかの銀行に超過準備が保有されていてもこれが準備不足銀行の預金を支持するのに利用されることはない．この場合，準備不足銀行は連邦準備銀行から借入れを行うか，あるいは所有している証券を売却するしかない．これに対して，完全に機能する連邦資金市場が存在すれば，いずれかの銀行が超過準備を保有しているかぎ

---

10) ガルバン＝バンテル会社の作業表にリストアップされている銀行についての情報は『ムーディ社の銀行・金融機関手引，1956年号』，とりわけそのなかの表「合衆国の上位300銀行」(pp. 22-23) から得た．特定の銀行について引用されたデータのすべては1955年12月末時点のものである．

り連邦準備銀行から借入れを行う必要はない．また，逆に言えば，連邦準備銀行から借入れを行っている銀行が存在するかぎり超過準備を保有している銀行は存在しないということでもある．

　連邦資金市場が発展してきた結果，銀行組織の運営には基本的な変化が一部生じた．市場の参加銀行が連邦準備銀行から借入れを行うか否かを決定するのは，もはや当該銀行それ自身の準備ポジションではない．そしてまた，ある銀行が連邦準備銀行から借入れを行っているとすれば，それはもはや銀行組織の内部には超過準備が存在しないことを意味している．いま，例証のため必要準備を20％とし，銀行Aが銀行Bに対して1,000万ドルの手形交換負けになったとしよう．このとき，銀行Aは800万ドルの準備不足になり，銀行Bは同額の準備過剰状態になる．これら銀行が連邦資金市場に参加しないとすれば，銀行Aは800万ドルを当該区の連邦準備銀行から借り入れるであろうし，銀行Bは同額の資金を貸出しや有価証券投資に振り向けたりするであろう．この結果，総要求払預金残高は増大することになる．これに対して，銀行A，Bの双方が連邦資金市場に参加しているとすれば，銀行Aは800万ドルをこの市場から調達するし，銀行Bは同額の資金をこの市場に放出することになろう．市場が逼迫していれば，準備不足銀行のあるものは究極的には連邦準備銀行借入れに頼らざるをえないであろう．しかし，この連邦準備銀行借入れが生じるのは任意の銀行が準備不足に陥った結果であるというよりは，連邦資金市場の市場状態の結果である[11]．

B.　国債取扱業者の金融――非金融法人との条件付き証券売買契約

　1956年の半ばには，非金融法人との間の買戻し条件付き証券売却取引 sales and repurchase agreements が政府証券ディーラーの主要な資金源となった．両当事者間の契約は，表面上は買戻し条件付きの政府証券売却とい

---

11)　連邦資金市場と古典的なロンドン割引市場，とりわけガルバン＝バンテル会社の役割とガニーズ社 Guneys によってなされる役割との間には明らかに類似性がある．King (69) を参照されたい．

う形がとられているが，実体はいずれの側からも解約可能な担保付き貸出しの取引にほかならない．貸し手の法人が稼ぐのは「購入された」政府証券の支払金利ではなく，契約で取り決められた利息である．

　政府証券ディーラーの在庫（資産保有ポジション）を金融する手段としては，非金融法人との買戻し条件付き証券売却以外に自己資金，連邦準備制度との買戻し条件付き証券売却（これはおそらく公開市場委員会のイニシャティブでなされる），および商業銀行からの借入れがある．政府証券ディーラーの自己資金はその在庫のわずかの部分を金融するにすぎない．したがって，政府証券ディーラーの行動，それゆえ政府証券市場のビヘイビアーは上記のその他資金源の諸特性いかんに依存している．

　政府証券ディーラーに対する政府証券担保付きのコール・ローンは多くの点でTB（Treasury Bill, 財務省証券）による運用よりも優れている．それゆえ，政府証券ディーラーと非金融法人との間の買戻し条件付き証券売却取引の利子率はTBの利子率よりも低いと予想される．ところが，現実にはこの予想はあてはまらない．すなわち，政府証券ディーラーが非金融法人から借り入れる資金の利子率はTBレートよりも高いのである．もっとも，政府証券ディーラーが商業銀行から資金を借り入れる場合の利子率よりは低い[12]．非金融法人が要求する利子率水準は，政府証券ディーラーがTBよりも高い利回りの政府証券保有で損失を被らないほどに十分低いことは明らかである．

　政府証券ディーラーと連邦準備との間の買戻し条件付き証券売却取引は，ほとんどいつも公定歩合 discount rate の水準でなされる[13]．この場合のイニ

---

12) 筆者の説明では次のようになる．買戻し条件付きの証券売却取引レートがTBレートよりも高いのは，こうした契約がまだ新奇性をもっていることと政府証券ディーラーが連邦準備銀行借入れによってそのようなコール・ローンを代替できる保証がないというリスクの存在とによる．

13) 公開市場委員会は政府証券ディーラーと連邦準備制度との間の買戻し条件付き政府証券売却取引を認可するに際して（1966年8月），次のように述べている．「いかなる事態のもとでも，(1)連邦準備銀行による適格商業手形割引率，もしくは(2)

シャティブは連邦準備の側にあるから，このような資金融通は政府証券ディーラーの当り前の「権利」であるというよりも，むしろ「特権」であるというべきであろう[14]。したがって，このような資金源は政府証券ディーラーにとって常時頼れるものではない。ディーラーは通常金融取引を行うにあたって，連邦準備銀行から資金の融通を受ける可能性を最初から期待はしないものである[15]。

　政府証券ディーラーは，大手商業銀行にいつでも利用可能なクレディット・ラインをもっている。つまり，これらの商業銀行が実際は政府証券ディーラーに対する「最後の貸し手」というわけである。1956年の半ばにおいて，商業銀行が政府証券ディーラーに対して要求した利子率は3.25％から3.50％の範囲にあった。これは「罰則的に」高い利子率であった。というのは，このレートはTB利回りより約1％高かったし，他の政府証券利回りよりも0.5％高かったからである。このような状況では，政府証券ディーラーが商業銀行借入れで資産保有ポジションを金融すればするほど彼らは損失を被るだけであった。そこで56年の半ばまでには，他に資金の利用可能性がなく仕

　　　3カ月ものTBの最近の発行利回りのいずれか低いほうよりもさらに低い利子率を適用すべきではない」と。ただし，この文言は「割引率（公定歩合）よりも低いレートでrepo取引を行う権限が，控え目ながらも利用されるであろうとの理解」を伴うものと解されている。この点，連邦準備制度理事会の『第23回年次報告』（pp. 102-3）を参照されたい。

14) 1955年7月，公開市場委員会は「公定歩合よりも有意に高くても，低くはない利子率水準で政府証券ディーラーが資金を得ることのできる公開の窓口 open window を連邦準備銀行に設ける」提案を拒否した（前掲報告書 pp. 100-1参照）。

15) 1956年6月末ごろ，連邦準備制度は「窓口を公開して」政府証券ディーラーと買戻し条件付きの証券売却取引 repo に進んで応じる旨を周知させた。筆者の解釈によれば，当局のこの姿勢は以下のような事態を反映していると思われる。すなわち，まずこの時期には非金融法人の資金が税支払いの必要性から政府証券ディーラーの手元を離れつつあったこと，さらに6月30日が商業銀行の貸借対照表の公開日であることから大手商業銀行が政府証券ディーラーへの資金融通のために連邦準備銀行借入れに追い込まれるのを望まなかったことである。このような潜在的に不安定な市場状態の結果として，repo取引のイニシャティブは連邦準備から政府証券ディーラーへ移行せざるをえなかったと考えられる。

方なくそうする場合を除き，商業銀行借入れで資産ポジションを金融する政府証券ディーラーは存在しなくなってしまった．これとは対照的に，貨幣市場が緩和しているときには政府証券ディーラーは大手商業銀行からの借入れで自己の資産ポジションを金融した．そのようにしても十分に収益をあげることのできる金利構造になっていたからである．

　1956年央に，政府証券ディーラーに関係のある金利構造は以下の通りであった．ただし，利子率水準の低い順に並べてある．

(1) TB
(2) 非金融法人との条件付き証券売買〔以下では，repo 取引と略称する〕
(3) 公定歩合
(4) 長期政府証券
(5) 銀行借入れ（そのうちの最優遇金利貸出し）

TB 利回りが商業銀行借入れの水準をはるかに下回っていたため，政府証券ディーラーは代替的な資金源を開発・利用するよう相当のプレッシャーを受けていたのである．

　租税，配当，および利子の支払いは間歇性をもつ．そのため大手の非金融法人は大量の現金を定期的に必要とする．この必要から，非金融法人は収益の一部を割いて「流動性」の積立てに当てる．この流動性の保有形態には次のものがある．

(1) 要求払預金
(2) TB
(3) 政府証券ディーラーとの repo 取引契約
(4) 販売金融に対する貸付け

商業銀行の要求払預金に対する利子支払いは禁じられているので，要求払預金の保有はなんらの収益も生み出さない．貨幣市場が非常に緩和しており，そのために短期利子率が低い場合は（たとえば1935年から1950年代初期に至るまでの時代は，まさにそのような時期であった）要求払預金を保有していてもそれほど大きな所得の喪失ということにならなかった．ところが，50年

第1表 TBの所有者, 1952-56年 (単位：10億ドル)

時点	総残高	保有主体	
		商業銀行	非金融法人を含むその他投資家
1952年末	21.7	7.0	12.5
1953 〃	19.5	4.4	11.4
1954 〃	19.5	4.4	12.1
1955 〃	22.3	3.6	16.0
1956年6月末	20.8	2.2	17.1

(資料) Federal Reserve Bulletin (「合衆国政府の市場性証券および転換証券の保有者」表).

第2表 満期1年未満の市場性証券の保有者, 1952-56年
(単位：10億ドル)

時点	総残高	保有主体	
		商業銀行	非金融法人を含むその他投資家
1952年末	57.0	17.0	23.5
1953 〃	73.2	25.1	29.0
1954 〃	62.8	15.7	26.3
1955 〃	60.6	7.7	30.8
1956年6月末	58.7	7.4	29.2

(資料) Federal Reserve Bulletin.

代にはいり金利構造全体がいっそう高い水準へ推移するにつれて，非金融法人が保有する現金残高のますます多くの割合は短期の流動的資産に投資されるようになった．非金融法人がTBを保有する意欲と能力を高めた結果，商業銀行所有のTB残高は第1表に見られるように，1952年の70億ドルか56年の22億ドルへと減少した．

これに対して，その他投資家（非金融法人を含む）のTB保有量は増大し，52年の125億ドルが56年には171億ドルとなった．同様の趨勢は1年未満の満期をもつ市場性証券の保有についてもはっきりと現れている（第2表参照）．

非金融法人はまた，政府証券ディーラーとのrepo取引や販売金融会社に

第7章　中央銀行業務と貨幣市場の変容

対する貸付債券の形でも流動性を保有することができる．販売金融会社に対する債権は高利回りであり，貸し手のニーズに応じて適宜取引内容を構成することができる．その分，TBに比較すると流動性が低く，非金融法人に保有を積極的に勧めるには値しない．非金融法人と政府証券ディーラーとの間のrepo取引は非常に流動的であり，これの内容もまた適宜自由に組むことが可能である．repoは非金融法人がTBを現物で購入するよりは優れていると思われ，特に長期の政府証券を現物で購入するよりははるかによい．すでに論じたように，データから判断しうるかぎり，このような非金融法人の資金は1956年半ばまでに政府証券ディーラーの主要な資金源泉になった．

政府短期証券市場が発展したことおよび政府証券ディーラーの資金源泉が商業銀行から非金融法人にシフトしたこと，これら両方が相まって銀行の資金はこれら以外の経済活動を金融する方向に開放されることになった．経済活動の拡張を金融する銀行組織の能力という観点からすれば，こうした発展は銀行準備の増大に等しい．

政府証券ディーラーと非金融法人とのrepo取引はもっと拡大しそうに思われる．非金融法人が政府証券ディーラーに対する貸付けをTBの所有よりも望ましいと考えるならば，TBレートは上昇し，repoのレートは他の諸利子率に対して相対的に低下するであろう．市場がいっそう完全に発展して均衡状態に至るのは，repoのレートがTBのレートよりわずかに低いか，あるいはこれに等しいときであろう．公定歩合はTBレートよりも高い水準を維持し続けるであろう．このような状況においてこそ国債取扱業者はディーラーたりうると言えるのである．

さて，これまで論じてきた市場の構造はどのような含意を有しているであろうか．非金融法人がrepoの資金を呼び戻すならば，政府証券ディーラーは必ず商業銀行からの借入れに追い込まれる．しかしながら，現在の金利構造のもとではこのような事態が発生すれば政府証券ディーラーのポジション保有は危機に陥らざるをえない．さらに，非金融法人が一定の経済条件のゆえに政府証券ディーラーからrepo資金を取り戻すときには，当該法人は売

却によってそのTB所有残高をも減少させるであろう．政府証券ディーラーは割高な商業銀行借入れを受ける手だてしかもたないから，価格が低下する傾向にある市場資産のポジション形成を彼らはためらうようになろう．したがって，連邦準備が速やかに行動して政府証券ディーラーを支持するなり，TBを購入して価格を支持するなりしなければ利子率は急速に上昇することになる．非金融法人がTBを売却してその保有を削減したりするのは，流動性をより多く欲していること（これには投資需要表の下方シフトが伴うことがある）の現れである．したがって，このような時期に生じる利子率の高騰は，まさに「悪い」時期に生じるものであるといわなければならない．このような事態に対処するためには，非金融機関貸し手がより多くの流動性を欲するときこのような主体の短期貸付けに基礎を置く貨幣市場に自動的に準備が注入される仕組みが必要である．たとえば，貨幣の流通速度の低下を補うために貨幣量を自動的に増加させるようなメカニズム（逆の場合には逆）が必要である．

このほかにも，非金融法人が政府証券ディーラーを金融することについては相当の危険性が存在する．ほとんどすべての政府証券ディーラーは他の種類の証券もまた取り扱っている．そこで，非金融法人が政府証券を担保に「貸出し」を行うことにひとたび慣れてしまうと，政府証券以外の証券を担保とする貸出しに発展する可能性もある[16]．そうなれば，流動性危機のただ中で資本損失を被る可能性はいっそう大きくなる．このことが非金融法人の安定性に著しい〔悪〕影響を及ぼすことは必至である．

非金融法人が金融機関に遊休資金を融通することから生じる以上のような問題に対して，どのような対処をすればよいであろうか．この問題に対しては，商業銀行の要求払預金に利息の支払いを認めるという単純な解決策が一

---

16) 販売金融会社は企業の現金残高を頼りにしている．現時点（1956年末）では，潜在的資源の最大のものは企業の現金残高である．もし金融の逼迫が続くならば，新しいタイプの金融機関が生成・発展しこのような現金残高が利用されるのは必至であると筆者には思われる．

つあるように思われる．この場合銀行が預金の吸収をめぐって競う「危険性」があるのであれば，これを排除するために要求払預金利息を公定歩合に結びつける方法が考えられる．大口要求払預金に対して再割引率（＝公定歩合）よりも1％低い利息を支払う（そして，この預金利息と公定歩合との間にはまたいろいろな金利が存在する）ようにすれば，現在の金利構造よりももっと金融的安定性に貢献する金利構造ができあがると思われる．しかし，そのような金利構造が成立するためには，TBレートがはるかに高い水準にあるか，あるいは政府証券ディーラーが非金融法人とのrepo取引にとって代わるような特別の資金調達源泉をもつことが必要である．政府証券ディーラーが特別の資金調達手段をもてるようにするということは，必然的に制度上の変化をもたらさざるをえない[17]．したがって，非金融法人が政府証券ディーラーに資金を融通することに伴う問題への単純な解決法と思われたものも，実は全くもって複雑な含意を有していることが理解される．

3. 金融政策に対する制度変化の含意

前節で描写した二つの制度上の変化からは，以下二つの命題が導き出される．すなわち，
(1) 一定量の準備で，いまやより多くの預金残高を維持することができる．
(2) 一般事業に対して一定量の要求払預金から，いまやより多くの銀行貸出しを行いうる．

銀行組織によって金融しうる事業活動の規模の拡大は，法律や連邦準備の政策によってもたらされた変化の結果ではなく，むしろそれは貨幣市場の利潤機会に対する反応の結果にほかならない．

---

17) たとえば，再割引の権利を大手商業銀行から取り去り，同時に政府証券ディーラーに対して連邦準備銀行とのrepo取引の権利を与えるというのは可能であろうか．こうしたイギリス型のシステムでは，商業銀行が要求払預金に利息を支払うという慣行と整合するような金利構造が実現するであろう．

中央銀行はインフレ的だと診断される時期に商業銀行の準備を引き締めようとする．これは銀行貸出しの増加がインフレーションを加速させるという信念にもとづく．現在の利子率水準では借入需要が供給を上回るので，そのような中央銀行の抑制的態度によって高い利子率水準をもたらすようにするのである．ところが，高い利子率水準は制度上の変化をもたらし，もって貨幣市場の貸出能力を高める効果をもつ．こうした制度上の変化は中央銀行の引締めがなければ生じていたであろう金融の増大に，ちょうど見合うだけの金融能力を生み出すかもしれない．もちろん，必ずしもそうだとは限らないかもしれないが．

　安定的な制度的枠組みのなかでは，利子率の上昇は家計や企業の現金残高保有を節約させるように働く．流通速度の上昇は貸付資金を増大させ，金融引締め政策の効果を少なくとも部分的には相殺する．しかし，経済が「流動性の罠」のような貨幣供給の超過状態にないかぎり，この相殺効果は完全ではなく部分的なものにとどまる．このことは一方の軸に流通速度を測り他方の軸に利子率の水準を測った平面上で，右上がりの曲線として表現できる．流通速度の上昇は貸出能力の「恒久的な」拡大を意味する．かくして，制度的枠組みが安定的であれば金融引締め政策は有効であり，資金需要を本質的に非弾力的な資金供給の水準に抑制するのに必要な程度だけ利子率を上昇させるであろう．

　ところが，利子率上昇の効果は制度的枠組みそのものにフィードバックする．利子率の上昇とともに，一般の事業を金融するための新たな手段や現金資産に代わる新たな代替的投資手段を求めようとする誘因が高まる．貨幣市場は極めて競争的であり，金利格差を裁定するためのなんらかの新しい方法が発見されれば必ず大きな見返りが得られる．したがって，このような新しいアイデアは必ず実現するようになる．それゆえ，競争的貨幣市場の存在は制度上の革新にとって好ましい環境を提供していると言うことができる．金融引締めの時期における顕著な制度上の革新は流通速度を高める性質をもつものであるから，これは流通速度と利子率の右上がり関数を右方向にシフト

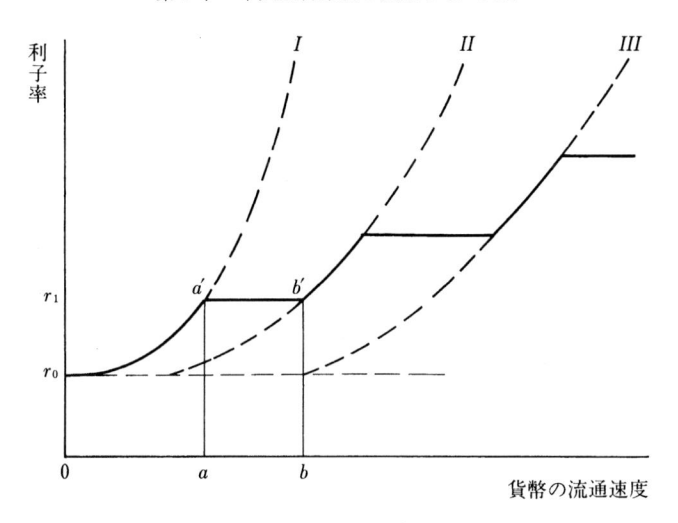

第7章 中央銀行業務と貨幣市場の変容

第1図 制度変化と流通速度

させるものとして表現できる．

　究極的に得られる流通速度と利子率の関係は，制度的取り決めを所与とした場合の利子率変化の効果と制度上の変化の効果とを合成したものである．貨幣市場における制度的革新の効果はしだいに経済全体に浸透していくが，その正味の効果は流通速度曲線があたかも無限弾力的であるかのようなものとなる．究極的な流通速度・利子率関係は第1図に見られるような階段状の関数となる．I が当初の流通速度・利子率関係であるとすれば，「流動性の罠」の利子率 r_0 から r_1 への利子率の上昇は制度上の革新を誘発する．その結果，流通速度・利子率関係はやがて II の位置にシフトする．このとき，制度上の革新が経済全体に浸透していくのに必要とされる期間内に，流通速度は利子率一定のときの a から b へと上昇し，これに伴って追加的な貸出しが実現する．もちろん，この期間内においても短期資金需要が制度的枠組みの変化で可能となる資金供給能力の増加率を超えて増大するときは，短期的に利子率は r_1 を超えてさらに上昇するかもしれない[18]．

---

18) 逆に，利子率が r_1 の水準を下回っても，これが流通速度・利子率関係をシフトさ

貨幣市場のこのような制度上の変化が経済全体に浸透しつつあるとき，金融引締め政策の有効性を維持するためには流通速度上昇の効果を準備量の削減によって相殺しなければならない．貨幣量が増大するのを認めないというだけのたんなる受身的な抑制態度ではインフレーションを有効に阻止できない．したがって，中央銀行が貨幣供給量を減少させる行動を強力にとらないかぎり，インフレ的圧力をコントロールするという金融政策の有効性はほんの限られたものにとどまる．いわゆる「金融政策効果の非対称性」（インフレ抑制には有効であるが，不況対策としては有効でないというもの）は真実とは言えない．金融政策はインフレを抑制する上でも，また不況対策としても非常に限られた有効性しか発揮できないのである．

流通速度の上昇をいまコインの表であるとしよう．このときコインの裏側に当たるものは，経済全体の流動性水準の低下ということになるのではなかろうか．つまり，一般の事業の資金調達手段として新しいものを出現させるとか，現金資産に代わる新しい代替的運用手段を生み出すとかの制度上の革新は，経済全体の流動性水準を引き下げるであろうということである．貨幣量が変化しなくても，商業銀行のポートフォリオにおいて政府証券が民間債務に代替されるような場合には，経済全体の流動性水準は低下する．さらに，

せた新しい制度に終焉をもたらすということは通常ない．したがって，有効な流通速度・利子率関係は利子率の下落については無限に弾力的でない．aからbへの動きは不可逆性をもつのである．さらに，革新を誘発する利子率は制度上の変化を持続させるのに必要な利子率水準よりも高いかもしれない．すなわち，a'とb'を結ぶ線は水平であるというよりは右下がりであるかもしれない．流通速度・利子率関係を表す多数の曲線の相互の関係は，産業の短期供給曲線と長期供給曲線との間の関係に類似する．ただし，後者の投資を促す価格は前者の制度上の革新を誘発する価格以上に堅固なものであるという一点において両者は異なる．

Gurley and Shaw(44)は非銀行金融仲介機関を通じた金融の源泉を論じるにあたって，次のように述べている．「すべての金融資産のなかで貨幣はますます小さな割合になっていくので，流通速度は利子率の〔動きを示す〕指標としてますます頼りにならなくなる」(p.533)と．彼らは制度一定のもとでの流通速度・利子率関係と高い利子率水準が貨幣市場に革新を生ぜしめる効果とを区別しえなかったのである．

非金融法人が現金に代えて政府証券を保有するとか,あるいは政府証券に代えて政府証券ディーラーの負債を保有する場合にも,流動性水準は低下するということができる.流動性資産のピラミッド的構成のこのような変化は経済全体にとってリスクが増大することを意味している.というのは,最も中心的な非金融法人が支払不能に陥ったり,あるいは一時的であっても流動性を欠く状態になると,それは連鎖的な反作用を通じて経済全体の支払能力や流動性に深刻な影響を及ぼしうるからである.

長期にわたる繁栄の時期に,インフレ抑制のための金融政策が採用されるとしよう.このとき,貨幣市場には上述のような流通速度の上昇を促す革新なり,流動性を削減するような革新が数多く出現するようになる[19].その結果,流動性の希薄化が経済のさまざまの領域で重なりあって表面化する.このような重畳的な流動性減少は,貨幣市場をやがて本質的に不安定なものに転ずる.このとき繁栄にいささかのかげりでも見えれば,それは金融恐慌の引き金にさえなりうる.

4. 制度変化予想の含意

前節までの議論を要約しよう.貨幣市場の諸制度はとくに金融が逼迫した状況のもとで進化発展する傾向があり,貨幣市場のこのような進化的な変化は金融引締め政策を阻害する.その結果,旺盛なブーム期には資金供給が実質的に非常に弾力的となり,利子率はあまり上昇しない.インフレ的拡張が貨幣市場を通じて金融されるときには,それに伴って家計や企業の流動性が減少する.流動性の最も高い資産が銀行組織を去り,その他金融諸機関のポートフォリオに向かうか,あるいは新規に成長し発展した金融機関負債が銀行ポートフォリオに組み入れられるかする.いずれの場合であっても,そ

---

19) 「1920年代,非銀行金融仲介機関は特別に急速な率で銀行を上回る成長を遂げた.銀行資産に対するそれら機関の資産の比率は1922年の0.77から1929年の1.14へと上昇した」(Gurley and Shaw(44), p. 533, fn. 19).

のかぎりで銀行組織の流動性水準は低下する．

　銀行，家計，および企業の流動性低下には二つの属性が伴う．一つは負債－正味資産比率が上昇することである．他の一つは貨幣市場資産の価格が崩落しやすくなるということである．流動性低下がもつこの二つの属性は互いに他を強め，もって支払不能と流動性不足に陥る可能性を同時に高める．

　どのような資産のであれ，その価格の低下を防ぎうる主要な要因は，中央銀行が当該資産を「貨幣化」する場合の条件や価格水準である．しかしながら，貨幣市場の進化的な発展は新種の資産や新しいタイプの金融機関の双方をもたらす．貨幣市場に対する中央銀行の責任に関する一つの見方として，中央銀行の責任を銀行組織の流動性の維持と政府証券市場に秩序ある条件を維持することに限定しようとするのがある．こうした考えをもつ中央銀行ならば新種の資産を購入したり割引の対象にしたりすることによってその資産の価格を安定化しようとはしない[20]．

　貨幣市場への参加主体や中央銀行が新しい金融機関や金融資産の限界を先験的な根拠にもとづいて知ることはできない．しかも不幸なことに，彼らはブーム期のただ中で金融恐慌の可能性に特別の思いを駆せることはない．それゆえ，新しく発見される利潤機会は貨幣市場が不安定的な状態になるまでとことん汲み尽くされる．不安定な市場では，均衡からのわずかの乖離でも広範囲に伝播する反作用効果が生じる．したがって，貨幣市場がひとたびこのような不安定な状態に進化しきってしまうと金融恐慌の発生が予想され始める．ついに金融市場が崩壊すると，家計，企業，その他の金融諸機関の正味資産と流動性はともに減少する．金融恐慌が一般化しなくても，各経済主

---

20) 第2節で取り上げた貨幣市場の二つの変化に含まれる資産（政府債券）と機関（商業銀行）は，〔当然に〕中央銀行による安定化の対象となるであろう．それゆえ，こうした変化から実質的な金融的不安定性が生じることはありえない．しかしながら，いまのところたぶん潜在的でしかないその他の諸変化（たとえば，非金融法人の少額な現金残高が事業を金融するために利用されたり，これとは別に販売金融会社の金融が事業法人の資金によってなされたりする，そのような技術の発展などである）は連邦準備の保護を受けない．

体はその期待を改訂し，流動性をより多くもとうと考えるようになる．このとき貯蓄を負債の流動化のために用いようとする傾向，すなわち負債に対する正味資産の比率を高めようとする傾向が強まる．これは所得の生産に対して抑制的作用をもつ．このようにして，金融部門から生じる「衝撃」は深刻な不況へと発展する環境を創り出す．いずれにせよ，経済拡張が流通速度の上昇によって金融される場合は，金融恐慌や深刻な不況が引き起こされやすい状況が生じる傾向がある．

　ブーム期における中央銀行や貨幣市場の参加主体の心的態度は，一種の「マジノ線心理状態 Maginot line mentality」にあると言ってもよい．つまり，先の不況過程で金融システムの不完全性が顕わになったが，これに対する防御の手段はいまや完璧であり，貨幣市場もまた完全に機能しているので，なんら気をもむ必要はないといった心理状態のことである[21]．しかし，貨幣市場の諸制度は常時変化しているのであり，このような制度上の革新は次に起こるべき金融恐慌を前回経験したものに比べようもないほど大規模なものにするといった結果をもたらす．このような制度の進化発展の効果を阻止するためには，中央銀行の責任領域を広くとらえるとともに，貨幣市場はブーム時には常に破局に至るまで流動性を薄く引き延ばしてしまう傾向（この傾向を修正する段階が，ときにあるとしても）があるものだということを明確に認識することが必要である．

　連邦準備制度は今日まで，苦難に陥った商業銀行の最後の貸し手として機能してきた．しかし，それは貨幣市場の最後の貸し手としてではない．これと対照的に，古典的なイングランド銀行はある種の金融機関，すなわち割引商社 discount house の最後の貸し手として機能する立場を採用してきた．割

---

21) ちなみに，1930年代の大恐慌は20年代の株式市場ブームによるものとされ，20年代の株式市場ブームは広い範囲にわたって一般化していた信用取引の慣行に帰せしめられる．今日の連邦準備が信用取引に対するコントロール手段を有するのは，そのことが理由である．他方，株式市場の担保が金融の構造において非常に重要であれば，担保価値の維持ということが中央銀行の責任のうちに含められるべきではなかろうか．

引商社はイギリスの貨幣市場に深く根をおろした金融機関である．中央銀行の責任について広い見方をとるということは，中央銀行が広範な金融市場の安定性維持に関心を抱き，広い領域の最後の貸し手として行動するということを意味している．このような広い見解をとるならば，新しい金融機関が発展し新しい種類の証券が貨幣市場に出現すれば，恐慌の時期にこれらの機関や資産にも中央銀行の支援を与えることについてはなんの不都合も感じないはずである．中央銀行がこのような見解に導かれて行動するならば，金融市場の一つの領域で発生した恐慌が広範な領域においての流動性不足状態に発展することは防止しうる[22]．

それでもなお，金融政策は制度上の革新を誘発するであろうし，この革新は流動性を希薄化することになろう．しかし，中央銀行は脆弱な資産を「貨幣化」することによって，経済の広範な領域に反作用効果が及ぶのを防ぐことができる．また，新しい貨幣市場の制度や慣行は不可避的に不安定性をもたらすがゆえに望ましくないと考えられることもあろう．その場合には，安定化を果たした上で，その望ましくない制度や慣行を立法権限や行政的手段を行使して排除することができよう．

中央銀行がインフレをコントロールしようとするその努力自体が，貨幣市場に不安定化の条件を育むというのは，いかにも不愉快な結論であると思わざるをえない．しかし，金融政策や財政政策と呼ばれる施策を少しばかりとりさえすれば動学的な経済を安定化することに成功すると考えるのは，実際上は過剰期待であると言わなければならない．制度上の革新は動学的な経済

---

22) Gurley and Shaw (44) (pp. 536-38) は財政的コントロール Financial Control が貨幣的コントロール Monetary Control の代替的（あるいは付属的な）手段であると書いている．われわれの見解も本質的にはこれに同様である．しかし，ガーレイ＝ショーは財政的コントロールが安定的成長の達成に資すると考えているのに対して，筆者の考えは異なっている．すなわち，筆者の考えるところではブーム期の金融的不安定性は不可避であるが，適切に設計され運営される中央銀行制度のもとであればこの金融的不安定性の負の効果を改善しうるのである．本質的な相違は問題意識と直感的洞察の差にある．

の一側面であり,貨幣市場の革新は成長経済の必要に応じて生起するものである.こうしたもろもろの変化が安定化政策の有効性を突き崩す傾向をもつというのは,経済成長の一つの副産物にほかならない.

　しかなから,デフレ過程の抑制やインフレの防止に有効でないと言っても,中央銀行の役割が実際に減少するわけではない.中央銀行の役割は最後の貸し手として行動することであり,したがってブーム期の革新を通じて誘発される不安定性とこれに続く金融恐慌から損失が発生するのを最小限に食い止めることである.金融市場を安定化させるための速やかな中央銀行行動と経済全体の流動性を高める速やかな財政政策はともに,金融恐慌が消費や投資の支出に及ぼす反作用効果を最小化するであろう.その結果,底深い不況過程は避けることができる.それゆえ,中央銀行の機能は経済を安定化すること以上に,最後の貸し手として機能することにあると言うべきである.中央銀行がなしうるのはまさに最後の貸し手として行動することなのである[23].

---

23) 中央銀行の能力に関するこの見解は Mints(103) や Simons(117) のそれに類似のものである.

第8章　金融政策権限行使の新しい様式*

1. はじめに

　過去数年間, 合衆国の金融市場は1930年代以降において最も深刻な緊張状態を経験してきた. このような緊迫状態は国内および国際的な事態の推移の結果として生じたものである. この間, 金融手段や金融制度, および金融慣行は著しく変化した. 連邦準備制度は, ことのほか分権化された合衆国中央銀行制度の他の諸機関とともに, 政策遂行の仕方を調整することによってこの変化に対応した. かくして, 金融政策の権限は新たな様式のもとで行使されることになったのである.

　金融政策権限行使の新しい様式を, 二つのテーマのもとに整理して論じることにしよう[1]. 一つは金融市場の進化の方向を誘導するということ, いま一つは不確実性を操作するということである. 金融政策がこの新しい行使様式に移行した結果, 連邦準備制度の責任領域と合衆国中央銀行制度の他の政策機関のそれとの関係を再検討する必要が生じた.

　中央銀行の行動というものは, これまでも常に, 金融諸市場において何が確実なものであり, 何が蓋然的なものであるか, さらに何がたんなる推測の

---

　* 本章はMinsky(90)を転載したが, これは中西部経済学会 Midwest Economics Association での報告（1968年4月19日付）を改訂したものである.

　1) 筆者が論じようとする制度的発展が近年の発展のすべてであるとか, 最も重要なものであるとか主張するつもりはない. 筆者の知識はもとより不完全であるから, 知っている事柄のうちで金融システムの安定性特性と中央銀行政策の実際に最も関連のあるものを選んだまでである.

域を出ないものにすぎないかを決定する主要な要因であった．中央銀行行動の進化的変化は，これとは独立に生成・発展する金融構造の変化へのたんなる反応にすぎない場合もあるが，他方で金融構造の進化的変化を決定する要因でもあったのである．洗練された中央銀行というものは，法制度や契約によって取り決められた狭い責任領域を超える，「広範な網の目」をいつも広げているものである．したがって，本章で論じるところの金融政策権限行使の新しい様式というものも，実は決して新しいものではないかもしれない．ただし，新しい様式で権限が行使される場合の環境は異なっているといえるであろう．すなわち，金融政策の諸操作がとられる現下の環境を一言で表せば，積極的な金融・財政政策による経済の「微調整」が有効であると広く信じられているような環境ということになる．その結果，深刻な不景気の見通しがあれば存在するような金融ポジションとか新しい金融市場慣行の試みとかに対する制約が実際には存在しない環境において，金融政策は遂行されつつあるのである．つまり，たとえて言えば，所得や雇用の「雨の日」がやって来るおそれは弱まり，それにつれて雨の日への備えとして重要な資産がますます重視されなくなってきたということである[2]．

　中央銀行が金融市場に秩序ある状態を維持しようとしたり，最後の貸し手として行動しようとするときは，それはいつでも「確信の状態」したがって不確実性の程度に働きかけようとしているわけである．中央銀行は特定の好ましくない市場状態が出現するのを決して許そうとしない態度をとることによって不確実性を減少させようとする．不確実性に影響を及ぼそうとする中央銀行権限行使の新しい様式は，いわば「金融の最後の砦」とでもいうべきものの一つの形態である．中央銀行は「ありうべき」市場状態の範囲を拡大するように行動する．わけても，損失を発生させ金融のチャネルを切断してしまうような市場状態が実現する可能性さえ許容する．すなわち，中央銀行

---

[2]　1920年代の「新時代 New Era」は経済政策が新たに洗練されたものになったことに対する確信の存在によっても特徴づけられる．すなわち，この時代の確信は洗練された連邦準備制度の存在からくるものである．

は保険者（不確実性を確実性に代える）として行動することに代わって，賭場（そこでは，確実性に代えて不確実性が代替される）のもついくつかの側面を引き受けることになったのである[3]．

本章では，1966年のクレディット・クランチを例に取り上げる[4]．「クランチ」とは金融恐慌の縮小版だと言ってよかろう．連邦準備やその他の金融当局が有効に活動したため，クランチが全面的な貨幣市場恐慌に発展することは避けられた．しかし，クランチの発生によって駆け足の投資ブームは終息し，ポートフォリオ形成の面では少し保守的な態度が（たぶん一時的なものと思われるが）見られるようになった．顧みれば，このクランチは1960-66年の拡張期にとられた金融政策の結果であった．クランチ自体が頃合を見計らって〔意図的に〕引き起こされるべき連邦準備政策手段の一部であるかどうかは検討を要する問題である．

2. 金融市場の進化発展の方向づけ

1960年代の持続的拡張期における金融市場の進化的発展について二つの側面を論じよう．まず，NCD (negotiable certificate of deposit，譲渡可能定期預金証書)が貯蓄金融機関（貯蓄貸付組合と相互貯蓄銀行）の経営を圧迫する効果をもつことと，それが特に1966年のクレディット・クランチに至る時期連邦準備制度の行動を制約する条件として作用した点とを考察する．第二に，66年半ば以降コマーシャル・ペーパー残高が急速に成長した点とこれに伴って銀行とその顧客との間の関係に生じた変化について検討を加える．事態のこうした成り行きは，貯蓄金融機関経営に対する圧迫を緩和するためにとられた66年の「トリック」〔金融機関の規模別に異なった預金上限金利を設け，貯蓄金融機関に対する取り付けをとくに防止しようとした苦肉の策〕

---

3) 保険と賭については Friedman and Savage(36)を参照されたい．
4) 筆者はクレディット・クランチとその結果について，すでに二度ほど論じたことがある．Minsky(88)およびMinsky(89)を参照されたい．

を無効にする恐れがあり，連邦準備の政策技術になにほどかの修正を余儀なくさせるであろう．

議論の主要な点を，あらかじめ次のようにまとめておくと便利であろう．すなわち，連邦準備が燃え盛る火を消化しようと努める際，コントロール手段をその都度即興的に編み出すという方法はあまり勧められない．それよりも市場が置かれた背後の状況を根本的に変化させることなく，金融市場の進化の方向を長期の金融的安定性に資する方向へ誘導するように権限を行使するのが望ましいということである．

1966年のクレディット・クランチの時期，金融システムの諸要素間相互の関係は金融政策の足枷となった．NCD利子率の上昇は，NCDの小口販売と相まって貯蓄貸付組合や相互貯蓄銀行の生存を脅かす原因となった．1930年代の制度改革法で標準化された不動産抵当貸付証書〔以下では，抵当証書と略する〕は，投資資金の割当てを行うための高金利政策に対して有効な制約となった．

金融システムはいくつもの連鎖の複雑な集合体である．一つの市場から他の市場へのフィードバックは多種多様で，錯綜している．NCD市場は60年代初めの出現以来いつも貯蓄金融機関に対する取り付けの引き金になる恐れを秘めてきた．また，抵当証書の流通市場は十分適切に整備されてはいず，これに対する価格支持政策も限られている．したがって，貯蓄貸付組合や相互貯蓄銀行全体がそのポジションの一部を売却する必要に迫られると，いつでも資本損失を被る可能性があるのである．これら貯蓄機関を防衛するための意味ある唯一の手段は，その預金債務が引き出されて減少するのを阻止することだけである．つまり，保有資産ポジションを売却するのではなく，それを預金債務で再金融することである．しかし，それを可能にするためにはこれら貯蓄機関が〔預金〕市場で日々の〔金利〕競争に耐えることができなければならない．取り付け，あるいは今日言われる「差別化 discrimination」の脅威がいつも存在しているからである．かくして，連邦準備政策に対する一つの有効な制約は，家計でさえ保有することのできる安全資産の利

子率は貯蓄金融機関でも支払いうるような水準に維持しなければならないということである．

　これら貯蓄金融機関は過去の利子率を反映する長期の抵当証書をきわめて多く保有している．抵当証書の予想される実際の満期は当初の契約満期に比べて一般に短い．しかし，貯蓄金融機関の資産が相対的に遠い過去の金融システムの状況を反映している程度は商業銀行のそれに比して大きい．かくして，標準化された抵当証書が固定利子制で全額逐次償還方式をとるかぎり，投資需要を抑制するための高金利政策に対しては現在の利子率を過去の利子率に相応する水準に維持しなければならないという制約が存在するのである．

　もちろん，利子率水準が上昇するたびに貯蓄金融機関（貯蓄貸付組合や相互貯蓄銀行，および保険会社）の資産が再評価され，これら機関が保有する抵当証書が額面価値ではなく市場価値で評価され記帳される方式がとられているわけではない．したがって，貯蓄金融機関が計算技術上は支払不能の状態 insolvent になっても，資産を額面価値で評価することによって虚構としての支払能力は維持される．ところが，資産利回りがもし預金獲得費用を含む営業の総費用を下回るならば，表向き支払能力があってもその機関の正味資産価値は損失の発生を通じて減少しつつある．貯蓄金融機関の自己資本ポジションが薄いことを前提すれば，長期にわたってこうした営業損失が発生するのを許容することはできない．それゆえ，連邦準備制度は金融市場の構造から制約を受けているのであって，小口預金の金利が過度に上昇することを認めるわけにはいかないのである．

　長期利子率の急速かつ大きな上昇があっても，これが貯蓄金融機関の健全な経営と矛盾しないようにするには，抵当証書の固定金利制という現在の制度を改め変動金利制にすることが必要である．連邦準備制度が長期利子率の急激な上昇をもたらす政策を自由にとりうるためには，このような変動金利制の採用のほかに，抵当証書の変革を促すよう誘導することも必要である．このような方向に制度変革を誘導するためには，変動金利の抵当証書を割引の適格証券とするか，変動金利抵当証書を扱うディーラーに割引の資格を授

与するか，さらにこのような変動金利抵当証書にのみ連邦保険を付すようにすることが必要であろう．しかし，専門化した政府系諸機関が抵当証書について従来とは異なる上述のような慣行の採用に動くには政治的な困難が存在する．現在のような分権的な中央銀行制度に対する反対論の存在がそれである[5]．

1966年の小さな恐慌において，標準的な抵当証書であるがゆえに顕在化したところの金融システムの欠陥に対し面と向かって対処しようとした金融当局の機関は一つもない．家計の小口定期預金をめぐる競争過程で商業銀行が貯蓄金融機関の流動性と支払能力を脅かしたとき，金融当局はすべての被保険金融機関の預金に対し規模別に異なる上限金利を設定する権限を得ようとし，これが実際連邦議会によって認められた．この「トリック」の結果，家計の定期預金については貯蓄金融機関の経営の健全性を危うくしない程度の水準に金利が決定された．これに対し，企業の大口定期預金については公開市場金融手段（TBやコマーシャル・ペーパー）の利子率と競争的な金利が付けられるというパターンが確立した．貨幣市場の諸利子率が上昇するときはいつも，金融当局は商業銀行に対する取り付けの発生か，それとも大口NCDの上限金利の引上げかの選択を迫られることになった．

大口NCDや貨幣市場金融手段の金利が上昇するとき，家計中心の小口貨幣市場 retail money market と企業中心の大口貨幣市場 wholesale money market との間の裁定から得られる利得は増大する．1968年の半ば単店銀行主義 unit banking をとる州において，家計の定期預金をもつ町の銀行にとっては大口NCDが収益の高い投資対象であった．規制ときびすを接して存在する新しい金融機関や新しい金融手段の出現は，明らかにこのような収益ギャッ

---

5) 抵当証書の変動金利制への採用に代わって，これまでさまざまの代替案が提起されてきた．ヘンリー・シモンズ Henry Simons は良き金融社会のなんたるかに関するあらゆる論点を取り上げており，彼の著作は依然として重要である．Simons(117)およびSimons(118)を参照されたい．

第8章 金融政策権限行使の新しい様式

プの存在に対する市場の反応の結果である．大口取引の下限10万ドルという水準に特別の神聖な根拠があるわけではない．新しい金融機関なり新しい金融手段が生み出されるこのような可能性は，コマーシャル・ペーパー残高の最近の急成長を見るときことのほか興味深い．というのは，コマーシャル・ペーパーは明らかにそのような裁定のための一つの手段にほかならないからである．

クレディット・クランチが発生した際，商業銀行や連邦準備は存在する貸出枠 credit line の総額をあまり的確に把握していなかった．というのは，貸出枠というのは部分的には暗黙のものであることがしばしばであり，潜在的な借り手が貸出枠を獲得する最も普通のやり方は預金残高を維持することによってであるからである．「大口の」預金者は信用の利用可能性を買っているつもりでいた．しかし，1966年の擬似恐慌状態の発生によって，銀行家と預金者の双方は債務者預金積み増しによる貸出枠の設定という上述の非公式な慣行が実はうまく機能しないことを知るに至った．

クレディット・クランチの経験によって，商業銀行と言えどもそれが常時信頼に足る資金源泉であるとは限らないという教訓を多くの企業は得た．たぶんこのことの結果であろうか，コマーシャル・ペーパーの残高が過去2年の間に爆発的に増大した．66年半ばから68年初期に至る期間において，コマーシャル・ペーパー残高の成長率は年率40％を超えていた．66年1月にコマーシャル・ペーパー残高は100億ドルであったが，68年の春には190億ドルへと増加していたからである．

現在のところコマーシャル・ペーパー市場――ちなみにコマーシャル・ペーパー市場の専門ディーラーはウォール・ストリートの金融業者のうちの最も重要な部分を占めるものの一つである――は卸売市場 wholesale marhet であり，典型的な取引単位は非常に大きい．したがってせり値と応札価格との開きはわずかである．ここでも，公開市場利回りと小口預金金利が大幅に開けば貯蓄金融機関に対する「取り付け」をもたらすであろうところの裁定行動の誘因となる可能性はある．このような危険性の存在と相まって，コマー

シャル・ペーパー市場の成長から銀行といくつかの大口顧客との間には新しい関係が発展してきた．

過去2年間のうちに，預金によってではなくあらかじめ合意された手数料（それは貸出枠のたとえば1/4%から1/2%の大きさである）を支払うことによって信用の供与枠を授受するという契約の形が急速に増加してきた．こうした契約による貸出枠の設定とコマーシャル・ペーパー市場を通じた短期金融とを併用する企業からすれば，商業銀行システムは信用供与者という当初の役割ではなく，いまや最後の貸し手としての役割を担っていることになる．

その結果，企業金融においてはコマーシャル・ペーパーの機関ディーラーが重要性を高めつつある．金融システムの進化的な変化との関連で連邦準備が直面しなければならない基本的に重要な諸問題は次のようである．すなわち，上記のコマーシャル・ペーパー市場のディーラーがそのポジションをどのようにして金融するか，またコマーシャル・ペーパー市場に流通市場が存在するかどうか（あるいは流通市場の形成を促すべきかどうか），そしてさらにこれらのディーラーが保証された再金融の手段なり方法を有しているかどうかということである．選択すべきことは，市場の発展をどのような方向に誘導すべきかということである．すなわち，コマーシャル・ペーパー市場の成長を促進させるか，あるいはなんらかの対応を必要とする事態が発生しないかぎり放任しておくか，あるいはさらにこれ以上の市場の成長は阻止するように努めるかということである．

当局はコマーシャル・ペーパー市場のディーラーに連邦準備銀行の割引窓口で信用を受ける資格を与え，これによってこの市場の成長を促進することができる．これに対して，コマーシャル・ペーパー市場の発展に障害を設けることも可能である．それは，商業銀行の契約貸出枠の未使用部分に対し準備を保有するよう要求し，銀行組織を「残余の」貸し手として利用することのコストが割高になるようにすることによってである．

金融当局がある金融市場の生成・発展を支持するか，それとも足を引っ張るか，あるいはそれを放任するかの意思決定を行う場合には，どのようにす

れば金融市場が経済の効率性，成長性，および安定性を最もよく促進することができるかに関する一つの考え方を前提しなければならない．1966年の経験から明らかなことは，不安定化への危機が存在するとき採用される諸政策は危機の終息に短期的には成功するかもしれないが，しかしそれはいっそうの困難を育む要因となるところの市場条件を放置したままにするかもしれないということである．市場を隔離することが貯蓄金融機関を直接的な取り付けから守る有効な方法であったかもしれない．しかし，抵当証書の基本的性格が不変で，利子率が上昇するかぎり，利子率上昇に対して貯蓄金融機関は脆弱であり続ける．これを避けるためには，利子率の高騰を招く政策の採用は制限されなければならない．

同様に，コマーシャル・ペーパー市場と貸出枠契約 contractual loan commitment が非常に拡大すれば，連邦準備が抑制的な金融政策を行おうとするときはいつでも貸出枠からの資金引出しが増大しうる．このような条件のもとでは，銀行は連邦準備制度によって保護されている市場の短期資産をいっそう多くもとうとするか，あるいは近年そうであった以上にいっそう安易に割引窓口を利用しようとする傾向をもつことになろう．いずれの場合であれ，連邦準備の引締め政策は銀行準備の成長を有効に制約することはできず，準備の源泉とその価格とを変化させるにとどまる．貨幣市場の進化が以上のようにして進むのであれば，すべての金融機関や市場の生成・発展はそれらの安定性が利子率変動の拡大とも両立するようなものでなければならない．しかし，そうであっても標準的な抵当証書は再び一つの制約条件として作用する．貨幣市場や金融市場の最近のもろもろの変革は，金融政策が過度の経済拡張を有効に抑制するためにとりうる手段の範囲をしだいに狭めてきつつあるように思われる．

3. 不確実性の操作

標準的な教科書のモデルでも，金融政策と財政政策とが望ましい所得水準

を成立させる上でいかに二律背反的でありうるかを説明している。しかし，そうしたモデルでは，本節で使用する意味での不確実性ほど脆い存在があるということが認識されていない。ここでは，不確実性の概念を金融機関・金融市場の諸慣行や行動といった特別の文脈で展開する[6]。

　金融機関は自らの金融負債を発行することによって金融資産ポジションを形成する組織である。自ら発行し保有している契約は，要求払いに，またはある特定の時点で，あるいはある自然状態なりある事態が出現するという条件付きで現金を支払う旨の債務を表明したものである。かくして，どのポートフォリオにもあらゆる時間視野にわたる流出のキャッシュフローと流入のキャッシュフローとがある。しかしながら，あらゆる時間視野にわたる実際のキャッシュフローがどうなるかは，契約のなかの要求払い条項 demand clause や条件付き支払い条項 contingent clause が実際にどのように執行されるかに依存している。したがって，外部の経済状態や金融市場状態が当該金融機関に対してどのような影響を及ぼすかに依存する。どの契約にも，契約の項目通りに履行されない可能性についてなにがしかの（主観的）確率が存在する。かくして，当該金融機関への正味キャッシュフローは正の値から負の値へとある広がりをもったものとなる。その場合，正味キャッシュフローの各水準に対してなにがしかの確率が付与される。

　キャッシュフローは金融契約の諸項目が履行されるときに生じるが，契約そのものが市場で売買されること（そのなかには，新規に創造される契約の販売も含まれる）によっても生み出される。現金を得たり，処分したりするために資産の売却や購入がなされる。このような行為が短期的時間視野においてなされるときは「ポジション形成活動 position-making activity」と呼ばれる。他方，それが長期の時間視野でなされるときは「投資 investment」と呼ばれる。キャッシュフローが赤字であったり，黒字であったりする場合，

---

6) ここで展開される不確実性の概念はバイナー等に対する反論として書かれた Keynes(66)の不確実性概念に整合的なものであると筆者は考えている。

第8章 金融政策権限行使の新しい様式

それぞれの場合に応じてポジションを維持する観点から資産が売却されたり，あるいは購入されたりする．市場の機能が正常であるならば，ポジションを維持する活動から資本損失が実現する可能性は小さい．これに対して，大きな損失が発生しうるという意味での危険な状態が存在するのは，任意の主体が特定資産の売却で既存ポジションの維持を図ろうとするときその資産市場が正常に機能していない場合である．

かくして，ある主体に得られるキャッシュフローが赤字となるか黒字となるかの可能性については，これを予想した頻度分布が存在する．しかし，それだけではない．金融市場には別のタイプの不確実性が存在する．すなわち，ある主体が当該資産市場で資産の売買活動を通じて既存ポジションの維持を図ろうとする時点での，さまざまな貨幣市場の状態にかかわる不確実性である．

望ましからぬ市場状態とは，資産を売却する主体がたんに大幅な価格譲歩をしなければならないということだけを意味するものではない．ある主体がある資産を売却するたびに，他の経済主体はその資産をポジションのなかに取り込んでいることになる．資産を購入しつつあるこの主体は，そうすることですでになんらかの資産損失の可能性を受け入れていると言ってもよい．価格の低下が生じつつある市場においてそうであるように，潜在的な資産購入主体がすでに資本損失を被っており，資本損失のリスクが市場の混乱から十分に大きなものになると信じているのであれば，この主体はこの資産を決してポジションに取り込もうとはしないであろう．利子率が急速に上昇しつつある期間には，TBやその他の短期証券の市場価格 quoted price はいつも実際の取引価格を反映する．ところがより長期の証券については市場価格は取引の量を少しも反映しない．加えて，長期証券でなされる取引にはしばしば売(買)戻し条件が付随する．したがって，市場価格はこのような市場での資産売買によってポジション維持を行うときの真の費用の大きさを過小評価するきらいがある．

第二次大戦終了時に利子率の「釘付け」が放棄されたが，このとき金融市

場に導入されることになった不確実性のことを，ロバート・ローザ Robert Roosa はかのアベイラビリティ理論に関する基本論文で語っている[7]．彼の議論の焦点は政府証券市場，しかもほとんどは TB 市場にあった．「釘付け」が取り払われた後も，この市場が秩序を欠くことのないようにとの約束でこれらの市場が連邦準備によって保護されてきた．したがって，小さな資本損失を生ぜしめもって不本意な資産売却を思いとどまらせることができたのに対し，金融政策の一手段として大きな資本損失を生ぜしめるということは不可能であった．ところが，すべての主体は大きな資本損失が生じることによってはじめて，望ましいポートフォリオはどうあるべきかについて再検討を迫られるようになるのである．

　ポジションを維持する手段としてひとたび連邦資金や NCD，さらに市債券などが政府証券にとって代わるや，銀行およびその他の貨幣市場機関は連邦準備によってその正常な機能が保護されていないこれらの市場の動向に左右されることになった．このような環境のなかでは，市場が必要なときに必ずしもスムースに機能しないということがありうる．かくして，60年代の不確実性はローザが言及したところの不確実性とは全く異なるものである．

　すべての経済主体は金融主体と見なすことができる．それゆえ，所得を生産する主体の流入キャッシュフローと流出キャッシュフローもまた，現金支払債務契約を「資本資産稼働からのキャッシュフロー」と比較することによって分析することができる．この場合の問題はいつも次のように定式化できる．すなわち，キャッシュフローの予想変動性を所与とすれば，経済主体が手にする期待キャッシュフローのうちどれだけが特定タイプの負債を発行するための担保となりうるかと．経済が以前にもまして成功裡に推移するような繁栄と拡張の時期が長引くと仮定しよう．このとき，一般事業法人や金融機関はその短期的支払債務の大きさがその「資本資産稼働からのキャッシュフロー」に比べて相対的に高まっても構わないと考えるようになる．そうす

---

7) Roosa(113).

ると，一つのタイプの資産を別のそれに代替したり，あるいはポジションを負債の発行で金融することによって，当該主体の流出キャッシュフローを流入キャッシュフローに比して相対的に高める行動をとるようになる．これと同時に，ブーム期経済の特徴の一つとして，事業法人や金融機関がそのもてる流動性ポジションを「薄く引き延ばす」といった現象も見られるようになる[8]．

　金融システムにおける信用拡張の主要源泉が上記のようなポートフォリオ・シフトに求められるようになると，連邦準備が通常の量的コントロール手段でこの信用拡張を急速に鎮めることはもはや不可能になる．長期的には平均化するから，銀行の保有準備は貨幣供給量や信用量の十分に近似的な決定要因であると言えるかもしれない．しかし，短期的には両者の関係は全くルーズなものであると言わなければならない．

　流通速度の上昇をもたらすポートフォリオ変化が投資資金の主要な調達源泉となるときは量的コントロールが効かなくなる．この欠陥は，明示的なまたは暗黙の貸出枠が銀行組織に普遍的に存在する場合いっそう強められる．任意の時点の貸出しはこれに先立って存在する銀行と企業の持続的な顧客関係の帰結であることを意味するからである．投資ブームが勢いを得た拡張過程においては，大手のマネーマーケット銀行のみならず連邦準備もまた貸出しに対するコントロール能力を失うと考えられる．

　一般事業法人にとって受容しうる負債構造や金融諸機関にとって許容可能な資産・負債構造は以下の二つの要因を反映して定まる．一つは所得の生産から得られるキャッシュフローの変動性に関する予想であり，他はポジションを維持する必要から資産売却や新たな負債発行を迫られても，これによって大きな犠牲を余儀なくされるようなことはないという信念である．金融市場が正常に機能することや経済システムには高水準の所得を維持しうる潜在力があるということに対して確信が存在すれば，経済拡張は貨幣数量の増大

---

8) ブームが長期化する過程でのシステマティックなポートフォリオ転換とキャッシュフロー・モデルの定式化については Minsky(84) を参照されたい．

の大きさとなんら密接な関係をもたずに実現する．主としてポートフォリオ転換によって金融される経済拡張の背後には，リスクを進んで負担しようとする意欲の増大が見られるものである．

　このような状況においても連邦準備には拡張を抑制しうる一つの方法がある．それは不確実性を再び導入し，経済主体にとって望ましいと考えられる資産・負債構造をより保守的なものに変化させることである．このことを実現させる一つのやり方は，所得・雇用が変動することを容認し，不況や景気後退が存在するのを認めることである．しかし，おそらくこの方法はもはや自由にとりうるものではない．そこで不確実性を引き起こす別の方法が考えられる．すなわち，金融市場は金融機関が利用しようとするときに正常に機能しないかもしれないという疑念を生じさせることである．かくして，金融市場を混乱させるということが必要な金融政策手段の一つであるということになる．

　クレディット・クランチへと事態が発展していく過程では，連邦資金レートのようなポジション維持手段の利子率と割引率との間に格差が拡大する現象が見られた．連邦準備借入れを行うための障壁は明らかに割引窓口の厳格な管理にあった．利潤を得るために連邦準備借入れを行うことはしないという教義は，割引窓口の管理人が承諾しないかぎり借入れはしないという教義に転化していたからである．罰則レートで適格証券を割り引くことによって無限弾力的に準備を供給するという中央銀行の伝統的教義は，合衆国では決して完全に適用されてこなかった．それは適格証券のほうが割引率よりも概して高い水準の利子率を付けていたからである．それにもかかわらず，割引率の水準はポジション維持のための連邦準備銀行借入れが貨幣市場手段を利用することよりも割高になるようなものであった．その意味で割引率の水準が罰則金利であったと言うことはできる．割引率で借入れを行うことの収益性いかんを判定する基準は，商業貸付主義の伝統における有担保手形利子率ではなく，連邦資金市場またはポジションの維持に利用される貨幣市場のTBレートの高さである．

第8章 金融政策権限行使の新しい様式

　厳格に管理される窓口で割引される証券の適格性条件は，結局のところ連邦準備の裁量の範囲内にある．このような裁量的割引窓口は連邦準備が貨幣市場を急激に逼迫させるときの自動的な安全弁として機能しない．連邦準備が1966年の期間の準備の増加率をついに引き下げたとき，公開市場の利子率はNCDの上限金利を上回り，その結果NCDの満期到来とともに商業銀行への「取り付け」が生じることになったが，これはまさにそのためであった．預金の担保化が進展していたことと銀行における政府証券保有が概して少なくなっていたことのために，銀行は財務省証券の売買でポジションの維持を図ることができなかったのである．銀行は7月と8月の間に市債保有を減らすことによってポジションの維持を図り始めたが，市債の価格が暴落して相当の損失をみる結果となった．

　厳格な割引窓口の管理，準備成長率の急激な低下，あらかじめなされていた貸出枠の契約の結果企業の借入需要が増大したこと，さらに市債売却による商業銀行のポジション維持行動は，みな相まってポジションを維持するのに利用される金融市場に混乱を招いた．商業銀行は売却に供する市債の価格を譲歩してでも流動性を確保しようと努めていた．他方，連邦準備は割引窓口をかたくなに管理する政策をとり続けていた．かくして，正常なポジションを維持しようとする活動が一頓挫きたした結果，近似パニック的な状態が出現したのである．誰しもが連邦準備はこの状況に対してなんらかの救済措置をとるであろうと確信していた．しかし，問題は連邦準備がいつそしてどれだけの犠牲を払った後で救済措置をとったかである．連邦準備が一歩踏み込んだのは9月1日のことであり，その日「良い」状態にあった銀行に対しては割引窓口を開けた．窓口は特に市債担保付きの手形に対して開かれた．これは，価格が急激に低下した資産市場の安定化に寄与し，割引の適格性を新しい範疇の手形にまで拡張することで流動性を増加させるという二重の効果をもった．

4. おわりに——連邦準備の領分

1966年の事態は次のように解釈できよう．すなわち，それは投資ブームを終息させる目的から「流動性」の価値を再び高め，もって擬似恐慌状態を創り出すという政策手段がとられたことの結果生み出されたものだと．「たまたま偶然に」ベトナム戦争がエスカレートしたので，そのような政策がとられても投資や所得水準にはなんらの累積的な低下傾向も見られなかった．経済に占める連邦政府の比重はずいぶんと大きい．したがって，金融恐慌とともに連邦政府部門の規模が相当程度縮小しないかぎり，大不況をもたらすような経済の累積的下降過程はほとんど実現しそうにない．

連邦政府の規模が大きいということおよびポートフォリオの制約要因となる所得水準の大幅な下落が期待しえないということを考慮すれば，経済が乗っかっているのは「ナイフ刃 knife edge」の上ではなく，火山の上であると言うべきであろう．つまり，投資がポートフォリオ転換を通じて金融され，この投資の規模が爆発的に増大することが危険なのである．このような事態の推移を制約するためには，連邦準備は流動性の価値を高めるよう操作しなければならない．そうすることが可能なのは，クレディット・クランチを引き起こすか，あるいはクランチがときおり発生するのを容認することによってである．

NCDに上限金利が存在するかぎり，連邦準備は商業銀行への取り付けをいつでも引き起こすことができる．実際にそのようになしうるのは，競争的金融手段の利子率が上昇してもNCDの上限金利を引き上げないでその魅力を低下させることによってである．また，その他の金融諸機関や他の金融市場が存在することも考えれば，それは利子率構造の全般的な上昇が商業銀行にだけインパクトを及ぼすものではないということを意味している．たとえば1966年には貯蓄金融機関の経営が大きな圧迫を被ったのである．

60年代の経験からいま一段と明らかになったことは，連邦準備制度の権限

が及ぶ範囲は一群の加盟銀行だけにとどまらず，それを超えた広がりをもっているということである．各業態ごとに預金保険の制度があり，また専門化した規制機関が存在するが，連邦準備制度は流動性の究極の源泉であって，連邦準備を除く他の政策機関が自らの責任を全うしようとすれば連邦準備制度との協力関係を形成することが是非とも必要である．究極的には連邦準備制度が金融システム全体の正常な機能に対して責任をもつのである．

クレディット・クランチそのものが連邦準備当局の権限を行使する一つの手段として認められるのであれば，権限領域のこの拡大はいっそう重大な意味をもつ．われわれの金融システムは相互依存的な複雑な諸関係から成り立っている．したがって，金融引締めを急激に行うとその後システムのどこで通常の金融慣行が破綻をきたすかを正確に予知することができない．最初クレディット・クランチの技術によって損失を被らせると，その後にいっそう大きな損失が生じるかもしれないという危険が認識されるようになる．しかし，続いて連邦準備が速やかな行動をとれば，これによって累積的なデフレーション過程への発展は避けることができる．連邦準備がこのような操作を行いうるためには，おそらく適切な資産に対して割引窓口が開かれ，それが最後の貸し手として機能する必要がある．いずれにしても，以上のように連邦準備がより広範な金融市場や金融諸機関と接触をもつように中央銀行制度の機構を再編し直すことが必要である．それはたぶん，割引窓口を開放し，その利用を常態化することによってであろう[9]．

商業銀行の経営と企業金融における技術の発展により，いっそう緻密な現金管理 cash management 手法の開発や商業貸付市場の成長，そして貸出枠契約 contractual line of credit の慣行の隆盛がもたらされた．しかし，こうした技術上の発展から次のようなことが必要になる．すなわち，金融引締めがコマーシャル・ペーパー残高の伸びを低下させるような場合には，商業銀行が割引窓口でいつでも借入れを行うことができるようにしなければならない

---

9) Federal Reserve System(26)はいくぶんこれと似た立場の見解を採用したものであると思われる．

ということである．しかしながら，開放された割引窓口を通じての割当ては価格による割当てである．それゆえ，金融政策は利子率がより速やかに動き，また利子率変動が大きな幅をもつことを必要とするであろう．

　市場区画化の現状を前提すれば，利子率が急速に上昇する場合には金融システムが正常に機能する可能性は限られてくる．これは市場間で裁定が生じるおそれがあることと貯蓄機関がこれに対して脆弱であることとによる．その結果，金融政策は急速な経済の拡張を制約するものとしては大きな限界をもつのである．投資は上位方向へ発散する不安定性をもち，われわれの金融システムには脆弱性が累積する傾向がある．このことは，弾力的な財政政策への依存度が近い将来これまで以上に大きくなる必要があることを意味している．これは金融政策が本来的に弱い効果しか発揮できないからではなく，現在存在するところの特定の制度的取り決めのゆえであるということができる．

第9章 ディレンマのなかの連邦準備制度*

1. はじめに

　連邦準備制度理事会がインフレ退治に熱心であればあるほど，インフレはますます悪化する．昨年1979年10月，鳴り物入りで導入された新しい装いの連邦準備政策は，連邦準備が貨幣供給量（それがどのように定義されるにしても）の成長率をコントロールできるようにと工夫したものである．このような政策の導入を促したのは主としてマネタリストの理論であるが，これによればインフレーションは貨幣供給量の成長を数年間制限することによって終息させることができると言う．のみならず，その同じ理論によればインフレは過度の苦難を経ることなく徐々に排除しうると言われている．

　この新しい政策スタンスがとられてすでに6カ月たったが，結果は手元にある．その結果は惨憺たるものである．インフレは終息の方向に向かうどころか，かえって加速している．1980年前半の数カ月は債券価格が躊躇なく下がり続けた．この債券価格の下落は，債券や抵当証券を保有する金融機関の貸借対照表を時価で評価すれば，筆頭金融機関の多くが間違いなく「擬似倒産状態 walking bankrupts」に陥ってしまうほどのものであった．市場価格で評価するとそれら金融機関の正味資産はマイナスにさえなってしまうからである．倒産を表向き避けることができたのは，市場の競争的な利子率水準で負債を発行することによって，擬似倒産状態の金融機関でも満期到来の債

---

　* 本章は Minsky(100) を転載したものである．

務を履行することができたからである．しかし，このような機関は，言ってみれば昨日の〔低い〕利息収入しかもたらさない資産を今日のはるかに高い利子率を支払う必要のある負債で資金手当てをしているわけである．このような資産・負債ポジションのもとでの損失は，実は1980年の擬似倒産状態から死に至るところの大量出血にほかならない．

ところで，経済のパフォーマンスがすべて悪いかというと，必ずしもそうではない．暗い経済指標値のいくつか——たとえば，16％を超える高いインフレ率，20％超の利子率水準，6％の失業率や低い成長率，絶えず国際的な圧力下にあるドル，そして貿易赤字の累積など——を指摘できるが，他方で戦後経済は一つの驚くべき重要な長所をもっていることをわれわれは認識しなければならない．それは第二次大戦後今日に至るまで，深刻で長期にわたる不況をわれわれは経験していないということである．のみならず，1966年，1969-70年，そして1974-75年にクレディット・クランチや流動性の逼迫，および銀行苦難の時期があったにもかかわらず，戦後の金融システムは戦前の数世代が定期的に経験した「相互作用的な」負債デフレーションの過程を経ずにきている．

今日の合衆国経済は金融恐慌や底深い不況（歴史をさかのぼれば，合衆国経済もかつてそれらを経験したことは明らかである）に対して免疫体質をもっているように見えるが，これには何か訳がありそうである．同時に，合衆国経済が加速度的インフレに対して弱い体質をもっている点にも理由がありそうである．この二つは実は相互に関係しあっている．金融恐慌や底深い不況に対する免疫性がコインの片面であるとすれば，加速度的インフレとスタグフレーションという奇妙な病に対する脆弱性はコインのもう一つの片面であると言える．80年代の経済を70年代のそれに比べていっそう首尾よく運営したいのであれば，このコインの両面が相互にどのような関係をもって存在するのかを理解しなければならない．このことは，われわれの経済がどのように機能するかを認識するにあたって，われわれがマネタリスト的見解の枠のなかにとどまっていてはならないことを意味している．

2. 連邦準備の二重の役割

　マネタリストの理論は貨幣所得の成長率が貨幣供給の成長率によって決定されると主張する．そして，この理論はインフレのない経済成長を達成する目的で連邦準備が貨幣供給の成長率をコントロールできると説いている．しかし，マネタリストの理論は不可逆的な時間の流れのもとで進化・発展を遂げるところの複雑な経済システムの動きを，単純な公式のなかに押し込めるきらいがある．すなわち，そうすることによってマネタリストの理論は，その信奉者やごく最近の改宗者にもその教義が容易に暗誦しうるようなものに還元されているのである．

　マネタリストの理論では，貨幣供給の成長率を潜在的生産能力の成長率についての仮定と「公式」とから計算された水準にコントロールすることが連邦準備の役割である．連邦準備が創設された実際の理由は，貨幣所得の成長率を操作する目的で貨幣供給量をコントロールすることにあったのではない．連邦準備制度が今世紀はじめの1910年代に創設されたわけは，銀行システムや金融システムが定期的に金融恐慌を経験してきたという事実にある．金融恐慌の結果生じる反作用効果を阻止したり封じ込めたりするためには，最後の貸し手の存在が必要であると思われたのである．連邦準備はもともと貨幣供給量をコントロールすることによってではなく，負債デフレーション（1929-33年に生起したような）を阻止することによって経済を安定化する装置であった．

　かくして，連邦準備は一方で金融機関の大量倒産を発生させる金融的不安定性を阻止する最後の貸し手であり，同時に他方で経済を完全雇用と物価の安定で特徴づけられる成長径路へと導くのを助ける経済制御機関である．

　目下の経済は困難のさなかにあるといってもよいが，第二次大戦以降のこれまでの時期は合衆国経済の歴史においても特異なほど成功的な時代であった．それは負債デフレーションや深刻な不況を避けることができたと言う意

味においてである．この35年にわたる成功の時期は二つの部分に分けることができる．最初の部分は，概して安定的な物価が実現し急速な経済成長が見られたおよそ20年間の時期である．この期間には，連邦準備が金融システムを維持するために最後の貸し手として機能しなければならないという機会は一度もなかった．

この20年間に民間負債の蓄積は急速に進み，金融市場では新しい機関や金融取引手段が次つぎと生み出された．そのため，それまでの平穏な経済成長の時期は60年代半ばに，金融的ないし経済的混乱がますます強まるような時期へと移行した．1966年以降，連邦準備は三度――すなわち1966年，1969-70年，および1974-75年に――最後の貸し手として行動した．66年以前には控え目な統計的概念でしかなかったインフレーションが，70年代では容易に観察しうる顕著な現象となって現れた．

最後の貸し手として行動するたびに，連邦準備はいくつかの金融機関なり金融市場が崩壊するのを防止する．その際，連邦準備はその負債〔つまり，現金〕を経済に追加注入し，ある種の金融的慣行に対しては連邦準備の保証を与えることもある．たとえば，連邦準備は66年にはNCD (negotiable certificate of deposit, 譲渡可能定期預金証書）を利用した銀行を，1969-70年にはコマーシャル・ペーパーの市場を保護しようとした．また，1974-75年には合衆国銀行のオフショア支店の負債をもつ経済主体に保証を与えた．暗黙の裏書きによって金融市場の諸慣行が正当化されたのである．しかし，連邦準備はこのような行動を介して，市場介入のたびにその後にインフレ的爆発が生じるための金融上の裏付けを用意したことになるのである．

連邦準備が1974年のフランクリン・ナショナル銀行ロンドン支店の預金者を保護しなかったり，あるいは預金者保護の措置をとった後でも合衆国銀行のオフショア支店の預金増加率に対して慎重で抑制的な姿勢をとっていたならば，73年以来の石油価格の上昇は支持できなかったであろう．バーンズ議長 Arthur Burns に率いられていた当時の連邦準備は，経済学の基本命題，つまり金融資金を得ることのできる事柄だけが実現しうるという命題を無視

第9章 ディレンマのなかの連邦準備制度　　285

したか，あるいはそれをそもそも知らなかったのであろう．合衆国銀行のオフショア支店の預金が際限もなく拡張するのを容認しなかったり，またそれら預金を連邦準備の暗黙の保証で保護することなく危険な資産のままに放置していたならば，OPECの価格カルテルは74年の春すぎにも早々に崩壊していたはずである．

3. 1929年と1979年——比較分析

今日の合衆国経済は，半世紀前のかの大不況で崩壊した経済とは比べものにならないほど異なっている．以下の表は，経済のさまざまの部門の絶対的規模とそれの粗国民生産に対する相対的規模を，1929年以降について10年ごとに示したものである．これまでの間，相対的規模の「比率」が不変であったのは投資規模の比率である（それは29年に15.7％，59年に16.0％，69年に

第1表　粗国民生産とその構成の推移（1929-79年）　　（単位：10億ドル）

年	粗国民生産	消費	投資	政府購入			個人への移転支出	輸出	連邦政府支出
				総額	連邦	州・地方			
1929	103.4	77.3	16.2	8.8	1.4	7.4	0.9	7.0	2.6
1939	90.8	67.0	9.3	13.5	5.2	8.3	2.5	4.4	8.9
1949	258.0	178.1	35.3	38.4	20.4	18.0	11.7	15.9	41.3
1959	486.5	310.8	77.6	97.6	53.9	43.7	25.2	23.7	91.0
1969	935.5	579.7	146.2	207.9	97.5	110.4	62.7	54.7	188.4
1979	2,368.5	1,509.8	386.2	476.1	166.3	309.8	241.9	257.4	508.0

（単位：％，対GNP）

1929	100.0	74.8	15.7	8.5	1.2	7.2	0.1	6.8	2.5
1939		74.2	10.3	15.0	5.8	9.2	2.8	4.8	9.8
1949		69.0	13.7	14.9	7.9	7.0	4.5	6.2	16.0
1959		63.9	16.0	20.1	11.1	9.0	5.2	4.9	18.7
1969		62.0	15.6	22.2	10.4	11.8	6.7	5.8	20.1
1979		63.7	16.3	20.1	7.0	13.0	10.2	10.9	21.4

（資料）「大統領経済教書」（1980年1月），203ページのB1表．ただし「個人に対する政府移転支出」は同223ページのB18表，「外国政府支出」は同288ページのB72表を参照．

15.6%, そして79年に16.3%であった). 経済の問題点が「投資不足」にあるというのは神話である. なぜなら, 合衆国では対GNP比率で過去の繁栄の時期におけるそれとほぼ同様の大きさの投資が79年に実現しているからである.

1929年以降の需要および生産の構成変化の主要なものはGNPに対する消費比率の低下, 政府比重の増大（これはどのように測ってもそうである), およびごく最近見られる輸出の増加である. 29年のそれぞれの比率と79年のそれとを比較すれば, 需要構成が根本的に変化していることは明らかである. 1929年当時の小さな政府をもつ経済（連邦政府支出はGNPの2.5%にすぎない）と大きな政府をもつ経済（79年には連邦政府支出が対GNP比率21.4%の比重となっている）とでは, 経済がマクロ的に同様のビヘイビアーを示すと予想する理由はない.

政府の規模はわれわれの経済の動きに対してどのような効果を及ぼすであろうか. われわれの経済は資本主義経済であり, 生産が利潤に動機づけられてなされる. また, われわれの経済では企業が資本資産を所有するための金融資金を負債の発行によって賄う. 企業のキャッシュフローは企業によってなされる利子支払いと税引後粗利潤（換言すると, 資本の税引後粗所得）の合計にほぼ等しい. この所得は, 負債契約に定められた現金支払債務の充足に利用することのできる基本的な資金源泉である. 経済の任意の負債構造のもとでは, 企業の支払債務をある程度成功裡に充足しうるために必要な最小の粗利潤水準というものがある. ある臨界的な値（それは企業負債の規模とその契約の諸条件いかんで決まる）を下回ると, 税引後粗利潤がわずかでも減少すればその負債の充足が不可能になってしまう企業の数は増大する. 所得を維持・拡大するには新規の負債金融がいつも必要である. ところが支払債務を履行しえない企業数が著しく増加すると, 企業にとって利用しうる金融資金の量は必ず減少する. このような減少は投資規模を縮小させ, 翻っては所得や雇用の低下をもたらす.

かくして, （広義の）利潤は民間企業負債が存在する正常な経済がそれを

中心に機能するところのいわば足軸である。したがって、利潤を決定するものが何かを次に理解しなければならない。カレツキーの貢献にもとづく、抽象度のきわめて高いケースの公式では、粗利潤が投資額そのものに等しい。より具体的なケースとして赤字を伴う政府部門や貿易収支を反映するその他部門の存在を考慮すれば、税引後粗利潤は投資額に政府赤字を加え、これから貿易収支の赤字を控除したものに等しい。

　1929年の投資額は162億ドルであり、連邦政府支出は26億ドルであった。30年には投資が36.4％減少して103億ドルとなり、連邦政府予算は10億ドルの黒字から3億ドルの赤字に大きく揺れた。しかしながら、この政府赤字額の変化だけでは59億ドルもの投資規模の縮小を相殺できなかった。企業の粗留保利潤が29年の115億ドルから30年の88億ドルへと減少したのはこのためである。ところで、これをもって推計すれば負債の支払債務を充足するのに利用しうる現金量は23.5％減少したことになる。すなわち、負債の負担の重さは、国全体が不景気に突入する局面で増加したのである。

　他方、79年の投資は3,862億ドルであり、連邦政府支出は5,080億ドルであった。投資の大幅な後退が生じてもそのことが利潤に及ぼすマイナス効果は、政府支出の増大と減税により相殺しえたであろう。1975年実際に生起した事柄はまさにそのことであった。75年の投資は1,909億ドルであり、この水準は前年のそれよりも237億ドル低い。他方、政府予算の赤字は75年に706億ドルであるが、これは74年のそれに比べれば599億ドルも高い水準にあった。この結果、企業の粗留保利潤は75年に1,762億ドルとなり、これは74年に比べて383億ドルも上回るものであった。戦後期の最も深刻な景気後退の時期に、企業のキャッシュフロー（税、利子、および配当を控除した後の）は逆に28％増大したのである。

　1929-30年の時期と1974-75年の時期との対照ぶりには驚かされる。1974-75年においては大きな政府の赤字が企業利潤を維持し、その結果銀行やその他金融機関に対する企業の支払債務は充足されえたのである。これに対し1930年には、その前年以前の時期に契約された企業負債は収縮した規模のキ

ャッシュフローによってしか充足できなくなったのである．事実，企業のキャッシュフローは31年，32年，さらに33年へと縮小しつづけた．かくして，1929-33年の時期には過去から受け継いだ負債の負担が非常に大きくなったのである．これに対して，戦後において75年が最も深刻な景気後退の時期であったにもかかわらず，過去から受け継いだ企業負債の重荷ははるかに軽かった．

29年当時の経済構造においては，企業負債の履行を困難もしくは不可能にする利潤の減少がありえた．ところが，79年の有効需要構造のもとではこのような利潤減少は決して生じえない．後者の経済構造においては，投資の減少から生じる利潤削減効果は政府赤字の増大によって相殺されるからである．その結果，利潤変動の幅は狭められるが，この利潤変動は場合によって消滅するかもしくは「反循環的 contracyclical」なものにさえなる．

1974-75年の自動的・裁量的な財政的反作用のみが，底の深い不況を防止した唯一の政府介入ではなかった．74年の5月，フランクリン・ナショナル銀行が発行した貨幣市場手段〔すなわち，コマーシャル・ペーパーという名の貨幣市場債務〕に取り付けが生じた．ニューヨーク連邦準備銀行はフランクリン・ナショナル銀行に対して割引窓口を開き，満期到来の負債を全額返済させた．このフランクリン・ナショナル銀行は74年10月閉店した．これに先立つこと2年余り，1973-75年の時期には10億ドル規模クラスの銀行4行が連邦準備に特別の支援を仰がざるをえなくなった．しかし，そのうち2行は閉鎖に追い込まれた．さらに同じ時期，規模のもう少し小さい銀行が相当数つぶれ，不動産投資信託 Real Estate Investment Trusts も公然・非公然を問わず広範囲にわたって行き詰まった．このような倒産の大量現象にもかかわらず，それが相互作用的な崩壊の過程にたち至らなかったのは，連邦準備およびその他の政府機関が最後の貸し手として介入したからである．この介入によって，一つの倒産が他のいくつもの倒産の契機になるといった過程は事前に防止されたのである．

4. 最後の貸し手

　連邦準備は二つの帽子をもっている．一つの帽子は連邦準備が金融政策の実施担当者であることを示している．連邦準備がこの帽子をかぶっているとき，それはインフレのない成長を目標にしていることを示している．第二の帽子は連邦準備が最後の貸し手であることを示している．この帽子をかぶっているとき，連邦準備は商業ベースに見合う条件で資金調達するのが危なくなった経済主体の負債に対して，積極的に再金融したり借替えを行う．連邦準備は最後の貸し手として行動することによって，一方で銀行組織に準備を注入し，他方で特定負債の保護を通じて負債保有者が負担すべき貸倒れリスクに上限を設定する．民間金融システムに準備を注入したり，連邦準備の保証を与えることによって，連邦準備は銀行やその他金融機関が経済活動を金融する能力と意欲を高める．金融市場の諸慣行を制約するような規制や改革を行わずに最後の貸し手として行動すると，それはインフレ的拡張に金融の裏付けを与えるための準備段階となる．すなわち，最後の貸し手としての介入は当初の恐慌の一時的衝撃によって余儀なくされたものであるが，この介入の結果企業や銀行の「アニマル・スピリット」がひとたび衝撃から立ち直れば，それはインフレ的拡張につながる可能性が高いということである．

　それゆえ，連邦準備はディレンマのなかにある．連邦準備の扱う対象は金融システムであり，この金融システムというのは非常に洗練された，また相互作用的諸関係が錯綜するシステムであり，これを介して利用可能な金融資金は需要に反応して生み出されてくる．このような複雑なシステムが存在するということは次のようなことを意味している．すなわち，金融機関の間にはなされなければならない非常に多くの現金支払いが存在するということ，そして一群の金融的連関 financial relation のなかには「第二線的な」資金源泉 "fallback" source としての銀行資金の利用可能性に依存するものがあるということである．連邦準備銀行がインフレ的拡張過程を終息させることがで

きるのは，再金融の資金を欲している主体がその期待利潤フローないし予想キャッシュフローの不十分さのために市場で資金を得ることが不可能であることを，彼自身に悟らせるときである．そのためには十分に高い利子率水準を実現しなければならない．連邦準備が実際にインフレ的拡張過程を撃ち破ることができるのは以下のようにしてである．まず，一部の経済主体を「擬似倒産状態」〔すなわち，ポートフォリオを市場価格で評価すると正味資産が負になっている状態〕に陥らしめ，ついでこれらの主体を陽表的な倒産状態に追い込むというやり方によってである．擬似倒産状態にある主体が銀行借入れもしくは正常な状況であったなら利用可能であろうその他の金融手段を実際に使用できなくなると，彼らは負債を履行するために保有資産の売却を始めようとする．これは資産価格の低下を促す．その結果，倒産は普遍的な現象として出現するようになる．1960年代半ば以降において連邦準備が経済の収縮をもたらしえたのは，経済を金融恐慌の瀬戸際まで追い込んだときだけであった．連邦準備は1966年に銀行のNCDに対する取り付けを事実上引き起こさせ，市債市場の秩序ある市場条件は崩壊した．1969-70年にはコマーシャル・ペーパー市場の崩壊を実現させてインフレ的経済拡張を押しとどめた．最後に，1974-75年には以下の事柄を放任することによって連邦準備はインフレーションのコントロールに成功した．すなわち，貨幣市場の市場条件が広範囲に銀行倒産を生じさせ（フランクリン・ナショナル銀行が唯一の倒産銀行ではなかった），また200億ドルにも上る不動産投資信託REITsという金融産業の一種を事実上解散させるような状況にまで発展するのを放任したのである．

　秩序のない市場条件が普遍化すること，および金融市場における公然・非公然の倒産が広範囲に観察されるようになること，これらは連邦準備が最後の貸し手として介入することを正当化する．連邦準備はこれらを引き金として生じたところの諸事態を収拾すべく介入するのである．しかし，介入と政府の赤字はこれに続くインフレ的拡張の準備段階を用意することに注意しなければならない．カーター政権下での1979-80年のインフレーションの種は，

実は75年および76年にすでに撒かれていたものである．それはフォード政権下のことであり，この時期は政府予算が700億ドルの赤字を計上し，連邦準備は合衆国銀行の海外での営業に有効な制約を課すことによって最後の貸し手として介入し続けた時期である．

5. 構造改革の必要性

インフレを阻止するために必要な措置は負債デフレーションの引き金となり，負債デフレと深刻な不況を事前に防止しようとすることがインフレを招く原因となる．これほど気を滅入らせる悪循環はない．これを改善する手だてはないものであろうか．前節までの議論を前提にすれば，貨幣供給量だけをコントロールしても十分でないことは明らかである．この陰鬱な循環をなくすには遠大な構造改革を行うことが必要である．

60年代半ば以降，合衆国経済の不安定性は非常に明確な形で顕在化してきた．この不安定性には，経済成長率，実質賃金率径路，失業率，ドルの交換レートの趨勢，そして国際通貨としてのドルの地位などの諸指標に象徴されるところの経済全体の成果の低下が伴っている．経済のさまざまの領域におけるこのような機能低下は，包括的な改革が必要であることを示唆している．現在の合衆国経済をさいなんでいる病に「即効薬」はないのである．

現在の経済構造は大部分ルーズベルト大統領政権時代の最初の時期に組み込まれたものである．1929-33年の時期に生じたような悲惨な賃金・価格の崩落が二度と起きないようにと，これに資するさまざまの制度的取り決めが創造精神に満ちたこのルーズベルト時代になされたのである．このときの多くの改革は物価を意識的に引き上げるような工夫の産物であったと言ってもよい．1933年のインフレーションは物価を少なくとも部分的には29年の水準へと回復させたのであり，それは大変好都合なものであった．というのは，こうした「リフレーション」が過去から引き継いだ負債の重荷を軽くするからである．

ルーズベルトによって改革が実施されたのは，いかなる知的環境のなかにおいてであったろうか．当時の標準的経済理論および中心的な経済学者は合衆国の資本主義経済を理解しえず，また経済活動の大幅な収縮を抑制しこれを反転させさえするための有効な解決手段を発見することもできないままにいた．当時はこのような知的真空状態のなかにあったのである．ケインズ『一般理論』は資本主義経済が何ゆえに大きな不況を経験するのかを説明し，この悲惨な現象を癒しまた防止するためにはどうしたらよいのかについての処方箋を提示しようとしたのである．しかし，当時はまだこの処方箋が提示される前の時期であった．

　第二次大戦以降はケインジアンの総需要管理政策が通俗的な方式で適用されてきた．しかし，その政策構造の大方はケインズ前の時代に採用されていた賃金・価格の低下防止手段を反映するものにすぎなかった．政府の規模が十分に大きければ，投資の変動が総需要や利潤の大きさに及ぼすマイナス効果は政府予算の赤字の変動によって相殺することができる．そのことを前提すれば，30年代に導入された賃金・価格の低下防止手段の構造は非生産的であると言わなければならない．というのは，そのやり方では需要を維持・拡大するための金融・財政的措置の効果の大部分が価格の上昇に吸収されてしまうからである．現代の資本主義経済では，企業，金融機関，そして労働組合が市場支配力の大部分を握っており，また政府の移転支出はその「受益者」を労働力の範疇から排除してしまっている．このような経済の枠組みのなかで需要管理政策がなされる結果，スタグフレーションとこれに続く加速度的なインフレーションがもたらされることになるのである．

　上記の分析から，今後必要とされる改革の大筋を描くことができる．投資の減少が相互作用的な負債デフレーションに発展するのを防止するという観点からは，今後とも大きな政府の存在が必要とされる．しかし，それは今日の政府の規模に比べればもっと小さなものにも，また異なったものにもなりうる．政府の移転支出がまず改革されなければならない．それは貧しい低所得者や高齢者，および社会的弱者を冷たい風にさらすためではもちろんない．

移転支出のシステムをもっと弾力的なものにし,就業の機会に障害を設けるような現状のあり方を改革するためである.所得税の児童控除とか扶養児童をもつ家族への援助とかは両方とも取りやめ,児童手当 children's allowance を権利として与えるべきである.このようにすれば成人の福祉「受益者」も労働力に加わることができる.なお,就業によって所得を得るのを禁じた社会保障法の条文もまた同時に廃止されなければならない.

　ルーズベルト政権は,国家復興法 National Recovery Act, NRA をはじめとして柔軟な反トラスト政策を進めてきた.しかし,この柔軟な姿勢は1937-38年に短期的に中断された.所得水準を維持する諸方策の効果がインフレで吸収されてしまわないようにするためには,巨大企業の私的な市場支配力を崩さなければならない.競争的市場がもつコントロール機能を強調する産業政策の内容は,70年代にみられた陰鬱な循環を排除する改革にとって本質的な要素である.このような改革がなされるならば,民間権力の中枢が牛耳る資源の量には上限を画すことができよう.のみならず,それは企業所得税と社会保障への「掛金」を排除している現在の税法(そのいずれもが労働を資本に代替する誘因になっている)に変化をもたらすことができよう.

　1980年春の金融市場の危機では次のことが明らかになった.すなわち,鉄道や原子力発電などの,その社会的便益・費用が市場の価格や費用に反映しないような資本集約的産業には,民間企業が資金を融通できないということである.このような産業では公的所有と公的管理・経営が必要である.というのは,逆説的ながら資本集約度の極端に高い産業では多分に私的所有の資本主義原理が十全に機能しないきらいがあるからである.

　第二次大戦後の最初20年間は平穏な経済進歩が続いた.しかし,その後の経済は過去15年間に見られたような混乱とスタグフレーション的体質に転換した.このような転換は,金融市場にクレディット・クランチや流動性危機,そして金融的混乱を招いた脆弱な財務構造の出現と明らかに無縁ではない.現在以上に直接金融方式が中心的なものとなり,いまより単純で小さな金融システムを組織化する方向へと,金融システムを基本から再構成することが

必要である．

　いうまでもなく，ここに提案した諸改革はインフレや金融秩序の欠落といった現在の危機的状況を解決する処方箋を含んでいるわけではない．いま経済は，より深刻化しより長期化した形で1974-75年の経験を再現しようとする傾向にある．われわれがことを首尾よく成し遂げるためには，経済そのものをあらかじめ十分理解しておく必要がある．不幸にも，政策立案者やその助言者はわれわれの経済が有する不安定性を無視し，その本質を誤った形で定式化した経済理論の奴隷である．たぶんこのことこそがわれわれの直面している危機の大きさを推量させる真の尺度である．残念ながら，「御上に仕える」人々は誰一人として合衆国の資本主義経済を理解していない．

第10章 ケインズ投資理論の解明*

1. はじめに

　標準的な *IS-LM* 型マクロ経済モデルを構成する要素の一つとして，負の傾きをもつ投資・利子率関係がある（文献 Hicks(54)を参照されたい）．しかし，この投資関数の妥当性は Haavelmo(46)によって問題にされた．また，Lerner(74)，Clower(17)，および Witte(133)の諸文献による投資関数導出の試みは，「行儀の良い well-behaved」生産関数の諸特性を前提してもそれだけでは上記のような標準的投資関数を導くのに十分でないことを明らかにしている．最近，Foley and Sidrauski(32)はいっそう洗練された *IS-LM* モデルを提示した．しかし，それは負の傾きをもつ投資関数という標準的な仮定に必ずしも明示的に依拠していない．デイル・ジョルゲンソン Dale W. Jorgenson は彼の多くの著作，たとえば Jorgenson(59)，(60)などで，投資行動は経済主体が当初の現実資本ストック水準から望ましい資本ストック水準へ移行しようとするときの時間消費的な過程の結果であるととらえている．そこでは望ましい資本ストックが利子率と負の関数関係をもつものとされる．

　投資理論のこのようなさまざまの定式化は，Keynes(65)，(66)で展開されたケインズの考え方を表現したり，または批判したりするものとして決して十分なものではない．というのは，それらは現代資本主義経済における私

　＊　本章は Szegö and Shell(120)のなかの Minsky(93)を転載したものである．

的な資産所有と投資行動がもつ金融的ならびに投機的な本質的特性とに関するケインズの見解を全面的に把握しているとは言い難いからである．ケインズの見解によれば，資産が所有されるのはそれがキャッシュフローを生ぜしめると期待されるからである．キャッシュフローは年金の形——すなわち，日付をもった現金受取り——か，あるいは当該資産の所有権に対する支払いの形をとる．金融資産の年金は契約で取り決められるが，実物資産の年金の大きさはその資産が生産過程で稼働された結果のいかんに依存する．

　実物資産や実物投資を生産関数に関係づける標準的なモデルは，資産なり投資財が生産過程で利用されて生じるところの現金フローのみを考慮しているにすぎない．そのような資産が売却されたり，あるいは担保として機能することで生み出される現金の流れは無視されている．銀行家は自分の保有する資産の流動性に関心を抱いているものである．ところが，この標準的理論によれば実物資本財に投資をする通常の事業会社はどうもそうではないらしい．ケインズ理論を理解するためには，すべての経済主体を一種の銀行のようなものとして把握するのがよい．預金が引き出されるとき銀行はいつでも現金を支払う用意がなければならない．同様に，通常の事業会社や家計も自らが負う債務に対しては現金を支払う準備ができていなければならない．このことは，支払いに用いうる現金の受取額が需要や費用の変化によって変化することがあってもそうである．

　このようにケインズ理論に内在する銀行家の視点は，その理論が資本主義経済にのみ妥当するものであることを意味している．どの程度妥当するかは当該経済の金融機構がどの程度高度でかつ複雑なものであるかに依存している．しかし，いずれにしてもケインズ理論は一つの抽象経済学にすぎないところの新古典派経済学とは異なる．ケインズのモデルには現実諸制度の特徴や諸制度の進化の過程が体化されているのである．

　正常な生産活動や金融契約の履行から生じるキャッシュフローは反復性のある現象である．したがってこのことから，反復的キャッシュフローを観察することによってその頻度分布を推定することができるという考えが生まれ

ても不思議ではない.ところが,多くの資産——特に,耐久性のある実物資本財——においては,その売却や担保の設定を通じてキャッシュフローを得るという事態は「まれ」かつ「異常な」現象であって,それは特別の状況下でしか生起しないのが通常である.そのために,妥当な確率の予想というのはあいまいかつ不確実になりがちであり,それ自体急激に変化する傾向さえ有するのである.貨幣に対する投機的需要——したがって,実物資産の価格設定に対する投機的なインパクト——は,売却することによって現金を得るという資産の利用法に関連している.

　新しい理論を展開しようと試みるのは,ケインズがちょうどそうであったように,既存の標準的な理論では十分に満足のいく説明が得られないということが念頭にあるからである.十分な説明を与えることができない観察事象が存在すると,それは標準理論にとっては変則的なものでしかなく,そのためその事象は別の代替理論に委ねられなければならないと考えられてしまいがちである.かの大恐慌ならびにその大恐慌に明白に付随していた金融的属性(これはアービング・フィッシャー Irving Fisher の表現であるが)は,標準的経済理論にとってまさに変則的な現象であった.ケインズがこれに対して「投資行動を核とする景気循環理論 investment theory of business cycle」と「金融的投資理論 financial theory of investment」を構築したのはこのためである.が,ヒックスとこれに続いて打ち出された標準的ケインズ理論解釈は,本来のケインズ理論の金融的性格や景気循環論的性格を希薄にしてしまった(この点の指摘はヒュウ・アクリー Hugh G. Ackley によってもなされている).ところが,ヒックスと言えども,景気循環理論に立ち返るにあたっては,不自然な形においてではあるが金融的諸特性を再び導入する必要があることを認めている(この点は Hicks(55)を参照されたい).ジェイムズ・デューゼンベリー James S. Duesenberry,ラルフ・ターベイ Ralph Turvey,アクセル・レイヨンフーヴッド Axel Leijonhufvud,そしてウィリアム・ブレイナード William C. Brainard やジェイムズ・トービン James Tobin の最近の諸著作も,ケインズ理論の金融的側面を復活させようとする試みの存在をお

おむね反映している．

ただ，特に注目しなければならない点は，計量経済学的予測モデルの多くが金融的側面の考慮を欠いているということである．計量経済モデルのなかで最も「貨幣的な」ものと言われるF.R.B.-M.I.T.モデル（連邦準備銀行・マサチューセッツ工科大学モデル）でも，負債の構造や流動性に対する経済主体の評価の可変性は明示的に示されていない[1]．本章における一つの研究目標は，合衆国資本主義経済の金融的側面と実物的側面を統合する上でいっそう有益でかつ内容豊富なマクロ経済モデルを展開することである．

ケインズは『一般理論』で利子率に言及し，これを説明しようと試みたが，その試みは以下のような非常に基本的な問題を把握するには必ずしも適切でなかった．すなわち，特定の状況のもとで実物資産と金融資産の相対価格はどのように決定され，それら相対価格が投資のフローとどのような関係をもっているかという基本問題である．ケインズはバイナーの有名な『一般理論』批評に対してKeynes(66)で反論をしたためたが，そのなかで投資過程に関するケインズ自身の見解をいっそう明らかにすることができた．本章の投資に関する議論はケインズのその見解にもとづいている[2]．

2. 投資理論の基本的構成要素

ケインズの投資理論を構成する基本的な要素は第1図に示されている．このモデルでは，二種類の市場価格が相互作用することによって投資が決定さ

---

1) ここではF.R.B.-M.I.T.モデルの厳密で詳細な説明は避ける．ビショッフがモデルの簡潔な解説を与えている．その投資モデルは，基本的には加速度係数が投入要素の相対価格に依存して調整されるところの弾力的加速度原理のモデルである．
2) ジョーン・ロビンソン教授 Joan Robinson は Robinson(110)のはしがきで次のように述べている．すなわち，ケインズの分析は「経済調整装置としての利子率の役割に重きを置きすぎている」(p. xii)．しかし，バイナーの批判に応えて1937年に自ら再説したケインズの見解は，このロビンソン教授の批判を免れていると筆者には思われる．

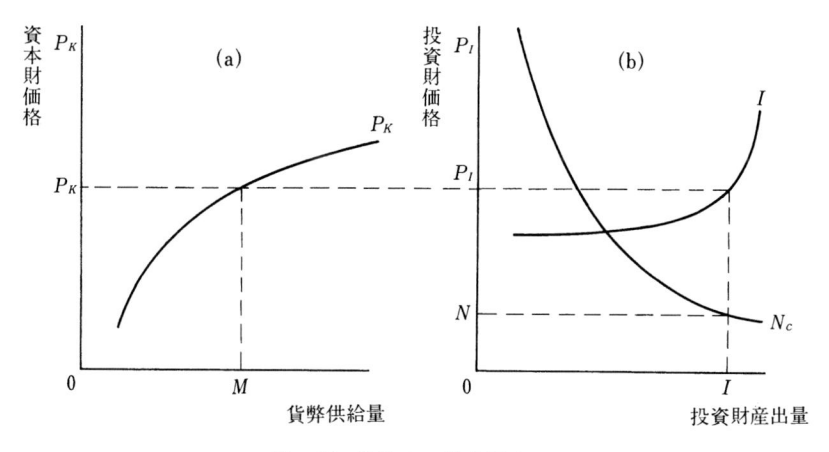

第10章 ケインズ投資理論の解明

第1図 投資率の決定過程

れる．第一の市場は資本財ストックや金融諸資産の価格を決定する市場である．これは(a)図の P_K 関数で表されている．第二の市場は金融の条件と生産による供給の条件とから投資の速度が決定される市場である．これは(b)図の I 関数と N_c 関数で示されている．

(b)図で I 関数は実物投資財の供給価格がその産出率の関数であることを示している．N_c 関数は投資単位当りの内部金融 internal financing の大きさを，投資率の関数として与えるものである．内部金融資金のフローが投資率の水準から独立であるかぎり，N_c は直角双曲線となる．任意の投資率水準に対して二つの曲線の縦軸方向のひらき $(N_c - P_I)$ は投資単位当りの内部金融資金の余剰または不足を示す．

貨幣市場や資本市場は不足資金が調達されたり，余剰資金が運用されたりする場合の金融諸条件を決定する場である．それゆえ，議論を深めようとするかぎりケインズ投資理論は貨幣・資本市場のビヘイビアーとその進化・発展とをモデルのなかに含まざるをえない（この点は Minsky(77) を参照されたい）．現在の投資を金融するという活動の結果として金融的現金支払フローが生じ，これが資本財ストックの価格を決定する諸市場に反作用効果を及ぼす．しかし，それは貨幣市場や資本市場を通じてである．投資を金融する

場合の条件にどのような変化が生じても，それは資本財ストックや金融諸資産の保有ポジションを金融するときの条件に影響を及ぼさずにはおかない．さらに，これはまた資本財ストックの価格水準に影響を及ぼす．かくして金融市場の相互連関的作用がストック価格とフロー価格とを統合するのである．

このような諸関係は必ずしも同時的なものではない．また当初の不均衡や反作用の諸継起がいつも同じであるとも限らない[3]．とりわけ留意しなければならないことは，経済の金融部門の進化的変化や内在的不安定性から資本財ストックの価格や投資を金融するときの諸条件が——したがって，投資率の大きさも——影響を受けることがあるということである．

さて，上に示した投資モデルの概略は実際の投資過程が時間消費的な性格をもっている点を捨象していると論難されるかもしれない．資本財ストックの価格のうちには，たとえば原子力発電プラントの価格も含まれる．そこで原子力発電プラントを例にとって考えてみよう．原子力発電プラントの懐妊期間は少なくとも5年である．したがって，上記のような投資モデルを実証の段階に移す場合には，投資のフローが単位期間当り——たとえば，1四半期当り——の投資を意味するものとする必要があろう．原子力発電プラント一基に対し P_K の価格を支払うという意思決定がなされる一方，20四半期の間に I_t の投資フローが四半期ごとに実現するとする．この場合，割引評価の手続きを無視すると

$$\sum_{t=1}^{20} I_t = P_K$$

が成立する．ただし，各 I_t は原子力発電プラントを生産するときの技術的条件によって決定される．

われわれの投資理論を計量経済モデルに組み込むにあたっては，投資過程

---

3) Ederington(24)の Ph.D.論文は，利回りとディーラー・スプレッド（売買値鞘）は体系内で決定される変数であることを明らかにしている．このスプレッドが変化することによって，投資の金融から生じる市場圧力が，おそらく資本ストック保有ポジションの金融のあり方を介して陰伏的な資本資産価格へと伝達されるのである．

を資本財の発注段階と投資フロー実現の段階とに分けて考えてみるのもよい．この二分法を念頭におけば，既述の投資理論の前半部分は投資フローの理論というよりも投資財発注の理論であると考えたほうが適切であるかもしれない．他方，金融活動そのものと金融的反作用を強調する理論の後半部分は，投資フローとこれに対する金融活動が実際に実現する段階で——もっとも，この段階は当初の投資の意思決定の時点から相当に時間が経過してからのことになろうが——生起する事柄を表しているということができよう．

ところで文献 Bischoff(10) は，投資理論についての代替的な多くの計量経済学的定式化に関するデータを整合的にとりまとめたものである．著者のビショッフは論文を要約するに際して，次のように論じている．すなわち，加速度原理にもとづくモデル accelerator based model のほうがキャッシュフロー・モデル cash flow model や証券価格モデル security price model よりも優れており，この点は加速度係数が単純に一定不変とされている加速度原理モデルを選ぼうが，加速度係数が投入要素の相対価格に依存して可変的であるような加速度原理モデルを取り上げようが，変わりはないと．しかし，ビショッフが検討したキャッシュフロー・モデルや証券価格モデルは，本節においてケインズの投資理論と見なしたものを適切に表現しているとは思われない．それゆえ，ビショッフの検証はケインズ・モデルの核心を見失っているというべきである．

ただ，われわれの定式化では加速度係数が陽表的に考慮されていないことも確かである．筆者はかつて加速度効果と貨幣的ないし金融的行動との相互連関を検討したことがある（この点は本書第11章を参照されたい）．筆者の定式化では加速度モデルは事前的な ex ante 投資を与えるものであり，事後的 ex post 投資は貨幣的ないし金融的諸要因と加速度係数との相互作用から結果するものとされた．しかし，そのときの定式化では投資財産出の供給関数と資本財ストックの価格決定過程は無視されていた．本章はまさにその無視された諸要因を中心的なものとして取り上げたのである．

投資活動は生産力と投機的要因の結合の結果として出現する．生産力と資

本用役の希少性が現在キャッシュフローおよび将来期待キャッシュフローを資本財の所有者にもたらす．加速度原理にもとづく投資理論の基本的な主張はこうである．すなわち，現在よりも大なる生産水準を期待しうるようであれば，満足しうる適切なキャッシュフローを得るためには資本ストックをある一定規模だけ増加させたほうが望ましいと考えられるであろうということである．これを価格理論の概念を用いて言い換えると，上記の基本的な主張は，所与の長期平均可変費用曲線——それは「生産関数」から演繹される——のもとで予定平均総費用が最小となるような曲線が存在するということを意味している．後者の曲線は，上記の適切なキャッシュフローをもたらすことを期待させる生産物価格と生産量との組合せを示す．かくして実物資産を生産過程で稼働させることから得られるキャッシュフローは投資の生産力を体化したものである．

いま賃金は固定されていると仮定し，投資財の最小供給価格は $P_I(0)$ であるとする．もし $P_K > P_I(0)$ であれば，投資を金融するためのコストを割引考慮した上で $P_I = P_K$ が成立する水準に投資の規模が決定される．投資財を $P_K = P_I > P_I(0)$ の価格で購入しつつある企業家は誰であっても，十分に長い期間の間には正常水準を超える準地代を稼得できるものと期待している．したがって，$P_I = P_I(0)$ のときには超過費用〔すなわち，実際の投資財生産コスト P_I が最小産出費用 $P_I(0)$ を超過する部分〕は消滅してしまっているわけである．このように，将来のキャッシュフローに関する予想は P_K のうちに体化しているのである．ある $P_I(0)$ の値に対して P_K 水準が高ければ高いほど，プレミアムとして得る準地代の大きさは大きく，準地代が持続すると期待される期間も長い．資本ストックは投資活動を通じて増大しつつあるから，P_K の水準が高ければ高いほど準地代が正常なまたは適切な水準にあるために必要と考えられる資本ストックもまたより大きいということになる．以上のようにして，P_K の水準が投資財の最小正常産出価格を上回る程度の大きさは，既存資本ストックと目標資本ストックがどの程度乖離しているかを示す尺度となる．

第10章 ケインズ投資理論の解明

　加速度原理の考え方は上述のごとく資本資産の価格決定モデルに包摂することができる．しかし，景気循環が伴う資本主義経済においては，投資財価格の決定において生産力よりも投機的要素のほうがより重要な役割を担うことを強調することが，よりケインズ的な見解であると言わねばならない．不確実な経済世界において，期待キャッシュフロー以外の諸要因が実物資産の価格に対してどのような影響を及ぼすかに注目するとなれば，やはり投資の決定に作用する投機的側面がおのずと焦点にならざるをえない．

　以上を要約しよう．恒常的経済成長として特徴づけられる期間においての投資決定関係はどちらかといえば加速度原理の考えを体現していると解釈できよう．しかし，これとてもウエイトの置きどころしだいでは解釈が異なってくる余地が大きい．われわれの定式化では，生産力の概念は資本資産の稼働から得られるキャッシュフローの大きさに，そしてとりわけ投資決定がなされつつある際の予想キャッシュフローの大きさに体化していると考えられている．しかしながら，資産価格の決定に影響を及ぼす要因として投機の要素が，資本資産の「売却」から得られるキャッシュフローの大きさの不確実性という形で導入される．いずれの要因が強調されるかはときによって異なるが，投機の要因が支配的となることもあるのである．投資，生産，および資本資産の稼働から生じるキャッシュフローが長期にわたって規則性を見せ，したがって投資決定関係には加速度原理が反映していると思わしめるような指標が経済現象全般を支配するときでもしかりである．

　先述したように，本章の議論の観点からすればビショッフの研究はキャッシュフロー・モデルを適切に定式化しているとは言い難い．しかし，そのモデルはデータをとった期間の投資行動を実によく説明している．ただし，1969年と1970年の投資行動は決してうまく説明されているとは言えない．筆者がかつてMinsky(91)で強調したように，1960年代に享受しえたような一連の経済的成功はそれ自体がバラ色に包まれた投資ブームの引き金となるものである．このブームの間は投資の負債発行金融が急速に拡大する．その結果，投資活動と税引後粗利潤との関係は変化してしまう．1969年から70年の

期間には,ビショッフによって不十分にしか定式化されずそのため矮小化されてしまったキャッシュフロー・モデルが弱い説明力しかもたないということであった.しかし,そのことは〔われわれの〕「金融的投資理論」,すなわち負債構造——現実のであれ目標としてのであれ——を考慮した投資理論であったならば,大きな現実説明力をもちうるであろうことを逆に証拠だてるものにほかならないということを意味している.

3. 資本財ストック価格の決定

第1図の左半分のパネル,すなわち(a)図は資本財ストックを所与とするとき,その単位当りの価格が貨幣供給量の関数として与えられることを示している.この関数は,不確実性の世界と複雑な金融の構造とを前提した場合に諸資産がどのように市場で評価されるかという議論にもとづいている.

(a)図の背後には,実物資産であれ金融資産であれ,すべての資産はキャッシュフローを生み出すと期待されているという点で全く同等であるとの考えがある.これらのキャッシュフローは大きく二つの種類に区別することができる.第一のキャッシュフローは資産が自らの「責務を果たす」ときに得られるものであって,実物資産の場合にはそれが生産過程で活用されるときに,金融資産の場合であれば契約に盛り込まれた諸条件が履行されるときに実現するキャッシュフローである.このようなキャッシュフローを実物資産については「資本資産稼働からのキャッシュフロー cash flow from operation」と呼び,金融資産については「契約履行によるキャッシュフロー cash flow from contract fulfillment」と呼ぶことにする.他方,第二の種類のキャッシュフローは,諸資産が売却されるか担保に供されるかするときに実現するものである.

非ケインズ的な資産評価理論はもっぱら第一の種類のキャッシュフローを取り上げているにすぎない.この見解におけるキャッシュフローは,企業組織内部に集積された一群の実物資産が生み出すキャッシュフローであり,そ

れは総収入から経常的諸費用（これは「費用曲線分析」でいうところの可変費用からケインズの使用者費用を差し引いたものである）を控除して与えられるところの「資本資産稼働からのキャッシュフロー」である．もちろんこの種のキャッシュフローの大きさは経済状況，生産物市場や要素市場の状態，そして企業経営のいかんにかかっている．

　いま流行の考え方によれば，異なった確率分布のキャッシュフローを有する資産は，その平均値によってではなくキャッシュフローの期待効用によって市場で評価される．ただし，キャッシュフロー所得から効用への変換は経済主体の危険に対する態度を反映する（この点はたとえばArrow(6)を参照されたい）．

　ケインズは所得の評価にベンサム流の確率計算を応用することの妥当性について懐疑的であった．しかし，以下の諸点が認識されていさえすれば，期待効用仮説はケインズの考えを説明するための工夫として有用である．すなわち，(1)さまざまの代替的キャッシュフローの確率分布は主観的なものであり，それゆえしかるべき事態の発生が引き金となってこの確率分布は急激に変化しうること，(2)所得ないしキャッシュフローと効用との変換の曲率——これは経済主体の危険に対する忌避の態度あるいは愛好の程度を示す——自体が内生的に決定される性質のものであり，それゆえこれもまた実際に生起する事態の性格に依存しつつ緩やかに，あるいは急激に変化しうるものであるということである．

　期待効用仮説のもとでは，予想される所得の確率分布に対してそれぞれ期待効用が得られる．期待効用と等しい効用水準をもたらす確実な所得を考えることができるが，これを「確実性等価の所得 certainty equivalent income」と呼ぶ．もろもろの資産はそれぞれの確実性等価所得と1対1の比率で交換されるであろうというのが，資産価格形成に関して得られる結論である．もし1ドルが確実に1単位の効用をもたらすとすれば，さまざまの資産の絶対価格は上記の確実性等価概念にもとづく資産評価アプローチによって決めることができる．

上述の議論は実物資産と金融資産の両方に当てはまるものであるということに留意されたい。金融債務について言えばそのキャッシュフローは契約の文言で規定されている。しかし，この契約は完全には履行されないかもしれないのであって，その可能性とその場合において実現するキャッシュフローの大きさとを確率的に判断しなければならない。

さて，以上の資産評価理論は資産がキャッシュフローをもたらす第二の方法——すなわち，売却されるか担保に供されるかして生み出すキャッシュフロー——を考慮に入れて修正しなければならない。資産が市場で売却されたり，あるいは担保に供されたりすることによってキャッシュフローをもたらしうる容易さまたは困難さは，各資産ごとに大きく異なる。貨幣市場の通常の分析では，資産の市場性がときにその資産の市場の「広がり，深さ，および弾力性 breadth, depth, and resilience」といった用語でそれとなく語られることがある。実物資産についても同様のことが言える。しかし，実物資産が売却されたり，あるいは担保に供されたりする状況が生じる可能性は通常非常に小さい。特に，実物資産についてはその売買市場が概して狭く，浅くそして非弾力的であると予想される。その意味で，貨幣市場で取り扱われる金融諸資産の市場性の程度とは格段に異なると言わなければならない。

現金を調達するために保有資産を売却したり，あるいはその資産を担保に供する必要が生じる可能性は，当該主体の現金持ち高と現金支払債務の大きさに依存する。現金支払債務の大きさいかんは企業の負債構造に体化されている。ある任意の時点の企業負債構造は，企業が資産を新規に取得する目的で資金手当てを行ったり，資産保有ポジションを維持するために借替え金融の資金を賄ったりする結果として決定される。

現金支払債務のうちには元本の償還と利子支払いの両方が含まれる[4]。資産を所有するために必要な資金が，その資産の満期よりも短い満期の負債に

---

4) 通常の貸借対照表は企業の長期レンタル契約の存在を無視している。したがって，それは現金支払債務の大きさを過小表示している。この点を考えると，金融データは現金の受取り・支払いの観点から再構成する必要があるであろう。

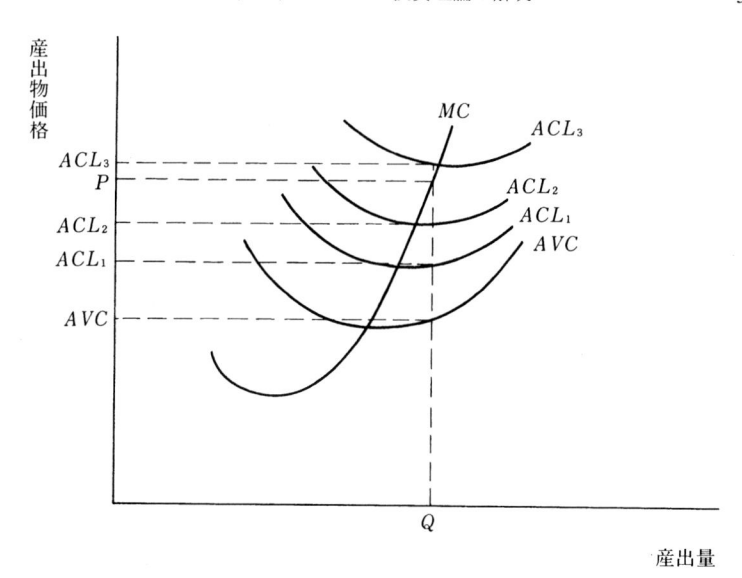

第10章 ケインズ投資理論の解明　　　307

第2図　企業の短期費用曲線

よって調達される場合を考えてみよう．この場合には，負債契約によって必要とされる現金支払額の期限満了までの総額は，当該資産が同一の期間に生み出すであろう現金の額を超えることが十分に予想される．このような状況下においては，負債契約を履行するのに必要な現金が負債のさらなる追加的発行によって調達されなければならない．現在のポジションを維持するために新たに負債を発行するという借替え金融の方法は，銀行行動に典型的に見られるものである．事実，商業銀行や手形ディーラー，そして金融会社 finance company は正常時においてもこのような借替え金融を行っている．ペン・セントラル鉄道が倒産したとき，それは短期の負債ストックを抱えていた．この鉄道会社がいやしくも「流動的」であるためには，その短期負債が「ころがし turn over」によって借り替えられなければならなかったのである．それが不可能になったとき，ペン・セントラル鉄道は倒産したのである．

　第2図には企業の短期費用曲線が描かれている．ある所与の資本設備と賃金率のもとで，（ケインズの使用者費用を控除した）限界可変費用（MC）

と平均可変費用（AVC）を定義することができる．これ以外の平均費用曲線（ACL）は異なった負債構造のもとでの異なった現金支払債務の存在を反映している．ここでは三つの異なる貸借対照表に対応して，三つの平均費用曲線（ACL_i；$i=1,2,3$）が示されている．予想される産出物価格をPとすると，（$P-ACL_1$）や（$P-ACL_2$）の大きさは，産出物価格が下落する結果として「資本資産稼働からのキャッシュフロー」が負債構造で規定されている支払現金所要額の水準を下回るに至るまでのこの価格の最大の下落幅を表している．

三番目の平均費用曲線（ACL_3）は，「資本資産稼働からのキャッシュフロー」がそのときの負債構造で与えられる支払現金所要額に満たないことを示している．負債の元本が償還の時期を迎えるときには（いつもと言うわけではないが）しばしばこのような状況が発生する．「資本資産稼働からのキャッシュフロー」の額$Q(P-AVC)$が十分に大きく，また金融市場が秩序を保っている場合であれば，通常は負債の借替えが可能である．これに対して，期待キャッシュフローが現金支払額に比して相対的に「小さすぎる」とか，金融市場が秩序を欠くような状況下では，そのような借替え金融が不可能ではないにしても非常に費用のかかる代物となるのである．

現金支払債務が「資本資産稼働からのキャッシュフロー」よりも大きければ，借替え金融にとって代わりうる代替的な方法は資産を売却するか，あるいは資産を担保に供することによって現金を調達することである．さまざまの実物資産や金融資産を売却しうるのは，買い手が近くにおり売却すべき資産を容易に移転させることが可能で，その資産が買い手に望ましいキャッシュフローをもたらすと期待されるかぎりにおいてである．資産が生産過程に組み込まれそのなかで特別の機能を担う種類のものであるときには，その資産は売却されてもキャッシュフローを生み出す能力を欠くと言わなければならない．

かくして，資本主義経済での資産評価のあり方は二段階の過程として描写できる．すなわち，第一段階は資産を所有する経済主体が現在および将来の

経済過程での当該資産の稼働から得られるキャッシュフローの大きさを推定するということである．第二段階は必要に迫られたときに資産が売却されうるとして，この売却から得られるキャッシュフローの大きさを推定することである．資産の市場価値はこれら二つの評価をなんらかの形で加重平均したものになろう．

　資産の稼働あるいは契約の履行から生じると期待されるキャッシュフローの大きさが全く同じであっても，十分に整備された資産流通市場がない資産は良く整備された市場をもつ資産に比べ割り引いた水準の価格で取引されることになろう．

　現金調達のために資産を売却せざるをえない場合のその可能性に関する評価は，急激に変化しうるものである．このことは制約の多い売買市場しか存在しない実物資本資産の，容易に市場売却可能な金融資産に対する相対価格が，影響を被りやすいということを意味している．かくして，実物資産や金融資産の市場価格は一方でまず生産力の大きさと契約の実行可能性・信頼性といった要因を反映する．このような要因は資産の稼働や契約の履行から得られると期待されるキャッシュフローの大きさの評価となって現れる．と同時に，他方で資産の市場価格は資産売却を不可避にする状況が出現する可能性についての予想という投機的要因をも反映するのである．

4. 貨幣の役割

　しかしながら，ケインズの議論のなかで特別重要な命題は，少数の例外はあるにしても実物資産や非貨幣的金融資産の価格が概して貨幣供給量の関数であるという命題であろう[5]．資産が価格を有するのは将来の生産過程での

---

5) M_0 の貨幣供給量のもとでは，ある金融資産 (L_i) が貨幣であるかのごとくに利用されるのに対して，$M_1(>M_0)$ の貨幣供給量のもとではこの L_i の金融資産がもはや貨幣として利用されない，といった一連の資産間代替関係の存在がありうる．このような「劣等財的な inferior」貨幣代替物の価格 (P_{L_i}) については $P_{L_i}(M_1)<P_{L_i}(M_0)$ という関係が成立しうる．

使用やそれに関わる契約の履行，あるいはその資産の売却を通じて当該資産が現金の流れを生み出すからであるという命題は，むしろ二義的なものにすぎない．貨幣供給量の関数であるというのは $dP_K/dM>0$ であることを意味する．ただし，ここでは $d^2P_K/dM^2<0$ であると仮定する．

「流動性の罠」という特殊な仮定については，これまで多くのことが語られてきた．しかし，要するにそれは $\lim_{M\to\infty} P_K < P_K^*$ となるような状況がありうるということにほかならない．この仮定を「$I=0$, if $P_I<P^*$, および Max $P_I=P_K^*$, さらに $P_K^*<P^*$」という命題(訳注)と結合させれば，貨幣供給の増加はもはや投資を増加させることができないという命題を得ることになる．さらに，「流動性の罠」の仮定と貨幣は投資に影響を与えることを通じてのみ所得水準を変化させることができるという命題とを結びつけると，貨幣量の変化は政策手段として有効でないという結論を得る．

実物資本資産の価格が貨幣量の増加関数であるという見解を裏づける理由としては，以下の多くの点を指摘できる．

(1) 貨幣は金融負債契約を決済する際の価値が固定された資産である．すべての貨幣やすべての実物資産は——すべての金融資産と同様に——いずれかの主体のポートフォリオに必ず組み込まれている（この点については Keynes(66)を参照されたい）．貨幣以外の資産の量が一定不変で貨幣量が増加すると，貨幣の貨幣価格が固定されているためその他諸資産の貨幣価格が上昇せざるをえない．

(2) 「貨幣性 moneyness」という概念は，負債契約による現金支払いが事実上確実であり，またよく整備された資産流通市場を有するような資産（政府債務はその好例である）を特徴づけるのに用いられる．ポートフォリオに組み込む対象としてこのような安全資産がいっそう多く利用可能ならば——危険資産単位当りの期待キャッシュフローが安全資産のそ

（訳注） P_I^* は，これより低い投資財価格水準が成立する場合に投資財産出がゼロになるような投資財価格水準のことである．したがって，ここでいう命題を書き換えると「Max $P_I=P_K^*<P_I^*$ より $P_I \leq P_K^*<P_I^*$, それゆえ $I=0$」となる．

れよりも大きいかぎり——危険資産はいっそう高い価格水準をもつことになる[6]．

(3) さらに，代表的なポートフォリオに占める貨幣量の比率が大であるほど，現金受取りが実際に減少した場合に代表的経済主体が資産の売却によって現金を調達しなければならなくなる可能性はいっそう低くなる．ところで，資産売却の可能性が高ければ高いほど，売却によって実現できる価格は低下しがちとなる．したがって，ポートフォリオに占める貨幣量の比重が大きいほど，現金調達のための資産売却の可能性は低下し，資産の市場価格水準はより高くなる．

(4) 実物資本資産と現金支払債務を保有する任意の経済主体が貨幣の準備をもたないものとしよう．仮にそうであっても，経済全体の貨幣量が多くなればなるほど，当該主体が資産を売却するなり追加的に負債を発行することによって貨幣を調達することはますます容易になる．たとえば，銀行が多くの財務省証券を保有していてその結果貨幣供給量が大であるとしよう．このとき，民間企業の資金借入需要が「資本資産稼働からのキャッシュフロー」の一時的な減少から生じたものであっても，この資金需要はより少ない貨幣供給量の場合においてよりもいっそう容易に満

---

[6] 政府負債が有する「ストック」の効果と「フロー」の効果とは区別されなければならない．ただし，ここで政府負債とは，法律上定めのある政府の負債のみならず，政府の保証によって陰に陽に貸倒れ危険から保護されたすべての利子生み負債を含む．

貨幣ストック，民間負債ストック，および実物資本ストックの諸量，および経済の将来動向に関する一連の予想を所与とするとき，政府負債ストックが大きいほど実物資本ストックの価格および民間負債の価格の水準は高い．しかし，他方貨幣ストック，政府負債ストック，民間負債ストック，および実物資本ストックの諸量と（外生的に決定される）貨幣供給成長率や所得水準とを所与とすれば，政府負債の成長率が大であるほど，新規発行負債の価格や新規投資財の価格の水準はより低い（すなわち，通常の利子率はより高い）ことになる．これはストックとしての政府負債が実物資本や民間負債の補完物であるのに対して，そのフローは後者に対して代替物の関係にあるからである．このような関係を曖昧にしかとらえていないために，金融市場の分析には相当の混乱が見られる．

たされる．貨幣供給量が大であるほど，必要現金の調達というポートフォリオ調整は基本的にますます容易となるのである．
(5) 貨幣供給増加率の低下は，将来のしかるべき時期に補塡的な緊急の融資を受けることが困難になり，その費用が割高になるであろうということを示すシグナルである．このシグナルは負債を有する経済主体にただちに伝わるということも留意しなければならない．

以上の諸理由から，貨幣供給量の過大な増加が将来必ずインフレを引き起こす原因になるということを無視すれば，
$$dP_K/dM>0, および d^2P_K/dM^2<0$$
となるのである．

$P_K=P_K(M)$ の関数が理論の有用な構成要因であると考えたうえで，次に論ずべき事柄はこの関数をシフトさせる，あるいはまたこの関数の形状に影響を及ぼす現象はどのようなものであるかということである．

この関数の背後には実物資本資産の現存ストックと一群の金融諸機関が存在する．資本の蓄積は P_K 関数を下方へシフトさせる傾向をもつであろう．資本蓄積の進行下でも資本資産の代表的1単位の価格が一定不変に維持されるような均斉成長 balanced growth の状態を想定することはできる．均斉成長とは貨幣供給量，金融的重層化 financial layering，金融資産や実物資本資産のキャッシュフロー，労働力，および産出量がみな同一の率で成長する状態を意味している．

金融的重層化は二通りの道筋を通って実物資本資産の価格に影響を与える．まず，貨幣ストックと実物資本ストックを所与とすると，金融的重層化が深化するほど金融の弾力性と信頼度は高まる．それは金融的重層化と金融技術の高度化が特殊なあるいはまた一般的な貨幣代替物の双方を創り出すからである．金融仲介機関は金融過程の最終的・中間的な位置にある経済主体のポートフォリオに対して安全な資産を供給することができる．そのため，それは個々の経済主体の不確実性に対する態度や制度上の諸制約に対応して自在にポートフォリオ構成を図りうる自由度を高めるのである．第二に，金融的

重層化が進展すればするほど究極的な実物資産保有のポジションを金融するための代替的資金源泉が豊富になる．このような理由により，金融的重層化の程度が高いほど実物資本資産価格はいっそう高いであろうということができるのである．

　しかしながら，金融的重層化の程度が高くなると，元本や利子の支払いのための現金支払頻度は高まる．というのは，重層化された金融過程の各局面ごとに金融機関を相手とした現金の受払いがなされなければならないからである．このことの意味は次のようである．すなわち，経済全体の貨幣量が一定であるかぎり貨幣はいっそう速く回転しなければならず（つまり貨幣の取引流通速度は上昇しなければならない），そのため重層化の程度が大であるほどますます多くのポートフォリオは「貨幣形態の緩衝在庫」を要求するようになるということである．また，金融仲介機関は典型的には負債を発行することによってか，あるいは他の資産を売却することによって一群の資産保有ポジションを形成することを旨とする組織体である．それゆえ，いっそう多くの金融仲介機関の介在を意味するところの金融的重層化の進展は，借替え金融の市場が崩壊する危険度を高めると言えよう．この点を考えると，金融的重層化の深化は貨幣の「陰伏的な implicit」収益率を高め，実物資産の価格を低める効果をもつ傾向がある．

　基本的により重要なことは，$P_K = P_K(M)$ の関数が経済主体の選好体系と「資本資産稼働からの期待キャッシュフロー」についての予想を前提しているということである．

　選好体系についてのフリードマン＝サベージの考え方に立つと，代表的経済主体は特定の所得水準の範囲では危険回避者として行動するのに，それ以外の所得水準の領域では危険愛好者として行動することがある．危険愛好的行動が存在するのは，大僥倖 bonanza が期待されうるかぎりそれ自体は非常に魅力的であるように思われるからである．全く同一の期待所得水準であっても，非常に大きな所得増大の可能性がある賭はそうでない別の賭よりも高い値で売れるであろう．大僥倖に関しては資産の「満期」と資産の実際の

保有期間とを区別することが重要である．大きな僥倖は，国民所得勘定で定義されるところの所得からの貯蓄によってではなく，資本利得の形態によって得られるものであるからである．

資産価格は，その期待キャッシュフローに関する「市場」の読みが変化すれば急激に高騰したり崩落したりする．もし，技術革新が「大当り」しこれが明白にして巨大な準地代をもたらし始めると，革新企業に集積された資産の価値は急速に上方へ再評価される．また，資産のこれまでの評価が景気循環は「不可避」であるとのコンセンサスにもとづいていたとすれば，新しい時代 New Era〔すなわち景気循環のない時代〕の到来が宣言され（これが信頼され）ると，実物資産の価値は再評価されはじめ高まることになるであろう．これとちょうど対称的に，景気循環の消滅が公に宣言されたあと循環が再現すると，実物資産の価格は下落するであろう．

所与の選好体系のもとで，「大僥倖」が実現する確率が相当に高く，景気循環の波はいまやほとんど「消失」したとの見解が支配的になれば，代表的実物資本資産の価格は上昇するであろう．すなわち，$P_K = P_K(M)$の関数が上方にシフトするのである．もっと手短かに言えば，経済が成功裡に推移すれば資本ストック単位当りの価格は上昇する傾向があるということである．

選好体系は社会の産物であって，遺伝的性格をもつものではない．一国経済の住民が典型的な危険回避者であるとか，あるいは危険愛好者であるとかするのは，その国民が経験した歴史の結果にほかならない．危険愛好的行動によって成功をおさめた人が多く，安全重視で行動した人の多くは損失を被ったということがあるとすれば，その社会では「安全」資産よりも「危険」資産の価格を相対的に高める方向への選好体系のシフトが生まれよう．ポートフォリオ構造が不変であるとすれば，実物資本資産価格に影響を及ぼす主要な要因は，現金調達のために資産それ自体を役立たせなければならなくなる可能性〔つまり，売却したり抵当を設定しなければならなくなる可能性〕と実際にそうなった場合の諸費用の評価に関する見通しないし見解である．流動性を維持することが不可能になるのではないかという危惧の念が薄らげ

ば，実物資産の価値は増大するであろう．

　逆に，たとえば1966年のクレディット・クランチや1970年の流動性逼迫においてのように，金融的困難の時期や金融市場が秩序を喪失した時期を経験すると実物資産の価値は急速に低下するかもしれない．

　企業の負債構造は特定の現金支払フローを生じさせるが，これを満たすのに必要な現金は実物資産の稼働から生み出されるものとしよう．好景気下で発展する金融的諸関係は現金受取りよりも現金支払いの額を相対的に高めるといった作用をする傾向がある．社会の選好体系は過去の経済的な成功の経験を反映しているものとし，また不利な条件で資産を売却したり担保として供せざるをえないような緊急事態が発生する可能性はいまのところ小さいとの見通しが立っているものとしよう．しかし，そうではあっても，客観的な諸条件は「資本資産稼働からのキャッシュフロー」が実際は負債の現金支払債務を履行するのに不十分となるような可能性，したがって現金の必要額は資産を売却するか担保に供するかして賄われなければならなくなる可能性を高めることはありうる．

　以上のように，資本資産の価格は貨幣供給量の関数と見なせるものであるが，それは〔内生的諸要因の変化の結果として〕シフトしうるものである．しかし，そのシフトは全くでたらめなものではない．経済が成功裡に推移すれば関数は上方へシフトし，経済の運営が失敗すれば関数は下方へシフトする．そういう意味での一定の規則性が存在するのである．わけても，経済の成功は投資ブームを招き，金融恐慌や金融逼迫は投資と所得の停滞をもたらすはずである．

　$P_K = P_K(M)$ を流動性選好関数と解釈するならば，ケインズ投資理論の基本的命題は流動性選好関数がシフトするということにほかならない．

5. 株式市場の役割

　実物資本資産について $P_K = P_K(M)$ なる関数を想定することへの批判とし

て，多くのタイプの資本資産にはその中古品を取り扱う明示的な市場と市場価格が存在しないというのがある．市場が存在しない理由の一つは，取引費用があまりに大きすぎて，そのような財一つ一つに市場が成立する可能性はないということである．ここで取引費用とは，中古の資本資産の買い手を探し求め，そのような資本財を生産過程からはずし，輸送して再び取り付けるための諸費用のことである．

現在（1971年）の逼迫した金融的環境において，金融上の行き詰まりに陥った企業や営業成績（利潤）に問題のある企業は，その事業所や組織の一部を実際の本体から引き離すことによって軽量化を図っている．このような対応は，差し迫った負債の支払いに備え，実物資本資産を売却することによって現金を調達する手段の一つにほかならない．このような取引の特殊な性格は，実物資産を個々に売却して現金を調達することはしばしば不可能であるにもかかわらず，一塊となって集積している資本財をその塊のままで売却することによってならば現金を調達することが可能であるという点にある．

企業の一部を切り離すという過程のうちには，完全所有の子会社や大きな支配力を行使しうる子会社の「株式」の売却もしばしば含まれる．われわれの目的にとってはこのような企業組織上の特性——すなわち，一部の事業所が異なる企業体として組織されることもままあるということ——はたいして重要でない．

通常の場合，企業は株式市場で評価される．資本財は一般に規則的に取引される類の財ではない．しかし，普通株は規則的に取引されている．株の市場価値と企業の貸借対照表とから，実物資本資産と当該企業に固有の諸市場や経営上の諸特徴との結合体である企業組織に評価を下すことができる．それゆえ，株式市場はかなりの「雑音」を伴っているものの，当該企業に集積された資本財が当該経済においてどのように評価されているかの指標を与えてくれる．換言すれば，資本財の陰伏的な価格は普通株の陽表的価格に先述の諸項目について修正を施したものの関数となる（この点は Turvey (128) を参照されたい）．

株式市場の評価は資本コストの構成要素としてどのような投資関数にも現れてくる．資本コストとは単純には金融諸条件 financial terms として定義されるものである．普通株が高い価格を示せば，これは資本コストが低いことを意味するものとされる．低い資本コストは（賃金水準を所与とするなら），生産関数を介して任意の生産水準に対する望ましい資本ストック水準の比率を高める．これは投資を増加させると考えられる．しかし，このような定式化では，株式市場での評価による低い資本コストが他の金融諸条件の高いコストによって相殺されてしまうかもしれないという可能性が捨象されている．株式市場の評価を資本コスト決定の一つの要因として用いるモデルでは，一方で資本財評価の問題と他方で投資のみならず現存資本ストックの所有を金融したりするのにどのような条件で負債発行ができるかという問題とを切り離して扱う厳密な方法がない．

結局，株式市場の情報を実物資本ストックの陰伏的価格の尺度として利用する定式化〔すなわち，本書の立場〕か，それとも金融諸条件を決定する一つの要素として利用する定式化のどちらが良いかの検証は，各定式化にもとづく異なった理論がそれぞれ現実の諸現象をどの程度うまく説明できるかに依存する（この点の議論に関連してはBrainard and Tobin(12)，およびBischoff(10)を参照されたい）．

6. 投資財の供給

投資財も生産物の一部を構成する．生産される投資財の量は投資財生産者によって決められる．投資財の生産に特化した資本ストックの量を所与とするとき，投資財生産をそれ以上に高めようとすればその単位当りの費用が上昇せざるをえないというある臨界的な投資財生産水準が存在する．したがって，投資財供給曲線には右上がり勾配となる部分がある．投資財産業が十分に競争的であるとすれば，この右上がり勾配の供給曲線は限界費用曲線を集約したものとなる．

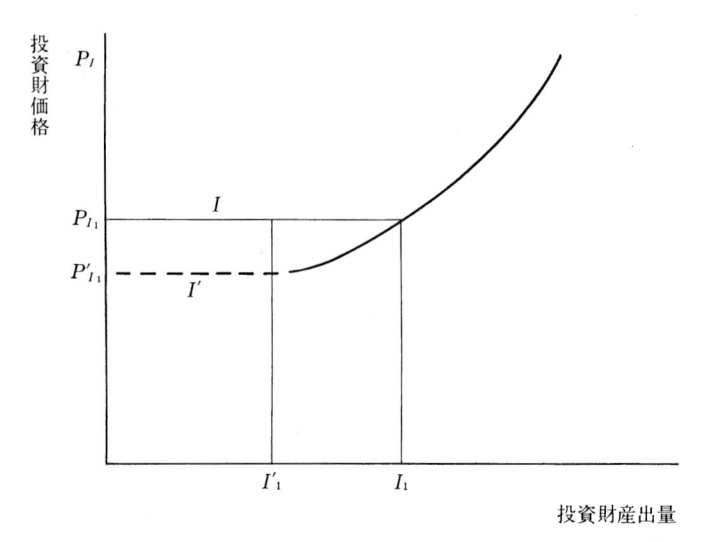

第3図 投資財供給曲線

投資財の費用曲線にはこれ以外に水平的な,あるいはほとんど水平的な,部分もある.この「水平的な」部分は各投資財の単位当り平均費用が最小となる水準に位置する.平均費用曲線はこの場合,可変費用と使用者費用 user cost を含む.ケインズの使用者費用という概念は,基本的には資本財が現在の生産に利用されたならば得られなくなるであろう将来準地代の現在価値を意味する.ケインズの使用者費用は在庫および耐久資本財を利用することの費用を統合したものである.在庫や耐久資本財が利用されるのは,現在得られる報酬の大きさが得べかりし将来期待報酬の現在価値に少なくとも等しいかぎりにおいてである.今日利用される資本用役は明日利用することをえないという技術的条件のために,〔最低限これだけは必要と考えられるところの将来期待報酬水準を示す〕留保価格 reservation price が存在することになる.在庫や耐久資本財ストックに対する収益は,存在するこの留保価格分を除けば本質的に地代 rent であるということができる.

　第3図には,本節で論じられつつある投資財供給曲線(それは I の記号で表されている)が示されている.I' の破線は使用者費用を無視した場合の

供給曲線である.賃金水準の低下がもつ効果は第3図で検討することができる.

賃金は I および I' 両曲線のシフト・パラメーターである.一時的な賃金の下落は両曲線を同じだけ下方にシフトさせるであろう.この場合,将来の予想地代が不変であるかぎり使用者費用は減少しない.このような状況下では,賃金が下落すると供給価格に占めるマークアップの比率は労働用役費用に対して相対的に高まる.このように投資財価格が賃金に比して相対的に高まると,生産技術の選択はより多くの労働用役とより少ない資本を用いる方向へ促進される傾向がある.

これに対して,生じた賃金の低下は従来までの投資財価格水準への復帰がもはや期待しえないものになったことを示すシグナルとして受け止められる場合がある.あるいは,この賃金下落は従前の投資財価格水準への復帰が仮に不可能ではないとしても,それがずっと将来の時点でのことであると思われ,したがって従前の投資財価格水準への復帰は当面無視しうることを示すシグナルであるかもしれない.いずれにしても,このような状況下では,現在の使用者費用を決定する準地代はより小さいか,あるいははるか遠い将来に発生するものにすぎないと考えられていることになる.これは使用者費用の低下を意味する.その結果,投資財供給曲線 I は賃金率以上に下方にシフトすることになる.

かくして,投資財供給曲線が賃金率以上に小さく,あるいは同程度に,あるいはより大きく下方シフトするかどうかは,貨幣賃金の下落がどのように解釈されるかに依存する.そして,資本と労働の代替効果に関して言えば,貨幣賃金の低下は投資を促進するという点でプラスに作用したり,マイナスに作用したり,あるいは中立的であったりするのである.

第3図で投資財生産量がいま I_1 であるとするとき,今期の準地代は十分に大きく,したがって使用者費用のうちに留保価格が含まれるという側面はほとんど無視しうると仮定しよう.このとき今期の準地代は $(P_{I_1}-P'_{I_1})I_1$ となるが,これは代表的な投資財生産企業に必要な内部金融資金としてはお

そらく十分な大きさの額であろう．

投資財産出水準が I'_1 であれば，$(P_{I_1}-P'_{I_1})I'_1$ に等しい準地代が得られることになる．このキャッシュフローが差し迫った現金支払いの所要額を満たすのに十分であるとか，あるいはこの小さなキャッシュフローを稼得している企業でも留保地代 reservation rent を維持して余りある十分な金融的資金を得ることが可能であるならば，P_{I_1} の価格水準は維持されるであろう．しかし，$(P_{I_1}-P'_{I_1})I'_1$ の大きさのキャッシュフローでは現金支払債務を履行しえないと考える企業が十分に多く存在すると，企業は使用者費用の存在という制約を無視してより多くのキャッシュフローを得るべく生産量の拡大を図ろうとするであろう．（倒産行為は負債の現金支払債務の負担を軽減し，したがって使用者費用は留保価格として機能することになる点に留意されたい．倒産は秩序回復に貢献するので，寡占企業が最も好むところのものである．）

現金支払いの必要から投資財価格を P'_{I_1} の水準に設定せざるをえないとすれば，この代表的企業は正の準地代を得ていないことになる．すなわち，既存の負債構造に体化された現金支払債務を履行するのに十分なだけの資金が生み出されていないのである．このような状況下では流動性問題が不可避的に顕在化するであろう．

使用者費用の概念によって，非常に競争的な産業においてさえ過剰生産能力と資本所有者に対する正のキャッシュフローとが共存する理由を説明することができる．同様に，ブームの時期および企業粗利潤がゼロになる時期の両方においても経済がそれなりに機能しうる理由をその使用者費用の概念で説明できるのである．資本財用役に留保価格がなければ，「資本資産稼働からのキャッシュフロー」に伴う不確実性のため，負債の発行によって耐久資本財を金融することは不可能となるであろう．

もちろん，使用者費用に関する議論は，投資財生産企業にのみ当てはまるものではなく普遍的に妥当するものである．すなわち，投資財についてと同様，消費財生産の供給曲線についても同じ議論が成立する[7]．

---

7) ケインズの使用者費用は予想資本コスト planning cost of capital の概念とは異な

第10章 ケインズ投資理論の解明

とまれ，以上のごとくに投資財（消費財）供給関数には二つのシフト・パラメーターが作用する．一つは賃金率である．賃金の下落はそれが使用者費用に対していかなる影響を及ぼすかに依存して，投資率を高めたり，低めたり，あるいは投資率にはなんの影響も及ぼさなかったりする．

第二のシフト・パラメーターは使用者費用である．使用者費用の減少は供給曲線の位置を低下させる（逆は逆である）．使用者費用が将来報酬の現在価値であることを考えれば，利子率の上昇は使用者費用を減少させる（逆は逆）ことに注目しよう．したがって，現在の現金所要額が，（既述の）得べかりし将来地代を超過するという状態は，実質的な利子率が当該企業にとってあまりに高すぎる場合の反作用であると解することができる．

資本財価格を設定する $P_K(M)$ 関数に比べ，投資財供給曲線は概して安定的であろうと思われる．シフト・パラメーターたる貨幣賃金の変化や差し迫った現金支払所要額が正常な使用者費用を超過する可能性は，投資財市場それ自体にとっては外生的な，すなわち経済の他の側面の動きの結果にほかならないからである．それゆえ，投資財供給曲線のシフトは自生的な性格をもつものではなく，むしろ他律的に誘導される性格をもつ．投資財と資本財の市場〔の関係〕を近似的に理解するにあたって，われわれは第1図(a)の $P_K(M)$ 関数が安定的な I 関数の位置を中心にシフトするものと仮定したい．

最後に，差し迫った現金需要の存在から投資財供給曲線が I から I' へ下方シフトするとしよう．もしこのようなことが生じれば，当該資産が売却を余儀なくされる可能性の見通し（この見通しは実物資産の価値を評価する場合に考慮されなければならない）は強まりがちであることに留意しなければならない．流動性がこのように重視されると，それは他方で P_K 関数をも下

る．予想準地代 planned-for quasi-rents は使用者費用に含まれる留保価格よりも大きい．たとえば，いま一つの企業を設立することによって将来のある時点の準地代を100だけ犠牲にするとしよう．このとき，現在の使用者費用は将来期待される準地代の割引価値であって，これは投入要素比率を決定するのに使われる予想利潤率 planning rate よりも小さいはずである．この考え方はジョルゲンソンのそれとは異なるが，トービンの考え方にいささか近いようである．

方にシフトさせることになるであろう．

7. 事前的投資と事後的投資——内部資金フローについて

企業の内部資金フロー量 (N_c) は投資率の大きさから独立であると仮定しよう．ただし，この内部資金量は資金循環勘定における税引後粗利潤の概念にほぼ対応している．いま任意の期間における内部資金の量は

$$N_c = \hat{N}_c$$

で，一定に与えられていると仮定する．このことは投資総額 $P_I I$ のうち $\hat{N}_c$ だけが内部資金によって賄われることを意味している．投資財単位当りで示せば，投資財金融に占める内部資金の貢献度は直角双曲線

$$P_I I = \hat{N}_c$$

で示される．

第4図の P_{I_1} は事前的な投資財需要価格である．資本ストック所有者の金融の構造を所与とすれば，このことは実物資本資産の単位当りの価格が P_K

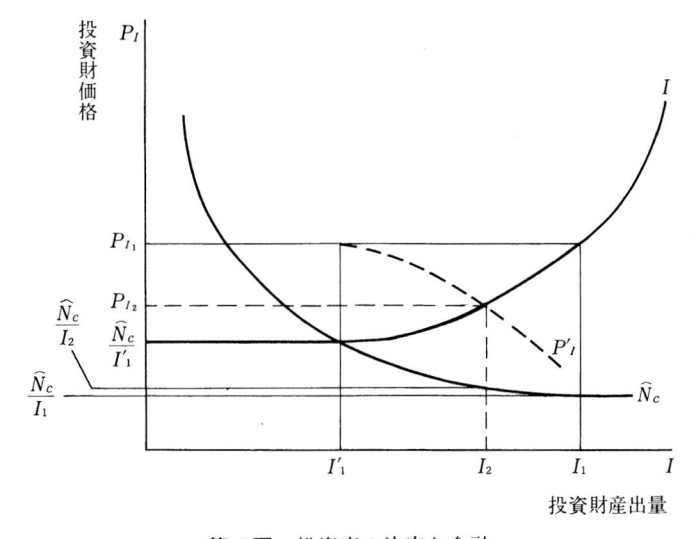

第4図 投資率の決定と金融

$=P_{I_1}$であることを意味している．このとき，投資を金融するための制約が なんら存在しなければ I_1 の投資が実現する．

その場合の総投資金額は $P_{I_1} \cdot I_1$ であり，そのうち $\hat{N}_c$ だけが内部資金で賄 われる．したがって外部資金の必要額は $\{(P_{I_1}-\hat{N}_c)/I_1\} \cdot I_1$ となる．いま， I_1' の投資が金融されるとき（このときは投資財単位当りにつき $(\hat{N}_c/I_1')$ は 内部資金で金融されることになる）投資フローを金融する際の貸借対照表上 の諸関係が資本財ストックの金融のなされ方と整合的であると仮定しよう． そうすると，I_1'の水準を超える投資部分は現存資本財ストック以上により多 くの負債発行に依存することになる．P_I' という右下がり関数は，金融諸条 件が累進的に制約の強いものになっていくとき投資財需要価格がどのように 低下していくかを示している．

第4図では，実現投資が I_2，投資財供給価格が P_{I_2} となる．これが均衡状 態であるが，投資財単位当り $(\hat{N}_c/I_2)$ は内部資金によって金融される．こ の結果，事後的投資に対する金融的制約は事前的投資に対する制約に比べて 小さくなっている．

8. 投資の金融活動と資本資産価格との相互関連

第4図は投資決定モデルのほんの一部分にすぎない．投資資金を外部から 調達するための金融条件とは，投資を実行する企業が発行するところの，そ れぞれ特別のキャッシュフローをもったさまざまの負債の発行価格にほかな らない．この意味の金融条件は，実物資本資産の増分が現存資本資産ストッ クの1単位と同等に評価されるのを可能とするようなものであるかもしれな い．その場合には，第4図の I_1 の投資が実現することになろう．他方，こ れとは違って，金融条件はある一定以上の資本財増分が現存資本財ストック の1単位よりも低くしか評価されないようなものであるかもしれない．この 後者の場合の投資財需要は右下がり曲線となる．第4図の破線 P_I' は，実 質的な金融的制約条件が後者のようなものである場合の投資財需要曲線を表

している.

　任意の時点で，民間の実物資本財ストックはみな民間経済主体によって所有されている．このような資本資産の保有ポジションは負債によって金融されている．資本ストックの所有を金融するために発行された負債と投資財産出フローを購入するために発行された負債が，満期や担保条項などの契約諸項目において全く等しいとしよう．このとき，両負債は全く同一の価格で取引されなければならない[8]．したがって，P_I' 曲線によって示される金融的制約条件の変化は資本財ストックの価格かあるいは当該企業の現存負債ストックの価格のいずれかに対して反作用効果を及ぼす．

　時の経過とともに，資本財ストックの所有を金融するための負債の発行条件は，金融市場一般に支配的な諸条件に歩み寄らざるをえない．したがって，金融条件の変化は資本財価格 P_K に影響を及ぼすことになる．しかし，当初は主として既存民間負債ストックを所有する経済主体に損失が生じる．

　われわれの議論の目的からすれば，実物資本ストックを保有するための負債構造は三つの部分から構成されていると想定すれば十分である．すなわち，株式，銀行借入れ，およびその他の負債の三つである．既存資本財ストックについていえば，株式の価値は資本財の価値から銀行借入負債およびその他の負債の額を控除したものに等しい．株式市場での評価は特定企業に対する株式投資の価値を測定する唯一の方法である．

　投資のための資金調達方法には，内部資金——配当を控除した税引後粗利潤——の活用と外部資金の調達とがある．後者は銀行借入れとその他の外部金融に分かれる．その他の外部金融は新株式の発行とその他負債の正味の発行から成る．新規の株式発行による金融と内部資金による金融を統合すれば，

---

8) 利回り格差があれば，新規負債は既存負債に比して割り引かれた価格で販売される．しかし，それらが正しく価格づけされるなら新規発行負債の価格はただちに上昇する．既発負債の観察される市場利回りは，新規負債を発行する主体にとっての資金コストとはならない．既発負債の市場利回りと新規負債利回り（＝借り手の資金コスト）との間のこの格差は，常時一定であるとは限らない．この点については Ederington(24)を参照されたい．

企業による投資の金融は株式の発行，銀行借入れ，そしてその他の負債の発行に分かれる．

その他の負債の範疇には多くの異なった負債が含まれ，それらは同質的ではない．しかしながら，これら負債はみな支払キャッシュフローという債務を形成する．その意味においては，これらの非同質的な負債も同一の範疇で取り扱うことができる．

任意の投資水準を金融するにあたって，実物資本ストック保有のための金融条件がなんらの変化も被らないような金融方法が少なくとも一つはある．投資フローと資本財ストック所有がすべて同じ方法で金融されるならば，フローを金融するための必要からストックを金融する条件が変化を被るということはおそらくないであろう．内部資金 N_c が株式金融 equity financing E の唯一の手段であり，貨幣ストックは資本財ストック保有ポジションを金融するための銀行借入れと関連すると仮定しよう．このときには次式が成立する．

$$\frac{I}{K} = \frac{\Delta M}{M} = \frac{N_c}{E} = \frac{\Delta(その他の負債)}{(その他の負債残高)}$$

である．もし K, M, E およびその他の負債がすべて同率で成長するならば，投資が実現する過程で資産ストック保有ポジションを金融する条件が変化することはありえないであろう．

ここで，もし $I/K \neq \Delta Y/Y$ であれば，所得に関して中立的な貨幣成長率（$\Delta M/M = \Delta Y/Y$）と投資を金融することに関して中立的な貨幣成長率（$\Delta M/M = I/K$）とは異なることに注目しておこう．

加えて，第三の項目として貸借対照表に政府の外部負債 G が存在するとすれば，金融上の中立性が維持されるためには $\Delta G/G = \Delta M/M = I/K$ が成立することが必要である．すなわち，政府の財政赤字は政府負債が資本財の成長率と同じ率で増大するような大きさでなくてはならないのである．

貨幣的中立性 monetary neutrality の概念は，これに関係する観察諸事象の範囲が拡大するにつれてしだいに実体のない曖昧なものになる．たとえば，

金融構造の進化的変化のうちには，ポートフォリオのなかの貨幣や本源的証券がその他の金融資産に代替されていくといった過程が含まれている．このような現象が実際に認識されるかぎり，これについて「金融構造の進化的中立性 evolutionary neutrality」とでも呼べるようななんらかの新しい概念が必要になる（この点については Minsky(77) を参照されたい）．

それはともかく，負債ストックに体化されている現金支払債務は資本財ストックから得られるであろうと期待されるキャッシュフローに対応している．これと全く同様に，新たに増加する負債の現金支払債務の履行が資本財の新規増分から期待されるキャッシュフローに依存するのであれば，実物資本資産価格に対する負債の価格の相対的関係はそのことからおそらくなんの変化も被らないであろう．そこで，投資財需要関数が右下がりとなるについては，期待キャッシュフローのますます多くの部分が資本財の取得を金融するのにあてにされざるをえなくなるということが反映しているのである．

金融面の成長がバランスを欠き，それゆえたとえば $\Delta M/M < N_c/E < I/K$ となると，投資を金融するための条件は資本財ストックを金融するための条件に対しても反作用効果を及ぼすであろう．そうであれば資本財価格は変化せずにおかない．

いま投資を金融するときの条件が $P_I < P_K$ となるようなものであるとしよう．この場合，投資金融のサイドからは上記両価格間の乖離を縮小させるような反作用効果が資本財価格に対して働く．つまり，当初 $P_K - P_I > 0$ であるような場合には，$dP_K < 0$ となるような金融的反作用効果が働くのである．

資本財ストックの価格の背後には，危険に対する主観的な態度，実物資産の稼働を通じて得られる期待キャッシュフローの不確実性の評価，そしてその資産が売却されたり担保として供されたりするとすればそれはどのような条件のもとでかという点についての評価が存在している．当該経済が一連の成功的な時期を経験すると，将来生起する事柄についての主観的予想は変化し，社会の選好体系に占める危険回避的態度の比重も変化する．その結果，成功的な体験を経た後には第1図(a)の $P_K(M)$ 関数は上方にシフトする．

このようなシフトは普通株式の市場価値を高める．その結果，未実現資本利得を含意するこのような資本財価値の増加は資本財ポジションの株式金融が陰伏的な形で増大することを意味する．つまり，資本財価値に対する持ち分比率が高まるということである．それゆえ，株式投資家であり，したがって同時に背後の資本財を所有する経済主体は，その所有株式を担保に入れることによって新規資本財を購入するための資金を入手することが可能となる．

第4図に即して言えば，P_Kの上昇はP_Iの上昇を意味し，したがって事前の投資率は高まる．現存資本ストックに対する所有者の持ち分が高まれば，当該企業が負債を発行することによって投資を金融する能力は改善されるのである．$P_K(M)$関数の上方シフトにより〔潜在的な〕資本利得が発生すれば，資本ストックの保有と全く同等の条件で弾力的に投資を金融する能力がつく．その結果，金融的制約の存在のために投資財需要曲線が右下がりになるということは全くなくなってしまうのである．つまり，市場価格で新たに評価し直されると，資本財ストックの株式金融比率は高まっていることがわかるのである．これは資金借り手の危険に対する保護 protection の程度が高くなったことを意味するのであって，資金の貸し手はいまや借り手が投資を金融するのに大変好都合な条件を提示するようになるというわけである．

この後半の現象，つまり金融のための資金供給が投資のブーム期には資金需要の増大と歩調を合わせて増加するという現象は，金融システムの進化的発展の結果であることがしばしばである．たとえば，合衆国では1960年代に金融システムが急速に変化した．その過程で，投資活動を金融するのが容易になり，また資本財ストックの保有ポジションを金融するための旧式の方法が改められたり，新しい方式が生み出されたりしたことは明らかである．この点を通常の議論で使われるLM曲線の援用で言えば，貨幣供給量一定のもとで歴史的な流動性選好関数は利子率に対して無限弾力的部分をもつ階段状の関数になったということである（第5図を参照されたい）．この無限弾力的部分はNCD（譲渡可能定期預金証書）や非金融企業のコマーシャル・ペーパーの発行などの金融革新がしだいに市場に浸透しだした時期にあたる

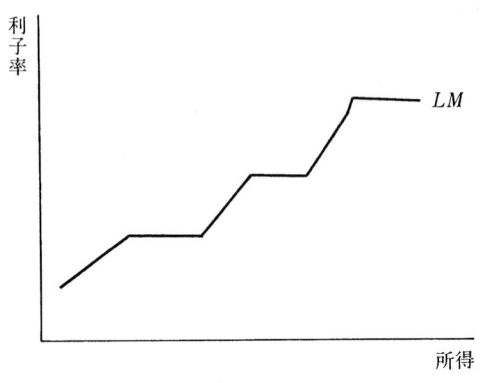

　　　　　　　第5図　金融革新の効果

(この点の詳細はMinsky(77)，(78)，および(92)を参照されたい).

　伝統的な貨幣数量説の用語で言えば，第5図に示されるような LM 曲線は貨幣の流通速度が景気循環の動向に適合して変化することを意味している．しかし，これは金融仲介が増大したことの結果である．金融的重層化の過程は，金融勘定における現金支払債務の総額が背後の所得関連的な現金支払いや受取りよりも相対的に増大することを含意している．このことは資産の売買を通じて自己の資産・負債ポジションを形成する金融システムが，経済のそれ以外の部門より相対的に大きく成長するということである．金融革新やこれに関連する貨幣流通速度の上昇が，好調な経済においての金融のあり方の一半を指し示していることは確かである．しかし，金融仲介の増大は，実物資産が売却されたり担保に供されなければならなくなる可能性の見通しを高める．かくして，金融仲介の増大は $P_K(M)$ 関数の下方シフトという金融的反作用効果を生ぜしめることに注意しなければならない．

　ブーム期における普通株価格の上昇により，負債額の実物資産の市場価値に対する比率は低下する．そうすると，投資を金融するのに内部資金よりも外部資金を利用する比率は高くても，貸し手の銀行と借り手の投資企業が借入れについて合意に到達するのは容易となる．というのは外部負債比率が高くても，それは資本利得が発生することで得られる効果をせいぜい相殺する

にすぎないからである．ブーム期には投資を負債の発行によって金融しようとする傾向が見られるが，これは投資プログラムを負債金融によって実行する企業が他方で（絶対額でみても，税引後粗利潤に対する比率でみても）配当を増大させていることからうかがえることである．それは株式市場の活況によって企業の市場評価に対する負債額比率が低下するからである．企業には〔望ましい〕受容可能な負債比率があると考えられる．事実そうであれば，株式の市場価格が上昇することによって負債比率は改善され，その結果投資のいっそう多くの部分が負債の発行で金融しうることとなるのは言うまでもなかろう[9]．

経済の好調な時期が長期にわたって続くと，「資本資産稼働からのキャッシュフロー」に関する期待は変化する．キャッシュフローがこれまでの期待以上に大きくかつ安定的であると信じられるようになれば，期待キャッシュフローのより多くの割合が担保に供される形で，資金が調達されることになる．

このようにして，投資を実行する経済主体の行動様式，資金供給主体の受忍限度，および金融的重層化の程度などいずれの面から言っても繁栄の時期（それは投資ブームで頂点に達する）と呼んでもよい期間が長引くものとしよう．これが長引けば長引くほど，資産の売却や負債の追加的な発行によるポジション形成をますます一般的なものとするような金融の構造ができあがる．このようなますます活動的な金融環境において，実物資産をその底の浅い市場で実際に売却せざるをえないような事態が生じるものと仮定しよう．このとき，これが引き金となって現金調達の目的で実物資産を売却したり担保に供したりせざるをえなくなる可能性の予想が急速に支配的になる．

主観的確率がこのように変化すると，$P_K(M)$関数は急激に下方へシフト

---

9) 既存の企業経営陣が負債の発行によって投資の金融資金を積極的に調達しようとしない場合には，金融資産を「配置替え」すべく企業合併やテイク・オーバー・ビッドなどが生じる．これら諸活動のための資金は，通常は負債の発行によって調達される．

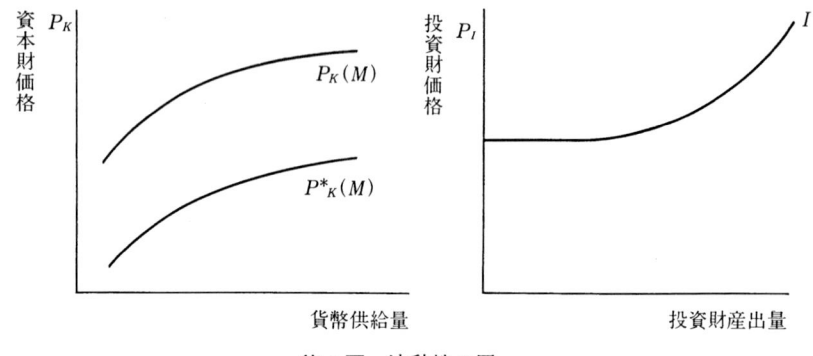

第6図　流動性の罠

する．第6図には，資産価格の下方への再評価が生じる場合の効果が示されている．P_K および I 曲線が図のような位置にあるときは，貨幣供給量が増えても投資活動は全く拡大しない．したがって，このような状況こそ「流動性の罠」にほかならない．

いかなる金融恐慌であれ，すなわち1929-33年時のかの負債デフレーションのような大規模な金融恐慌であれ，1966年のクレディット・クランチや1970年の流動性逼迫といった小規模なそれであれ，金融恐慌がもつ問題点は恐慌が生起することそれ自体にある．歴史的には，とりわけ第二次大戦までは，金融恐慌と言えば大恐慌の時期の諸現象を指すことが多かった．その大恐慌は企業活動，すなわち，投資活動の停滞と結びついてきた．負債デフレーションの過程は，いったん生じてしまうと，それを描写するのにさほど困難がない．Fisher(31)は負債デフレーション過程を見事なまでに活写している．ところが，その著者のフィッシャー自身であれ，あるいはケインズであれ，負債デフレーションの過程がどのようにして引き起こされるに至るかについて説明しているわけではない．

本章において概説したモデルは，負債デフレーションの引き金となる事態が発生する過程を内生的な現象として把握しようとしたものである．ただし，負債デフレーションに至る過程についてのこの場合の理解は，確定論的な意味での理解ではなく，そのような事態の発生可能性を高める環境がどのよう

にして生み出されるかという観点からの確率論的な把握様式となっている．

現代の中央銀行制度と巨大な中央政府が存在するもとでは，引き金となる事態が生起してもこれがその後累積的な負債デフレーション過程へと発展することのないように制御することが可能であり，現に制御されている．その場合，経済は大恐慌過程に突っ込むのを避けつつも，好景気の状態からは離れる．そして，引き金となる事態が経済の多くの局面で生じると，各部門の望ましい負債構造は現実のそれよりも低い負債比率をもったものとなるであろう．それゆえ，負債デフレーション過程は実際に生起しなくても，受け継いだ負債構造が長期間の好景気とその後の金融的困難のあとも長きにわたって，投資活動の制約要因として作用する可能性はある．

従来の景気循環が好況と不況の波 boom-and-bust として特徴づけられるとすれば，今日見られる景気循環は好況とその後の強度の経済停滞 boom and high level stagnation として特徴づけられるかもしれない．

9. おわりに

本章のモデルは負債デフレーションの過程を内生的現象としてとらえようとするもので，負債デフレーションの引き金となる事態がどのようにして生じるかに焦点を絞っている．現金調達のために資産を売却する必要性がますます高まるのは，投資ブームが金融のいっそうの重層化を通じて金融され実現することになるからである．ひとたび資産の売却が余儀なくされると，その資産市場が「広く，深く，そして弾力性に富む」ものでないかぎり，資産価格の再評価〔すなわち，資産価値の低下〕は避けられない．この再評価の過程で，資産の流動性という属性はいままで以上に重要視されるようになる．景気循環の存在と整合的な投資理論を展開するためには，分権的な資本主義経済が有する上記のような金融上の諸特性を考慮することが不可欠である．

合衆国には周知の二つの競合的なモデルがある．すなわち，マネタリスト・モデルとケインジアンの所得−支出モデルである．これらのモデルは時

の政権からの支持を求めて互いに主導権を争うとともに，また両者とも予測モデルの理論的基礎として用いられてきた．しかし，これらの予測モデルは近年顕著な予測はずれを演じている．予測の失敗によって，背後にあるこれら二つの理論モデルの妥当性さえ疑わしくなってきた．

　マネタリスト・モデルも所得‐支出モデルも，経済の複雑な金融的相互連関の存在を無視している点でよく似ている．本章の理論的定式化とも整合する実証的投資モデルを構築するためには，負債の構造とこれに伴うさまざまのキャッシュフロー（それは要求払い demand のものであったり，定期払い dated のそれであったり，あるいは条件付き払い contingent のそれであったりするが）の存在を強調する必要がある．このようなモデルのためのデータ・ベースは，第一次接近としては，資金循環勘定の部門別貸借対照表によって与えられるとみてもよかろう．しかし，たんに負債項目の詳細を知るだけではなく，キャッシュフロー債務の状態をいっそう厳密に推定するためには貸借対照表に記述されたデータと利子率や残存満期に関する諸データとを統合することが必要である．

　現金調達のためには，いつなんどき資産の売却を迫られるかもしれない．このことがもつ根本的な重要性のゆえに，われわれは企業部門の金融資産構造にとりわけ注意を払わなければならないのである．よく整備されたまた円滑に機能する流通市場をもつ資産がポートフォリオのなかで相対的に希少となれば，底の浅い市場しかもたない資産であってもこれを売却するなり，担保に供するなりして現金を調達する必要が生じる可能性は高まる．このような場合には急激な価格低下が生じたり，また市場が機能しえなくなったりする事態も生じうる．かくして，負債の支払いキャッシュフロー額に対して，優良な資産 good asset なり，保証された市場 protected market を有する資産〔著者のいわゆる優遇資産 protected asset〕がどれほど所有されているかは，資産価格下落の可能性を表す重要な指標となる．経済のこの側面に関するデータは資金循環勘定で利用できる．

　このように，負債の現金支払債務を履行するために利用しうる「資本資産

第10章　ケインズ投資理論の解明

稼働からのキャッシュフロー」の大きさは，経済の金融的側面の一つを描写するものだと言えよう．また別の金融的側面は，内部資金(「資本資産稼働からのキャッシュフロー」から負債の現金支払債務を控除したもの)が投資(事前的投資であれ，実現する事後的投資であれ)に関連づけられるときに与えられる．というのは，投資を金融するための技術は——内部資金に対する投資総額の比率の高低に関係なく——投資の安定性を示す根本的な指標だからである．基本的に，投資に対して負債金融の比率が高いとか，この比率が増大するといった状況はそういつまでも続くものではないと言えよう．

内部資金と投資とが同じペースで成長するということはありそうにもないことである．しばらくそういうことがあっても，大胆な貸借対照表構成を試してみようとする誘惑がおのずと高まってくる．その結果，投資水準は内部資金の額以上に速いスピードで高められることになる．

株式市場が活況を呈しているとき，それは投資を金融するにおいて負債の発行額が内部金融額に比して相対的に高い比率をもつことを示すシグナルとなる．しかしながら，投資に着手した後も投資財が引き渡されるまでの間に長い時間の流れが必要となる場合がありうる．そのため株式市場のブームには未着手の投資計画が伴っているかもしれない．その結果，株式市場の活況が弱まることと投資活動が減退し始めることとの間には長い時間的ラグが介在するかもしれない．それゆえ，株式市場の価格データを資本財の陰伏的な価格の代理変数として利用するならば，株式市場の変化と投資行動の変化との間には投資の懐妊期間の長さに応じた長期の，あるいは可変的な時間のズレが生じるかもしれない．

いずれにせよ，ケインズの投資モデルでは，生産関数の諸属性と並んで投機の要素が投資率を決定するにおいて基本的に重要である．$P_K = P_K(M)$ の関数は投資過程における投機的要素を体化したものである．新古典派の考えを基礎にした現在の集計的投資理論はこの投機的現象を無視している．学会で支配的な投資理論が，1970年代の合衆国経済に対してほとんど現実妥当性を欠くようになったのはそのことの結果であると言えよう．

第11章 代替的な金融方式と加速度原理モデル*

1. はじめに

　成長理論と景気循環理論に関する最近の多くの文献は，消費（貯蓄）関数と誘発的投資関数との間に存在するなにがしかの相互作用関係に理論の基礎を置いている．しかし，このような加速度原理 - 所得乗数モデル accelerator-multiplier model では，前提となる諸過程に必要な金融条件とか，諸過程がもつ金融的効果にほとんど注意が払われていない[1]．ところが，加速度原理 - 乗数の過程が実現するのは，言うまでもなくなんらかの貨幣システム monetary system〔ここで貨幣システムとは，後の議論から明らかなように，投資が貨幣供給量の増大で金融されるのか，それとも貨幣流通速度の上昇によって金融されるのかといった代替的金融方式のことである．以下では貨幣システムの代わりに金融方式という訳語を当てる場合もある〕のもとにおいてであることは明らかである．本章では，経済諸変数の時系列的な動きが加速度原理 - 乗数の過程と貨幣システム〔すなわち，代替的金融方式〕との相互作用にどのように依存して決定されるかを究明する．ただし，ここでは循環の下方への転換点と恒常的成長の実現可能性を主として強調したい．したがって，負の投資がさまざまの貨幣的要因によってどのように抑制されるの

---

　* ジュリアス・マーゴリス Julius Margolis，ロジャー・ミラー Roger Miller，およびメルトン・シュトルツ Merton P. Stoltz の諸氏が本章に対しコメントや提案を寄せてくれた．記して感謝したい．なお，本章は Minsky(78) を転載したものである．

　1) Hicks(55) および Tsiang(127) は，簡単ながらも貨幣的要因に配慮している．

か，あるいはまた景気回復への準備が流動性の大きさの変化を通じてどのようになされるかの諸点を除いて，本章では循環の上方への転換点を説明しないことにする．

以下では，線型の加速度原理 - 乗数モデルと多くの代替的な金融方式とを統合した場合に得られる帰結を検討するという形で議論を進める．投資を金融する際の条件（すなわち，利子率）と金融のあり方（発行される負債のタイプ）は，貨幣システムのビヘイビアーから影響を受ける．逆に，金融市場の市場条件と企業貸借対照表の構造はともに所得の変化に対する企業の反応に影響を及ぼす．ということは，加速度係数の値が金融方式のいかんに依存する内生的変数であることを意味している．それゆえ，本章で扱われるモデルは基本的には一連の非線型加速度原理 - 乗数モデルと見なされるものの一つにほかならない[2]．

以下は四つの節から成っている．第2節は線型および非線型の加速度原理 - 乗数モデルがもつ諸特性を再確認する．続く第3節は貨幣数量が一定である場合の加速度原理モデルのビヘイビアーを分析する．第4節は貨幣数量がさまざまの異なる方法で変化しうるときの体系のビヘイビアーを検討する．最後の第5節は本章の諸モデルがどのような政策上の含意をもつかを明らかにし，結論に代える．

2. 加速度原理 - 乗数モデル

線型の加速度原理 - 乗数モデルの本質的特徴は次のように定式化される[3]．

---

[2] 利子率の高さと消費者信用の利用可能性が消費支出にも影響を及ぼすことは明白である．それゆえ，消費性向もまた貨幣システムのいかんに依存する．「ピグー効果」は消費性向と貨幣システムとの間の特別の関係を示すものと解釈しえよう．しかし，本章ではこのような効果を無視する．

[3] この単純化されたモデルは，本章で議論される諸問題にとって重要なモデル（すなわち，線型加速度原理 - 乗数モデル）の諸特徴を備えている．ただし，所得は $Y_0 = C_0/(1-\alpha)$ で与えられるところの当初所得水準からの乖離を表している．C_0 は自

第11章 代替的な金融方式と加速度原理モデル

(1) $\quad Y_t = C_t + I_t$

(2) $\quad C_t = \alpha Y_{t-1}$

(3) $\quad I_t = \beta (Y_{t-1} - Y_{t-2})$

ここで Y は所得，C は消費，I は投資，α は限界（＝平均）消費性向，β は加速度係数，t は「日付」をそれぞれ表す．(2)，(3)式を(1)式に代入して整理すると，

(4) $\quad Y_t = (\alpha + \beta) Y_{t-1} - \beta Y_{t-2}$

という式を得る．これは二階の差分方程式であり，その一般解は

(5) $\quad Y_t = A_1 \mu_1^t + A_2 \mu_2^t$

の形で与えられる．ただし，A_1 と A_2 は初期条件に依存し，μ_1 と μ_2 は α と β の値で決定される．

初期条件の効果を別とすれば，二階差分方程式が生み出す時系列は次のうちのいずれかである．(1)単調に収束する，(2)循環的に収束する，(3)収束も発散もせず循環的変動を繰り返す，(4)循環的に発散する，そして(5)単調に発散する，である[4]．景気循環を分析する上でこの五つのタイプの時系列はいずれも単独で十分というものはない．タイプ(1)と(5)はどちらも循環を表していない．これらのタイプを分析に利用するとすれば，所得水準のフロアー（最小値）やシーリング（最大値）の存在を仮定するか，あるいはフロアーやシーリングを設定するような（システマティックなものであれ，否であれ）なんらかの外生的要因の存在を仮定しなければならない．タイプ(2)の時系列では，時間が経過するにつれて循環はやがて消滅する．したがって，循環が維持されるためにはシステマティックあるいは非システマティック

生的投資の大きさ，もしくはゼロ期所得水準に対応する消費の大きさを示す．

なお，Baumol(9)（第10章と11章）は二階差分方程式の解の求め方について非常にわかりやすい説明を与えている．

4) 得られる時系列がどのタイプになるかは μ_1 と μ_2 の値によって決定され，またこれら二変数の値は α と β の値に依存している．タイプ(1)では μ_1 と μ_2 がともに1より小さく，タイプ(2)，(3)，および(4)では μ_1 と μ_2 が共役な複素数であり，タイプ(5)では μ_1 と μ_2 がともに1より大である．

ななんらかの圧力要因が必要となる．タイプ(4)の時系列では変動の大きさはますます拡大する．したがって，その変動幅を抑制するためにフロアーやシーリングが設定されなければならない．タイプ(3)は自立的な循環を生み出しうるが，それは β の値の大きさに依存している．しかし，タイプ(3)の時系列はあまりにも「規則的」な動きでありすぎる．

　以上のような問題点を回避する方法は，α や β の値が循環の過程で変化するものと考え，得られる時系列が異なるタイプを結合したものとなるようにすることである．たとえばヒックス John R. Hicks やグッドウィン R. M. Goodwin は，制約がないかぎり発散的時系列を生み出すのに十分であるほど β の値が大きいとし，同時に最大の資本減価率と完全雇用（または資本財生産業者の生産能力の壁）といった制約の存在を仮定している．これら制約諸要因の存在によって実現投資は誘発投資の値から乖離し，したがってそれら諸要因は形式的には β の値を変化させるものとなっている．所得水準が非常に高い（低い）とか，非常に急速に増大（減少）しつつあるときには β の値が減少（増大）すると仮定することによって，容認しうる程度の不規則性をもった循環運動が得られる．また，発散的な動きや単調な循環的動き，さらに減衰運動を適当に結合すると，どのようなタイプの時系列でも生み出すことができるのは言うまでもない．

　形式的にヒックス＝グッドウィンのモデルに似た非線型のモデルは，加速度係数 β の値が金融市場の市場条件や企業貸借対照表の構造に依存すると仮定しても得ることができる．他方，これらの要因は所得の水準やその変化率と貨幣システムのビヘイビアーとの間の関係いかんに依存する．本章では，しかしながら，加速度効果が作用する過程の数学的モデルとしては単純な線型形態を採用する．それは数学的定式化の小ぎれいさを得るのと引換えに失うかもしれない事柄を，経済学の認識力でもって十分埋め合わせることができると考えるからである．

　さて，上述の議論では初期条件がもつ効果に言及しなかった．（単調な発散となる）タイプ(5)の時系列では所得の動きを決定するのに初期条件がこ

第11章 代替的な金融方式と加速度原理モデル

とのほか重要となる．タイプ(5)の時系列は $Y_t = A_1\mu_1^t + A_2\mu_2^t$ の μ_1 と μ_2 の値がともに1より大きいときに生じる．循環過程が始まるには，二つの初期所得水準 Y_0 と Y_1 が与えられていなければならない．これらの値が A_1 と A_2 の値を決めるからである．さて，もし Y_1 が Y_0 より大であり，(Y_1/Y_0) の比率が小さいほうの特性根 μ_2 の値よりも小さいならば——すなわち $1<(Y_1/Y_0)<\mu_2<\mu_1$ であれば——大きいほうの特性根 μ_1（これは支配根と呼ばれる）の係数 A_1 は負となる．時間の経過につれて μ_1 の値が支配的になれば，A_1 が負であるので Y_t は負になる．かくして，初期条件で与えられる当初の所得水準上昇率が小さいほうの特性根よりもさらに小さければ，α や β が単調に発散する時系列を生み出すものであっても，時系列の動きはある時点で反転することになる[5]．

上記の考察はグッドウィン＝ヒックス・タイプの非線型加速度原理モデルに対して別の解釈を与えることができることを示している．フロアーやシーリングが有効に作用するとき，これは事実上新たな初期条件がその時系列に与えられることを意味する．この新しい「初期条件」が支配根係数の符号を変化させさえすれば，所得の動きはやがて方向を転ずることになる．貨幣的要因がもつ効果はこのようにも解釈できるのである．

グッドウィンやヒックスにならい，われわれもまた β の値は十分に大であって，なんらの制約もなければその加速度原理-乗数の過程は発散的な時系列を生み出すと仮定しよう．その場合の一般解は先と同様に $Y_t = A_1\mu_1^t + A_2\mu_2^t$ であり，ここで $1<\mu_2<\mu_1$，および初期条件について $\mu_2<(Y_1/Y_0)$

---

[5] 二つの特性根の値がもし等しいならば，差分方程式の解は $Y_t = A_1\mu_1^t + A_2\mu_1^t$ となる（この点，Baumol(9)前掲書を参照せよ）．もし $Y_1/Y_0 = \mu_1$ であれば $A_2 = 0$ となり，成長率が一定の時系列となる．$Y_1/Y_0 < \mu_1$ ならば $A_2 < 0$ となり，一定時間の経過後にやがて $Y_t < Y_{t-1}$ となる．他方，$Y_1/Y_0 > \mu_1$ ならば $A_2 > 0$ であり，時系列の少なくとも最初の部分では所得上昇率が μ_1 の値よりも非常に大きなものとなる．二階差分方程式の観点からすれば，所得の恒常的成長率は「ナイフ・エッジ」の性格をもつ．というのは，恒常成長が得られるためには一方で $\mu_1 = \mu_2 > 1$ となるような α や β の値が必要であり，他方で同時に $Y_1/Y_0 = \mu_1$ であることが要求されるからである（この点は Alexander(3)を参照されたい）．

を仮定する．このときには A_1 と A_2 はともに正の値となる．(Y_1/Y_0) の値の現実的と思われる特定の範囲において，A_2 は A_1 よりもはるかに大きくなりうる．このことは（t の値が小さい）初期の段階では μ_2 のウエイトが大きく，後の段階では μ_1 が支配的となることを意味している．かくして，この発散的過程で生み出される所得成長率の値は，極限としての μ_1 の値の大きさに接近するように上昇していく[6]．

このような発散的加速度過程で生じる所得の成長率の大きさはしだいに上昇し，やがては生産能力の受容可能な成長率の大きさを上回ってしまう．しかし，加速度過程の連続性を保証するために，われわれはすべての諸関係が貨幣額で示され，価格水準は加速度過程で変化するかもしれないことを容認する．価格水準の変化がもついくつかの特別な効果については，議論の要所要所で注意を促すことにしよう．

3. 貨幣数量一定の加速度原理モデル

本節と次節では，加速度原理‐乗数過程とさまざまのタイプの貨幣システムとの相互作用の結果得られるところのいくつかの時系列を明らかにする．代替的な貨幣システムは，どのような貨幣的変化が生じうるかで区別されている．貨幣的変化とは貨幣流通速度の変化あるいは貨幣量の変化のことである．したがって，われわれが考察する代替的な貨幣システムとは以下の四つである．(A)流通速度も貨幣量も変化しないシステム，(B)流通速度だけが変化するシステム，(C)貨幣量だけが変化するシステム，そして(D)流通速度も貨幣量も変化するシステム[7]．前半二つの貨幣システムを本節で取り上

---

[6] 第2表と3表は，発散的な加速度原理‐乗数の過程とさまざまの異なる貨幣システムとを結びつけるときに得られる結果を取りまとめている．いずれの表でも $\alpha=0.8$, $\beta=4.0$, $Y_0=100$, $Y_1=110$ を仮定している．このとき $\mu_1=3.73$, $\mu_2=1.07$, $A_1=1.1$, $A_2=98.9$ となり，その結果 $Y_t=1.1(3.73)^t+98.9(1.07)^t$ となる．時間の経過につれて Y_{t+1}/Y_t はやがて3.73に接近する．

[7] 貨幣数量が不変にとどまる(A)，(B)両ケースは100％準備貨幣の世界であると考

第11章 代替的な金融方式と加速度原理モデル

げ,後半二つのシステムは次節で取り扱う.

　最初の貨幣システム(A)を除き,その他のシステムには部分準備制度の銀行組織が存在するものと仮定する.貨幣供給量の変化は,事業会社の負債との交換で預金が創造されることによってか,あるいは事業会社が銀行に対する負債を返済することで預金が取り崩されることによって生じる.すなわち,ここで言う銀行組織とは政府証券およびその他証券のディーリングにたずさわる機関のことではなく,商業銀行組織のことにほかならない[8].ただし,以下の議論では中央銀行と商業銀行の関係が「貨幣システム」のなかに統合されているものとする.たとえば,無限弾力的な貨幣供給は,中央銀行の対商業銀行貸付けによって,もしくは中央銀行が公開市場で公開市場資産を購入することによって実現する.のみならず,貨幣システムのなかには専門的な金融仲介諸機関も含まれるとする.

　貨幣の所得流通速度と流動性選好関係とは互いに表裏の関係にある[9].所得流通速度が上昇すれば経済の流動性は減少する.逆は逆である.貨幣所得

　　えることができる.初期時点で過剰流動性が存在し,そのため流通速度が高まりうるならば,それはケース(B)である.さもなければ,ケース(A)である.貨幣供給が無限弾力的な場合をケース(C-1)とすれば,それは当局が物価水準の動向に意を払わないペーパー・マネーの世界(それはたぶん,中央銀行が「産業界の意向」に従順に振舞うのを旨とする世界)である.また,貨幣数量が外生的に決定された成長率に従って変化する場合をケース(C-2)とすると,これは金産出が自生的に決まり,それが貨幣供給増加率を決定するような金本位制の世界である.ケース(D)はもちろんわれわれの現在の貨幣システムに類似するものである.

8) 古典派の貨幣数量説とケインズの貨幣の流動性選好説との違いのいくつかは,銀行がどのように活動すると考えるかの仮定の違いに帰せしめることができる.数量説アプローチは産業に対する銀行貸出し(すなわち,商業銀行活動)と整合的であるのに対して,流動性選好説のアプローチは銀行が公開市場で証券を購入するビヘイビアーを前提するところから由来する.商業銀行活動の結果貨幣数量が増加することによって企業による財・用役の購入の意思決定が有効なものとなる.他方,公開市場操作は貨幣を公衆のポートフォリオのなかの資産と代替させる.しかし,その結果として財・用役の購入が実現するかどうかはわからない.それは公衆がこの流動性の量の変化に対してどのように反応するかにかかっているのである.

9) Pigou(109)およびEllis(25)を参照されたい.

Y の各水準に対して，Y の大きさと密接に関連する現金支払総額を維持するのに必要な最小貨幣量 M_T が存在する，と仮定するのが有益である．もし，M_T が存在する貨幣の総量に等しいならば，ポートフォリオ保有に利用しうる貨幣は存在しないことになる．このことは各所得水準 Y に対して貨幣流通速度が最大 (V_m) になっていることを意味する．したがって $M_T \cdot V_m = Y$ が成立する．これに対して，貨幣総量 M が M_T より大であれば，実際の流通速度 V は V_m より小さい．M と M_T との差を M_L とすれば，これは流動的資産としてポートフォリオに吸収されている貨幣の量である．貨幣量が一定のとき，ポートフォリオ貨幣 M_L は V の上昇とともに減少する．

　$V < V_m$ であれば，$M_L > 0$ である．$M_L > 0$ であるとき，貨幣総量に変化がないとすれば，利子率は投資需要曲線や事前の貯蓄の要因，さらに流動性の保有者がどのような条件であったならば収益資産を貨幣に代替しようとするかといった諸要因によって決定される．同様に，$M_L = 0$ であるときには，利子率は投資需要，貯蓄の供給，さらに個々の経済主体がどのような条件であったならば現金を一つの資産として進んで保有しようとするかの諸要因で決定される．M_T を超える貨幣供給量のもとで，家計・企業が全体としてその保有貨幣量を増やしも減らしもしたくないと考える利子率水準が存在する．これ以外の利子率水準のもとでは，現金残高保有を増加させ，貯蓄を流動性の積増しに利用したり，あるいは投資が蓄蔵された購買力によって金融されその結果現金残高保有が減少したりする．なお，ここでは所得の一定量の変化によって誘発される投資量は市場利子率の変化から影響を受けるものと仮定している．

　さて，すべての投資は事業会社によってなされるものと仮定しよう．これらすべての企業の統合貸借対照表上では，投資は資本装備ないし資本設備の増大，あるいは生産過程上の生産物の増大として表示される．そして，その大きさは（株式または借入れ等の）貸方諸項目の増分，または（現金ないし流動資産等の）その他資産の減少分と見合っている．企業投資は家計や企業が事前的に貯蓄を行うかまたは家計が現金残高を取り崩すかのいずれかの結

第11章　代替的な金融方式と加速度原理モデル

果として，株式金融 equity finance することができる．他方，企業投資が負債金融 debt finance されるのは，家計が事前的な貯蓄を行うとか現金残高を取り崩す，あるいは企業が銀行借入れを増やすなどの結果としてである．企業がその現金（流動資産）残高を減少させることによって投資を金融するとしても，それは企業の貸借対照表の諸項目（株式および借入れ）にはなんらの影響も及ぼさないのであって，たんに当該企業の流動性水準を低くするだけである．

事前の貯蓄や家計の流動性の削減によって，投資を負債金融したり株式金融したりすることができる．しかし，貨幣量の増加によっては投資の負債金融が可能となるだけである．家計，企業，そして銀行はみな企業の貸借対照表構造に対し強い関心を抱いている．とくに株式に対する負債の比率が上昇したり，貸借対照表のなかの現金残高がその他の資産に比して相対的に減少したりすると，企業の借入れ意欲は低下したり，家計や銀行の貸出し意欲はそがれる．したがって，貸借対照表の貸方の負債比率を高める形で，あるいは企業の流動性水準を低める形で投資が金融されると，一定量の所得変化から誘発される投資の量は減少するであろう．かくして，加速度係数の値は，市場利子率と企業の貸借対照表構造の二つの変数に依存する．この二変数の値の変化は，さもなければ発散的であったかもしれない所得の動きに対して抑制的な作用をするであろう．

ケース A——流通速度と貨幣量がともに不変の場合

スウェーデン学派の概念[10]を利用して，$Y_{t-1}-C_t=(1-\alpha)Y_{t-1}$ を事前の貯蓄 (S_t) と定義する．純粋の加速度原理 - 乗数モデルと同様に，すべての投資は誘発的投資であると考え，$I_t=\beta(Y_{t-1}-Y_{t-2})$ とし，これを事前の投資と呼ぼう．(1)～(3)の方程式から，$Y_t \geqq Y_{t-1}$ であるためには $I_t=\beta(Y_{t-1}-$

---

10) Ohlin(106)を参照されたい．なお，この論文は American Economic Association, *Readings in Business Cycle Theory* (Philadelphia, 1951), pp. 87-130 に収録されている．

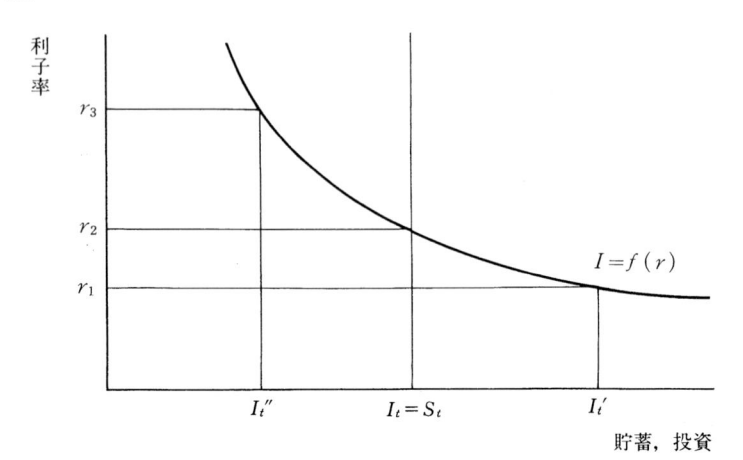

```
         利
         子
         率
            r₃ ┆┈┈┈┈┈┈┈┈┤
                        ┆
                        ┆
            r₂ ┆┈┈┈┈┈┈┈┈┈┈┈┈┈┆
                              ┆
                              ┆          I = f(r)
            r₁ ┆┈┈┈┈┈┈┈┈┈┈┈┈┈┈┈┈┈┈┆
                              ┆        ┆
                Iₜ″          Iₜ = Sₜ   Iₜ′
                                           貯蓄, 投資
```

第 1 図 事前的な貯蓄・投資の調整過程

$Y_{t-2}) \geqq (1-\alpha) Y_{t-1} = S_t$ であることが必要であり，$Y_t < Y_{t-1}$ であるためには $I_t = \beta(Y_{t-1} - Y_{t-2}) < (1-\alpha) Y_{t-1} = S_t$ であることが必要である．

貨幣の流通速度と貨幣量が不変に保たれる貨幣システムにおいては，事前の投資が事前の貯蓄を上回るかぎり事前の貯蓄は投資家に割り当てられなければならない．この割当てを行う市場が金融市場である．需要が供給を上回れば利子率が上昇する．この過程は実現投資が事前の貯蓄に等しくなるまで続く．第 1 図において利子率水準 r_1 のもとでの事前の投資は $\beta(Y_{t-1} - Y_{t-2}) = I_t′$ で与えられている．$I_t (= S_t$，すなわち事前の貯蓄に等しい投資水準)を上回る投資は金融できないから，利子率は r_2 に上昇する．このような貨幣システムでは加速度原理－乗数過程の循環的運動が生じる余地はない．経済拡張の段階で加速度原理の過程が作用するための必要条件は，事前の貯蓄以外に投資を金融するための他の資金源泉が存在することである[11]．

---

11) 投資財の価格が低下すれば，S_t の貯蓄額でも I_t の実質投資を金融するのに十分となるかもしれない．逆に，投資財の価格が上昇すると一定量の名目的貯蓄量でもって金融しうる実質投資の水準は低下するであろう．第 1 図の貯蓄曲線や投資曲線はそれぞれ利子率が一定のときの供給曲線と(価格の関数である)投資財需要曲線であると読み替えることができる．したがって，r_1 や r_2 を価格水準と見なせば加速

これとは全く対照的に，事前の貯蓄が事前の投資より大きいと，金融のために利用しうるすべての資金が実物投資に吸収されるように，投資の拡大が促される．貯蓄された資金が投資のほかに使い道がないということであれば，企業投資の金融条件は変化せざるをえない．この結果，実現投資は事前の投資を上回る．このような過程を通じて事前の貯蓄と実現投資との均衡が図られるとき，所得の動きは安定化し「負の投資への誘引」は消滅する．

ケース B——流通速度のみが変化する場合

貨幣供給量が不変に保たれるとすると，実現投資が事前の貯蓄から乖離しうるのは貨幣の流通速度が変化する場合に限られる．以下では，流通速度にフロアーやシーリングが存在するといった場合の純粋に機械的な含意をまず明らかにする．次いで，流通速度の変化が加速度係数の値に及ぼす効果を，過剰流動性が存在しない場合と存在する場合（ケインズの流動性の罠）とに分けて考察する．固定的な貨幣供給量や流通速度のシーリングは名目所得水準に上限を設定する．その場合，持続的な成長が実現するためには価格水準の低下が必要となり，これが加速度過程に対してなにがしかの影響を及ぼす．

われわれは利子率や企業の貸借対照表構造（流動性比率と負債－資本比率）が加速度係数の値に影響を及ぼすと想定した．投資が遊休現金残高の取り崩しで金融されても，このことは企業の負債－資本比率を変化させることには必ずしもならない．というのは，家計の負債－資本比率に対する選好の度合が事前的貯蓄や遊休貨幣残高が投資の金融に利用される場合に比べて大きく変わるわけでないと考えられるからである[12]．それゆえ，流通速度の上

度原理の現象は投資財の価格水準を決定するものとなる．このような解釈は，投資財生産にシーリングを導入した論者（たとえば，グッドウィン）の念頭にあるものにちがいない．たとえ I_t' がすべて金融されるとしても，それだけの投資支出がなされた場合これがその投資財価格水準を結果的に引き上げてしまうような投資財供給条件があるかもしれない．すなわち，すでに述べたように加速度原理の過程は価格水準の上昇をもたらす可能性があるのである．

[12]　Gurley and Shaw (44) は，利用しうる資産の種類いかんによって貯蓄行動がどう

第 1 表 可変的流通速度の場合（貨幣供給量は一定で，利子率変化の効果は慮外）

時間	加速度過程 $(\alpha=0.8, \beta=4.0, Y_0=100, Y_1=110)$					貨幣的システム $(M=100, V\text{の上限}=2)$	
	Y	C	事前の貯蓄	事前の投資	実現投資	ΔVで金融される投資[a]	実現流通速度
0	100	–	–	–	–	–	1.00
1	110	80	20	–	30	10	1.10
2	128	88	22	40	40	18	1.28
3	174	102	26	72	72	46	1.74
4	200	139	35	184	61	26	2.00
5	200	160	40	104	40	0	2.00
6	160	160	40	0	0	-40	1.60

（注a） 事前の貯蓄を超える投資．ΔVが負のときは事前の貯蓄が逆に投資を超えることを意味する．

昇を通じて投資活動が金融される場合には，この投資を実行しつつある企業の貸借対照表構造が悪化しつつあるとは言えない．もちろん家計や企業の流動性は減少する．流動性の罠に陥っていないかぎり，このことは利子率の変化に反映する．かくして，この貨幣システムでは利子率だけが加速度係数の値に影響を及ぼしうるのである．ただし，流動性の罠にある場合には利子率は一定であり，流動性水準の変化だけが加速度係数の値に影響を及ぼす．

さて，まず累積的な所得の増大が生じると仮定しよう．すると取引目的のために必要な貨幣量が増大する．それゆえ，過程が進行するとともに事前的貯蓄の水準を上回る投資の部分を金融するために利用しうる資産貨幣の保有量は，しだいに減少していく．実現可能な最高の所得水準は，存在するすべての貨幣供給量が取引目的のために動員される場合の所得水準である（第1表を参照せよ）．この最高所得水準においては，事前貯蓄の水準を上回る投資の実現はありえない．加速度原理を前提するかぎり，事前的貯蓄に等しい

異なるかを論じている．企業に資金を融通する際に保有現金残高を取り崩す場合の家計の資産選好行動と，事前的貯蓄を振り当てる場合の資産選択行動は異なると言うこともできよう．もしそうであるならば，金融仲介機関のポートフォリオに対する法律上ないし慣行上の諸制約は疑いもなく企業投資に影響を及ぼすはずである．

実現所得が達成されると、誘発投資がゼロになるような所得水準不変の状態に落ち着く。流通速度の上昇に伴う利子率の変化や貸借対照表上の変化が加速度係数に与えるであろう効果をすべて無視すると、貨幣数量が一定とされる貨幣システムでは名目所得水準に上限が設定されることになる。この上限は完全雇用や投資財産業の生産能力といった要因によるものではなく、投資の金融のために変化する流通速度の値に上限が存在することによるものである。

ちょうど対称的に、流通速度にもし下限があるとすれば名目所得水準にもフロアー（下限）が存在することになる。しかしながら、フロアーに関する議論とシーリングに関する議論とが全く対称的になるわけではない。本章では、すでに述べたように、この上方への転換点（つまり、フロアー）については多くを論じない。

ここで、第1表に例示されるような過程が進行するとき、金融市場にはいかなる事態が生じるかを検討しよう。流動性の罠の存在を無視すれば、所得水準の上昇に伴う取引貨幣残高の増大は（総貨幣供給量が一定であるかぎり）ポートフォリオの貨幣残高をしだいに希少にする。現金がポートフォリオから引き出され所得の流れに加わるのに必要な利子率水準は、事前的貯蓄の水準を超過する投資部分を金融するためにますます多くの資産貨幣が利用されるにつれて上昇する。貨幣量一定のもとでは、家計や企業の貸借対照表に占める資産貨幣の比率（すなわち、これら経済主体の流動性水準）は所得の増大とともに減少することになる。この流動性の減少と先述の利子率の上昇とはともに加速度係数の値を低下させる。

所得水準のこの上昇過程とは全く逆に、所得水準の下降過程では事前の投資が事前の貯蓄を下回る。貨幣供給量が一定である場合、この過剰貯蓄は流通速度の低下で相殺される。それゆえ、資産目的に利用しうる貨幣量は所得の流れから還流するにつれて増加していく。このとき利子率は低下し、社会全体の流動性は増加する。その結果、社会総需要の下方シフトによって誘発されたところの負の投資は減少する。流通速度の可変性にのみ依存する貨幣

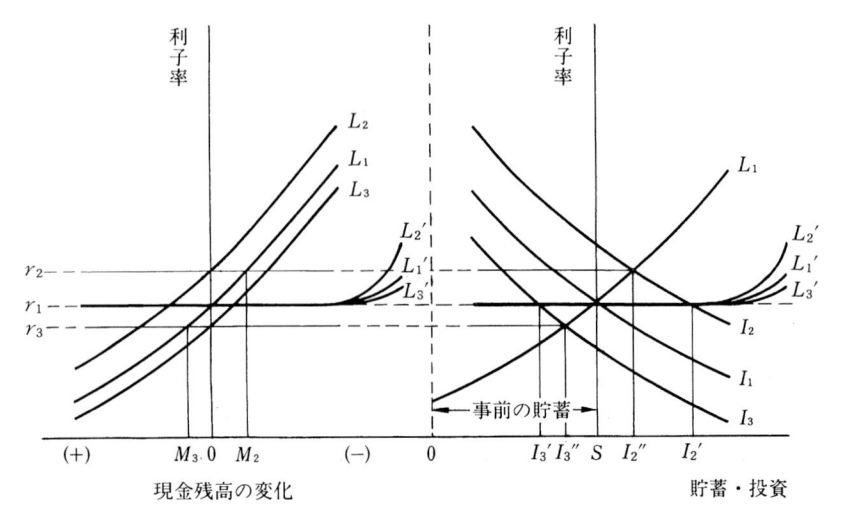

第 2 図　貯蓄・投資と現金残高の需給

システムでは，所得の上昇過程においてであれ下降過程においてであれ，誘発投資の実際の動きを安定化させる効果が作用する．もっとも，所得の下降過程において安定化効果が作用するのは，取引目的から解放された貨幣が利子率を流動性の罠の利子率水準の下限まで低下させるほど所得減少が大きくないかぎりにおいてである．金融条件の低下が負の総投資に対して及ぼす安定化効果は流動性の罠の利子率水準において消滅する．しかし，その場合でも流動性の増加が安定化装置として機能し続けることはありうる[13]．

第 2 図は，保有現金残高が投資の金融に利用されることによって事前的貯蓄の過大・過小が相殺される場合を表している．r_1 の利子率水準と Y_0 の所得水準のもとでは貨幣流通速度が一定に維持されるとしよう．このことは，r_1 の利子率水準で保有現金残高がゼロとなるような L_1 の曲線で示されている．これより高い利子率水準では，投資を金融するために保有現金残高がポートフォリオから解放される．逆に，低い利子率水準では貯蓄が現金残高の

---

[13]　流動性の増大が消費性向を高めるとすれば，これは言うまでもなく「ピグー効果」の作用である．

第11章　代替的な金融方式と加速度原理モデル

積み増しに吸収される．いかなる利子率水準においてであれ，金融されうる投資の量は事前の貯蓄と現金残高の変化量との和に等しい．所得が増大し，したがって利子率 r_1 のもとで I_2' の誘発投資が生じると仮定する．I_2 の曲線は利子率が変化するときに加速度係数の値がどのように変化するかを示している．投資を金融するための資金需要がその供給を上回れば利子率は上昇する．図では，結果的に r_2 の利子率が実現するものと想定されている．その結果，実現する投資水準 I_2'' は事前の貯蓄 S を上回っている．このため所得とその取引目的のための現金需要は増大する．その結果，現金残高の変化と利子率との関係を表す曲線は L_2 の位置までシフトする．つまり，保有する流動性を減らすことによって投資を金融する場合の利子率水準はより高い（$r_2 > r_1$）ということである．

　上記のケースとは逆に，所得が減少しその結果投資需要曲線が I_3 の位置まで下方シフトした場合はどうであろうか．このときには r_1 の利子率水準に対応する事前の投資は I_3' となる．貨幣供給量が一定であるから，この誘発投資 I_3' を超える事前の貯蓄は利子率を押し下げる．その結果実現する投資の水準はたとえば $I_3''(>I_3')$ の水準に落ち着くであろう．このとき現金保有残高は OM_3 だけ増加する．$S>I_3''$ であるので，所得は低下する．このため r_1 よりも低い利子率水準で保有現金が投資の金融に利用されるべく，流動性曲線は下方へシフトする．

　現金残高と利子率との関係が L_3' や L_2'，あるいは L_1' のごときものであれば，過剰流動性が存在する．これはケインズの流動性の罠の状態にほかならない．I_2 の投資曲線の場合には（$I_2'-S$）の投資超過分が保有現金残高の取り崩しで金融され，I_3 の投資曲線の場合には（$S-I_3'$）の貯蓄超過分が保有現金残高の積み増しによって吸収される．いずれの場合にも利子率の変化は生じない．それゆえ，ケインズの流動性の罠の状況では金融市場は「好況 boom」と「不況 bust」両方の動きをともに抑制しえないのである．好況の局面では，取引目的のための現金需要が，ケインズの流動の罠をすっかり消滅させてしまうほど十分に大なる貨幣供給部分を吸収する．景気の下降過程

では，流動性が改善されることによって生じる効果を除けば，流動性の罠を制約するような内生的要因は存在しない．それゆえ，ケインズの流動性の罠の状況では発散的時系列を生み出すような加速度係数の効果は少しも弱まらないのである．景気の上昇過程では，発散的な加速度過程は生産能力の成長率を上回る貨幣需要増加をもたらす．そのため，加速度係数の大きな値と過剰流動性とが相まって，大幅な価格上昇を生じさせるであろう．

累積的な経済拡張過程が中断を余儀なくされるのは，流通速度に上限が存在するとか，あるいは利子率の上昇や流動性の減少が加速度係数の値を小さくする効果が存在するとかによってである．経済拡張が中断されると名目所得水準の低下が生じる．取引目的に必要な貨幣量は減少し，実現投資に吸収されない事前の貯蓄はポートフォリオ内の貨幣残高の増加となる．この下降過程で価格水準が下落しないならば，それは実質所得の上限が一定不変であることを意味する．ところが他方，価格水準が低下するならば名目所得の上限が一定不変であっても実質所得の上限は上昇することになる．

正味の投資——あるいは純投資——は生産能力の増分を意味している．貨幣供給量が一定で流通速度の値も実質的に上限にあるならば，より高い実質所得水準が実現しうるのは価格水準が下落する場合に限られる．したがって，所得が生産能力水準にほぼ等しいときにのみ加速度原理による投資誘発力が大きいとすれば，しっかりした拡張過程が実現するのは価格水準が持続的に低下する場合に限られるのである．

価格水準が長期的に低下するであろうとの予想は投資の期待報酬期間を縮小させる効果をもつ．企業投資に及ぼす効果の点で言えば，それは価格水準一定のもとでの利子率の上昇に等しい．それゆえ，価格水準が下落していけば加速度係数の値は小さくなる傾向を有する．したがって，この場合実現する景気循環のブームは寛容な貨幣システム〔貨幣供給量が一定不変に保たれることのない貨幣システム〕で生起するであろうブームほどに力強いものではあるまい．本節の貨幣システムでは，景気下降局面で流動性が過大にならないかぎり，実現投資が長期にわたって事前の貯蓄を上回るということはあ

りえない．したがって，このような貨幣システムでは所得水準が相対的に安定的な水準に収斂する傾向がある．

4. 可変的貨幣量の場合の加速度モデル

本節では他の二つの貨幣システムを考察する．一つは貨幣量のみが可変的であり，他は貨幣量とその流通速度がともに可変的な貨幣システムである．

われわれは，商業銀行が企業に貸出しを行うとき貨幣が創造されるものと仮定する．実現する貨幣供給増分の最大値は事前の投資と事前の貯蓄の差に等しい．すなわち，

$$\varDelta M = 事前的投資 - 事前的貯蓄 = \varDelta Y$$

である．ここで $V = Y/M = \varDelta Y/\varDelta M = 1$ と仮定している．家計の手元貨幣残高の増分は正味資産の変化と事前的投資とを均等化させる[14]．所得流通速度を1と仮定しているから，個々の経済主体が資産として保有する貨幣数量には正味なんの変化も生じない．このことは，銀行が企業に貸出しを行う場合の利子率が，家計のポートフォリオにおいて貨幣と収益資産とが代替され

---

[14] 事前的投資 (I_a) > 事前的貯蓄 (S_a)，実現投資 (I_r) = 事前的投資 (I_a) と仮定し，さらに事前的投資 (I_a) と事前的貯蓄 (S_a) の差は銀行借入れの増加で金融されるとしよう．このとき，家計，企業，および銀行の各部門の統合貸借対照表は以下のようになる．

家　　　計	
企業債務・株式　 $+S_a$ 要 求 払 預 金　 $+(I_a-S_a)$	正 味 資 産　 $+I_a$

企　　　業	
実物資本資産　 $+I_a$ 要 求 払 預 金　 $+0$	対家計債務・株式　 $+S_a$ 銀 行 借 入 れ　 $+(I_a-S_a)$

銀　　　行	
企業への貸出し　 $+(I_a-S_a)$	要 求 払 預 金　 $+(I_a-S_a)$

る利子率と同一の水準にあると仮定することに等しい[15]．本節のモデルでは，貨幣数量の変化だけが唯一重要な貨幣的変化である．

貨幣供給が独立に一定率で増大するときは，貨幣供給の自生的な増分が事前的投資と事前的貯蓄との差に必ずしも等しくない．この場合貨幣供給の増分が事前的投資と事前的貯蓄の差を上回れば，この過大部分は銀行組織のなかに（過剰準備として）積み増しされる．これは将来の投資が金融されるときに活用されることになろう．他方，貨幣供給の伸びが事前的投資と事前的貯蓄との差に及ばない場合は，実現投資が事前的投資の水準を下回り，所得の伸びは結局この貨幣供給増分に等しくなる．

以下では，二つの貨幣システムのそれぞれにおいて加速度係数の値が変化しないと仮定した場合に上記の諸関係がどのような機械的特性をもつかをまず検討する．次いで，金融市場や金融の方式が変化するときに加速度係数の値がどのような影響を被るかを吟味する．

ケース C——流通速度不変で貨幣量のみが変化する場合

貨幣量のみが変化する場合をさらに二つの貨幣システムに分けよう．第一は貨幣供給が無限弾力的である場合，第二は貨幣供給が等差級数ないし等比級数的に一定の率で増加すると仮定する場合である．

1. 無限弾力的貨幣供給

貨幣量が制約なしにいくらでも増加しうるのであれば，事前的投資と事前的貯蓄の差がどれほど大きくてもその事前的投資はすべて金融することが可能である．なお，この場合銀行組織が貸出しを行うときの金融条件も一定不

[15) ただし，利子率が流動性の罠の水準にある場合には，たとえ $V>1$ であっても，取引需要を超える貨幣数量の増大から利子率が低下することはない．それは貨幣数量の増分が家計のポートフォリオにすべて吸収されるからである．しかし，この場合（実質的に）いささかでも利子率が上昇すると，貨幣に代えて収益性の資産を保有しようとする動きが出てこよう．これは投資を現金残高の取り崩しによって金融しようとするケースにほかならない．なお，もし $V>1$ なら貨幣供給および企業の銀行借入れは所得ほど急速に伸びない．

第11章 代替的な金融方式と加速度原理モデル 353

第2表 無限弾力的貨幣供給の場合(流通速度は一定で,利子率変化の効果は慮外)

時間	加速度過程 ($\alpha=0.8$, $\beta=4.0$, $Y_0=100$, $Y_1=110$)					貨幣的システム	
	Y	C	事前の貯蓄	事前の投資	実現投資	ΔM	実現投資に対する ΔE^a の比率
0	100	—	—	—	—	—	—
1	110	80	20	—	30	10	0.67
2	128	88	22	40	40	18	0.55
3	174	102	26	72	72	46	0.36
4	323	139	35	184	184	149	0.19

(注a) 事前的貯蓄はすべて株式の購入 (ΔE) equity financing に向けられると仮定している.

変であると仮定しておく.このような貨幣システムは発散的な加速度原理-乗数過程と整合的である.というのは,このような貨幣システムでは名目所得水準の累積的な上昇が可能だからである.このような貨幣システムでも加速度過程の発散を抑制するなんらかの要因が作用しうるであろうか.(ただし,名目所得の成長率が生産能力の成長率を超える完全雇用状態では,価格の累積的な上昇が生じる.しかし,ここではこれに対する政策的対応を無視する.)

拡張過程では,投資を実行する企業がその金融のために銀行借入れをするたびに(このとき銀行借入れは企業の貸借対照表の負債サイドに新たな負債として付け加わる)貨幣供給が増加する(第2表を参照されたい).事前的貯蓄が企業の負債と株式に配分される割合は一定であると仮定しているので,貨幣の創造にもとづく累積的で発散的な過程は(その他の条件が一定ならば)企業の貸借対照表に占める資本の負債に対する比率を低下させる[16].貸

---

16) 誘発投資は $\beta(Y_t-Y_{t-1})$ に等しく,事前的貯蓄は $(1-\alpha)Y_t$ である.事前的貯蓄の一定割合 e が株式金融に振り向けられるとすれば,それは $e(1-\alpha)Y_t$ となる.かくして,総株式の変化の総投資に対する比率は

$$\frac{e(1-\alpha)Y_t}{\beta(Y_t-Y_{t-1})} = \frac{e(1-\alpha)}{\beta\left(1-\dfrac{Y_{t-1}}{Y_t}\right)}$$

である.二階差分方程式で示される発散的加速度過程の一般解は $Y_t = A_1\mu_1^t + A_2\mu_2^t$

借対照表構造がこのように悪化するときは,借入れを行う企業の金融条件が不変であっても,借り手リスク borrower's risk は高まらざるをえない[17]。このため,一定の所得上昇によって誘発される投資の大きさは減少しうる。したがって,事前的投資のすべてが実現しうるような貨幣システムにおいても,銀行借入れで投資を金融し続けるならば加速度係数の値が低下することはありうるのである。これは所得上昇率を低下させるように作用する。この作用は加速度係数の値が十分に低下し,発散的時系列が循環的時系列にとって代わるまで続く。究極的に所得の減少が実現するのはその時点においてである。所得の減少に伴い,事前的貯蓄は誘発投資の規模を上回り,その超過分は銀行借入れの返済に利用されよう。所得の減少が生じ始めたところで借入れの金融に過度に依存していた企業のいくつかが倒産することになれば,企業の貸借対照表上では自己資本が蓄積されこれが負債にとって代わることになる。下降過程ではこのような変化が双方相まつ結果として,貸借対照表に占める自己資本の負債に対する比率は高まる[18]。これは安定化装置として機能することになる。貨幣供給量に制約が存在しないときには,加速度原理の発散的な過程に対して〔外生的でない〕内生的な制約が作用するのである。景気上

で与えられる。ただし,$\mu_1 > \mu_2 > 1$ とする。それゆえ,Y_{t-1}/Y_t は

$$\frac{Y_{t-1}}{Y_t} = \frac{A_1\mu_1^{t-1}+A_2\mu_2^{t-1}}{A_1\mu_1^t+A_2\mu_2^t} = \frac{1+\left(\frac{A_2}{A_1}\right)\left(\frac{\mu_2}{\mu_1}\right)^{t-1}}{\mu_1+\left(\frac{A_2}{A_1}\right)\left(\frac{\mu_2}{\mu_1}\right)^{t-1}\mu_2}$$

である。$t \to \infty$ のときの $(\mu_2/\mu_1)^t$ の極限値はゼロであるから,Y_{t-1}/Y_t の極限値は $1/\mu_1$ に等しい。したがって,株式の変化の総投資に対する比率は $t \to \infty$ とともに極限値 $e(1-\alpha)/\beta(1-1/\mu_1)$ に接近する。発散的加速過程の初期段階では $(Y_{t-1}/Y_t) > (1/\mu_1)$ であるから,株式金融の総投資に対する比率は加速過程が進行するにつれてしだいに減少することが理解される。

17) Kalecki(61)を参照されたい。
18) 事前的貯蓄(S_a)>事前的投資(I_a)の場合,景気下降局面での三部門の貸借対照表は以下のように変化する。

銀 行	
企業への貸出し $-(S_a-I_a) = -\Delta M$	要 求 払 預 金 $-(S_a-I_a) = -\Delta M$

昇過程では借入れによって投資が金融されるが、これは企業貸借対照表の構造を悪化させる。このことが内生的な制約要因として機能するのである。景気下降局面では、企業倒産の過程が生じることによって生み出されるところの上とちょうど逆の状況が、加速度原理の下方への発散的過程を制約する内生的要因として働く。

しかしながら、発散的な経済拡張期において生じるであろう負債‐資本比率の上昇に対しては、これを相殺すると思われる二つの要因が存在する。すなわち、事前的貯蓄のうち株式所有に向かう比率の増大と資本財価格水準の上昇を通じる資本利得の発生である。発散的拡張過程では総投資のうち事前的貯蓄で金融される部分の比率が低下する。したがって、事前的貯蓄が株式所有に流れる比率は上昇しうるとしても、企業貸借対照表の構造が長期的に

企　　業	
実物資本資産 $+I_a$	対家計債務・株式 $+S_a$ 銀　行　借　入　れ $-(S_a-I_a)=-\varDelta M$

家　　計	
企業債務・株式 $+S_a$ 要　求　払　預　金 $-(S_a-I_a)=-\varDelta M$	正　味　資　産 $+I_a$

企業倒産が発生し貸倒れが生じると、家計の企業債務・株式の勘定および企業の対家計債務・株式の勘定では株式が債務にとって代わられる。同様にして、企業が倒産すれば銀行所有の対企業債権は銀行ポートフォリオにふさわしいものでなくなる。そこで、このような資産を非銀行公衆に売却すると公衆のポートフォリオでは対企業債権が要求払預金にとって代わる。その結果、要求払預金は減少する。こうしたもろもろの変化が公衆の正味資産や企業の実物資本資産勘定に影響を及ぼさないことは明らかである。しかしながら、生産設備の生産能力が景気の下降局面で低下するにつれて、企業の実物資本資産勘定や家計の正味資産勘定は減価する。すなわち、企業の株式価値（＝家計が保有する株式の資産価値）の一部または全部が失われることになる。これは企業や家計の「主観的」選好に影響を及ぼし、流動性選好を高める。

悪化するのを避けるのは不可能である．しかし，政治的には累積的な価格水準の上昇が許容されうるから，その意味で企業貸借対照表構造の悪化は必ずしも進展しないかもしれない．企業は借り手であり，負債の実質的な負担は価格水準の上昇とともに軽減される．企業の資産がその経常的置換費用で評価されるなら，価格水準の上昇は自己資本勘定の価値を高めることになる．このような資本利得は企業の貸借対照表構造を改善するのに貢献するが，これは一般にインフレーションの過程で生起する事柄である．価格水準の上昇と株式保有に向かう事前的貯蓄の割合の増大とは，企業負債の対自己資本比率を一定とするのに十分であろう．それゆえ，企業貸借対照表構造の悪化は避けられるかもしれない．しかし，そのためには資本財価格水準がますます高まらざるをえないことになる[19]．といっても，発散的インフレーションが政治的に容認されうるならば，無限弾力的貨幣供給システムのもとでは加速度原理の発散的過程を終焉させる内生的要因が存在しないことになる．

　結局のところ，加速度原理－乗数過程が本来発散的なものである場合には，その発散的運動は貨幣システムの二つの状況においては抑制できないのである．二つの状況とは，ケインズの流動性の罠の場合と無限弾力的貨幣供給の場合とである．政府債券が多く存在しこれに対して中央銀行の支持が与えられ，その結果貨幣供給が無限弾力的であるような場合に，加速度係数に非線

---

[19] 第2表の数値例において，第3期の投資(72)のうち0.36の割合が事前的貯蓄(26)によって金融されている．第3期に資本財価格が上昇し現存資本財の価値が20だけ増大すれば，資産増（＝実現投資＋資本財価値増分＝72＋20＝92）に対する株式金融の変化（＝事前的貯蓄＋資本財価値増分＝26＋20＝46）の比率は0.5となる．同様にして，第2表の数値例では第4期に一層多くの実現投資(184)のうち0.19の割合しか貯蓄(35)によって賄われていない．資産価値の増分（＝実現投資＋資本財価値増分）に対する株式金融の変化ないし自己資本金融（＝事前的貯蓄＋資本財価値増分）の比率が0.5に維持されるためには，114だけの現存資本財価値の増大がなければならない〔この値は $(35+x)/(184+x)=0.5$ を解いて $x=114$ と求められる〕．第4期の実質総資産は第3期のそれに比してほんのわずか大きいにすぎないから，上記の計算例は総資産に対する自己資本の比率が一定であるためには資本財価格水準の上昇率が高まる必要のあることを含意している．

型性をもたらす要因として所得に対する（貨幣的でない）「実物的な」フロアーやシーリングの要因が強調されたりするが，これは偶然のことでない．これとは対照的に，金融引締めの時期に加速度過程が実現するのに必要な金融的条件が検討されたりするのは，言ってみれば当然のことである．

2. 貨幣供給増加率一定の場合

貨幣供給成長率が外生的に与えられる貨幣システムを考えてみよう．たとえば，金本位制度下で部分準備制度がとられる銀行組織を考えればよい．この場合，事前的投資と事前的貯蓄の差が貨幣供給の単位期間当りの増分を超えないかぎり，無限弾力的貨幣供給のシステムの場合と同じである．無限弾力的貨幣供給のシステムの場合にそうであったように，この場合にも加速度過程での拡張に対する唯一の内生的制約要因は企業サイドの貸借対照表構造の悪化と流動性の低下である．かくして，ここでいっそう興味深いケースというのは誘発投資と事前的貯蓄の差が銀行貸出能力の拡大のペースを超える場合である．

本節では銀行組織は過剰流動性を当初もっていないと仮定している．したがって，金融のために利用しうる資金は事前的貯蓄と貨幣供給増分との和に等しい．誘発投資の大きさがこの利用可能総資金量を超えるか，それにちょうど等しいとき，実現投資はこの利用可能な資金総額によって有効に制約された大きさになる．したがって，所得水準はその場合貨幣供給と同率で上昇する[20]．

(a) 貨幣供給の算術級数的成長率が一定の場合——貨幣供給が単位期間当り一定量ずつ増加する（算術級数的増加率が一定）場合を考えよう．事前的貯蓄が十分に大きくなり，その結果単位期間当りの誘発投資が利用可能資金量を下回ってしまうほどになるまでの間は，所得水準は貨幣供給率と等し

---

[20] $I_{t+1}=\beta(Y_t-Y_{t-1})>(1-\alpha)Y_t+\Delta M=S_{t+1}+\Delta M$ であれば，$Y_{t+1}=C_{t+1}+I_{t+1}=\alpha Y_t+(1-\alpha)Y_t+\Delta M$ となる．実現投資は利用可能資金総計 $(1-\alpha)Y_t+\Delta M$ に等しいからである．上式より $Y_{t+1}=Y_t+\Delta M$ を得る．$Y_t=M_t$ を前提すれば $(Y_{t+1}-Y_t)/Y_t=\Delta M/M_t$ が導かれる．

第 3 表　貨幣供給の算術級数的成長(流通速度は一定，利子率変化の効果は慮外)

時間	加速度過程 ($\alpha=0.8$, $\beta=4.0$, $Y_0=100$, $Y_1=110$)					貨幣的システム ($\Delta M=10$)
	Y	C	事前の貯蓄	事前の投資	実現投資	貨幣供給増により金融される投資
0	100.0	—	—	—	—	—
1	110.0	80.0	20.0	—	30	+10.0
2	120.0	88.0	22.0	40	32	+10.0
3	130.0	96.0	24.0	40	34	+10.0
4	140.0	104.0	26.0	40	36	+10.0
5	150.0	112.0	28.0	40	38	+10.0
6	160.0	120.0	30.0	40	40	+10.0
7	168.0	128.0	32.0	40	40	+ 8.0
8	166.4	134.4	33.6	32	32	− 1.6[a]

(注 a)　第 7 期に $S_a+\Delta M>I_a$ が成立し，したがって $Y_7-Y_6<\Delta M$ となる．この結果，第 8 期に加速度的拡張は終焉を迎えている．

い率で上昇する．そのような状況のもとでは，単位期間当りの所得の伸びはそうでない場合に比べてより低いであろうし，誘発投資の規模も低下するであろう．事前的貯蓄が拡張過程のペースに追いつき，〔貨幣供給増加率に等しい〕一定率の算術級数的所得成長によって誘発されたすべての投資がその事前的貯蓄だけで賄えるようになった時点で所得の下降過程は始まる[21]．

---

21)　加速度原理 - 乗数モデルで $Y_t>Y_{t-1}$ となるための条件は $I_t=\beta(Y_{t-1}-Y_{t-2})>(1-\alpha)Y_{t-1}=S_t$ である．単位期間当りの貨幣供給の算術級数的増分を ΔM とすれば，利用可能な総資金量は $S_t+\Delta M=(1-\alpha)Y_{t-1}+\Delta M$ に等しく，それゆえ実現投資もこれに等しいから $Y_t=C_t+I_t=\alpha Y_{t-1}+(1-\alpha)Y_{t-1}+\Delta M=Y_{t-1}+\Delta M$ を得る．同様にして $I_{t+1}=\beta(Y_t-Y_{t-1})>(1-\alpha)Y_t=S_{t+1}$ とすれば，実現投資は $S_{t+1}+\Delta M=(1-\alpha)Y_t+\Delta M$ に等しく，それゆえ $Y_{t+1}=C_{t+1}+I_{t+1}=\alpha Y_t+(1-\alpha)Y_t+\Delta M=Y_t+\Delta M$ が得られる．言うまでもなく，$Y_{t+1}=Y_t+\Delta M=Y_{t-1}+2\cdot\Delta M$ であり，事前的投資が利用可能な資金に制約されることなく実現するに至る一期前まで累積的上昇過程をたどる．第 $(t+n)$ 期にそういう事態が出現するとすれば，$(t+n-1)$ 期までは $Y_{t+n-1}=Y_{t+n-2}+\Delta M=Y_{t-1}+n\cdot\Delta M$ という関係が成立する．第 $(t+n)$ 期についに事前的貯蓄が事前的投資を実現するのに十分大きくなったとすると，$I_{t+n}=\beta(Y_{t+n-1}-Y_{t+n-2})<S_{t+n}+\Delta M=\alpha Y_{t+n-1}+\Delta M$ が成立し，実現投資は $\beta(Y_{t+n-1}-Y_{t+n-2})$ に等しい．それゆえ，所得水準は $Y_{t+n}=C_{t+n}+I_{t+n}=\alpha Y_{t+n-1}+\beta(Y_{t+n-1}-Y_{t+n-2})$ となる．したがって，$Y_{t+n}-Y_{t+n-1}-\Delta M=-(1-\alpha)Y_{t+n-1}-(1-\beta)\Delta M<$

第11章 代替的な金融方式と加速度原理モデル

(第3表はこのケースを示している.)

　拡張期には,金融資金に対する需要量は利用可能な資金供給量をいつも上回っている.言い換えると,金融市場が投資を抑制しているのである.所得の算術級数的成長が貨幣供給の増加を下回るときには,金融の条件は緩和される.その結果生じる利子率の下落は誘発投資を高めるように(負の投資への誘因を弱めるように)働く.しかし,第3表ではこの可能性は省かれている.拡張過程では,実現投資のうち銀行組織から資金の融通を受ける割合はますます低下する.したがって,このような拡張過程では,投資を実行する企業の貸借対照表構造はそれほど悪化しない.

　所得水準が低下すると,自生的な貨幣供給量の増分は銀行組織に過剰準備として蓄積されることになる.他方,事前的貯蓄が誘発投資を上回る超過分は企業の銀行借入の返済に向けられる.このような変化は所得水準の下落を押しとどめる役を担うはずである.

　下降局面で銀行組織に過剰準備が蓄積されたり企業貸借対照表の構造が改善されるということは,経済が再び拡張に転じる際に,それが金融市場と貸借対照表がもつ効果とから直接的な制約を受けることはないということを意味する.貨幣供給の算術級数的成長率が所得水準の下降期に蓄積される金融のこの余剰能力の拡大よりも小さければ,蓄積された金融の余剰能力が吸収され尽くす時点では投資が急激に低下することもありうる.もしそうであれば,それは所得水準の単位期間当り成長率を低下させる.所得の伸びが小さければ誘発投資も減退し,これがまた所得の急速な下降をもたらす.以上のように,加速度原理-乗数過程が本来発散的であっても,貨幣供給量が一定の算術級数的成長率で増加する場合には循環的時系列が実現する見込みが高い.

　　0を得,結局 $Y_{t+n} < Y_{t+n-1} + \Delta M$ となる.かくして第$(t+n)$期からは従来の加速度過程が下方へと転じる.
　　〔本脚注および次の脚注(22)については,論証過程の理解を容易にするため訳者が補充を一部行った.〕

(b) 貨幣供給の幾何級数的成長率が一定の場合——貨幣供給がある一定の率 (μ_3) で幾何級数的に増加すると仮定しよう．すでに述べた通り，発散的な加速度原理の過程の一般解は $Y_t = A_1 \mu_1^t + A_2 \mu_2^t$ で与えられる．ただし，$\mu_1 > \mu_2 > 1$ で，A_1 と A_2 は初期条件に依存して決まる．この式は所得の成長率が二つの成長率 (μ_1 および μ_2) の加重平均であることを意味している．貨幣供給成長率 μ_3 が実現可能な最大所得成長率 μ_1 よりも大である（ないし，等しい）ならば，貨幣供給があたかも無限弾力的であるかのごとくこのモデル体系は運動するであろう．それゆえ，検討されるべきケースは ($\mu_1 > \mu_3 > \mu_2 > 1$) の場合と ($\mu_1 > \mu_2 > \mu_3 > 1$) の場合の二つである．

まず，($\mu_1 > \mu_2 > \mu_3 > 1$) のケースから取り上げてみよう．過剰流動性が存在しないとすれば，達成可能な所得の最大成長率は貨幣供給成長率に等しい．この成長率が維持されるためには，誘発投資の規模が金融のために利用しうる資金量に等しいか，あるいはそれを超えることが必要である．貨幣供給増加率，したがって所得成長率が μ_3 よりも小さければ，誘発投資は利用可能な資金量を吸収しうるほど十分な大きさをもたない[22]．それゆえ，所得

---

[22] まず，$M_{t-1} = Y_{t-1}$，$M_t = \mu_3 \cdot M_{t-1}$，$Y_t = \mu_3 \cdot Y_{t-1}$ を仮定する．所得が引き続き上昇し $Y_{t+1} = \mu_3 \cdot Y_t$ となるためには
$$I_{t+1} \geq S_{t+1} + (M_{t+1} - \Delta M_t)$$
が必要である．すべてを左辺へ移行して整理すると
$$\beta(Y_t - Y_{t-1}) - (1-\alpha) Y_t - (\mu_3 - 1) M_t \geq 0$$
すなわち，
$$\beta(\mu_3 - 1) Y_{t-1} - (1-\alpha) \mu_3 Y_{t-1} - (\mu_3 - 1) \mu_3 M_{t-1} \geq 0$$
を得，$Y_{t-1} = M_{t-1}$ で両辺を割れば
$$\beta(\mu_3 - 1) - (1-\alpha) \mu_3 - (\mu_3 - 1) \mu_3 \geq 0$$
となる．これを整理すると
$$\mu_3^2 - (\alpha + \beta) \mu_3 + \beta + \varepsilon = 0$$
を得る．ここで $\varepsilon = 0$ は誘発投資が事前的貯蓄と貨幣供給量の増分の合計に等しい場合を，$\varepsilon > 0$ は誘発投資が事前的貯蓄と貨幣供給増分の合計よりも大である場合（$\varepsilon < 0$ はちょうどその逆の場合）を示す．

したがって，二階差分方程式 $Y_t - (\alpha + \beta) Y_{t-1} + \beta Y_{t-2} = 0$ の特性根が $(\mu_1, \mu_2) = \dfrac{(\alpha + \beta) \pm \sqrt{(\alpha + \beta)^2 - 4\beta}}{2}$ であることを考えれば，ここで関係のある μ_3 は先の方程

の成長率は貨幣供給増加率よりも小さくなり，所得のこのより小さい成長率（μ_3）をさえ維持できなくなる．所得成長率がこのように累進的に低下すると，やがて誘発投資は事前的貯蓄を吸収するにも不十分となり，その時点で所得水準そのものが低下し始める．それゆえ，加速度過程に制約がなければ成立したであろう最小成長率よりも貨幣供給増加率がさらに小さい場合には，所得水準に下方への転換点が設定されることになる[23]．

　幾何級数的貨幣供給増加率が一定のもとで所得水準が低下し始めるとき生じる事柄と，算術級数的貨幣供給増加率が一定のとき同様の状況があって生じる事柄は本質的に同じである．つまり，銀行組織に過剰準備が蓄積され企業の貸借対照表構造が改善されるという点では，同様である．上方への運動が再び始まっても，過剰流動性が吸収し尽くされるまではなんらの制約も受けずにその拡張は進行する．しかし，過剰流動性が吸収し尽くされた時点以降，貨幣供給増加率は再び所得成長率の制約要因となって作用し始める．貨幣供給増加率があまりに低ければ，恒常的成長の時系列ではないむしろ循環的な時系列が生み出されることになろう．

　貨幣供給増加率が加速度過程の小さいほうの特性根に等しいならば（$\mu_3 = \mu_2$），所得と貨幣量とはともにこの率で成長するであろう．この成長過程では事前的貯蓄は投資の銀行借入れによる金融に対していつも一定の比率を維

　　式の解の小さいほうで与えられる．すなわち $\mu_3 = \dfrac{(\alpha+\beta) - \sqrt{(\alpha+\beta)^2 - 4\beta}}{2}$ である．それゆえ，もし $\varepsilon = 0$ であれば $\mu_3 = \mu_2$，$\varepsilon > 0$ であれば $\mu_3 > \mu_2$ となる．かくして，貨幣供給増加率が加速度過程の小さいほうの特性根に等しいか，あるいはそれより大であることが，自立的な成長のための必要条件である．

23)　このことは $Y_0 = A_1 + A_2$，$Y_1 = A_1\mu_1 + A_2\mu_2$，$Y_1 = \mu_3 Y_0$ であることに注目すれば，容易に証明することができる．ただし，$\mu_1 > \mu_2 > \mu_3 > 1$ である．このとき $A_1 = Y_0 - A_2$ を代入して $\mu_3 Y_0 = (Y_0 - A_2)\mu_1 + A_2\mu_2$ を得る．これより A_2 について求めると，$A_2 = Y_0(\mu_3 - \mu_1)/(\mu_2 - \mu_1) > 0$ となる．同様にして，$A_2 = Y_0 - A_1$ を代入して $\mu_3 Y_0 = A_1\mu_1 + (Y_0 - A_1)\mu_2$ を得，これを A_1 について解くと $A_1 = Y_0(\mu_3 - \mu_2)/(\mu_1 - \mu_2) < 0$ となる．ところで，$A_1\mu_1 + A_2\mu_2 > A_1 + A_2$ および $\mu_1 > \mu_2$ から $|A_2| > |A_1|$ が導かれる．しかし，t の値が大きくなるにつれて，やがては支配根の係数 A_1 の符号に規定されて $A_1\mu_1^t + A_2\mu_2^t$ が負となり，所得が下降に転ずる．

持する．この比率が貸借対照表の望ましい姿と整合的であるならば，所得水準の運動を下方に転換するような契機はなんら生じない．のみならず，この所得成長率は相当に安定的な価格水準とも整合的であろう．したがって，発散的な加速度原理－乗数過程に，適切な貨幣供給増加率が伴うと恒常的成長 steady growth が実現する[24]．

次に $(\mu_1 > \mu_3 > \mu_2 > 1)$ のケースを考察しよう．この場合は，いかなる時期においても所得の成長率が二つの根の加重値 (A_1 や A_2) の大きさに依存する．もし μ_2 のウエイト (A_2) が大きければ，加速度過程で生じる所得成長率は貨幣供給増加率よりも小さいであろう．しかし，$\mu_1 > \mu_2$ であるから，やがて μ_1 は所得成長率の大きさを規定するようになる．このとき所得は貨幣供給の増加率よりも高い率で成長することになる．所得の増分総額が貨幣供給増分の総量に等しくなるまでは，貨幣供給量が所得の成長を制約する要因とならない．$(\mu_1 > \mu_3 > \mu_2 > 1)$ のケースが恒常的成長に結びつくか，それとも所得の下降過程に入っていくかは，貨幣的制約が有効に効きだすときに加速度係数がどのような影響を受けるかにかかっている．

発散的拡張過程の当初は，所得の成長率は貨幣供給の増加率よりも小さい．所得増加の総量が貨幣供給増分の総量に等しくなる時点では，所得増加率が貨幣供給増加率を上回っているであろう．したがって，この時点に至る途中の過程で所得成長率と貨幣供給増加率とは等しくなる．この所得成長率は，支配的な金融条件や現下の貸借対照表構造のもとで，その所得成長率自体が高まるのに十分なだけの誘発投資を促すであろう．それゆえ，所得の成長率が貨幣供給増加率によって制約され，また加速度係数の値が不変であるとしても，十分な量の投資が実行され，そしてこれが貨幣供給増加率を上回る所得成長率を実現させる．

しかし，所得の増分と貨幣供給の増分が等しくなるまでは，この体系は過剰流動性を有しつつ運動する．この過剰流動性が吸収され尽くす時点で所得

---

24) すなわち，ハロッド＝ドーマーの恒常的成長のケースは適切な貨幣的諸条件が整っていてはじめて得られるものであるということに注意しなければならない．

成長率は貨幣供給増加率を上回ることになる．このときに貨幣的制約が有効に作用し始め，二つのことが生起する．すなわち，所得成長率の低下と金融条件の上昇とである．過剰流動性のゆえに金融条件が比較的緩和しているときは，貨幣供給増加率に等しい所得成長率が所得成長率の水準を高めるのに十分なだけの投資を誘発する．ところが，金融市場が逼迫し始めると，金融条件は加速度係数の値を減少させる方向に変化する．その結果，所得は低下することになるのである．

それにもかかわらず，貨幣供給が加速度過程の小さいほうの特性根（μ_2）の値よりも大きい率で幾何級数的に増加するならば，所得が一定率で成長することも可能である．この場合には，貨幣供給が小さいほうの特性根の値にちょうど等しい率で増加していたならば実現していたかもしれない率よりも高い率で，貨幣所得は成長するであろう．したがって，このような所得の恒常成長率には相当高率の物価上昇が伴う．そして，事前的貯蓄に対する銀行借入れの比率は貨幣供給増加率の上昇とともに高まる．

ここで，加速度係数の値が金融市場の逼迫とともに低下するならば，所得は下方に転じることもありうる．この貨幣システム〔$(\mu_1>\mu_3>\mu_2>1)$のケース〕での下降局面のビヘイビアーとこれが再び拡張過程に復帰する場合のビヘイビアーは，貨幣供給増加率が加速度過程の小さい特性根の値よりもさらに小さい貨幣システム〔$(\mu_1>\mu_2>\mu_3>1)$のケース〕のそれと本質的には同じである．

ケース D──流通速度と貨幣量がともに変化する場合

制約がなければ発散的になってしまう加速度原理‐乗数過程と流通速度または貨幣量の一方だけが可変的な貨幣システムとの関係は，これまで論じた通りである．その議論を前提に，われわれは流通速度と貨幣量の双方が可変的であるような貨幣システムを考察することができる．以下では，まず，貨幣数量が変化しつつあり流通速度は1より大であると仮定する．次いで，流通速度が変化するときの効果を検討する．最後に流動性選好の変化を取り上

げる．

1. 事前的貯蓄を超える投資が貨幣数量の増大によって金融される場合に，われわれは流通速度が1に等しいと仮定した．ここではこの仮定を取り外し，所得流通速度が1を超えるものと仮定する．事前的貯蓄を上回る事前的投資の超過分がこれに等しい貨幣数量の増加によって金融されるとすれば，体系には過剰流動性が存在することになる．この過剰流動性は投資を金融するのに利用できる．

当初，銀行借入れによって投資が金融されるものとする．この過程で創り出された貨幣の流通速度は1より高くなると仮定し，その結果生じる過剰流動性は銀行の企業債務保有を家計の企業債務・株式保有に代替させるのに利用されると仮定しよう．創造された貨幣の増分は $\Delta M = Y_t - Y_{t-1}$ とする．この貨幣の流通速度はいまや $V>1$ であるから，$(Y_t - Y_{t-1})$ の所得増分に必要な取引貨幣は $\Delta M/V$ で足り，残りの $\Delta M - (\Delta M/V) = (1-1/V)\Delta M$ は過剰流動性としてポートフォリオに吸収され資産貨幣となる．この過剰流動性によって銀行が所有する企業債務が民間公衆に肩代わりされるならば，企業の銀行に対する正味の借入負債額は結果的に

$$\Delta M - \left(1 - \frac{1}{V}\right)\Delta M = \frac{1}{V} \cdot \Delta M = \frac{1}{V}(Y_t - Y_{t-1})$$

に等しくなる．投資は $Y_t - C_t = Y_t - \alpha Y_{t-1}$ であるから，企業の資産増分に対する銀行借入負債増分の比率は

$$\frac{1}{V} \cdot (Y_t - Y_{t-1}) \cdot \frac{1}{Y_t - \alpha Y_{t-1}} = \frac{1}{V} \cdot \frac{Y_t - Y_{t-1}}{Y_t - \alpha Y_{t-1}}$$

で与えられる．

発散的加速度過程が進行するにつれて，比率 $(Y_t - Y_{t-1})/(Y_t - \alpha Y_{t-1})$ の値は上昇し，総資産変化に対する銀行借入負債の変化の比率は $1/V$ の値に接近する．〔厳密には，$\frac{1}{V} \cdot \left(1 - \frac{1}{\mu_1}\right) / \left(1 - \frac{\alpha}{\mu_1}\right)$ に接近するのであるが，μ_1 が十分に大であると考え $(1/\mu_1)$ や (α/μ_1) がほぼゼロに等しいと考えるとそれは $1/V$ に等しくなる．〕それゆえ，事前的貯蓄と過剰流動性を公

第11章 代替的な金融方式と加速度原理モデル

衆が企業負債と株式とに振り向ける配分比率が一定であるとすれば，企業の貸借対照表構造は悪化することになる．しかし，$V=1$ の場合に比べ，銀行借入れによる金融の比率は小さい．それゆえ，事前的貯蓄を上回る投資の超過部分が銀行の貨幣創造によって金融される以外に方法がない場合に比べれば，貸借対照表の悪化はそれほど急速に進むとも言えない．かくして，$V>1$ のとき貸借対照表の悪化が加速度係数の値を低める可能性はやはり小さい．

2. 先の比率 $\dfrac{1}{V} \cdot \dfrac{Y_t - Y_{t-1}}{Y_t - \alpha Y_{t-1}}$ に注目してみると，V の値の上昇は銀行借入れによる金融の総資産変化分に対する割合を低め，消費性向の増大は銀行借入れによる金融依存度を高めることがわかる．したがって，これらのパラメーターが自生的に変化するか，あるいは循環的運動に誘発されて変化するならば，加速度係数の値は変化することになる．景気循環の拡張過程が銀行の貨幣創造で金融される場合，企業貸借対照表の構造は悪化する．しかし，流通速度の上昇はとくにこのような動きを相殺する効果をもっている．

3. 流動性選好が自生的に変化するか，あるいは循環的運動に誘発されて変化するならば，経済の拡張が貨幣供給量の変化に依存する程度は変化し，もって企業の総資産に対する銀行借入れ比率も影響を受ける．流動性選好が弱まれば，事前的貯蓄を上回る投資の超過部分は以前よりも低い利子率でポートフォリオから現金を引き出させることによって金融できる．このような流動性選好の「自生的」低下は，金融条件の改善と企業の銀行依存度の低下の双方を通じて加速度係数の値を高める．1920年代後期に見られた大々的な株式市場ブームは流動性選好の低下を反映すると解釈できる．経済の拡張が銀行組織にあまり依存しないで可能となったのはそのような事態の結果としてである．

これとは逆に流動性選好が自生的に増大すると，銀行借入資金が企業投資を金融するためよりもむしろ家計の流動性選好の増加を充足するのに用いられてしまうという結果になる．すなわち，企業の銀行借入れの一部が家計の「流動性保蔵 liquidity hoards」の積み増しという結果に終る．事前的貯蓄と

実現投資の差を超えるこのような企業借入れは，企業の貸借対照表構造を急速に悪化させる．それゆえ，発散的加速度過程はこのような流動性選好の変化によって修正を余儀なくされることもあるのである．

上記の流動性選好の変化は自生的に生じると仮定した．このほかに，発散的加速度過程の上昇運動それ自体が流動性選好を弱めるというもっともらしいメカニズムも存在する．しかし，拡張過程が流動性選好を内生的に高めるという，同様にもっともらしいメカニズムがあるとは思われない．他方，下降過程では家計の流動性選好が高められるもっともらしいメカニズムが存在する．それは企業貸借対照表の構造を悪化させ，加速度係数の値に影響を及ぼして投資水準を低下させるよう作用する．しかし，下降過程で流動性選好が内生的に弱められるようなメカニズムがあるとは思われない．このように流動性選好の変化は不安定化の要因として機能するように思われる．

5. 政策に対する含意

安定的物価水準のもとで恒常的成長を実現するのが政策目標であるとしよう．利用可能な政策手段は，金融政策（本章の用語で言えば，代替的貨幣システム〔あるいは代替的金融方式〕の選択ということになるが）と財政政策であるとする．本章では次のことが明らかになった．すなわち，恒常的成長を実現するためには貨幣供給量を幾何級数的成長率で増加させることが必要であるということである．しかし，あまりに急激な貨幣供給増加は急速なインフレーションをもたらす．他方，貨幣供給増加率があまりに低すぎると所得の下降運動がもたらされてしまう．

自律的な最小所得成長率は小さいほうの特性根 μ_2 の値に等しい．生産能力もこの率で拡大するならばインフレなき成長という政策目標は達成可能である．これとは逆に，所得の成長率が生産能力の最大可能な拡大率を上回れば政策目標は達成できない．われわれは，後者の場合に持続的インフレを伴う恒常的成長のほうが安定的な物価水準のもとでの断続的な成長よりも選好

第11章 代替的な金融方式と加速度原理モデル　　　367

されるであろうと考える．それゆえ，政策目標は最小の持続的インフレのもとで恒常的成長を達成することである．

　政策担当者が恒常的成長を好む結果所得の低下を嫌う一方，持続的インフレを成長のための代価として容認するのであれば，実際の貨幣供給増加率が自律的な最小所得成長率を超えても彼らは「心安んじて」これを認めることができるであろう．すなわち，政策担当者は完全雇用の実現に重きを置き，なにほどかの無用なインフレが現実化してもこれを厭いはしないのである．

　消費性向を所与とすると，貨幣供給増加率が大であるほど（企業貸借対照表においての）企業負債・株式に対する銀行借入れの相対的比率はいっそう大きくなる．それゆえ，貨幣供給増加率が大きいほど企業貸借対照表の構造はいっそう望ましくないものとなる．このような可能性に対応する政策手段としては，(1)流通速度を1より高めるための金利政策，および(2)企業の銀行借入債務を増加させずに貨幣供給を増やす財政政策の活用がある．

　すでに明らかにしたように，貨幣の所得流通速度が1より大きく，貨幣供給が企業の銀行借入れを通じて増加するならば，企業の銀行に対する正味借入債務は実現投資と事前的貯蓄との差よりも小さくなる．これを実現するには貨幣の所得流通速度を1より大にしなければならない．銀行の企業貸出しは，そのことを可能とするのに十分なだけの高さの利子率水準でなされなければならない．しかし，実は加速度係数の値も利子率水準に依存している．したがって，貨幣の所得流通速度を1より高く保つための金融政策が行き過ぎると，かえって加速度係数の値を小さくし自律的な成長を阻害することになる．

　利子率をしかるべき水準に維持するためには，商業銀行からの需要に応えて，中央銀行はこれら商業銀行に対し所与の(再)割引率で無制限に準備を供給する必要がある．したがって，(再)割引率（＝公定歩合）は中央銀行政策のための適切な手段であると思われる．

　そうは言っても，貨幣供給量が企業の銀行借入れによってのみ増加するとすれば，企業の貸借対照表における負債−資本比率は高まり，その結果誘発

投資水準は低下するであろう．そこで，政府の赤字支出が銀行借入れの形で賄われると，貨幣供給量は企業の銀行借入債務を増加させることなく増やしうる．利子率が貨幣流通速度を1以上に保つ水準にあれば，家計の企業負債・株式保有が銀行の企業貸出債権にとって代わることになる．これは，恒常的成長の達成に必要な貨幣供給量が企業負債との交換で創造される場合に比べ，恒常的成長の実現にいっそう貢献する．したがって，成長と物価上昇が持続的に実現している期間においても，いっそうの成長のための条件を維持する上では政府の赤字支出金融が望ましいと思われる．

第12章　単純な成長モデルと循環モデルの統合*

1. はじめに

　景気循環ないし循環的成長の下方転換点（すなわち，シーリング）を説明するさまざまのモデルがすでに提唱されている[1]．しかしクリハラ・モデル〔Kurihara(71)〕を除き，すべてのモデルはシーリング成長率を外生的に与えている．ところが，所得がこのシーリング上かそれ以下にあるときに生じる貯蓄や投資活動の存在は，シーリングそれ自体が成長することを含意している．本章はシーリング所得の成長率が（それは需要側の要因によって所得が投資と消費に分割される過程で決定される）どのような条件のもとで十分に大きくなり，その結果自律的な成長の実現を可能にしうるのかを検討しようとするものである．

　現在の計量経済モデルは短期の予測モデルと長期の成長モデルの二つに分類できる．短期予測モデルは基本的にはケインズ流の総需要決定モデルの拡張である．長期成長モデルは十分な総需要がいつも存在すると仮定した上で，投入要素のさまざまの変化のパターンが生産能力の成長に対してどのような含意を有するかを検討するものである．

　多くの観点からすれば，分析上および予測上最も興味深いのはごく短期の経済の動きでもごく長期の経済の動きでもない．実際上は10年ないし15年間という中期的な時間視野が経済政策にとっては最も興味深い．というのは，

---

　*　本章は Brennan(13) のなかの Minsky(85) を転載したものである．
　1)　Goodwin(41), Hicks(55), Kurihara(71), Mathews(76), および Minsky(79).

大きなもしくは底の深い循環的不況過程が発生する可能性は，ちょうどそうした時間的視野において存在するものであるからである．短期の予測モデルを構築する場合に投資の生産力効果や投資活動の金融が既存の金融諸資産ストックに及ぼす効果が無視されても，それは必ずしも不当でない．しかし，10年や15年という期間ではこれらの小さな諸変化が累積し，経済全体のビヘイビアーを決定する上できわめて重要なものとなる．これに反して，長期モデルを構築する場合には金融的諸変数の効果は消滅すると仮定するのが標準的な方法である．かくして〔短期でも長期でもない〕中期的な時間視野がとられるならば，実際的観点および理論的観点の双方においてわれわれは現実の経済にいっそう接近することになると言いえよう．

経済成長率の長期の波動に関する最近の著作〔Abramovitz(1)〕や不況過程（小規模の不況であれ，深度の大きい大規模なものであれ）についての著作〔Friedman and Schwartz(38)〕[2]は，10年ないし15年の期間の時系列を生み出すような完全な所得決定モデルを構築できれば大変興味深いであろうことを示唆している．

短期モデルや長期モデルは関心の置き所を総需要または総供給のいずれか一方に限定している．その意味で両方とも一面的であると言わなければならない．そればかりか，両者とも深浅を問わずいかなる意味においても貨幣的現象ないし金融的現象を考慮していないという点で不完全である．Friedman and Schwartz(38)は観察される循環のパターンが，非常に狭く定義された貨幣の変動の結果生じたものであると論じている．Tobin(125)は暗黙のうちに，またMinsky(84)は陽表的に，金融的諸要因がより長期の波動に対してどのような含意を有するかについて検討している．ところが，先に言及したクリハラ論文を別にすれば，生産能力のシーリングがどのようにして生み出されるのか，あるいは生産のシーリングと需要の決定がどのように相互に関わりあっているのかに注意を払ったものは少ない．本章はこのような

---

2) Friedman and Schwartz(38), p.55 を参照されたい．

問題意識に沿った分析的研究のほんの一部を構成するものにすぎない．そのため成長過程で生じる貨幣的・金融的反作用効果は捨象することにする．本章の目標は総需要と総供給を一つの所得決定モデルに統合することにあるからである．

その際，自律的な成長が実現するために必要な諸条件に特別の関心を寄せる．われわれの分析結果によれば，インフレーションが成功裡に消費を削減しないかぎり自律的な成長は（それが断続的な現象にとどまる場合を除き）実現しそうにない．また，技術進歩（それが資本に体化されたものであれ，否であれ）の結果としてシーリング所得の成長率が引き上げられないかぎり，やはり自律的な成長は実現しそうにない．シーリング所得の成長率が十分に大きな速度で引き上げられるならば，このシーリング制約は必ずしも所得の下降過程への引き金とはならない．したがって，その場合には下降過程を再び生じさせるような特性が総需要を決定する諸関係のうちに存在しないかどうかを，われわれは再度検討しなければならない．結論を先取りして言えば，誘発投資の加速度係数の値が金融的変化が生じる結果として小さくなれば下降過程は生じうる．それは成長を維持するのに必要なシーリング所得成長率の水準が高まるからである．つまり，自律的な成長過程が成熟段階に入るにつれ，同様の状態にとどまるためには経済はますます速く駆け続けなければならないのである．

2. モデルの本質的構成要素

総需要の側と総供給の側のビヘイビアーを共に含むところの単純な所得決定モデルを構築するのに必要な素材は周知のものである．正確を期していえば，本章で取り上げるモデルの構成要素は次の通りである．
(1) 総需要創出関係――これはよく知られたハンセン＝サミュエルソン流の加速度原理‐乗数モデルである[3]．

---

3) Samuelson(114).

(2) 最大総供給量（＝生産能力ないしシーリング所得）を決定する関係
――これはハロッド＝ドーマーの成長モデル[4]から導出される．
(3) 最小総供給量（＝フロアー所得）を決定する関係――これは(a)消費需要（および多分に投資需要）の一部が現在所得から独立に与えられているという仮定（この仮定は当該支出の部分が過去の所得や資本財ストックの価値に依存するという意味では必ずしもない），および(b)単位期間当りの実現可能な負の投資には上限があり，この上限は資本財ストックの規模したがって最大総供給量との間に一定の関係があるという仮定にもとづくものである．
(4) 実際の所得が総需要と均衡する関係――ただし，これは総需要が最大総供給量を上回ったり，最小総供給量を下回ったりしないかぎりでのことである．さもなければ，実際の所得はしかるべき総供給に等しくなる．

本章は自律的成長に関心があるので仮定(3)の含意は無視する．このことによってわれわれの需要決定的な諸関数を単純化し，もってそれら関数を同次性の関数として書き表すことができる．筆者は別の機会に[5]，それらの方程式の非同次的な部分が次の二点に対してどのような影響を及ぼすかを検討したことがある．一つはシーリング所得が十分速やかに伸びずそのため成長を恒久的に維持しえない場合に，自律的な成長が実現するであろう期間の長さであり，いま一つは生じる不況の規模の大きさないし深度である．

自律的な成長とは実際の所得と最大総供給所得が成長に対するいかなる外生的な刺激要因もなく成長するときのそれを示す．これは恒常的成長が内在的要因だけによって自律的に実現している状況であると言えよう．ハンセン＝サミュエルソン・モデルとハロッド＝ドーマー・モデルを統合したわれわれのモデルの枠組みでは，そのような自律的な恒常的成長とは次のような状況を表している．すなわち，最大総供給が十分に高い率で成長しており，この最大総供給に等しい実際の所得水準とその実際の所得の変化によって誘発

---

4) Harrod(53), Domar(21).
5) Minsky(79).

第12章　単純な成長モデルと循環モデルの統合　373

された総需要とが，増大しつつある生産能力を完全に利用し尽くすのに十分な大きさをもっているような状況である．

　ハンセン＝サミュエルソン・モデルは所得が総需要によって決定されると述べているのにすぎない．需要が総供給によって制約を受けない時期にはこのケインズ流の仮定は有効である．まして，消費関数の非同次部分が富（それは当然のことながら経済の資本ストックを反映する）の大きさに依存するならば，なおさらである．ハンセン＝サミュエルソン・モデルを，このようにとらえた上でわれわれの統合モデルの一部とするときは，消費関数は事前的消費を，加速度原理にもとづく投資関数は事前的投資を決定するものと解釈される．

　ハンセン＝サミュエルソン・モデルの二階差分方程式からは，景気循環の分析に必要なさまざまのタイプの時系列が単純な枠組みのなかで得られる．のみならず，初期条件次第では一度かぎりの転換点も得られる可能性があり，これはわれわれの分析にとって重要である．

　任意の時点で利用可能な最大総供給量は，当該時点での現存資本ストックの大きさに依存すると仮定する．この資本ストックは毎期，正味投資分ずつ変化していく．総供給の変化率は実現する正味投資量とその生産効率性 productive efficiency とに依存する．このことは，統合されるハロッド＝ドーマー・モデルの部分の貯蓄性向は明らかに事後的貯蓄の係数を表していることを意味する．

　実現する投資の生産効率性は総供給量の変化を資本ストックの変化に関係づけるものである．すなわち，それは限界産出・資本係数として与えられるのである．ハロッド＝ドーマー・モデルの典型的な定式化においては産出・資本係数の逆数，すなわち資本－産出比率に焦点が絞られる．投資の生産効率性をそのように表現すると，総供給決定関係式における投資の生産効率性は総需要決定関係式における誘発投資係数に等しいと容易に仮定することができる．

　誘発投資係数と投資の生産効率性係数は内容的にはもちろん全く異なるも

のである.誘発投資の係数——すなわち事前的投資を決定する関係式における加速度係数——は部分的には投資の生産効率性の大きさに依存しているが,それはまた投資を実行する企業が危険を引き受けようとする意欲とどのような条件でそれを金融することができるかにも関係しているのである.このように,われわれは誘発投資の係数と投資の生産効率性が異なる概念であることを認識している.しかし,われわれは最初それらが相等しいものであると仮定する.そうすることによって,消費の調整を介して自律的な成長がどの程度実現するようになるかにわれわれは関心を集中させることができるからである.

　本章で使用する調整的関係 reconciliation relation という用語は,総供給が場合によっては有効な制約要因になるという純枠に形式的な命題を意味している.しかし,どのようなシーリング・モデルをとるにせよ,真に深みのある経済学ならば供給がどのようにして消費や投資等の支出需要項目に割り当てられるかに注目するはずである.消費需要と投資需要のいずれが切り詰められるのか,あるいは両者がともにさまざまに異なった程度にどのように切り詰められるかは,市場メカニズムの帰結として決まる.

　しかし,本章で提示されるモデルはこのような割当現象をカバーしうるほど十分に完全なものであるとは言いがたい.金融市場は投資資金を割り当てる機能を有している.投資のために利用可能な資金供給総額は金融市場の機能次第で決まる.金融システムが消費を削減しうるかどうかは,家計の現在のポートフォリオと望ましいポートフォリオの状態とに依存する.われわれが調整関係をより厳密に取り扱うことができるようになるためには金融的現象と実物的な需要,そして供給創出関係とを統合することが必要であろう.

　しかし,形式的な金融システムのモデルを構成しなくても,割当ての過程をわずかながら子細に眺めることは可能である.第1図の $\text{Log} Y_c$ はシーリング所得を表している.各時点 t の総需要 Y_d は常にシーリング所得を上回っている.つまり,シーリング所得が有効な所得決定要因であるということである.消費財需要が $t-1$ 期の所得によって決定されるとすれば,消費者

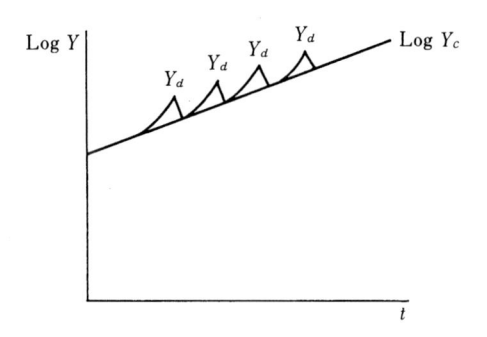

第12章 単純な成長モデルと循環モデルの統合

第1図 シーリング所得の成長径路

は Y_d を構成する消費財購入(現在の価格水準での購入)を金融するための「手元現金」をすでにもっていることになる.しかしながら,投資家は自らの計画貯蓄を上回る投資部分を金融するために資金を調達しなければならない.これは貯蓄主体と投資主体とが分離されていて,両者が異なる別の主体であるからではない.

投資を実現するのに必要な資金が調達されるためには,流通速度の上昇か貨幣供給量の増加をもたらす変化が生じなければならない.利子率を引き上げることなく生産能力と計画消費支出の差に等しい水準まで投資を切り詰めることができるならば,そのかぎりでは所得創出過程はなんの影響も受けない.しかしながら,総需要を切り詰める過程で利子率が上昇するならば(あるいは全く同じことであるが,消費財に比べて投資財の価格が上昇するならば)所得創出の過程は影響を被るであろう.消費需要が利子率から独立で,投資需要したがって加速度係数 β が利子率に依存するというケインズ流の過程のもとでは,利子率の上昇が β の値を低める.β の値の下落は,所得がシーリング水準に張り付いているとき,生産能力の伸び以上の総需要の増大をもたらす生産能力最小成長率を高める.いずれにしても,調整過程はこのようにして成長を維持するのに必要とされる成長率を引き上げることによってシーリングの効果に影響を及ぼす.

資本財ストックの変化のみが生産能力の成長率を決定する唯一の要因であ

るというわれわれの仮定は，言うまでもなく一つの誇張である．別の仮定の仕方としては投入要素間に代替性がある生産関数を導入し，シーリング産出量を資本設備のみならず労働力の成長にも関係づける方法がある．技術水準に変化が生じることをひとたび前提するならば，生産能力の成長を資本ストックの成長にのみ依存させることはできなくなる．というのは，いつもそうであるように，技術変化係数というものは技術変化そのものだけではなく労働力と資本の異なる成長率や教育・公衆衛生等を通じた労働力の質的改善などの諸要素をも含むものであるからである．

その結果，われわれは生産能力の成長を扱ったハロッド゠ドーマー型の枠組みのなかでは，資本に体化した技術変化 embodied technical change とそうでない技術変化 disembodied technical change の両方を許容することとした．体化された技術変化は設置される資本設備を介して作用するが，われわれの定式化ではそれは投資の生産効率性の上昇として表現される．他方，体化されない技術変化とは実行される投資の量からは独立に生産能力が上昇することを意味している．いずれにせよこのような技術「進歩 progress」は時間の経過と同様不可避のものであり，またほとんど同様に普遍的なものである．さらに，この「進歩」は時間と同様あまたの「原罪」を覆うてもいる〔すなわち，それ自体のなかに潜在的な問題の契機が隠されているのである〕．

3. モデルの構築

われわれのモデルは以下の諸式で表される．

(1) $Y_n^s = Y_{n-1}^s + \dfrac{I_{n-1}^a}{\bar{\beta}}$

(2) $C_n^d = \alpha Y_{n-1}^a$

(3) $C_n^s = \bar{\alpha} Y_n^s$

(4) $C_n^a = \lambda_1 C_n^d + \lambda_2 C_n^s$

(5) $I_n^d = \beta (Y_{n-1}^a - Y_{n-2}^a)$

(6)　　$I_n^s = (1-\bar{a})Y_n^s$

(7)　　$I_n^a = \lambda_1 I_n^d + \lambda_2 I_n^s$

(8)　　$Y_n^a = C_n^a + I_n^a$

(9)　　$Y_n^d = C_n^d + I_n^d \leq Y_n^s$ のとき $\lambda_1 = 1$ で

　　　　$Y_n^d > Y_n^s$ のとき $\lambda_1 = 0$

(10)　　$\lambda_1 + \lambda_2 = 1$

C, I, および Y はそれぞれ消費, 投資, および所得の水準を示す. 上付きの記号 a は当該変数の実際の (現実の) 値であることを意味し, d は需要, s は供給, a は事前的な限界消費性向 (本モデルでは平均消費性向に等しい), β は誘発投資の事前的係数の値, $\bar{a}$ は事後的な限界消費性向 (これも平均消費性向に等しい), $1/\bar{\beta}$ は投資の事後的生産効率性 (すなわち, 投資1単位当りの限界産出係数) をそれぞれ表す. 係数 λ_1, λ_2 は(9)と(10)式で定義されている通りの意味をもつ. 下付きの記号 n や $n-1$ は Y, C, I 等の「日付」を示す.

総供給サイドの動き

(1)式は総供給の変化が実行される現実の投資水準に依存することを示す. (1)式と(6)式とから, 成長率は貯蓄性向($\bar{a}$)と投資係数($\bar{\beta}$)に依存して決まるという周知のハロッド=ドーマー型成長モデルが得られる. というのは, $I_{n-1}^d = I_{n-1}^s = (1-\bar{a})Y_{n-1}^s$ から

$$Y_n^s = Y_{n-1}^s + \frac{(1-\bar{a})}{\bar{\beta}} Y_{n-1}^s$$

が得られ, したがって

(11)　　$\bar{\nu} = \dfrac{Y_n^s}{Y_{n-1}^s} = 1 + \dfrac{1-\bar{a}}{\bar{\beta}}$

となる. これより,

$$\frac{Y_n^s}{Y_{n-2}^s} = \frac{Y_n^s}{Y_{n-1}^s} \cdot \frac{Y_{n-1}^s}{Y_{n-2}^s} = \left(1 + \frac{1-\bar{a}}{\bar{\beta}}\right)\left(1 + \frac{1-\bar{a}}{\bar{\beta}}\right) = \bar{\nu}^2$$

であるから，一般に

(12) $Y_n^s = Y_0 \cdot \bar{\nu}^n$

となる．ここで $\bar{\nu}$ は実際の所得が所得の供給水準に等しいときの総供給成長率である．ここに得られた結果はわれわれに馴染み深いもので，事後的貯蓄性向 $(1-\bar{a})$ および事後的限界産出 - 資本比率 $(1/\bar{\beta})$ が一定であれば所得の成長率は一定であるというものである．言うまでもなく，この結論はわれわれのモデルにおいて $\lambda_1=0$, $\lambda_2=1$ のとき成立する．もし $\lambda_1=1$, $\lambda_2=0$ であるならば $I_{n-1}^a = I_{n-1}^d = \beta(Y_{n-2}^a - Y_{n-3}^a)$ であり，

$$Y_n^s = Y_{n-1}^s + \frac{\beta(Y_{n-2}^a - Y_{n-3}^a)}{\bar{\beta}}$$

となる．

$$\nu_{n-1}^s = \frac{Y_n^s}{Y_{n-1}^s} = 1 + \frac{\beta}{\bar{\beta}} \cdot \frac{Y_{n-1}^a}{Y_{n-1}^s} \cdot \frac{Y_{n-2}^a - Y_{n-3}^a}{Y_{n-1}^a}$$

それゆえ，

(13) $\nu_{n-1}^s = 1 + \dfrac{\beta}{\bar{\beta}} \cdot \dfrac{Y_{n-1}^a}{Y_{n-1}^s} \cdot \dfrac{\nu_{n-3}^a - 1}{\nu_{n-3}^a \nu_{n-2}^a}$

となる．かくして，総供給量の最大成長率は次の諸要因に依存する．

(1) 誘発投資係数の資本 - 産出比率に対する相対的大きさ $(\beta/\bar{\beta})$,
(2) 現実所得の最大供給量に対する相対的な大きさ (Y_{n-1}^a/Y_{n-1}^s), および
(3) 現実所得の前二期間の変化率 $(Y_{n-2}^a - Y_{n-3}^a)$

である．

ここで(2)と(3)はそれ自体内生変数であるから，最大供給所得の成長率もまた可変である．もちろん ν_{n-3}^a は1を下回りうるから，最大供給所得も減少しうる．

ところで，

$$I_{n-1}^a = I_{n-1}^d = \beta(Y_{n-2}^a - Y_{n-3}^a) < (1-\bar{a})Y_{n-1}^s = I_{n-1}^s$$

であるかぎり，

$$\nu_{n-1}^s < \bar{\nu}$$

となることに注目しておこう。これは，ひとたび生産能力の成長がその最大可能成長を下回ると（すなわち，$I_{n-1}^a < I_{n-1}^s$），その結果生じる供給所得の成長率（ν_{n-1}^s）の低下は取り戻すことができないことを意味している。この点は $\nu_{n-1}^s < \bar{\nu}$ であっても，この期以降の $1/\bar{\beta}$ がそうでない場合に比してより大であるということを意味しないかぎり，そうである．

総需要サイドの動き

(2)式と(5)式に所得の定義式 $C^d + I^d$ を加えれば，ハンセン゠サミュエルソン流の加速度原理-乗数モデルが得られる。周知の通り，このモデルから得られる時系列の特性は α および β の値に依存する。通常企業家や投資家には最低限の楽天的気質が備わっているものと仮定しよう。したがって，誘発投資の係数は1よりも十分に大であって，二階差分方程式の解は

(14)　　$Y_n = A_1 \mu_1^n + A_2 \mu_2^n$　　　ただし $\mu_1 > \mu_2 > 1$

で与えられるものと考える。ここで μ_1 や μ_2 の値は差分方程式の特性根を求めることによって

(15)　$\begin{cases} \mu_1 = \dfrac{\alpha + \beta + \sqrt{(\alpha + \beta)^2 - 4\beta}}{2} \\ \mu_2 = \dfrac{\alpha + \beta - \sqrt{(\alpha + \beta)^2 - 4\beta}}{2} \end{cases}$

と与えられる。他方，A_1 や A_2 は初期条件によって決定される．

二つの初期条件を Y_0 と Y_1 とし，これらはともに正である。$Y_1 = \tau Y_0$, $\tau > 1$ とする。このとき

$$Y_0 = A_1 + A_2$$

および

$$\tau Y_0 = A_1 \mu_1 + A_2 \mu_2$$

であるから，

(16)　$\begin{cases} A_1 = Y_0 \cdot \dfrac{\tau - \mu_2}{\mu_1 - \mu_2} \\ A_2 = Y_0 \cdot \dfrac{\mu_1 - \tau}{\mu_1 - \mu_2} \end{cases}$

を得る。ここでもし $\mu_1 > \tau \geq \mu_2$ なら $A_1 \geq 0$ で $A_2 > 0$ となるが、もし $\mu_1 > \mu_2 > \tau$ なら $A_1 < 0$, $A_2 > 0$ となる。A_1 は大きいほうの特性根の係数である。それゆえ、$A_1 < 0$ ということは $A_1 \mu_1^n + A_2 \mu_2^n$ がやがては負の値をとるであろうことを意味している。つまり、所得の「発散」は当所の所得の推移とは逆の方向に生じるのである。それゆえ、特性方程式の解が1より大なる実数であっても、この結果得られる時系列は一つの転換点をもちうることがわかる。転換点が生じるか否かは初期条件次第である。初期条件が当初所得の十分に大なる成長を促すことがなければ（つまり、$\tau \geq \mu_2$ を満たすのに十分でないと）転換点が生じる。単調な発散的時系列を生み出す最小の所得成長率は特性方程式の小さいほうの根 μ_2 で与えられる（$\tau = Y_1 / Y_0 \geq \mu_2$）。

統合モデル全体の動き

われわれはいまや統合モデルがどのようなビヘイビアーを示すかを明らかにすることができる。本質的な問題は需要所得が供給所得を上回る時点で何が生じるかということである。モデルの行動パターンは議論をどこからはじめるかから無関係であるので、一般性を損なうことなく次のように仮定することができる。すなわち、二つの初期条件 Y_0 と Y_1 がともに最大供給所得より小さく、$Y_1 / Y_0 = \tau > \mu_2$ であるとする。このとき所得創出過程を示す特定解は $Y_n^d = A_1 \mu_1^n + A_2 \mu_2^n$（ただし、$A_1$, $A_2 > 0$ および $\mu_1 > \mu_2 > 1$）から将来の総需要の時系列が得られる。$Y_n^d < Y_n^s$ であるかぎり、現実の所得はこの特定の所得創出関係式で決定される。しかしながら、$A_1 > 0$ であるので現実の所得の変化率は大きいほうの特性根 μ_1 の値にやがて接近する。実現成長率の値の近傍に μ_2 の値を定めるような α, β の値のもとでは、μ_1 は観察される成長率よりもはるかに大となる。したがって、時間が経過するにつれてやがて

$$Y_n^d = A_1 \mu_1^n + A_2 \mu_2^n > Y_n^s$$

という結果になる。このことは現実の所得（Y_n^d）が Y_n に等しくなり、総需要（Y_n^d）のすべてが実現することはなくなることを意味する。

第12章 単純な成長モデルと循環モデルの統合

$Y_n^d > Y_n^s$ のときにどのような調整過程がとられるかを検討し，調整過程が自律的成長の実現に対してどのような意味をもつかに注目する必要がある．しかし，これに先立って $Y_n^d > Y_n^s$ のとき生じる転換（すなわち，$Y_n^a = Y_n^d < Y_n^s$ から $Y_n^d > Y_n^s = Y_n^a$ への転換）は経済の構造的諸特性といくつかの初期条件にもとづく自律的な需要創出過程の帰結であることを確認しておくのが望ましい．ひとたび運動を開始したこのような所得創出過程が将来すべての期の現実所得を生み出すものとは限らない．現実所得の推移は需要創出関係式に体化されている構造的要因や歴史的経過のみならず外生的な出来事なり制約要因によっても影響を受ける．こうした外生的出来事や制約要因は総需要を決定する特定の需要創出関係式に新たな初期条件を付与するものであると解釈できる．とはいっても，それはなんらかの外生的な出来事や制約要因が生じ，これを需要創出関係式の新たな初期条件として生み出される需要所得が，妨げられることなく実現するかぎりにおいてであることは言うまでもない．したがって，$Y_n^a \neq Y_n^d$ であるときはいつでも，Y_n^a および Y_{n-1}^a が需要決定関係式の新たなる初期条件になるのである．われわれのモデルの枠組みでは，総供給の制約と整合的であるかぎり（というのは，本章のモデルでは供給制約のほかに外生的なショックが存在しないから）この新たな需要決定関係式が現実の所得を決定する．

さて，Y^d が Y^s と整合的でないとき，C および（または）I の現実の値はそれら変数の需要の値ないし事前的な値とは異なる．問題は Y^d を Y^s の水準まで切り詰めるに際してどの程度の消費削減または投資削減が生じるかということである．(3)式と(6)式は所得が総供給に等しいとき所得は消費と投資の間にどのように分割されるかを述べるものであって，調整過程が消費や投資にどのような影響を及ぼすかを明らかにしているわけではない．

$Y_n^d > Y_n^s$ のとき $Y_n^a = Y_n^s$ である．このことは Y_n^s および Y_{n-1}^a が新たな初期条件となって需要創出関係式の A_1 および A_2 の値を決定することを意味する．$Y_n^s / Y_{n-1}^a < \mu_2$ なら $A_1 < 0$ となり，一個の転換点が存在することになる．他方，$Y_n^s / Y_{n-1}^a \geqq \mu_2$ なら $A_1 \geqq 0$ であり，$Y_{n+1}^d / Y_n^s > Y_{n+1}^s / Y_n^s$ となる．したが

って, Y^s_{n+1} が第 $n+1$ 期の現実の所得水準になる. この場合 $Y^s_{n+1}/Y^s_n = \bar{\nu}$ であるとすると, $\bar{\nu} \geq \mu_2$ であれば恒常的成長が実現し, $\bar{\nu} < \mu_2$ であれば一個の転換点をもった時系列が生み出されることになる. 恒常的成長というのは, その翌期には供給に等しいかあるいはそれを上回る需要を生み出すような需要創出過程を, 毎期毎期新たに生み出していく結果として実現するものである. これに対して, 現実所得が供給水準を下回る転換点が現れるのは需要創出過程で生み出される需要の増加が供給のそれに及ばないときである.

かくして, 総供給が現実所得の決定要因であるとき, 恒常的成長が実現するかそれとも循環的下降過程への転換が出現するかは, 総供給の成長率次第である. それゆえ, このモデルはまさに循環と成長のシーリング・モデル ceiling model of cycles and growth であると言えよう. ここでは総供給も成長するのであるから, 生産能力に対するなにがしかの固定的シーリングの存在ではなく, 総供給成長率の高さが重要な要因である. 経済が完全雇用の近傍にある場合に維持しうる供給成長率は, 不況からの回復過程にあるときに実現する現実所得の成長率より疑いもなく小さい. それゆえ, 現実所得成長率は所得が総供給所得に接近するほど低くなる. 現実所得成長率のこのような低下こそが本章のモデルにおける重要な制約要因である[6].

4. 自律的成長の可能性

総供給の成長率は

$$\bar{\nu} = 1 + \frac{1-\bar{\alpha}}{\bar{\beta}}$$

で与えられる. また, 差分方程式の小さいほうの特性根は

$$\mu_2 = \frac{\alpha+\beta-\sqrt{(\alpha+\beta)^2-4\beta}}{2}$$

---

6) このことを考慮した形式的モデルは Minsky(79) によってはじめて提示された.

であった．それぞれを変形すると

(17) $\quad \beta = \dfrac{\mu_2(\mu_2 - \alpha)}{\mu_2 - 1}$, および

(18) $\quad \bar{\beta} = \dfrac{1 - \bar{\alpha}}{\bar{\nu} - 1}$

が得られる．これらの式はそれぞれ α と β の，そして $\bar{\alpha}$ と $\bar{\beta}$ との線型関係を示す（ただし，$\mu_2 > 1$ の前提から α と β がとりうる値域は限定されている）．いま，$\alpha = \bar{\alpha}$, $\beta = \bar{\beta}$, $0 < \alpha < 1$, および $\beta > 0$ であると仮定すれば，いかなる α, β の値に対しても $\mu_2 > \bar{\nu}$ が成立する．すなわち，生産能力の成長率は自律的成長が実現するのに必要な最小所得成長率を下回るということである．

このことは第2図に示されている．たとえば，点 A では $\alpha \fallingdotseq 0.92$, $\beta \fallingdotseq 2.825$, $\mu_2 = 1.05$, $\bar{\nu} = 1.03$ となる．したがって，$Y_n^d = Y_n^s$ および $Y_{n-1}^d = Y_{n-1}^s$ ならば，Y_n^s および Y_{n-1}^s を初期条件とする需要創出過程では $A_1 < 0$ となる．このことは成長が自律的なものではなかろうということを意味する．

自律的成長が実現しうるためには α および β が $\bar{\alpha}$ および $\bar{\beta}$ よりも大であることが必要である．たとえば，α および β が $\mu_2 = 1.04$ の直線上にあるとき自律的成長が実現するのには，$\bar{\alpha}$ および $\bar{\beta}$ が $\bar{\nu} = 1.04$ の直線上またはその下位になければならない．第2図において自律的な成長が達成可能であるのは $\bar{\nu} = 1.03$ 等の直接群が上方へシフトし，かくしてあらゆる $\bar{\nu} = \mu_2$ の値に対して $\bar{\nu}$ の直線が μ_2 の直線よりも上位に位置するような場合であろう．これが実現するためには，$\bar{\alpha} < \alpha$ および $\bar{\beta} < \beta$ をもたらす傾向のあるなんらかの要因の組合せが作用しなければならない．

事前的消費と事後的消費

$C_n^s = \bar{\alpha} Y_n^s$, $C_n^d = \alpha Y_{n-1}^s$, および $Y_n^s = \bar{\nu} Y_{n-1}^s$ のとき $\alpha = \bar{\alpha}$ という仮定は $C_n^s = C_n^a > C_n^d$ を含意する．すなわち，第 n 期と第 $n-1$ 期の間に所得の増加が生じるならば事後的消費は事前的消費を上回るのである．$Y_n^d > Y_n^s$ および

第 2 図　自律的成長の条件

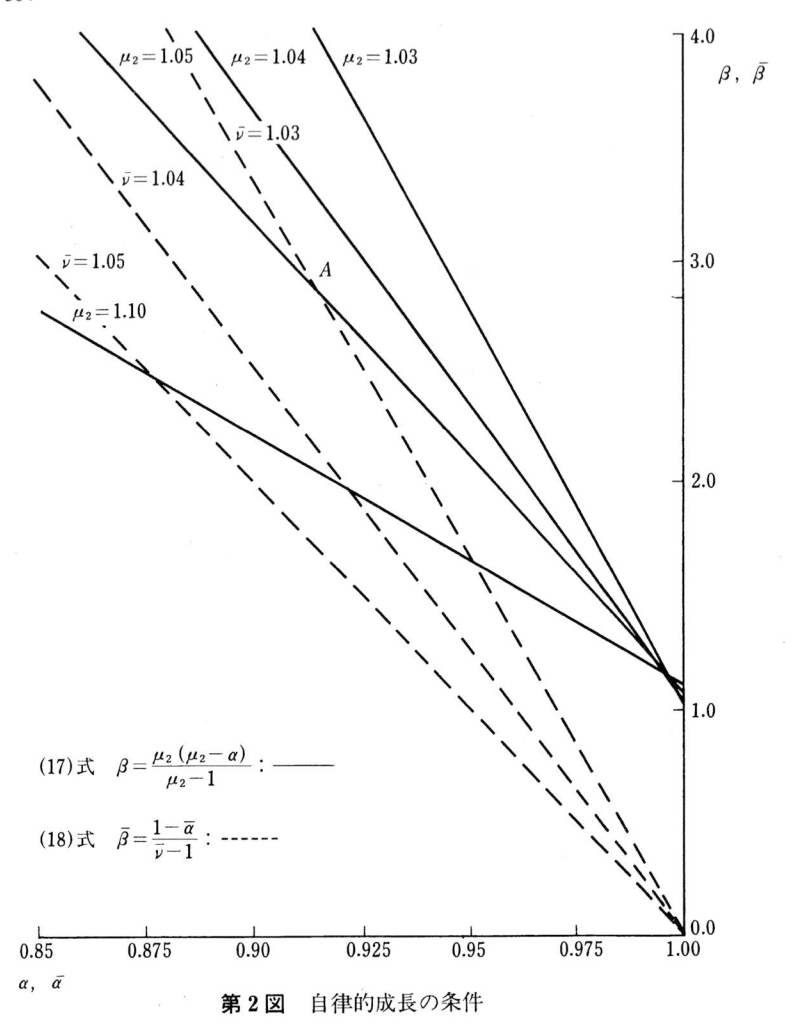

(17)式　$\beta = \dfrac{\mu_2(\mu_2-a)}{\mu_2-1}$: ———

(18)式　$\bar{\beta} = \dfrac{1-\bar{a}}{\bar{\nu}-1}$: ------

$C_n^a > C_n^d$ であることから，供給所得が現実所得の有効な決定要因であると同時に，すべての調整の負担は投資にかかっていることになる．

　事後的消費が事前的消費を上回ると仮定するのではなく，両者が等しいと仮定することも可能であり，その仮定のもとでも同様の結果が得られる．すなわち，いま事後的消費と事前的消費が等しいのであれば

第12章 単純な成長モデルと循環モデルの統合

$$Y_n^s = Y_{n-1}^s + \frac{Y_{n-1}^s - \alpha Y_{n-2}^a}{\bar{\beta}}$$

したがって

$$\bar{\nu} = 1 + \frac{1 - \alpha/\bar{\nu}}{\bar{\beta}}$$

を得る。これより

(19) $\quad \bar{\beta} = \dfrac{\bar{\nu} - \alpha}{\bar{\nu}(\bar{\nu} - 1)}$

となる。

第3図に示されているように, (19)式の直線群もまたあらゆる $\mu_2 = \bar{\nu}$ の値に対して(17)式の直線群の下位に存在する。それゆえ, 任意の α と $\beta(=\bar{\beta})$ の値に対しても $\mu_2 > \bar{\nu}$ が成立する。事後的消費が事前的消費の水準に抑制されていても, 調整過程を経た後では事後的投資が事前的投資の水準を下回ることになる。つまり, 実現する総供給成長率が低すぎて自律的成長は維持できないのである。

インフレーションの効果

$Y^d > Y^s$ のとき $\bar{\nu} \geqq \mu_2$ であるためには (ただし, われわれは $\beta = \bar{\beta}$ を仮定している) 事後的消費が事前的消費よりも小さくなることが必要である。消費者の消費支出をその事前的水準より低く抑えることのできる一つの方策は, 消費財の価格水準を引き上げることである。言うまでもなく, このことは消費者のほとんどがその所得のすべてを消費支出に向け, そして所得以上の支出を可能とするような手段をもたない場合に特にそうである。p^* が P_n/P_{n-1} を意味するものとすれば,

$$\bar{\nu} = 1 + \frac{Y_{n-1}^s - (\alpha Y_{n-2}^s / p^*)}{Y_{n-1}^s \bar{\beta}}$$

$$= 1 + \frac{1 - (\alpha/\bar{\nu} p^*)}{\bar{\beta}}$$

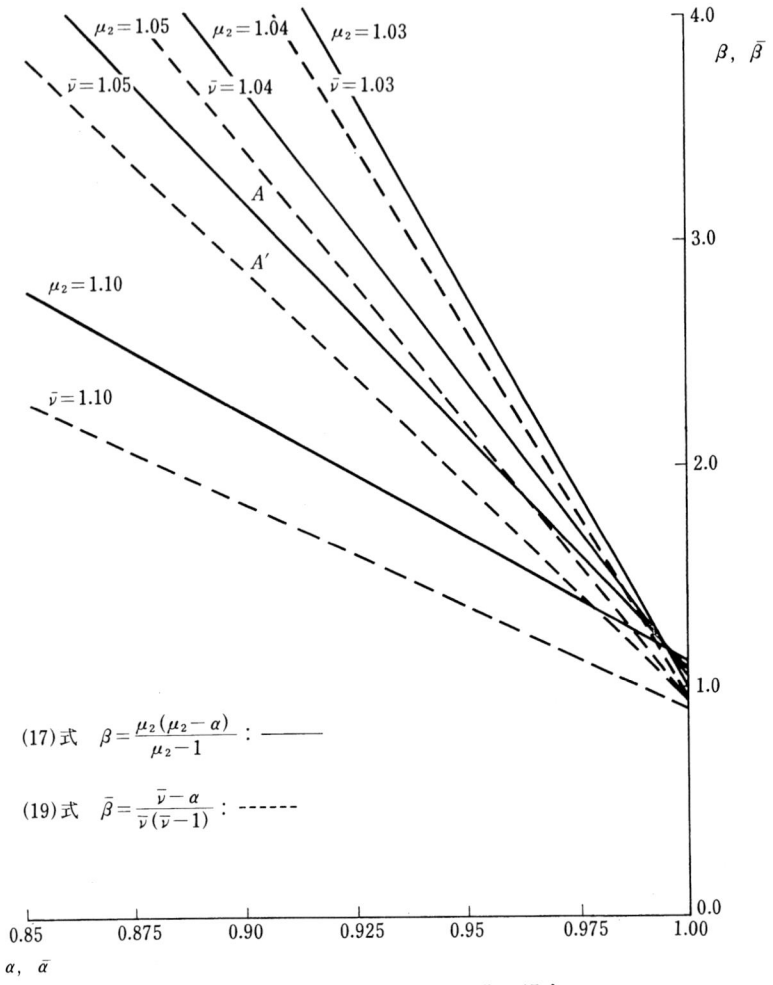

(17)式　$\beta = \dfrac{\mu_2(\mu_2 - \alpha)}{\mu_2 - 1}$: ————

(19)式　$\bar{\beta} = \dfrac{\bar{\nu} - \alpha}{\bar{\nu}(\bar{\nu} - 1)}$: ------

第3図　事後的消費＝事前的消費の場合

を得るから

(20)　$\bar{\beta} = \dfrac{\bar{\nu}p^* - \alpha}{\bar{\nu}p^*(\bar{\nu} - 1)}$

となる．

$p^* > 1$ を前提すれば，需要創出関係式の小さいほうの特性根（μ_2）の値よりも大きな総供給成長率を実現させうる α と β の値が存在する．このことは，インフレーションが消費を事前的消費水準以下に抑制するならば自律的成長は実現しうるということを意味している．しかし，消費財価格水準を一定率で上昇させるところのインフレによって消費を事前的消費の水準以下に削減しても，実質消費は依然として拡大していくことに留意しよう．すなわち，実質消費の成長率は

$$\frac{\alpha Y_{n-2}^s}{p^*} \Big/ \frac{\alpha Y_{n-3}^s}{p^*} = \bar{\nu} > 1$$

である．

第4図において，点 A は $\alpha=0.875$, $\beta=3.675$ のときに $p^*=1.02$ の場合 $\mu_2=1.05$, $\bar{\nu}=1.05$ であるような点を示している．すなわち，事後的消費が事前的消費の水準のほぼ98％であり，したがって $Y_{n-1}^s - 0.98\alpha Y_{n-2}^s$ が投資に振り向けられるならば，実質供給は 5％で上昇するということである．点 B および点 C についても同様の解釈を行うことができる．

現在のような合衆国においては，自律的成長の条件を満たすのに十分高い所得成長率を実現させる目的で必要な規模の投資を実行させ，他方で消費を抑制するべくインフレ政策をとるということが果して効率的なあるいは有効な方法であるかどうかは疑わしい．

技術変化の効果

二つのタイプの技術変化を区別することができる．一つは生産能力が投資の水準とは独立に変化するところの，資本に体化されない技術変化であり，他は投資がそれに伴って技術変化をもたらすところの，資本に体化された技術変化である．

体化されない技術変化——技術変化を考慮するために(1)式を書き改めて

(1′)　　$Y_n^s = \gamma Y_{n-1}^s + \dfrac{I_{n-1}^a}{\bar{\beta}}$　　ただし，$\gamma > 1$

第4図 インフレーションの効果

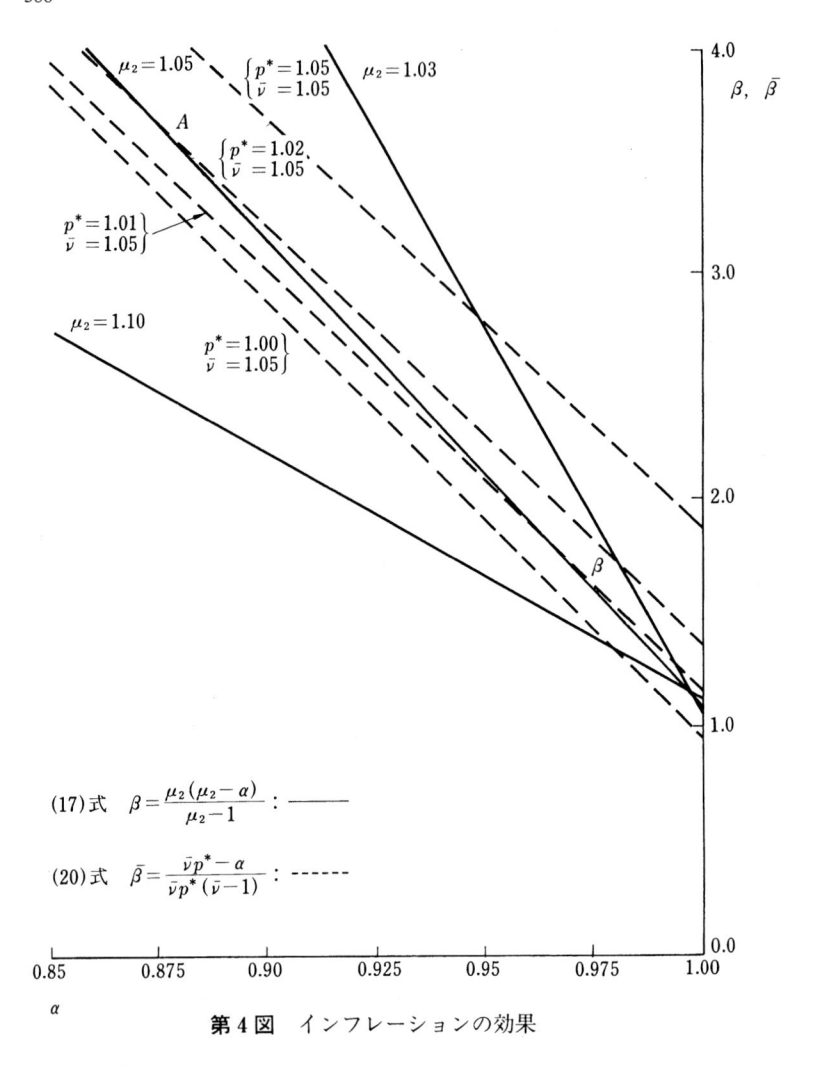

(17)式　$\beta = \dfrac{\mu_2(\mu_2 - \alpha)}{\mu_2 - 1}$: ———

(20)式　$\bar{\beta} = \dfrac{\bar{\nu} p^* - \alpha}{\bar{\nu} p^* (\bar{\nu} - 1)}$: ------

とする．

この結果，所得がシーリング所得に等しいときは

$$\frac{Y_n^s}{Y_{n-1}^s} = \gamma + \frac{1 - \bar{\alpha}}{\bar{\beta}}$$

第12章 単純な成長モデルと循環モデルの統合

$\mu_2 = 1.05$
$\mu_2 = 1.03$
$\begin{cases} \bar{\nu} = 1.03 \\ \bar{\gamma} = 1.02 \end{cases}$
$\beta, \bar{\beta}$

$\begin{cases} \bar{\nu} = 1.05 \\ \bar{\gamma} = 1.02 \end{cases}$

$\begin{cases} \bar{\nu} = 1.05 \\ \bar{\gamma} = 1.01 \end{cases}$

$\mu_2 = 1.10$

(17)式 $\beta = \dfrac{\mu_2(\mu_2 - \alpha)}{\mu_2 - 1}$: ———

(21)式 $\bar{\beta} = \dfrac{1 - \bar{\alpha}}{\bar{\nu} - \bar{\gamma}}$: ------

0.85　0.875　0.90　0.925　0.95　0.975　1.00

$\alpha, \bar{\alpha}$

第5図 「体化されない技術進歩」の効果

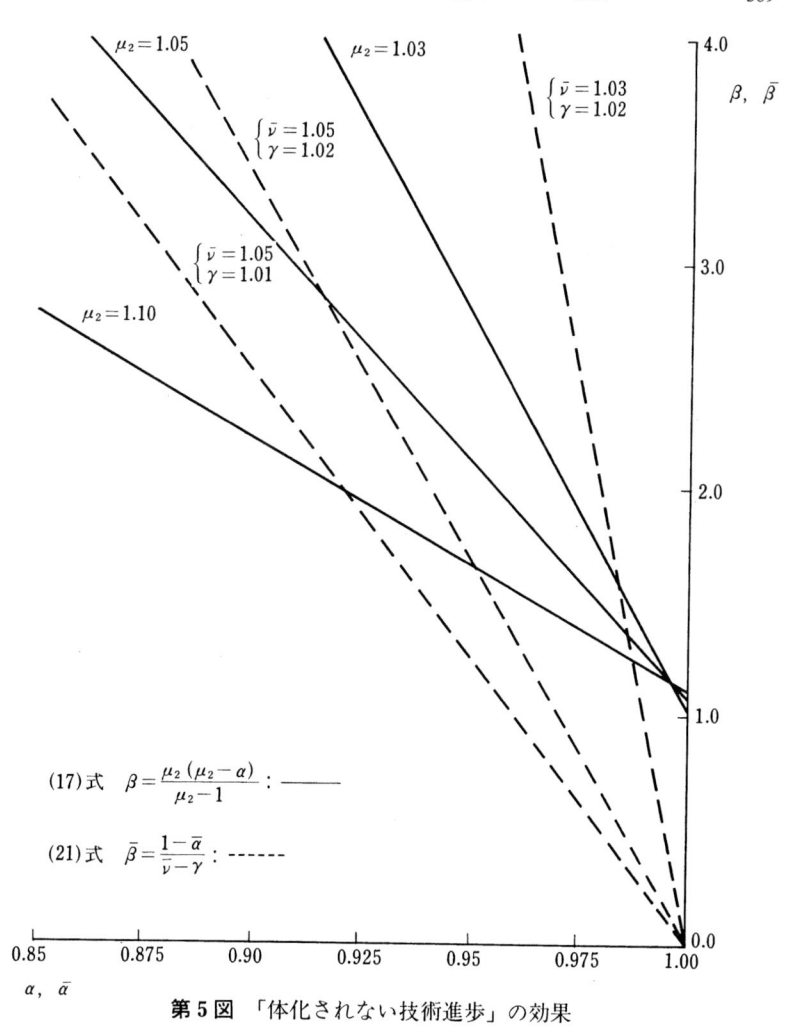

となり，所得が生産能力水準の所得（すなわち，シーリング所得）を下回るときには

$$\frac{Y_n^s}{Y_{n-1}^s} = \gamma + \frac{\beta}{\bar{\beta}} \cdot \frac{Y_{n-2}^a - Y_{n-3}^a}{Y_{n-1}^s}$$

となる．

所得がシーリング所得の水準にあるときはその成長率は

$$\bar{\nu} = \gamma + \frac{1-\bar{\alpha}}{\bar{\beta}}$$

となり，これより

(21) $\quad \bar{\beta} = \dfrac{1-\bar{\alpha}}{\bar{\nu}-\gamma}$

を得る．

体化されない技術変化にもとづく生産能力の成長率が年2％であるとしよう．第5図にみられるように，$\alpha=\bar{\alpha}$ および $\beta=\bar{\beta}$ のときシーリング所得の成長率 $\bar{\nu}$ が需要創出過程から導出される臨界的水準 μ_2 を上回ることは可能である．

体化された技術変化——体化された技術変化は $\bar{\beta}<\beta$ をもたらすと仮定しよう．すなわち，投資の生産効率性の大きさが技術進歩から予想される値のそれよりも大きくなったとするのである．

第3図に戻って，$\alpha=0.90$ で事後的消費が事前的消費の水準に等しいとすれば，$\beta=3.15$ および $\bar{\beta}=2.85$ で $\mu_2=\bar{\nu}=1.05$ となることに注目しよう．このことは自律的成長のための条件が満たされるためには $\bar{\beta}$ の値が β のそれよりもほんのわずか小さければよいということを意味する．

5. おわりに

体化された技術変化であれ，体化されない技術変化であれ，技術変化の効果はシーリング所得の成長率を資本蓄積から結果する最大生産能力の成長率以上に高めることであった．これより，シーリング所得は自律的成長が実現しうるように十分な速さで成長しうるということがわかった．したがって，技術変化がみられる動態的な世界では，観察される景気循環のパターンを説明するのに生産能力以外の制約要因を追求しなければならないのである．

第12章 単純な成長モデルと循環モデルの統合

誘発投資係数 β は，生産関数の技術的特性を背景とする $\bar{\beta}$ とは異なり，むしろ投資家や企業家の危険に対する態度を反映している．したがって，β は（少なくとも部分的には）資産保有者に利用しうる金融資産メニューや投資を行う企業の負債構造に依存する変数であるということができる．

需要創出関係式の小さいほうの特性根 (μ_2) の値は自律的成長を維持するための臨界的な水準であった．しかしながら，この係数 μ_2 の誘発投資係数 β に関する微分係数の符号は負である[7]．それゆえ，β を低めるいかなる変数も μ_2 の値を高め，したがって自律的成長の維持に必要なシーリング所得の最小成長率を高めることになる．

自律的成長の期間において利用可能な金融資産のメニューは，累積的かつ不均一的に変化する．この金融的側面の発展の跛行性のゆえに，公衆および金融諸機関が進んで保有することのできる本源的負債 primary liabilities のストックの諸利子率の相対的関係は大きな影響を被る．このことと併せて，金融諸資産の期待収益間の相互依存関係は高まり，危険の度合が増加する[8]．事態がこのように進展すると，投資を行おうとする意欲は重大な反作用効果を受けることになる．それゆえ，ある一組の金融資産ポートフォリオのもとでは自律的成長を維持するのに十分なシーリング所得の成長が実現する（技術変化の効果も含めて）としても，これとは異なる別の金融資産ポートフォリオを前提するときはそのシーリング所得成長率が不十分なものでしかないということがありうるのである．循環的な成長パターンが存在するのは，生産能力成長率の大きさが必要とされているほど十分なものではないからではない．むしろ，それは総需要に影響を及ぼす累積的な諸変化が存在することに原因があるのである．

いずれにしても，成長のシーリング・モデル（あるいは循環的成長モデル）と成長に伴う金融的フローを統合する試みは，中期的な時間視野で計量経済モデルを開発しようとする興味深いすべての試みのなかで，明らかに最

---

7) Minsky(79), p. 137, fn. 12 参照．
8) この点は Tobin(125)を参照されたい．

も実り多い研究方向であるように思われる．

第13章　民間部門の資産管理と金融政策の有効性*
——理論と実際——

1. はじめに

　貨幣が経済にどのような影響を及ぼすかに関する論争は，今日の文献で知りうる以上に底の深いものであり，またより根本的なものである．現下の文献から察すれば，論争点はあたかも以下の諸点にあるかのごとくである[1]．すなわち，貨幣の定義と貨幣需要関数の変数の特定化のいかん，あるいは貨幣量の安定的成長が安定化手段として(a)定義できるかどうか，(b)実現しうるかどうか，(c)積極的・裁量的な金融・財政政策よりも優れたものであるかどうか，という諸点である．ところが，このような諸論点は実際は皮相的ないし第二義的な重要性しかもたない．金融理論における基本問題は，資本主義経済が本来的に安定的なものかどうか，あるいはその本質的特性のゆえに資本主義経済が不可避的に不安定的なものかどうかということにある．すなわち，持続不可能なブームや深刻な不況の存在は資本主義経済の本質的特性に根ざすものであるのかどうか，ということである．

　金融恐慌（国内的なものであれ，国際的広がりをもつものであれ）は資本主義経済の歴史とともに存在した．しかし，そのことだけでは金融恐慌が資

＊　本章はMinsky(91)を簡約して転載したものである．モーリス・タウンゼント Maurice Townsend, ローレンス・リッター Lawrence Ritter, およびローワン R. C. D. Rowan の各氏は有益なコメントや建設的な意見を寄せてくれた．記して感謝したい．

1)　現下の「論争」に関する文献の一例にはBrunner(14)がある．ブルンナーの引用文献を参照すれば，この「論争」に関するほとんど完璧な文献目録を手にすることができる．

本主義経済に本来的に備わったものであることの証明にはならない．歴史上の危機は人類の無知と過誤，および金融システムの不可避的な諸属性とが相まって生じたものであるからである．

資本主義経済の安定性を説く一つの極端な見解はシカゴ学派にみられる．安定性の信念を吐露した論文によれば（シモンズの論文 Simons(117)ほどこの信念を的確に表明したものは見あたらない），深刻な不況は金融システムにみられる人為的な不完全性のゆえに生じたものである．他方，フリードマンとシュワルツは次のように論じている．「[1930年代の] 金融的崩壊はその他の諸力がもたらした不可避の帰結ではなく，主として独立の要因が事態の成り行きに強烈な影響力を行使したことの帰結であった．連邦準備制度がこの金融的崩壊を阻止できなかったという事実は，金融政策の無力さ加減を反映しているのではなく，金融当局によってとられた特定の政策と，第二義的には既存の特定の金融諸制度〔自体に問題があったこと〕とを反映したものであった」(Friedman and Schwartz(37), p.4)．

このシカゴ学派の見解によれば，大恐慌時のそれとは異なるにしても，依然として資本主義経済と整合的でしかも深刻な金融的攪乱の発生を不可能にしうるような金融システムが存在するということになる．したがって，金融論の分析の課題はそのような金融システムを設計することであり，金融政策の任務はこの設計に即して政策を実行することである．シモンズの見解によれば，不況のないこのすばらしい金融的仕組みを実現するためにこそ，金融システムの根本的な再構築が要求されているのである．他方フリードマンの見解によれば，預金保険の制度に代表される諸改革はすでに実現しているから，優れた金融的枠組みを樹立するには連邦準備制度が貨幣量の安定的成長ルールを採用するだけでよいという[2]．

---

2) シモンズ理論を説く文献 Friedman(35)において，シモンズは金融システムの全面的改革を提案しているのに対して，フリードマンは中央銀行の貨幣供給量のコントロールの仕方だけを真の問題と考えているといった両者の違いを，フリードマン自身はっきりと認識している．懐疑的であったシモンズは，全面的な改革であってさえ十分でないかもしれないと考えている．Simons(117)は次のように述べている．

これらの諸見解と対立的な他方の極にある見解は（これこそ「再建されるべきケインズの見解」と筆者が呼ぶものである）資本主義経済が本来的に欠陥を有し，ブーム・恐慌・不況の循環をとる傾向があるというものである．筆者の考えるところによれば，このような不安定性は金融システムが資本主義経済と整合的なものであるかぎり必然的に有さざるをえないシステムの特性に由来する．そのような金融システムは加速度的な投資実現の欲求を誘発する一方，この加速度的投資の金融を現に可能にすることができるものである[3]．

投資の実現は加速され，企業家および資金供給者のアニマル・スピリットは高揚する．貨幣的金融仲介組織から無限弾力的な資金供給を得られない場合，この加速度的な投資は流通速度の上昇と流動性水準の低下をもたらすポ

「銀行の役割をめぐる問題は実にやっかいな問題である．それは，われわれが銀行と呼ぶものに対してたんに法律で対処すれば足りるというものではないからである．銀行券の発行量をコントロールする問題は将来も繰り返し提起される可能性が高い．同じ金融慣行をコントロールするにしても，コントロールの対象となった金融慣行は新たな装いのもとに出現するかもしれないし，あるいはコントロール対象外の現象形態で再現したりするかもしれないのである．その結果，コントロールのための多くの手段が有効でなくなるとか，出鼻をくじかれたりするのである」(p.172)．シモンズはここで銀行をめぐる問題を貨幣面から狭く取り上げているのではなく，金融システム全体の観点から取り上げているのだということに注目されたい．

3) 経済が資本主義的であるためには，必然的に最低限これだけはもたざるをえないという一組の金融的特性が存在する．しかしながら，適切にもこの点を問題にした人に筆者はでくわしたことがない．生産手段の私的所有と分権的意思決定という明らかに資本主義的な特性は，それが複雑な社会をなしており，間接的所有と重層的所有 layered ownership の双方を可能とするところの金融諸手段が存在するということを含意している．加えて，許容しうる程度の負債構造の多様性と豊富な金融資産メニューとが存在していなければならない．のみならず，ポートフォリオ転換と負債構造調整を促進しうるような金融機関が存在していなければならないのである（この点，Keynes(65)の第12章を参照されたい）．また，これらの金融資産には市場が存在しなければならず，その市場はいわば中古資産のポジションを金融する場としても，新規の有形資産——および無形資産——を創造するための金融の場としても利用できなければならない．さらに，生産面での革新を促進させる当然の結果として，金融的諸慣行の革新もまた許容されなければならない．これについては Minsky(87)を参照されたい．

ートフォリオ転換 portfolio transformation によって金融される．既存の実物資産および金融資産のストック・ポジションも同様にポートフォリオ転換によって再金融される．多幸症的期待 euphoric expectation がもたれてこそはじめて充足されうるような負債構造がやがて出現する．ますます加速する投資といっそう複雑化する負債構造の両方を金融していくためには，利子率がポートフォリオ調整を連続的に誘発するよう上昇していかなければならない．

実物投資のためもしくは資産ストック再金融のために新規に発行されるところの証券に対してこのような「良い条件」〔すなわち，高利回り〕が付くと，既存長期負債の市場価値を低めるような反作用が生じる．ゆとりのない張り詰めた負債構造が出現すると，現金収入額が異常に落ち込まない場合でさえも，既存のポジションを維持する必要から資産の売却を迫られることがある[4]．利子率の上昇は売却可能資産の市場価値がその額面価値に割り込むほど低下するかもしれないことを意味する．帳簿上の損失が表面化する一方，資産売却によってポジションの維持を図ろうとする結果諸資産価格を引下げる圧力が生じるとき，金融恐慌が発生する．恐慌は多幸症的期待を打破するはずであるから，中央銀行が最後の貸し手として効果的に行動しもって資産

---

[4] 「ポジションの形成 position making」という概念は，銀行やその他の貨幣市場機関が洗練された金融システムのなかでどのように行動するかを理解する上で根本的に重要である．「ポジション」とは一組の資産（銀行にとっては貸出しや有価証券投資，債券ディーラーにとっては政府証券など）を意味しており，これに対する所有権は金融されなければ手に入らない．ポジションを金融するための必要性は，準備貨幣入手の需要という形となって現われる．すなわち，資産取得に支払いをなすための準備貨幣需要とか，手形交換所における交換の負け尻を補塡するための準備貨幣需要という形をとるのである．NCDによる預金獲得，連邦資金市場での準備借入れ，TBの売却などはポジションを形成するための代表的な手段である．

かくして，ポジション形成というのは負債管理 liability management の形態を，換言すれば貨幣市場資産の取引という形をとる．戦後この方，ポジションの形成と維持のために貨幣市場銀行 money market bank〔金融センターの中心地に近く，貨幣市場から積極的に資金を取り入れている大手の銀行〕が利用しうる金融手段や金融市場には大きな変化が生じてきた．

言うまでもなく，形成されたポジションの維持に失敗すれば他の資産を売却せざるをえなくなり，大きな損失を被る可能性がある．

第13章 民間部門の資産管理と金融政策の有効性　　397

価格を安定化させないかぎり，そしてまた財政的手段によって当初の投資の減少を相殺し総需要の累積的な減少を食い止めないかぎり，底の深い不況に陥るのは必然であろう[5]．

資本主義経済がどのように機能するかについてケインズは金融的諸要因の中心的な重要性を強調したというのが筆者の見解である．筆者は，この金融的側面を重視したというケインズ解釈の妥当性が，Viner(130)の批判に対するケインズの反論——『一般理論』の内容をケインズ自ら解説したKeynes(66)——のなかにはっきり示されていると信じる．ケインズのその反論は，富にかかわる意思決定と投資財価格の短期的な決定においては不確実性が重要であることを強調している[6]．

筆者のケインズ解釈は，主としてHicks(54)に起源を発するところの通常のケインズ解釈とは異なる．というのは，筆者にはこのヒックスの論文がケインズの中心的な論点を完全に見失っていると思われるからである[7]．しかし，学説史がここでの議論のテーマではない．われわれの課題は，合衆国資本主義経済の現状を分析し，連邦準備制度の成果を評価するための有用な枠組みを構築すること，このことに貢献することである．そのためには，民間部門の資産管理理論 asset management theory を出発点としたモデルで，金融逼迫や金融恐慌の発展とこれが金融システムのビヘイビアーに及ぼす諸効

---

5) 連邦準備制度理事会が金融恐慌の発生する可能性とその場合における理事会の責任を認識していることは，再割引制度の見直しを行った最近の Federal Reserve System (26)において明らかである．

6) Shackle(115)はバイナー批評に対するケインズの反論の重要性を強調し，それはケインズの四番目の偉大な業績であると述べている．ケインズ自身によるケインズ理論再述の中心論点は，しかしながら，現代の「ケインジアン」主流経済学者が一貫して無視してきたものである．

7) 「[Hicks(54)に起源をもつ] この標準的なモデルはケインズの思想を伝達するものとして極めて不適切なものであると思われる」(Leijonhufvud(72), p. 401).
　クラウアーは「1937年にヒックスによって開始されたケインズ反革命は，いまやパティンキンその他の一般均衡理論家により精力的に押し進められている」と言及している (Clower(18), p. 103, 訳書99ページ)．かくして，ほとんどの「ケインジアン」経済学者たちはこの反革命推進の担い手として献身しているということができる．

果とを考慮しうるようなモデルが必要となる．1966年のクレディット・クランチ以降，大恐慌の亡霊がまたしても政策立案者を悩ましはじめたからである．

2. 資産管理のポートフォリオ選択アプローチ

資本主義経済には，金融に高度の融通性 flexibility を与える金融機関や金融手段の存在が必要である．貨幣のもつ効果を検討する前に，金融諸制度を特定化しておくことが必要である．貨幣的経済理論は制度経済学 institutional economics であることを避けられないからである．金融理論の問題が資産ストック・ポジションの金融とストック増分〔＝投資活動〕の金融をめぐって存在するのであれば，金融の諸過程に対してポートフォリオ選択ないし資産管理のアプローチをとるのはごく自然なことであろう．この観点からすれば，経済主体の負債構造は支払キャッシュフローを規定することになる．翻って，この現金支払債務は経済主体の行動に対する制約条件となる[8]．

このようなポートフォリオ選択の観点からすると，たとえば公開市場操作によって与えられる当初の貨幣的攪乱のインパクトは，広範囲にわたる金融資産や実物資産の間の相対価格を変化させる効果をもつ．実物資産ストックに含まれる諸資産項目のほぼ完全な代替物は生産活動によって増加しうるから，資産間の相対価格変化はその生産を促進したり抑制したりする働きをもつ．「(公開市場操作で貨幣供給量が増加すると) 追加された貨幣はまず他の富保有形態に比べて相対的に過剰となる．貨幣保有者はこの過剰残高を他の資産に交換しようと試みる．そこで，資産価格は全般的に上昇し，資産収益率は全般に低下する．このようにして収益率の低下はすべて金融資産・実物資産へと広がり，貨幣ストックの増大は最終的にあらゆる方面での新規投資を刺激することになろう」(Cagan(15), p.171)．

---

[8] この点 Tobin(125), Turvey(128), Minsky(87), および Duesenberry(22) を参照されたい．

トランスミッションの過程には，金融，資産選好体系，および期待から成る諸要因のほか財の生産諸関係が含まれる．これら諸要因は典型的には外生的で所与である，あるいは少なくとも短期的には安定的であると仮定されている．しかしながら，これらが実際には可変的であり，時おり急激に変化しうるものであるとすれば，トランスミッション過程には「あそび slippage」が介在することになる．したがって，貨幣ベースもしくは貨幣供給量でさえこれをコントロールすることが適切な経済政策手段ではなくなる．短期的に所与とされる諸要因が経済の内生変数に依存して（多分，非連続的な反作用の形で）決定されるのであれば，そのような諸関係をも包摂するようなモデルを構築することこそが，われわれの興味深くもあり有益でもある任務である．

金融革新は，新しい生産技術や新製品の導入といった事柄に等しい．革新の結果生み出される新規の事柄が有益であるのは確かである．しかし，経済主体によってこの新規の金融制度なり金融手段が試しに利用され，ついに定着するまでにはそれなりの消化期間が必要である．連邦資金 Federal funds の取引が1950年代に再開されたとき，すべての銀行が即座に積極的な準備管理 reserve management へ移行したわけではなかった．また，大口 NCD の発行総額が200億ドルの水準に達するまでには6年間を要した．銀行クレディット・カードや貸越契約による資金借入方式が家計の現金残高ポジションに対して究極的にどのような効果を与えるかは，現段階では推測の域を出ない．

金融革新と学習過程の結果として，貨幣量——ないし貨幣ベース——と経済活動との関係は変化する．貨幣の所得流通速度が国ごとに異なる理由は金融システムの高度化の度合の違いによって説明しうる．データによれば，より洗練された高度の金融システムを有する国ほど流通速度が高いことははっきりしている．このように，金融システムが急速に洗練され高度化していく時期には——すなわち，金融革新と革新の波及が速やかに進行していくときには——任意の貨幣供給増加率のもとでの経済活動の拡大率はいっそう高まる[9]．

---

9) 「データの示すところによれば，所得はすべての主要な産業社会における貨幣需要

革新の波及過程は部分的には純粋の学習過程である．かくして，新規の金融手段がより多く利用されるようになるのは，相対諸価格が一定か悪化する場合においてである．しかしながら，利潤機会と損失の脅威とは新規の金融手段を試そうとする意欲に決定的な影響を及ぼす．革新およびその波及のスピードは利潤機会に反応するものと予想される．「多幸症的」投資需要の存在と伝統的金融チャネルを通じた金融費用の増大とが相まって，金融革新の潜在的報酬が高まるという効果が生じ，その結果として金融の有効な活動能力が高まる．このようなことは，貨幣的諸変数のいくつかが仮に影響を受けない場合であっても生じうる．したがって，利子率が不変で準備ベースなり貨幣供給の増加率がわずかであっても，金融活動が活発化しつつあるときには，金融政策が経済の動きを抑制する目的で発動される可能性はある．

以上のようにして，特定の金融機関・金融手段が存在するもとで，金利構造全体の上昇は現金保有を節約し金融制度を革新する刺激となる．同時に，革新の波及速度も高まり貨幣と所得との間の関係も影響を被る．

資産選好体系と期待構造の密接な関係を解きほぐすことは困難である．というのは，両者とも客観的に測定できない性質のものであり，これらは意思決定に及ぼす不確実性のインパクトと関連した事態の推移と平行的に変化する傾向があるからである．

一つのポートフォリオは不確実性のもとでの資産・負債の組合せに関する一つの選択を反映している．不確実性は二つの方面からポートフォリオに影響を及ぼす．まず，資産から得られる期待現金収入と負債に対する期待現金

の重要な決定要因である．さらに，貨幣需要の所得弾力性がそれぞれの国の貨幣市場の発展度合と逆比例的に相関することも知られている．すなわち，貨幣市場の発展度合が低い国々，たとえば，イタリアや日本では所得弾力性が最も高く，最も発展した金融センターをもつ国であるイギリスや合衆国では最も所得弾力性が低い．かくして，貨幣市場がよく発達していて質の高い多種多様な利子生み貨幣代替物の利用可能性が高い諸国では，金融的発展度合の低い諸国に比べ，一定率の所得増加に対して貨幣供給はより少ない量しか増加しないと予想される」(Kaufman and Lotta (64), p.83)．

支払いがともに不確実であるという点がある．第二には，各意思決定主体の選好体系がそれ自体不確実性に対する嗜好を内包しているという点を指摘できる[10]．

将来の世界の状態に関する見通しは，過去の評価にもとづいてなされる．資産から得られる受取現金額と負債に対する支払現金額とに関する期待の形成が，経済全体およびいままさに賭を行いつつある主体の属する特定部門の過去の実績にもとづいてなされるということは，容易に認めることができよう．さらに，賭の機会を選択するかどうかの嗜好は，これまでに行ったことのある賭で実際にどのような利得を得たかによって影響される．アニマル・スピリットは実際に観察された大僥倖 bonanza の存在を反映して形成される．賭で得られるであろう典型的な利得の水準が低くてもそうである．商業銀行における預貸率の上昇や政府証券保有の対預金比率の低下などは，銀行の選好が変化した結果であると解釈しうる．

期待や不確実性に対する嗜好は，経済全体の成果の善し悪しから影響される．経済が良い成果をもたらした場合には，不都合な事態の発生の可能性を低く見積るであろう．その結果，不確実な事柄から得られる利得の平均値は高まり，利得の分散は低下する．それぱかりか，選好体系も変化する．たとえば，経済が良い成果をもたらした場合には危険回避の態度が「弱まる」．これとちょうど対称的に，経済成果が良くないと期待所得の水準は低下し，危険回避の態度は「強まる」．

効用－所得の関係で示される選好体系の曲率は，各個人に備わる遺伝的特性ではない．それは経済全体の成果いかんがもたらす副産物であると言ってよい．潜在的に実現可能な帰結に付与する期待のウエイトを与件とすれば，不確実な事柄の期待効用は不確実性に対する嗜好とともに変化するであろう．

過去の実績が期待形成に及ぼす効果が連続的に作用すると見なすことは可

---

[10] 不確実性の経済的意味が，Keynes(66)の論文においてほど的確に要約されたことはない．

能である．しかし，過去の歴史を顧みればわかるように，不確実性に対する嗜好は劇的に変化するものだという解釈も可能である．特に，金融恐慌においてみられる事態の劇的な展開は，不確実性の嗜好に対して急激かつ顕著な影響を及ぼすと言えよう．不確実性に対する選好体系は，その動きとちょうど逆の方向に発展する可能性がある．1929-33年当時のような招かれざる大きな衝撃は危険回避度を急激に高める．しかし，このかたくななまでの危険回避的態度が弱まるには，一世代もの期間を必要とする[11]．それにもかかわらず，この極端な危険回避態度がひとたび放棄されると，今度は不確実性を許容する「新しい見方 new view」が加速度的に頭をもたげ始め，ブーム状態を現出せしめる．

　選好体系や期待が金融革新の可能性と経済の実態とを反映して急速に変化する可能性があるというのは，ポートフォリオ調整の誘因が当局の諸政策的活動からではなく，むしろ経済そのもののビヘイビアーから内生的に生じるということの反映である．現実の世界は日々新たに誕生を繰り返しているわけではない．したがって過去の遺物たる金融資産や実物資産のストックが存在しているかぎり，それら資産ストックはいずれかの経済主体のポジションに必ず吸収されていなければならない．（たとえば，クレディット・クランチの経験を契機として）危険回避の態度が急速に高まると，望ましいポートフォリオは金融資産の重層化したものから現金比重の高いものへとシフトする．しかし，現金および非現金（金融資産・実物資産）の資産量は，短期的な市場期間 market period においては実質的に不変である．貨幣需要の増大が生じうるのは貨幣と交換に非現金資産が提供される場合だけである．貨幣およびその他の資産の存在量が所与であれば，このような貨幣需要のシフトは非

---

11) Keynes(65)の第12章は，この非対称性――すなわち，金融恐慌は突然に到来するが，確信の回復には時間がかかるということ――について論じている．「株式価格の崩落は投機的な確信の状態もしくは信用の状態 state of credit のいずれかが弱まったことに由来するであろう．市場がマヒ状態に陥るにはそのうちのいずれかが弱まるだけで十分である．ところが，市場がその原状を回復するためには二つの要因がともに旧に復する必要がある」(p.158，訳書156ページ）と．

現金の実物資産・金融資産の価格を急激に低下させる．その結果，既存の再生産可能資産 secondhand reproducible assets の市場価格はその経常的生産費用の水準をも下回りうるのである[12]．

さて，金融の過程に対するポートフォリオ選択アプローチにおいても，ほとんどの場合において貨幣から経済活動へ向かう因果関係が支配的であるということは認めることができる．しかし，それにもかかわらず，最も興味深いこの経済理論では因果の関係が金融革新，期待，および選好体系から経済活動へと向かうような，多分に一時的な状態に関心が集中しているのだと主張しておきたい．

「貨幣は重要である」というシカゴ学派の標語を知らないものはない．筆者は，しかしながら，この標語に代えて次のように主張したい．すなわち，「貨幣はほとんどの場合に重要であり，稀ではあるがある重大な時期には貨幣のみが重要である．しかし，時には貨幣がほとんど全く重要でない場合もある」と．金融理論の課題はこれら三つの状態をそれぞれ規定するところの諸条件をつぶさに検討し明らかにすることである．そして，三つの状態間での推移の過程を明らかにし，その推移はいかにして避けることができるか，あるいはまた促進することができるかを，はっきりと示すことである．

3. 再建されるべきケインズ・モデル

資本主義経済の基本的な不安定性は，上方に向かってのそれである．経済がしばらくの間スムースに機能すると，資本主義経済はその後発散的な傾向，すなわち「多幸症」的な傾向を有するようになる．そうなる理由は以下の通りである．まず，この世界には不確実性が支配しているという初期条件がある．このような世界では，経済的成功の時期が続くと期待や選好体系が影響を受け，その結果(1)望ましい資本ストック，(2)実物資本所有者にとって望

---

[12] この点は Keynes(66)を参照されたい．

ましい負債-資本比率，(3)貨幣保有を収益性資産保有に代替しようとする意欲，そして(4)投資率等が増大するからである．われわれの議論は「移動均衡 moving equilibrium という極楽世界の状態 Elysian state」(Friedman and Schwartz(38), p.59)を出発点にしているのではない．そうではなく，現在首尾よい状態にある，しかも過去以上にうまく機能している，そういう経済をわれわれは議論の出発点においているのである．

不確実な世界では，内部資産 inside asset と外部資産 outside asset の区別が重要である．内部経済主体 inside unit とは，その行動が経済成果に依存した形で決定される経済主体のこと——家計，企業，および金融仲介機関などの基本的には民間経済主体のこと——を言う．他方，外部経済主体 outside unit とはその行動が経済の成果から独立であるような主体——政府や中央銀行など——を指す（ただし，経済政策の理論がこれら主体〔政府や中央銀行〕の行動を誘導する場合〔一定の経済成果に対応して一定の政策をとるように促すような場合〕には，その限りでない）．外部資産が生み出す名目（ドル額表示の）キャッシュフローは経済全体の成果から独立である．外部資産にはこれを自分の負債と考えて支払いの約束をしようとする内部経済主体は存在しない．他方，内部資産が生み出す名目キャッシュフローは経済全体の成果に依存している．内部経済主体のいずれかが自己の負債であるそれに対して支払いの約束をしたものがこの内部資産にほかならない．政府負債，金，そして不換紙幣などはすべて外部資産の例である．他方，実物資本，企業債券，そして賦払い債務はすべて内部資産の例である．このほか，混合形態の資産もある．連邦住宅局 Federal Housing Authority の保険付き抵当証券は内部資産であるが，保険契約が有効となった段階では外部資産としての性質をもつ．同様にして，預金保険でその全額を保証された預金は預金者にとって外部資産である．とはいえ，銀行にとって預金は銀行が発行した内部資産（負債）である[13]．

---

13) 以上の点については，Tobin(125)，Gurley and Shaw(45)，および Minsky(87) を参照されたい．

第13章　民間部門の資産管理と金融政策の有効性

　実物資産および内部金融資産の既存ストック単位当りの価格は，不確実な現金受取り流列を所与とすれば，経済に存在する外部資産と内部資産の相対比率によって決定される．すなわち，政府発行のドル紙幣の価格ないしドル貨幣の価格を1ドルとすれば，不確実性のない資産と不確実性にさらされた資産との混合比率次第で後者の価格は決定される．重層化した金融過程の存在を捨象すると，基本的な内部資産としては実物資本ストックがあり，外部資産としては政府の負債たる貨幣の供給がある．かくして，固定資本ストック単位当りの価格は，その他の条件を不変とすれば，外部貨幣量の増加関数となる．貨幣供給は資本財ストックの価格水準を決定するのである[14]．

　所与とされたその他の条件には，固定資産の存在量も含まれている．金融仲介度の増大や政府の裏書き保証の拡大は，外部貨幣供給量の関数たる資本財単位当り価格を引き上げる働きをもつ[15]．選好体系と期待も資本財価格関数の位置を規定する．したがって，これらの要因が経済成果に対して敏感に反応するならば，このような主観的要素が大幅な関数シフトを引き起こすことはありうるのである．つまり，資本財価格と貨幣供給の関数関係は流動性選好類似のものであり，特定の環境条件下においては不安定的なものとなる．

---

14)　この点は Turvey(128)，Tobin(125)，および Brainard and Tobin(12) を参照されたい．

　　なお，本文のこの文脈において，筆者は「諸利子率」もしくはたんに「利子率」といった用語の使用をあえて避けた．資産（金融資産であれ，実物資産であれ）の価格が既知であり，この資産がもたらす現金流列も知られているならば，利子率は計算によって知ることができる．利子率は現金受取りの異なる時系列をもった資産同士を比べる場合に有益であるが，それは演算の結果として得られるものである．確かに，金融的契約（新規のものであれ，既存のものであれ）における重要な変数は支払債務額の大きさとさまざまな条件の諸権利である．これに対して，一企業や一プラントにおける一群の実物資産にとって重要なキャッシュフローは，負債の支払債務額を控除した税引後の粗利潤の大きさである．（ちなみに，Minsky(84)は筆者がこの現象を取り扱おうと試みたものである）．Turvey(129)も投資の分析に本当は利子率は必要でないと論じている．

15)　差別的な政府の保証の仕方も資産の相対価格に影響を及ぼす．したがって，新築住宅の金融の際に利用できる政府の債務保証は新築住宅と中古住宅との相対価格に影響を及ぼしてきたと思われる．

底深い不況を経験せずに経済の繁栄を享受すると，この関数はその後おそらく加速度的に上方へシフトすることになるであろう．他方，金融恐慌のあとであれば，この関数は急激に下方へシフトする．この種の恐慌は外生的な出来事でも偶然の出来事でもない．資本財価格関数が上方にシフトしていく期間においての投資および資本ストック・ポジションの金融のあり方自体が，〔内生的に〕金融恐慌を準備するのである．

4. 金融政策の近年の有効性

金融政策の適切性ないし有効性を判定するためには，金融当局に課せられた制約条件をあらかじめ明らかにしておく必要がある．合衆国の「中央銀行」はことのほか分権化されている．連邦預金保険公社 Federal Deposit Insurance Corporation および連邦住宅貸付銀行理事会 Federal Home Loan Bank Board，そして連邦住宅局などの特殊機関も連邦準備制度と同様，合衆国「中央銀行」の一部を形成している．連邦準備制度はこの連合体の筆頭メンバーではあるが，各特殊機関が自らの任務を全うできるようにしてやる必要から，連邦準備制度には行動上の制約が課されている．

「制度的一体性」を維持しなければならないということが合衆国中央銀行に課された制約条件である．すなわち，連邦準備は孤立的でどちらかといえば小規模な特定の銀行や非銀行金融機関の倒産を容認することは可能でも，すべての部類の金融機関が倒産するのを回避する努力もせずただ傍観しているということは許されない．そのわけは，金融当局は金融機関の崩壊を成り行きに任せておけばおそるべき帰結が経済にもたらされるであろうことを一応認識しているし，また特定部類の金融機関が生き残り繁栄することの重要性が議会筋の意思として時たま表明されたりするからである．貯蓄機関とこれに密接に関係する住宅産業を前面的に崩壊させることはなんとしても避けるべきであるという要請が生まれるのはこのようにしてである．この要請は金融政策に対する有効な制約条件の一つであったし，今でもそうである．

第13章 民間部門の資産管理と金融政策の有効性

　現下の諸制度のもとでは，相互貯蓄銀行 Mutual savings bank および貯蓄貸付組合 Savings and loan association は利子率の急速な上昇に対処するすべをもたない．これら機関が保有する全額逐次償還方式の長期抵当証券はその発行時点の利子率に釘付けされている．他方，これら機関がそのポジションを金融するために発行するものは短期もしくは要求払いの負債である．したがって，それら機関が発行する負債はほとんど毎日の市場条件を満たすものでなければならない．これに対して，資産の運用利回りの方は現在の市場条件から隔たった（数年にわたる隔たりであることも時折ある）いわば時代錯誤的なものになってしまっているのである．

　これら貯蓄機関が没落の道を歩む（すなわち，機関の正味資産が負になる）には二通りの方法がある．一つは資産の再評価を通じて正味資産が負になることによってであり，他は営業損失が累積することによってである．

　抵当証券は未払いのものを除き貯蓄金融機関の帳簿に額面価値で記載されるのが慣例である．そのため，抵当証券の市場価格が低下したからといって金融当局から支払不能を宣告される貯蓄金融機関は存在しない．ところが，このような資産を市場で売却することによってポジションを維持しなければならなくなると，表向き存在しなかったそのような損失が実現することになってしまう．このときには，正味資産価値の大きさは実現損失を反映して調整されざるをえない．したがって，中央銀行は減価した抵当証券が市場で大規模に売却され現金化されるのをなんとしてでも避けなければならないのである．しかし，仮にこうした現金化がやむをえないものであっても，その場合には中央銀行は抵当証券の保有者がこれらの減価した資産の額面価値を現金で入手しうるようなんらかの手段を講ずることが必要となる．

　さらに，額面価値という一種の虚構が維持されるとしても，抵当証券が生み出すキャッシュフローは過去の低い利子率水準を反映している．これに対して，これら預金金融機関にとっての資金コストは現在の〔高い〕利子率水準で示される．したがって，預金金利が上昇するとこれまで収益力のあった機関でさえも営業損失に苦しむことになる．貯蓄金融機関の自己資本ポジシ

ョンは薄いので，このような損失を長期にわたってもちこたえることはできない．また，資産は長期のものであるので，現在の高い資金コストに見合った収益が得られるようにポートフォリオを組み替えるのも時間がかかる．かくして，当初の任意の資産ポートフォリオに対して，機関の生存を可能とする資金コストの最高水準が存在することになる．これは想定される総預金量の推移と当初の正味資産価値とを前提にして計算できる資金コストの最大値である．したがって，金融当局は預金金利を現存のポートフォリオと整合するような水準に制約するよう努めなければならない．

　以上のようにして，貯蓄金融機関が結局のところ倒産に追い込まれる道には二通りある．すなわち，資産を市場価値で再評価し直すか，あるいは資産ポジションを維持しようと努力する過程で損失を実現させてしまい，倒産状態に速やかに陥ってしまうというのが一つである．第二は，所得勘定での損失が累積していく過程でゆっくりと死への道を歩むあり方である．金融当局は利子率上昇期に以上の両方が作用するのを避ける必要がある．1966年のクレディット・クランチのときには，金融当局は定期性預金に対して預金規模に応じて異なる上限金利を設定するという権限を得て，これを実行した．このことによって，貯蓄性預金が貯蓄機関から商業銀行へとシフトするのを未然に首尾よく防止できた．さもなければ，抵当証券の大規模な現金化は不可避であったろうと思われる．加えて，その差別的な上限金利の設定により，貯蓄機関の有効資金コストをそうでなければ実現していたであろう水準よりも低くすることに成功した．このようにして，所得勘定に累積するはずの営業損失の規模は小さいものにとどめることができたのである．

　1966年のクレディット・クランチ後も長期市場利子率と預金金利の間には大きな格差が生じた．そのため，金融の非仲介化 disintermediation が生じる脅威は絶えず存在してきた．いまのところまだ解答の与えられていない問題は，どの程度の金利格差であったならば貯蓄金融機関の預金を維持できるであろうかという問いである．貯蓄金融機関による社債の市中売却はそれほど増加したように思われないが，これは預金保険の価値と1930年代の記憶の強

さの両方を示す重要な証であると言えよう。それにもかかわらず，金融非仲介化の脅威が存在するかぎり，連邦準備が抵当証券保有者〔すなわち，貯蓄金融機関〕に対して割引窓口を利用しうる便宜を与え，もってこれらの機関に抵当証券をその額面価値で，あるいは額面価値の近傍で現金化できる手段を与える方法を模索しているとしても，決して驚くに値しない[16]。

象牙の塔にこもる学者が，金融政策の権限を行使する際の上述のごとき諸制約の存在は根拠のない恐れにもとづいたものでしかないと主張するのは容易である。しかし，金融当局の選好関数には，物価水準の上昇率と貯蓄金融機関に対して取り付け（すなわち，金融非仲介化）が発生する可能性についての主観的予想との間のトレード・オフ関係が含まれているのである。したがって，準備ベースの増加率を高めて利子率の上昇を緩和しようとする試みは，その場合物価が上昇する相当の危険性が存在するとしても，金融政策を遂行する適切な方法であると考えられることがあるのである。

---

[16] 「……さらに，新たに再設計される割引窓口 discount window は，極端な諸条件が生じた場合には——経済の他の部門に対する最後の貸し手としての役割から——連邦準備が加盟銀行より広い範疇の金融機関に対しても限定的な信用の便宜を与える用意をもつ必要性を認識し，また実際これに応えようとするものにほかならない」(Federal Reserve System(26), p. 2).

参考文献

1. Abramowitz, Moses, United States Congress, 86th Congress, Joint Economic Committee, *Employment, Growth and Price Levels, Hearing Part 2, Historical and Comparative Rate of Production, Productivity and Prices.*
2. Ackley, Hugh G., *Macroeconomic Theory* (New York : Macmillan, 1961). 都留重人監訳『マクロ経済学の理論』岩波書店, 1965年.
3. Alexander, Sidney S., "The Accelerator as a Generator of Steady Growth," *Quarterly Journal of Economics,* vol. 63, no. 2, May 1949.
4. Arrow, Kenneth J., "Uncertainty and the Welfare Economics of Medical Care," *American Economic Review,* vol. 53, no. 5, December 1963.
5. Arrow, Kenneth J., *Aspects of the Theory of Risk-Bearing,* Yrjö Jahnssonin Lectures (Helsinki : Yrjö Jahnssonin säätio, 1965).
6. Arrow, Kenneth J., *Essays in the Theory of Risk-Bearing* (Amsterdam : North-Holland, 3rd. printing, 1976).
7. Arrow, Kenneth J., "The Theory of Risk Aversion." Rep. in K. J. Arrow, *Essays in the Theory of Risk-Bearing,* ch. 3.
8. Arrow Kenneth J., and Frank H. Hahn, *General Competitive Analysis* (San Francisco : Holden-Day, 1971). 福岡正夫・川又邦雄訳『アロー=ハーン 一般均衡分析』岩波書店, 1976年.
9. Baumol, William J., *Economic Dynamics : An Introduction* (New York : Macmillan, 1951).
10. Bischoff, C. W., "Business Investment in the 1970's : A Comparison of Models," *Brookings Papers on Economic Activity I,* 1971.
11. Blaug, Mark, "Kuhn versus Lakatos or Paradigms versus Research Programmes in the History of Economics," in Spiro J. Latsis (ed.), *Method and Apprasisal in Economics* (Cambridge : Cambridge University Press, 1976).
12. Brainard, William C. and James Tobin, "Pitfalls in Financial Model Building," *American Economic Review,* vol. 63, no. 2, May 1968. Rep. in J. Tobin, *Essays in Economics — vol. I : Macroeconomics* (Amsterdam : North-

Holland, 1971), ch. 20.
13. Brennan, Michael J. (ed.), *Patterns of Market Behavior : Essays in Honor of Philip Taft* (Providence, 1965).
14. Brunner, Karl, "The Role of Money and Monetary Policy," *Federal Reserve Bank of St. Louis, Review,* July 1968.
15. Cagan, Philip, "A Commentary on Some Current Issues in the Theory of Monetary Policy," in Michael J. Brennan (ed.), *Patterns of Market Behavior : Essays in Honor of Philip Taft* (Providence, 1965).
16. Chick, Victoria, *The Theory of Monetary Policy* (London : Gray-Mills, 1973).
17. Clower, Robert W., "An Investigation into the Dynamics of Investment," *American Economic Review,* vol. 44, no. 1, March 1954.
18. Clower, Robert W., "The Keynesian Counterrevolution : A Theoretical Appraisal," in F. H. Hahn and F. P. R. Brechling (eds.), *The Theory of Interest Rates* (New York : St. Martin's Press, 1965), ch. 5. 花輪俊哉監修『ケインズ経済学の再評価』東洋経済新報社, 1980年, 第3章.
19. Davidson, Paul, *Money and the Real World* (London : Macmillan, 1972). 原正彦監訳 (金子邦彦・渡辺良夫訳) 『貨幣的経済理論』日本経済評論社, 1980年.
20. Dillard, Dudley, "The Theory of a Monetary Economy," in Kenneth K. Kurihara (ed.), *Post-Keynesian Economics* (London : George Allen & Unwin, 1955).
21. Domar, Evsey D., *Essays in the Theory of Economic Growth* (New York : Oxford University Press, 1957). 宇野健吾訳『経済成長の理論』東洋経済新報社, 1959年.
22. Duesenberry, James S., "The Portfolio Approach to the Demand for Money and Other Assets," *Review of Economics and Statistics,* Supplement, vol. 45, no. 1, Part 1, February 1963.
23. Duesenberry, James S., *Business Cycles and Economic Growth* (New York : McGraw-Hill, 1958).
24. Ederington, Louis Havis, "Yield and Underwriter Spreads on New Issues of Corporate Bonds," Ph. D. Disertation, Washington University (St. Louis), 1972.
25. Ellis, H. S., "Some Fundamentals in the Theory of Velocity," *Quarterly Journal of Economics,* vol. 52, May 1938.

26. Federal Reserve System, *Reappraisal of the Federal Reserve Discount Mechanism : Report of a System Committee,* vol. 1-3, August 1971-June 1972.
27. Federal Reserve System, *Flow of Funds Accounts 1946-1975* (Washington, D. C., December 1976).
28. Fellner, William, "Monetary Policies and Hoarding in Periods of Stagnation," *Journal of Political Economy,* vol. 51, no. 3, June 1943.
29. Fellner, William, "Average-Cost Pricing and the Theory of Uncertainty," *Journal of Political Economy,* vol. 56, no. 3, June 1948.
30. Fisher, Irving, *Booms and Depressions* (New York : Adelphi, 1932).
31. Fisher, Irving, "The Debt-Deflation Theory of Great Depressions," *Econometrica,* vol. 1, no. 4, October 1933.
32. Foley, Duncan K. and Miguel Sidrauski, "Portfolio Choice, Investment and Growth," *American Economic Review,* vol. 60, no. 1, March 1970.
33. Friedman, Milton, "The Demand for Money : Some Theoretical and Empirical Results," *Journal of Political Economy,* vol. 67, no. 4, August 1959. 水野正一・山下邦男監訳『現代の金融理論 I ──流動性と貨幣需要──』勁草書房, 1965年, 第4章「貨幣の需要──若干の理論的ならびに経験的結果──」.
34. Friedman, Milton, "The Quantity Theory of Money : A Restatement," in M. Friedman (ed.), *Studies in the Quantity Theory of Money* (Chicago : University of Chicago Press, 1956).
35. Friedman, Milton, "The Monetary Theory and Policy of Henry Simons," *Journal of Law and Economics,* October 1967.
36. Friedman, Milton and L. J. Savage, "The Utility Analysis of Choices Involving Risk," *Journal of Political Economy,* vol. 56, no. 4, August 1948.
37. Friedman, Milton and Anna Jacobson Schwartz, "Money and Business Cycles," *Review of Economics and Statistics,* Supplement, vol. 45, no.1, Part 2, February 1963.
38. Friedman, Milton and Anna Jacobson Schwartz, *A Monetary History of the United States, 1867-1960,* A Study by the National Bureau of Economic Research, N.Y. (New Jersey : Princeton University Press, 1963).
39. Friedman, Milton and Anna Jacobson Schwartz, *The Great Contraction, 1929-33,* A Study by the National Bureau of Economic Research, N.Y. (New Jersey : Princeton University Press, 1965).

40. Galbraith, John K., *The Affluent Society* (Boston : Houghton Mifflin, 1958). 鈴木哲太郎訳『ゆたかな社会』岩波書店, 1960年.
41. Goodwin, R. M., "The Nonlinear Accelerator and the Persistence of Business Cycles, " *Econometrica,* vol. 19, no. 1, January 1951.
42. Goldsmith, R., *A Study of Saving in The United States* (Princeton, N.J. : Princeton University Press, 1956).
43. Greenberg, Edward, "A Stock-Adjustment Investment Model, " *Econometrica,* vol. 32, no. 3, July 1964.
44. Gurley, John G. and Edward S. Shaw, "Financial Aspects of Economic Development, " *American Economic Review,* vol. 45, no. 4, September 1955.
45. Gurley, John G. and Edward S. Shaw, *Money in a Theory of Finance* (Washington, D.C. : Brookings Institution, 1960). 桜井欣一郎訳『貨幣と金融』至誠堂, 1963年, 改訂版 1967年.
46. Haavelmo, Trygve, *A Study in the Theory of Investment* (Chicago : University of Chicago Press, 1960).
47. Hahn, Frank H., "On Some Problems of Proving the Existence of an Equilibrium in a Monetary Economy, " in F. H. Hahn and F. P. R. Brechling, *The Theory of Interest Rates* (New York : St. Martin's Press, 1965), ch. 6.
48. Hahn, Frank H., "Professor Friedman's Views on Money, " *Economica,* vol. 38, no. 149, February 1971.
49. Hahn, Frank H., *On the Notion of Equilibrium in Economics* (Cambridge : Cambridge University Press, 1973).
50. Hansen, Alvin H., *Fiscal Policy and Business Cycles* (New York : Norton, 1941). 都留重人訳『財政政策と景気循環』日本評論新社, 1950年.
51. Hansen, Alvin H., *Monetary Theory and Fiscal Policy* (New York : MacGraw-Hill, 1949). 小原敬士・伊東政吉訳『貨幣理論と財政政策』有斐閣, 1953年.
52. Harcourt, G. C., *Some Cambridge Controversies in the Theory of Capital* (Cambridge : Cambridge University Press, 1972). 神谷傳造訳『ケムブリジ資本論争』日本経済評論社, 1980年.
53. Harrod, Roy F., *Towards a Dynamic Economics* (London : Macmillan, 1948). 高橋長太郎・鈴木諒一共訳『動態経済学序説』有斐閣, 1953年.
54. Hicks, John R., "Mr. Keynes and the 'Classics' : A Suggested Interpretation, " *Econometrica,* vol. 5, no. 2, April 1937. Rep. in Hicks, *Critical Essays*

in Monetary Theory (London : Oxford University Press, 1967), ch. 7. 江沢太一・鬼木甫訳『貨幣理論』東洋経済新報社, 1972年, 第7章.
55. Hicks, John R., *A Contribution to the Theory of the Trade Cycle* (Oxford : Clarendon Press, 1950). 古谷弘訳『景気循環論』岩波書店, 1951年.
56. Hicks, John R., *The Crisis in Keynesian Economics* (Oxford : Basil Blackwell & Mott, 1974). 早坂忠訳『ケインズ経済学の危機』ダイヤモンド社, 1977年.
57. Hicks, John R., "Some Questions of Time in Economics," in A. M. Tang, F.M. Westfield, and J. S. Worley (eds.), *Evolution, Welfare and Time in Economics : Essays in Honor of Nicholas Georgescu-Roegen* (Lexington, Mass. : Lexington Books, 1976).
58. Johnson, Harry G., "The 'General Theory' after Twenty-five Years," *American Economic Review,* Papers and Proceedings, vol. 51, no. 2, May 1961. 村上敦訳『貨幣・貿易・経済成長』ダイヤモンド社, 1964年, 第6章.
59. Jorgenson, Dale W., "Capital Theory and Investment Behavior," *American Economic Review,* vol. 53, no. 2, May 1963.
60. Jorgenson, Dale W., "The Theory of Investment Behavior," in Robert Ferber (ed.), *Determinants of Investment Behavior* (New York : NBER, 1967).
61. Kalecki, Michael, "The Principle of Increasing Risk," *Economica,* vol. 4, no. 16, November 1937.
62. Kalecki, Michael, *Theory of Economic Dynamics : An Essay on Cyclical and Long-run Changes in Capitalist Economy* (London : George Allen & Unwin, 1954. 宮崎義一・伊東光晴共訳『経済変動の理論』新評論, 1958年.
63. Kalecki, Michael, *Selected Essays on the Dynamics of the Capitalist Economy, 1933-1970* (Cambridge : Cambridge University Press, 1971). 浅田統一郎・間宮陽介共訳『資本主義経済の動態理論』日本経済評論社, 1984年.
64. Kaufman, George G. and Cynthia M. Latta, "The Demand for Money : Preliminary Evidence from Industrial Countries," *Journal of Financial and Quantitative Analysis,* vol. 1, no. 3, September 1966.
65. Keynes, John M., *The General Theory of Employment, Interest and Money* (1936), vol. 7 of *The Collected Writings of John Maynard Keynes* (London and Basingstoke : Macmillan, for the Royal Economic Society, 1973). 塩野谷祐一訳『雇用・利子および貨幣の一般理論』(ケインズ全集第7

巻)東洋経済新報社,1983年.
66. Keynes, John M., "The General Theory of Employment," *Quarterly Journal of Economics,* vol. 51, no. 2, February 1937. Rep. in S. E. Harris (ed.), *The New Economics* (Boston : Knopf, 1947). 日本銀行調査局訳『新しい経済学 I』東洋経済新報社,1949年.
67. Keynes, John M., "Alternative Theories of The Rate of Interest," *Economic Journal,* vol. 47, June 1937.
68. Keynes, John M., "The Consequences to the Banks of the Collapse of Money Values," in *Essays in Persuasion* (1931), vol. 9 of *The Collected Writings of John Maynard Keynes* (London and Basingstoke : Macmillan, for the Royal Economic Society, 1972). 宮崎義一訳『説得論集』(ケインズ全集第9巻)東洋経済新報社,1981年,第2編7.
69. King, W. T. C., *The History of the London Discount Market : With an Introduction by T. E. Gregory* (London : Routledge, 1936).
70. Kregel, Jan Allen, *The Reconstruction of Political Economy—An Introduction to Post-Keynsian Economics*(New York : Macmillan, 1973). 川口弘監訳(緒方俊雄・福田川洋二共訳)『政治経済学の再構築——ポスト・ケインズ派経済学入門』日本経済評論社,1978年.
71. Kurihara, Kenneth K., "An Endogenous Model of Cyclical Growth," *Oxford Economic Papers,* vol. 12, no. 3, October 1960.
72. Leijonhufvud, Axel, "Keynes and the Keynesians : A Suggested Interpretation," *American Economic Review,* Papers and Proceedings, vol. 57, no. 2, May 1967.
73. Leijonhufvud, Axel, *On Keynesian Economics and the Economics of Keynes—A Study in Monetary Theory* (New York : Oxford University Press, 1968). 根岸隆監訳『ケインジアンの経済学とケインズの経済学』東洋経済新報社,1978年.
74. Lerner, Abba P., *The Economics of Control—Principles of Welfare Economics* (New York : Macmillan, 1944).
75. Malinvaud, Edmond, *The Theory of Unemployment Reconsidered,* Yrjö Jahnssonin Lectures (Oxford : Basil Blackwell, 1977).
76. Matthews, R. C. O., "A Note on Crawling Along the Ceiling," *Review of Economic Studies,* vol. 27-1, no. 72, October 1959.
77. Minsky, Hyman P., "Central Banking and Money Market Changes," *Quarterly Journal of Economics,* vol. 71, no. 2, May 1957.

78. Minsky, Hyman P., "Monetary Systems and Accelerator Models," *American Economic Review,* vol. 47, no. 6, December 1957.
79. Minsky, Hyman P., "A Linear Model of Cyclical Growth," *Review of Economics and Statistics,* vol. 41, no. 2, Part 1, May 1959. Rep. in R. A. Gordon and L. R. Klein (eds.), *Readings in Business Cycles* (Homewood, Ill. : Richard D. Irwin, 1965).
80. Minsky, Hyman P., "Financial Constraints upon Decisions : An Aggregate View," *1962 Proceedings of the Business and Economics Statistics Section, American Statistical Association.*
81. Minsky, Hyman P., "Comment on Friedman and Schwartz's Money and Business Cycles," *Review of Economics and Statistics,* Supplement, vol. 45, no. 1, Part 2, February 1963.
82. Minsky, Hyman P., "Can 'It' Happen Again?" Rep. in Deane Carson (ed.), *Banking and Monetary Studies* (Homewood, Ill. : Richard D. Irwin, 1963).
83. Minsky, Hyman P., "Longer Waves in Financial Relations : Financial Factors in the More Severe Depressions," *American Economic Review,* Papers and Proceedings, vol. 54, no. 3, May 1964.
84. Minsky, Hyman P., "Financial Crisis, Financial Systems, and the Performance of the Economy," in the Commission on Money and Credit, *Private Capital Markets* (New Jersey : Prentice-Hall, 1964).
85. Minsky, Hyman P., "The Integration of Simple Growth and Cycle Models," in Michael J. Brennan (ed.), *Patterns of Market Behavior : Essays in Honor of Philip Taft* (Providence, 1965).
86. Minsky, Hyman P. (ed.), *California Banking in a Growing Economy : 1946-1975* (Berkeley, California : University of California, Institute of Business and Economic Research, 1965).
87. Minsky, Hyman P., "Financial Intermediation in the Money and Capital Markets," in Giulio Pontecorvo, Robert P. Shay, and Albert G. Hart, *Issues in Banking and Monetary Analysis* (New York : Holt, Rinehart & Winston, Inc., 1967), ch. 2.
88. Minsky, Hyman P., "The 'Crunch' and Its Aftermath," I & II, *Bankers' Magazine,* February and March 1968.
89. Minsky, Hyman P., "The Crunch of 1966—Model for New Financial Crises?—," *Trans-action Magazine,* March 1968.
90. Minsky, Hyman P., "The New Uses of Monetary Powers," *Nebraska*

Journal of Economics and Business, vol. 8, no. 2, Spring 1969.

91. Minsky, Hyman P., "Private Sector Asset Management and the Effectiveness of Monetary Policy: Theory and Practice," *Journal of Finance,* vol. 24, no. 2, May 1969.

92. Minsky, Hyman P., "Financial Instability Revisited: The Economics of Disaster," in the Board of Governor of the Federal Reserve System (ed.), *Reappraisal of the Federal Reserve Discount Mechanism,* vol. 3 (Washington, D.C., June 1972).

93. Minsky, Hyman P., "An Exposition of a Keynesian Theory of Investment," in Szegö and Shell (eds.), *Mathematical Methods in Investment and Finance* (Amsterdam: North-Holland, 1972).

94. Minsky, Hyman P., "The Modelling of Financial Instability: An Introduction," in William G. Vogt and Merlin H. Mickle (eds.), *Modelling and Simulation,* vol. 5, Proceedings of the Fifth Annual Pittsburgh Conference, School of Engineering, University of Pittsburgh, 1974.

95. Minsky, Hyman P., *John Maynard Keynes* (New York: Columbia University Press, 1975).

96. Minsky, Hyman P., "Suggestions for a Cash Flow—Oriented Bank Examination," in *Proceedings of a Conference on Bank Strucure and Competition* (Federal Reserve Bank of Chicago, December 1975).

97. Minsky, Hyman P., "The Financial Instability Hypothesis: An Interpretation of Keynes and an Alternative to 'Standard' Theory," *Nebraska Journal of Economics and Business,* vol. 16, no. 1, Winter 1977.

98. Minsky, Hyman P.,"A Theory of Systematic Fragility," in E. Altman and W. Sametz, *Financial Crises* (New York: Wiley Interscience, 1977).

99. Minsky, Hyman P., "The Financial Instability Hypothesis: A Restatement," in *Thames Papers in Political Economy,* Thames Polytechnic, 1978.

100. Minsky, Hyman P., "The Federal Reserve: Between a Rock and a Hard Place," *Challenge,* May/June 1980.

101. Minsky, Hyman P., "Capitalist Financial Process and the Instability of Capitalism," *Journal of Economic Issues,* vol. 14, no. 2, June 1980.

102. Minsky, Hyman P., "Finance and Profits: The Changing Nature of American Business Cycles," in *The Business Cycle and Public Policy: 1929-80,* Joint Economic Committee, Congress of the United States (Washington, D. C.: U. S. Government Printing Office, 1980).

103. Mints, Lloyd W., *Monetary Policy for a Competitive Society* (New York : MacGraw-Hill, 1950).
104. Modigliani, Franco, "Liquidity Preference and the Theory of Interest and Money," *Econometrica,* vol. 12, no. 1, January 1944.
105. Nadler, Marcus, Sipa Heller, and Samuel S. Shipman, *The Money Market and Its Institutions* (New York : The Ronald Press, 1955).
106. Ohlin, Bertil, "Some Notes on the Stockholm Theory of Savings and Investment," I & II, *Economic Journal,* vol. 47, March and June 1937.
107. Ozga, S. A., *Expectations in Economic Theory* (London : Weidenfeld & Nicolson, 1965).
108. Patinkin, Don, *Money, Interest, and Prices : An Integration of Monetary and Value Theory* (Evanston, Ill. : Row and Peterson, 1956 ; 2nd ed., New York : Harper and Row, 1965). 貞木展生訳『貨幣・利子および価格』勁草書房, 1971年.
109. Pigou, A. C., *Keynes's 'General Theory' : A Retrospective View* (London : Macmillan, 1950).
110. Robinson, Joan, *Introduction to the Theory of Employment,* 2nd ed. (London : Macmillan, 1960).
111. Robinson, Joan, *Economic Heresies : Some Old-fashioned Questions in Economic Theory* (London : Macmillan, 1971). 宇沢弘文訳『異端の経済学』日本経済新聞社, 1973年.
112. Roosa, Robert V., "Interest Rates and the Central Bank," in *Money, Trade, and Economic Growth : Essays in Honor of John Henry Williams* (New York, 1951). 水野正一・山下邦男監訳『現代の金融理論II──金融モデルと金融政策──』勁草書房, 1966年, 第4章「利子率と中央銀行」.
113. Roosa, Robert V., *Federal Reserve Operation in the Money and Government Securities Market* (Federal Reserve Bank of New York, 1956).
114. Samuelson, Paul A., "Interactions Between the Multiplier Analysis and the Principle of Acceleration," *Review of Economics and Statistics,* vol. 21, no. 2, May 1939. Reprinted in *Readings in Business Cycles* (Philadelphia : Blakiston, 1944). 小原敬士訳「乗数分析と加速度原理の相互作用」, 高橋長太郎監訳『乗数理論と加速度原理』勁草書房, 1953年所収.
115. Shackle, George L. S., "Recent Theories Concerning the Nature and Role of Interest," in American Economic Association, Royal Economic Society, *Survey of Economic Theory,* vol. 1.

116. Shackle George L. S., *Keynesian Kaleidics—the Evolution of a General Political Economy*(Edinburgh : Edinburgh University Press, 1974).
117. Simons, Henry C., "Rules Versus Authorities in Monetary Policy," *Journal of Political Economy*, vol. 44, no. 1, February 1936. Reprinted in H. C. Simons, *Economic Policy for a Free Society* (Chicago : University of Chicago Press, 1948).
118. Simons, Henry C., "A Positive Program for Laissez-Faire," in Henry Simons, *Economic Policy for a Free Society* (Chicago : University of Chicago, 1948).
119. Skouras, Thanos, "Government Activity and Private Profits," in *Thames Papers in Political Economy*, Thames Polytechnic, Summer 1975.
120. Szegö, Giorgio P. and Karl Shell (eds.), *Mathematical Methods in Investment and Finance* (Amsterdam : North Holland, 1972).
121. Smith, Warren L., "On the Effectiveness of Monetary Policy," *American Economic Review*, vol. 46, September 1956.
122. Temin, Peter, *Did Monetary Forces Cause the Great Depression ?* (New York : Norton, 1976).
123. Tobin, James, "Liquidity Preference as Behavior Towards Risk," *Review of Economic Studies*, vol. 25-2, no. 67, February 1958. Reprinted in J. Tobin, *Essays in Economics—vol. I : Macroeconomics* (Amsterdam : North-Holland, 1971), ch. 15. 水野正一・山下邦男監訳『現代の金融理論 I ——流動性と貨幣需要——』勁草書房, 1965年, 第2章「危険に対する行動としての流動性選好」.
124. Tobin, James, "Comment," *American Economic Review*, May 1963.
125. Tobin, James, "An Essay on the Principles of Debt Management," in the Commision on Money and Credit, *Fiscal and Debt Management Policies* (Englewood Cliffs, New Jersey : Prentice Hall, 1963). Repinted in J. Tobin, *Essays in Economics — vol. 1 : Macroeconomics* (Amsterdam : North-Holland, 1971), ch. 21.
126. Tobin, James, *The Intellectual Revolution in U. S. Economic Policy Making*, Noel Buxton Lecture (Essex, England : University of Essex, 1966).
127. Tsinag, S. C., "Accelerator, Theory of the Firm, and the Business Cyle," *Quarterly Journal of Economics*, vol. 65, no. 3, August 1951.
128. Turvey, Ralph, *Interest Rates and Asset Prices* (London : George Allen & Unwin, 1960).

129. Turvey, Ralph, "Does the Rate of Interest Rule the Roost?" in F. H. Hahn and F. P. R. Brechling (eds.), *The Theory of Interest Rates* (New York : St. Martin's Press, 1965), ch. 9.
130. Viner, Jacob, "Mr. Keynes on the Causes of Unemployment," *Quarterly Journal of Economics,* vol. 51, no. 1, November 1936.
131. Weintraub, Sidney, *Classical Keynesianism, Monetary Theory and the Price Level* (Philadelphia : Chilton Books, 1961).
132. Weintraub, Sidney, *A Keynesian Theory of Employment Growth and Income Distribution* (Philadelphia : Chilton Books, 1966). 松坂兵三郎訳『ケインズ理論による雇用成長と所得分配』ダイヤモンド社, 1968年.
133. Witte, James G., Jr., "The Microfoundations of the Social Investment Function," *Journal of Political Economy,* vol. 71, no. 5, October 1963.
134. *Economic Report of the President* (Washington, D. C. : U. S. Government Printing Office, January 1963).
135. *Economic Report of the President* (Washington, D. C. : U. S. Government Printing Office, January 1969).
136. *Forty-Second Annual Report of the Board of Governors of the Federal Reserve System.*
137. Fund Staff, *Debts and Recovery 1929-37* (New York : Twentieth Century Fund, 1938).
138. *Moody's Bank and Financial Manual, 1956.*

訳者あとがき

1

　本書は，ワシントン大学 Washington University, St. Louis, Missouri のハイマン・ミンスキー教授 Professor Hyman P. Minsky による *Can 'It' Happen Again ? Essays on Instability & Finance* (Armonk, N.Y.: M. E. Sharpe, Inc., 1982) を全訳したものである．これは著者の代表的な論文を13編集めたもので，同じ論文集が英国では *Inflation, Recession and Economic Policy* (Brighton, Sussex: Wheatsheaf Books, Ltd., 1982) の表題で出版されている．

　本書は原題から印象づけられるほどジャーナリスティックな時論でも，際物的な書物でも，あるいはまた啓蒙的な書物でも決してない．それどころか，これはきわめてアカデミックな主題に関する理論的・実証的な研究を集大成したものである．訳書の表題を『投資と金融——資本主義経済の不安定性——』としたのは，本書に集められた論文に共通する研究主題とその内容を表面に出し，これらをできるだけ忠実に表現したいと考えたからである．また，訳書を論文集というよりも単行書の体裁にしたのは（この点「凡例」を参照されたい），各章の構成や表現形式に統一性をもたせ読みやすくするという理由のほかに，主題（〔金融〕制度の内生的進化発展の効果を経済理論に統合すること，および「二分法」に依らない真の貨幣的経済理論を構築すること）の一貫性を強調するという意図があったからである．

2

　わが国ではまだ比較的馴染みの薄いミンスキー教授を，ここで簡単に紹介しておきたい．彼は1919年シカゴに生まれ，1941年にシカゴ大学を卒業（B. S., 数学専攻）．43年から46年にかけて兵役につき，その後ハーバード大学大学院での研究生活に復帰して47年に M.B.A.の学位を得た．49年までハーバード大学の Teaching Fellow のポジションにあり，その後58年までブラウン大学の Assistant Professor および Associate Professor を務めた．この間，54年にハーバード大学から Ph. D.（経済学）の学位を得ている．58年から65年にわたってカリフォルニア大学(バークレイ校)の Associate Professor を務め，65年以降現職のワシントン大学経済学部教授の地位にある．

　69-70年のサバーティカル・リーブにはケムブリッジ大学の St. John's College 経済政治学部で Visiting Scholar として研究にいそしみ，80年以降は Centro di Studi Economici Avanzati, Trieste, Italy の Faculty の立場にもある．また，これまで幾多のアカデミック誌（たとえば，*Journal of Post-Keynesian Economics* や *Southern Economic Journal* など）の編集委員を務めたほか，民間金融機関グループや連邦準備制度理事会・連邦保険公社等のコンサルタントも兼務するなど多忙な研究生活を送っている．

　ミンスキー氏の多大の研究業績は後掲の一覧表によって確認できよう．本書以外の代表的な著書としては，有名な *John Maynard Keynes* (New York: Columbia University Press, 1975) のほかに *Stabilizing an Unstable Economy* (New Haven, Connecticut : Yale University Press, 1986) がある．側聞するところでは，いずれも日本語訳が出版される予定とのことである．これはミンスキー氏の貢献とその研究内容の重要性が広く認識されつつあることを立証するものと言えよう．これら2冊の著書で展開されるミンスキー理論の基本的なアイデアは，もともと本書に集められたどちらかといえば初期の諸論文に胚胎したものである．その意味からすれば，本書はミンスキー氏

の考えを理解するための不可欠な基本文献に位置づけられなければならない．

3

さて，本節ではミンスキー氏の研究のバックグラウンドと立場，および本書の背後にある彼の基本的な考えを概説する．本書の内容には次節で立ち入ることとしたい．

ミンスキー教授の名は，いまではその「金融的不安定性」の仮説とともに知られているところである．近年の内外にわたる経済的成果の悪化および金融環境の激変を背景として，いまや経済変動と景気循環に対する関心が再び高まりつつある．このような状況のなかでは，ミンスキー氏の理論ないし金融的不安定性仮説が注目を引くのも考えてみれば自然なことである．

本書では主としてこの金融的不安定性仮説を中心に議論が展開され，その議論の過程でミンスキー氏の資本主義経済観が明らかにされる．彼によれば，資本主義経済は本質的に不安定的である．というのは資本主義経済に特徴的な金融の制度と慣行のゆえに，経済はブームと不況の両極へ発散する傾向をもつと考えられるからである．したがって，資本主義的市場経済が1920年代末に生じた大恐慌とその後30年代に広がった「底の深い長続きのする深刻な不況」を再び経験する可能性は今後とも存在するのである．そのメカニズムを解き明かそうというのがミンスキー氏の金融的不安定性仮説にほかならない．本書の表題がもともと『大恐慌は再来するか』 $Can\ 'it'\ happen\ again\,?$ といういささか際物を予想させるものであったことはすでに示唆したとおりである．しかし，ミンスキー氏は大恐慌が必然的に生起すると主張することによって人々に無用有害な脅しをかけようと意図しているわけでは全くない．恐慌が実際に生起するか否かは政府の財政支出動向や中央銀行の「最後の貸し手」としての行動いかんに依存している．ミンスキー氏が本書で明らかにしようとしていることは，金融的不安定性が顕在化する蓋然性はいかなる諸条件に依存しているかということである．換言すると，ミンスキー氏は金融

的不安定性が恐慌に発展するための条件とこれを抑制または制止するに必要な諸条件とを明らかにしようとしたのである．

いま進行中の「金融の自由化」は既存の規制的な金融の枠組みを時代遅れのものにしつつあり，「金融の国際化」は金融市場間の相互連関性と相互依存性を地球的規模で高めつつあり，さらに「金融の情報化」は金融の情報コスト，したがって金融取引のコストを急速に低下させつつある．このような事態の推移が金融システムの機能効率性を飛躍的に高めるであろうことは疑いえないところである．しかし，それが他方で金融システムを従来以上に不安定化しやすいものに転化しつつあるということ，すなわち洗練されているがゆえに繊細でかつ脆弱な体質を金融システムがもちつつあるということも否定できないように思われる．ちなみに，この訳者あとがきを書いている折しも（1987年10月19日の「暗黒の月曜日」），1929年のそれに比肩する（否，下げ率からすればそれ以上の）株価暴落が世界的連鎖のもとに発生した．これがミンスキー氏のいう金融的不安定性そのものであるかどうかを評価するにはいま暫くの時間の経過が必要である．とまれ，「自由化の季節」には資本主義的市場経済の金融過程を深く考察しこれを再検討することが何よりも要求されるのである．これについてはミンスキー理論から多くのことを学びうるものとわれわれは確信している．

しばしばなされる慣例に従ってあえて色分けすれば，ミンスキー氏はいわゆるポスト・ケインジアンに属する．しかし，不幸にもこの名称はその内容をポジティブに（前向きに）規定するものではない．内容が必ずしも確定的でないところに「ポスト」と形容せざるをえない所以と不幸がある．現状では，歴史的時間 calender time と不確実性 uncertainty が強調される点を除き，ポスト・ケインジアンを特徴づける理論的内容や統一的な方法論が必ずしも確立しているわけでない．ポスト・ケインジアンと言われる論者はむしろそれぞれに独自の色合いをもつユニークな存在でさえあり，この点ミンスキー氏も同様である．彼はケインズ『一般理論』についての支配的なあるいは標準的な解釈を排し，ケインズ『一般理論』そのものを重視する．ここで，支

配的ないし標準的な解釈とケインズ『一般理論』そのものとを分けるメルクマールは，基本的には不確実性と貨幣の取扱い方にあると言ってもよかろう．そして，ミンスキー氏にあっては，『一般理論』を自ら解釈し直したケインズ論文「雇用の一般理論」（1937年）を彼の理論的基礎としてことのほか強調する点に特徴がある．「金融的不安定性仮説」における投資決定理論はこの「ケインズ自身によるケインズ解釈」をミンスキー氏が再解釈するところから導き出されたものである．「ケインズ自身によるケインズ解釈」こそが資本主義経済の金融的動態を明らかにするうえで必要な理論的基礎であるとするその立場から，ミンスキー氏は新新古典派，ケインジアン（あるいは新古典派総合），マネタリスト，およびサプライ・サイダーをみな新古典派ととらえ，これらに対してことごとく異を唱えている．（なお，合理的期待論者に対しても不確実性と期待の取扱いに関しては批判的であると思われる．しかし，後述するように，ミンスキー氏は規制なり政策の存在が民間経済主体の行動を変化させ，その結果金融制度をも内生的に変化させてしまうことを強調している．したがって，たとえばいかなる特定の貨幣集計量をコントロールしても貨幣供給は内生的に変化するので結局は無駄であると考えるのである．その意味で合理的期待形成論が提起した問題に対しては，ミンスキー氏が強い賛意を表する用意があるものと推測される．）

　本書の分析トゥールは（ミンスキー氏が数学専攻の学徒であったにもかかわらず）現在の主流派経済学の分析技術水準に比すれば素朴なものである．しかし，末梢的技術に偏した分析にもまして求められるのは資本主義経済をどうみるかについてのビジョンの確かさであるというのが彼の基本的立場と思われる．その意味で，ミンスキー氏は忠実なシュンペーターリアンである．トゥール磨きに専念する前に，適切なトゥール選びを可能とするための確かなビジョンをわれわれはもたなければならないのである．そういう観点からすると，資本主義的金融過程に関するミンスキー氏のビジョンはわれわれ金融学徒にとって刺激的ですらある．ところで，経済学で明らかにすべき重要な論点のひとつとしては，「制度」が経済主体の経済行動に対してどのよう

な含意を有し，他方経済行動それ自体が「制度」に対してどのような作用効果をもつかという点があろう．ミンスキー氏はこの点の重要性を以前から認識してきた経済学者の一人であり，その意味で彼は紛れもなく「制度学派」の流れに与している．彼は金融上の意思決定が特定の具体的な金融制度のもとでなされることを特に重視し，金融活動が金融制度を内生的に変化させ発展させていくという金融制度についての進化論的視点 view of evolutionary development of financial institutions を強調している．今日の「金融の自由化」に拍車をかけているさまざまの「金融革新」がどのようにして生起し，またこの内生的な制度変革の動向が特に金融政策当局に対していかなる重大な帰結をもたらしうるかをミンスキー氏はつとに認識していたのである．金融制度のダイナミックな生成発展過程に関するミンスキー氏の洞察は，技術革新についてのシュンペーターの描写に一脈通じる．

4

　本節では，読者の便宜のために本書の内容を要約する意味で，ミンスキー理論の鍵概念と基本的命題を箇条書の形で示しておきたい．ただし，これは本書を読む際のほんの手引にすぎないものであることを予告しておきたい．肥沃なミンスキー氏の理論からは，読み方次第でもっと豊富な果実が得られるように思われるからである．読者は，ミンスキー氏ならではのユニークなまた興味深いアイデアが本書のここかしこに散見されるのに容易に気づくはずである．以下〔　〕の部分は訳者の注記的な内容もしくは私見をまじえた部分であることに留意されたい．

　（1）　経済におけるさまざまの意思決定，とりわけ投資（社会の生産力拡張に資する実物投資）の決定とその金融のための意思決定は不可逆な歴史的時間の流れのなか，しかも不確実性の支配する環境のもとでなされなければならない．

(2) 資本主義経済における所得生産の過程は利潤動機に支配されている．したがって，利潤決定のメカニズムが経済学の中心的位置を占めなければならない．カレツキーの貢献によれば，利潤の大きさは企業部門が実行するところの投資水準により主として決定される．他方，決定される投資水準は将来利潤の予想に規定される．将来利潤の予想は直近の過去の利潤実績に依存する．要約すれば，「過去」の利潤実績は「将来」利潤の予想を規定し，これが「現在」の投資水準を決定する．「現在」の投資は「将来」利潤の大きさを確定する．このように，投資の決定は過去・現在・将来を結ぶひとつの連結環である．

(3) 投資が実現するのは（したがって，それが有効需要の一構成要素となり，生産力効果を発揮しうるのは），それが金融される場合に限られる．投資の一部は過去および現在の利潤所得によって金融されるが，残りの大きな割合は通常外部資金の調達によって金融される．発行される負債の元本および利子は将来利潤所得の期待流列から返済されるものと予定されている．換言すれば，金融上の意思決定は将来の収益流列に関する現在時点での予想に基づくのである．しかし，金融の意思決定は他方で過去の金融的意思決定の遺物である既存金融資産・負債ストックによっても制約される．今期の金融が過去の金融の構造（とその結果としての財務構造）financial structure に比べて負債依存度の高いものであるならば，「貸し手リスク」と「借り手リスク」はともに増大し金融のコストが上昇するからである．かくして，金融的意思決定もまた過去と現在と将来をつなぐ重要な連結環のひとつである．

(4) 貨幣は金融的相互連関 financial interrelation の産物である．貨幣は支出が銀行を通じて負債金融されるとき「創造」され，銀行に対する過去の負債が償還されるとき「破壊」される．銀行システムは，実物資産の保有者と富の究極的所有者との間にそれ自身の保証を介在させる装置であり，貨幣はこれら当事者間の金融のベール financing veil である．いずれにしても，貨幣量はこのように内生的に決定される変数である．

(5) 負債の返済に充てられるべき将来利潤の流列が期待どおりに実現し

ないと，当該負債の有効化 validation（履行の実現性）は危ぶまれる．支払債務の一部が金融システムのどこかで滞ると，金融重層化 finacial layering の結果として存在するところの金融的支払いの諸キャッシュフロー間の相互連関 financial interrelation は破綻する．この破綻が金融システム全般に広がるとき，金融システムは不安定化する．金融システムの不安定化は投資を金融するための資金調達を困難にする．その結果，投資水準，したがって利潤の水準は低下する．このように，投資と将来利潤と負債の有効化は互いに因となり果となりながら相互に依存しあっている．

(6) 負債の履行が実現するか否か（負債の有効化）は，負債発行の結果必要となる債務支払いのためのキャッシュフローの大きさと負債金融によって得た資産から生み出される所得受取りのキャッシュフローの大きさとの相対関係に依存する．後者の受取りキャッシュフローには，資産から生み出される所得流列のほか，当該資産が市場で売却されたり，それが担保として機能することで得られる借入資金の潜在的なキャッシュフローも考慮されなければならない．経済主体の金融状態は，一般に支払いキャッシュフローと受取りキャッシュフローとの相対的関係に依存して三つに区別できる．「掛け繋ぎ金融 hedge finance」，「投機的金融 speculative finance」および「ポンツィ金融 Ponzi finance」である．これらは以下のように定義される．ただし，ここでの定義はミンスキー氏の最近の著書 *Stabilizing an Unstable Economy* (New Haven, Connecticut : Yale University Press, 1986)（付録，pp. 335-41）を参考にしながら，これに訳者独自の解釈を加えて整理したものであることに留意されたい．

①掛け繋ぎ金融

負債の発行によって生じる現金流出フロー（元本・利子の支払い）を確定的な変数 C_t（第 t 期の現金支払フロー）で表す．他方，負債の発行によって金融された資産の所有・使用・処分からもたらされると期待される粗現金流入フロー（このうちには資産の減価償却相当分が含まれる）を Q_t（第 t 期の現金受取フロー）で示し，これはその分布が期待値 $\bar{Q}$，分散が

σ^2 であるような確率変数であるとする．以下に現れる $K(\cdot)$ の関数はキャッシュフローを資本還元 capitalization した場合の割引現在価値 discounted present value を表す．資産収益の現在価値と債務支払流列の現在価値との差は当該経済主体の「正味資産 net worth」の大きさを与える．なお，言うまでもなく，この関数 $K(\cdot)$ は資本還元率 capitalization rate ないし割引率 discounting rate の大きさとともにシフトする．割引率の大きさは通常，資本還元される所得流列のリスク度に応じてしかるべき大きさのリスク・プレミアムを「純粋利子率」に加算して決められる．しかし，以下では割引率として「純粋利子率」（これを r の記号で表す）を採用し，資本還元される流列の大きさの方をキャッシュフローのリスク度に応じて調整するものとする．とりわけ，資本還元される資産収益の流列（リスク調整済みの流列）は $M_t \equiv Q_t - \lambda(\sigma^2/\bar{Q})$ または $X_t \equiv Q_t + \lambda(\sigma^2/\bar{Q})$ で与えられると考えるのである．ここで，λ の大きさは投資を決意した主体がこれを金融しようとする場合においてのリスク選好態度 risk preference を反映している．

「掛け繋ぎ金融」の状態とは，
$$C_t < M_t \equiv Q_t - \lambda(\sigma^2/\bar{Q}) \quad \text{for all } t\text{'s}$$
であり（であるものと予想され），その結果
$$K(C_t) < K(M_t) \quad \text{for any } r\text{'s}$$
であるような状況，したがって「正味資産」が金融の繁閑から影響されることなくいつも正の値となるような状態を指す．

②投機的金融

「投機的金融」の状態とは，
$$C_t > X_t \equiv Q_t + \lambda(\sigma^2/\bar{Q}) \quad \text{for } t < \hat{t}$$
$$C_t < M_t \equiv Q_t - \lambda(\sigma^2/\bar{Q}) \quad \text{for } t \geq \hat{t}$$
であり，したがって
$$K(C_t) < K(M_t) \quad \text{for some lower } r\text{'s}$$
$$K(C_t) \geq K(X_t) \quad \text{for other higher } r\text{'s}$$

となり，金融緩和状態のもとでは「正味資産」価値が正であるが，金融逼迫の状況下ではそれが負となりうる金融状態を指す．ただし，このような投機的金融状態のもとでも

$$C_{yt} < Q_{yt} \quad \text{for } t < \hat{t}$$

であることが前提であり，その限りでこれは当初の負債残高を減少させることの可能な金融状態である．ここでC_{yt}は負債の利子支払キャッシュフローないし所得支払部分（これはC_tから元本償還部分を控除したキャッシュフロー）を，Q_{yt}は資産収益の純キャッシュフローないし所得収入部分（これは粗キャッシュフローから減価償却部分を控除したもの）を意味している．

③ポンツィ金融

「ポンツィ金融」状態は

$$C_t > X_t \equiv Q_t + \lambda(\sigma^2/\bar{Q}) \quad \text{for all } t\text{'s except some } t\text{'s}$$
$$(\text{such as } t = t^*, \ t^{**})$$

かつ

$$C_{yt} > Q_{yt} \quad \text{for all } t\text{'s except some } t\text{'s (such as } t = t^*, \ t^{**})$$

および

$$C_{t^*} <<<< Q_{t^*}, \quad C_{t^{**}} <<<< Q_{t^{**}}$$

であるような金融の状態を示す．

$$C_{t^*} <<<< Q_{t^*}, \quad C_{t^{**}} <<<< Q_{t^{**}}$$

のような「大僥倖bonanza」が見込まれている限りで，投資家は

$$K(C_t) < K(X_t) \quad \text{for some } r\text{'s}$$

を予想していることになるが，現実には

$$K(C_t) > K(X_t) \quad \text{for all } r\text{'s}$$

となる可能性が高い．すなわち，利子率（割引率）水準の高低に関係なくその「正味資産」価値が負となる可能性は高く，また負債の償還がままならず負債残高は累積する一方となる．

なお，投資・金融を行う主体が

$$M_t \equiv Q_t - \lambda(\sigma^2/\bar{Q}) < C_t < X_t \equiv Q_t + \lambda(\sigma^2/\bar{Q})$$

のような金融状態にある場合には，それは「掛け繋ぎ金融」の状態から「投機的金融」の状態への，または「投機的金融」の状態から「ポンツィ金融」の状態への移行過程にあるものとしてとらえることができよう．

〔ポンツィ金融とはボストンの金融詐欺師（シャルル・ポンツィ）にちなんだ命名である．彼の詳細を知るうえでの手近な文献としてロバート・ソーベル著，三原淳雄訳『大恐慌前夜』徳間書店，1987年がある．また，Marcia Stigum, *The Money Market : Myth, Reality, and Practice*, Dow Jones-Irwin, 1979, p. 528 も参照されたい．〕

(7) 経済全体において掛け繋ぎ金融よりも投機的金融が，投機的金融よりもポンツィ金融の比重が増大するとキャッシュフロー間の緊密な相互連関性 financial interrelationship が高まり，金融システムは内外からのショックに対して脆弱になる．すなわち，負債履行が一部滞った場合，その効果が金融システム全体に広く波及する可能性は高まる．投資ブームは負債金融の比重を高め，したがって金融システムに占める投機的金融およびポンツィ金融の割合を大きくする．また，負債金融の比重が増大するにつれて企業（その他経済主体）の財務構造 financial structure は悪化し，資金調達コストの主要要因たる市場利子率は上昇しがちとなる．これらがある臨界値を超えるまで変化すると，投資支出に対し大きなマイナス要因として作用しはじめる．このように，投資ブームは金融的不安定化の過程を内生的に準備するところの基本的要因である．〔ミンスキー氏は投資財に対する需要が財務構成比率の変化に対応して連続的にシフトするとはとらえず，それは特定の臨界内では比較的安定的である一方，この領域をいったん超えると急激かつ大規模にシフトすると考えている．〕

(8) 金融資産・負債ストックによって厚く覆われた経済では，フローとしての資金の流れ以上に，ストックとしての資産・負債構成の「切り直し」（リシャッフル）が大きなインパクトをもつ．〔「銀行の信用創造理論」が相対的に後退し，代わって「すべての経済主体のポートフォリオ選択理論」が中心

的なものとなった現実的背景はここにある．しかし，ストックからフロー（投資・生産・所得・消費）に及ぼす効果を無視しては折角のポートフォリオ理論も単なる資産選びの便宜的な道具に堕してしまう．ストックとフローの関連を明らかにしなければならない．ここで登場するのがミンスキーの投資理論である．〕投資の決定に関与する価格は二種類ある．一つは投資財需要価格としての資本財ストック価格であり，他は供給価格としての投資財生産価格である．金融の必要性とその効果を無視すれば，投資は両者が均等化する水準に決定される．〔この市場メカニズムは基本的には，secondhand market が存在するすべての財に共通するものである．ジェームズ・トービンの「投資の q 理論」も形式的にはこれに類似のものである．ただし，類似性はこの点までである．資本財価格は長期予想の状態いかんで激しく変動しがちであると考えられるからである．ミンスキー理論の特徴的なところは，資本財価格の決定こそがケインズ流動性選好理論の本質であると理解する点にある．〕

(9) 投資は基本的には資本財価格と投資財生産価格との均衡で決定される．しかし，投資を実行するために必要な金融の効果を考慮するならば，これら両価格は，投資が負債金融される結果発生するところの「貸し手リスク borrower's risk」と「借り手リスク lender's risk」を考慮して調整されなければならない．実際の投資はこの調整された両価格が均衡する水準に決定される．「貸し手リスク」は利子に対するリスク・プレミアムの加算とか担保の設定の形で客観的に現象する．しかし，「借り手リスク」は投資実行主体の心の奥深くに秘められた主観的要素の強いものである．したがって，投資はそれだけ変動しやすいと言えよう．いずれにせよ，このような主観的リスクの存在はモデルの含意を機械的・形式的に解釈することの危険性を示唆している．

(10) 任意の時点における資産・負債ストックの選択は，別の意味のフロー，すなわち時期以降の新たな受取りキャッシュフローと支払いキャッシュフローを含意している．この両者の相対的関係は個々の経済主体の金融的状態を決定する．金融システムに占める各金融状態の比重いかんはシステム全

体の安定性いかんに影響を及ぼす．従来の資産選択理論では，ストックの再構成からさまざまのキャッシュフローが生み出されるというこの側面が全く慮外されている．

(11) 資産選択理論では通常，経済主体のリスク選好態度が所与と前提される．しかし，リスク選好態度があたかも個々の経済主体の遺伝的特質でもあるかのように経時的に不変なものとして扱うのは問題である．そのような前提が（比較静学等の）分析技術上は必要であるにしても，リスク選好態度そのものが経済主体のポートフォリオ選択の帰結いかんで変化してしまう可能性は認識しておかなければならない．資産選択行動と金融諸過程の動態は，このような内生的に変化するリスク選好態度を前提してこそ明らかにしうるものである．

(12) 中央銀行の本質的役割は「貨幣集計量 monetary aggregates」（どのように定義されたものであれ）をコントロールすること以上に，民間金融システムの「最後の貸し手」として機能することにある．そうはいっても，過度の投資ブーム——これの行き着く先は金融的不安定化 financial instability である——を抑制する手段として，金融システムを恐慌の瀬戸際に追い込むやり方はときに採択するに値する．

(13) 今日金融恐慌が顕在化しない理由は，大きな政府の赤字支出が企業の利潤を下支えしていることにある．戦後の金融構造の内生的変化の結果，利潤の財政支出依存度はますます高まらざるをえなかった．しかし，その傾向は経済にインフレ体質をもたせ，日増しに高まるインフレを抑制するべく抑制的な金融政策が採られると，今度は擬似金融恐慌に陥る．そうすると中央銀行の「最後の貸し手」としての機能が求められる．しかし，中央銀行の早すぎる介入はインフレーションに火をつけ，ときにこれに油を注ぐだけとなる．このような意味で中央銀行はディレンマのなかにある．こうした悪循環を断ち切るには，小さな政府の樹立と併せて，抜本的な構造的制度改革を行うことが必要である．〔ケインズによる「投資の社会化」案同様に，最もドラスティックなミンスキーの案は企業の負債金融 debt finace という現在可

能な金融慣行を制限するか封じることである。しかし，訳者の印象では，そのような改革案は角を矯めて牛を殺すの類か，病根のではなく患部の切除を唯一の治療法とみなす考えに近いように思える。〕

　以上の諸論点のほか，本書の第11，12章は成長と循環の問題を取り上げ，経済の下方への転換点を説明する要因としての金融的要因の重要性を強調している。

　すでに明らかであるように，ミンスキー氏の目論見は資本主義経済のダイナミズムを説明するための理論的枠組みを構築することにあり，「金融的投資理論 financial theory of investment」と「投資行動を核とした景気循環理論 investment thory of the business cycle」（本書146，297ページ）を確立することにあると言えよう。しかしながら，本書のここかしこに提示されている，金融的不安定性を回避する抜本的・構造的改革案はいまひとつ迫力に欠け，もの足りなさを感じる。これは，ミンスキー氏がみずから述べているように（本書はしがきx‐xiページ）彼自身は「処方箋」を書くことよりも「診断」を下すことを得意とするものであって，そのため本書では「処方箋」を書くためのヒントを提供しようとしたからにすぎないからかもしれない。金融システムの(不)安定性を論じるに際しては，現行預金保険制度の評価と構造的制度改革に占めるべきそれの位置づけ，およびそれが中央銀行の「割引窓口」の「最後の貸し手」機能とどのような関係に立つべきかの議論がなされなければならないであろう。

　最後に，ミンスキー氏の考えを理解するうえで参考になると思われる文献のいくつかを紹介しておく。これらの文献は，ミンスキー氏の金融的不安定性仮説にたんに言及したにすぎないもののほか，それを理論的基礎として利用したもの，ミンスキー理論をフォーマルな形に定式化しようと試みたもの，さらにこれを特定の問題に応用しようとしたものなどを含んでいる。

Aliber, Robert, "International Banking : A Survey," *Journal of Money, Credit* and Banking, vol. XVI, no. 4, Part 2, November 1984.

Batra, Ravi, Regular Cycles of Money, Inflation, Regulation & Depressions (U. S.A.: Venus Books), 1985 (ch. 6). 篠原三代平監訳・山田正次訳『マネー・インフレ・大恐慌——景気循環の経済分析——』東洋経済新報社, 1987年, 第6章.

Brown, William S., "Market Adjustment and Catastrophe Theory," *Journal of Post-Keynesian Economics*, vol. III, no. 4, Summer 1981.

Darity, W. A., Jr. and B. L. Horn, *The Loan Pushers* (Cambridge, Massachusetts: Ballinger Publishing, Co.), 1987.

Eichengreen, Barry and Richard Portes, *The Anatomy of Financial Crises*, NBER Working paper #2126, January 1987.

Kindleberger, Charles, *Manias, Panics and Crashes* (New York: Basic Books), 1978. 吉野俊彦・八木甫訳『金融恐慌は再来するか』日本経済新聞社, 1980年.

Kregel, Jan Allen, *The Reconstruction of Political Economy—An Introduction to Post-Keynesian Economics* (New York: Macmillan, 1973). 川口弘監訳『政治経済学の再構築——ポスト・ケインズ派経済学入門』日本経済評論社, 1978年.

Lavoie, Marc, "Systematic Financial Fragility: A Simplified View," *Journal of Post-Keynesian Economics*, vol. IX, no. 2, Winter 1986-87.

Padoan, P. C., *The Political Economy of International Financial Instability* (Great Britain: Croom Helm), 1986.

Semmler, W., *Financial Crisis as Bifurcation in a Limit Cycle-Model: A Nonlinear Approach to Minsky Crisis*, Working paper, New School for Social Research, August 1985.

Taylor, Lance and Stephan A. O'Connel, "A Minsky Crisis," *Quarterly Journal of Economics, Supplement*, 100, 1985.

Vicarelli, Fausto, *Keynes: The Instability of Capitalism* (Philadelphia: University of Pennsylvania Press), 1984.

Weintraub, Sidney, "Histoy of Economic Thought; Methodology [—Book Reviews of Minsky's *John Maynard Keynes* and Moggridge's *Keynes*—]," *Journal of Economic Literature*, vol. 40, no. 1, March 1977.

Weise, Peter and Manfred Kraft, "Minsky's View of Fragility: A Game Theoretic Interpretation," *Journal of Post-Keynesian Economics*, vol. 3, no. 4, Summer 1981.

5

　本書の訳は原正彦氏（明治大学教授）からお薦めを頂いてとりかかったものである．訳者はかつて，貨幣作用経路の一つとしてのいわゆる "Tobin's q-theory of investment" を検討し（拙稿「貨幣の作用経路と投資決定過程」神戸大学経営学部『研究年報』第24号，昭和53年9月），トービンが想定する「ストックとフローの行動的関係 behavioral relationship between stocks and flows」は少なくとも形式的にはポール・ダビッドソンやミンスキーのそれに類似のものであると主張したことがあった．このことに関連して，原教授はポスト・ケインジアン論者の考えをもっと研究するようにと著者に諭されたのである．これが本書を訳出するに至った機縁である．

　現時点で考えてみるに，形式的類似性ないし相似性についての訳者の理解は必ずしも間違っていないように思われる（異なる文脈においてではあるが，ミンスキーの考えがトービンのそれに近いものであることが示唆されており（本書321ページ脚注），ミンスキー氏が後者から多大の影響を受けていることは本書の随所から推測しうる）．しかし，不可逆な歴史的時間の流れの中で不確実性にさらされつつなされる金融的意思決定とその帰結を思えば，ミンスキー氏が描き出す資本主義経済の諸相は「新古典派」経済学が描写するそれとは相当に隔たったものであることは明らかであろう．そして，実際の経済に目を向ければミンスキーの経済描写の方に説得力を感じるのは自然であろう．ミンスキーの理論では資本主義経済のダイナミズムが諸経済主体のファイナンス行動に深く関わっており，この点を明らかにすることが金融理論の本来の課題であるとされる．マクロ経済分析では IS-LM モデルがしばしば用いられるが，問題は静学的均衡点をたんに比較することにあるのではなく，各経済主体がファイナンス行動を通じて「不均衡」を調整するときその過程でどのような事態が生起するか，とりわけこの調整過程そのものが IS や LM 曲線の位置そのものを内生的にシフトさせ，想定される「均衡点」を

どのように移動させてしまうか,を明らかにすることにあると言えよう.ミンスキー理論を検討し発展させることは今後の課題であるが,訳者が以上のような認識に到達しえたことに関しては,原教授に深く感謝申し上げなければならない.

なお,手紙を通じてのミンスキー氏との「対話」の過程で,訳者はそのおりワシントン大学で彼と研究を共にされていた青木達彦氏(信州大学教授)のご協力を得た.記して謝意を表します.

6

それにしても,本書は誠に訳者泣かせの本であった.独創的なアイデアは往々にして世に受け入れられ難いという一般的傾向と新奇のアイデアには馴染みが薄いという当然の理由のほかに,ミンスキー氏には造語の癖や定義なしに日常語を使用する傾向があること,文章は概して長くまた晦渋であること,論文集ということもあって概念表示が全編を通じての統一性に若干欠けること,さらに自認するとおり彼が「走り書きの癖」を有し(「著者はしがき」参照),校正をあまり好まないように見受けられることなどのためである.

このようなどちらかと言えば抹梢的な事柄が読者に対して結果的に「親切」を欠くかたちになっていることと,彼の理論がフォーマルな定式化に馴染み難いものであるということのために,残念ながらミンスキー理論へのアクセスは一般的にもかなり困難になっていると言わざるをえない.彼のパブリシティが現状必ずしも高くないのはこのような事情(と主流経済学に批判的であるという彼自身のスタンス)を反映していよう.

このような事情は,ミンスキー理論に外国語文献としてアクセスせざるをえない日本の読者においていっそう強くあてはまる.「適切な訳書」の必要性はそれだけいっそう大きいのである.本書がこの「適切な訳書」に該当しうるかどうかは心許ない限りである.しかし,ミンスキー理論へのアクセスを容易にするうえでそれが何ほどかの貢献をなしうるものと,訳者はひそか

に期待している．本訳書がミンスキー理論の内容を検討する次段階への橋渡しとして利用されるならば，それは望外の喜びである．

なお，訳出に際しては細心の注意を払ったつもりであるが，訳者の側に思わざる誤解があるかもしれない．また，いたらない表現力のゆえに生硬な訳や不適切な訳が散見されるかもしれない．読者の方々からご教示給われば幸いです．

最後に，訳者の怠慢も重なって本訳書出版の時期は当初の予想から大幅に遅れ，日本経済評論社および編集の清達二氏・入江友子氏には大変ご迷惑をおかけした．また両氏は訳稿の1頁から最終頁に至るまでのすべてに一再ならず目を通すとともに，校正の労を分かちあってくれた．訳者がこのような献身的なまでの協力を得られなかったならば，本訳書はまだ当分の間陽の目を見ずにいたであろうと思われる．記して，お詫びと謝意を述べさせて頂きたい．と同時に，言うまでもなく，訳書に関わるすべての責任はいかなる意味においても，訳者ひとりにあることを付言しておきたい．

1987年11月

岩 佐 代 市

原著者の主要著作目録

(「参考文献」に掲載の著作77〜102は除く)

"Indicators of the Developmental Status of an Economy," *Economic Development and Cultural Change,* vol. 7, January 1959.

Statement, " The Effects of Monopolistic and Qusai-Monopolistic Practices on Price Levels, " *Joint Economic Committee—Employment, Growth and Price Levels,* Part 7, 86th Congress, 1st Session (Washington, D. C. : U. S. Government Printing Office), 1959.

"Employment Growth and Price Levels : A Review Article, " *The Review of Economics and Statistics,* vol. XLII, no. 1, Februaly 1961.

"The Role of Employment Policy," in *Poverty in America,* edited by M. S. Gordon (San Francisco : Chandler Publishing Co.), 1965.

"Labor and the War Against Poverty" (Berkeley, California : Institute of Industrial Relations, Center for Labor Research and Education), 1965.

"Commercial Banking and Rapid Economic Growth in California," in *California Banking in a Growing Economy—1964-75,* edited by Hyman P. Minsky (Berkeley, California : Institute of Business and Economic Research), 1965.

"The Federal Portfolio," in *The Federal Reserve Portfolio,* Joint Economic Committee, 89th Congress, 2nd Session (Washington, D. C. : U. S. Government Printing Office), 1966.

"Tight Full Employment : Let's Heat up the Economy," in *Poverty American Style,* edited by Herman P. Miller (Belmont, California : Wadsworth Publishing Co.), 1966.

"The Evolution of American Banking : The Longer View," *The Bankers' Magazine* (London), Part I, November 1966, and Part II, Decemmber 1966.

"Money, Other Financial Variables and Aggregate Demand in the Short Run," in *Monetary Process and Policy : A Symposium,* edited by George Horwich (Homewood, Illinois : R. D. Irwin, Inc.), 1967.

"Effects of Shifts of Aggregate Demand Upon Income Distribution," *American Journal of Agricultural Economics,* May 1968.

"Adequate Aggregate Demand and the Commitment to End Poverty," in *Rural*

Poverty in the United States; A Report by the President's National Advisory Commission on Rural Poverty (Washington, D. C. : U. S. Government Printing Office), 1968.

"Passage to Pakistan," *Trans-action,* February 1970.

"The U. S. Economy in Mid-1970," *London and Cambridge Economic Bulletin,* London and Cambridge Economic Society, Cambridge, England, 1970. Reprinted from *The Times* (London), July 15th and 16th, 1970.

"An Evaluation of Recent U. S. Monetary Policy," *The Bankers' Magazine,* Part I, October 1972, Part II, November 1972, and Part III, December 1972.

"An Evaluation of Recent Monetary Policy," *Nebraska Journal of Economics and Business,* Autumn 1972.

"The Strategy of Economic Policy and Income Distribution," *The Analysis of the American Academy of Political and Social Science,* September 1973.

"Review of H. G. Johnson and A. R. Nobay's 'Issues in Monetary Economics'," *Economic Journal,* December 1974.

"Standard Forecast Questioned," *The Journal of Commerce,* April 26, 1974.

"Can and Should the Fed 'Go It Alone'?" *The Journal of Commerce,* April 16, 1974.

"The Fragile Financial System Risks, Crises, and Deflation; Debt Reduction Essential," *The Money Manager,* July 1974.

"Mr. Ford's Post-Summit Program," *Proceedings of the Missouri Valley Economic Association,* October 1974.

"Monetary and Fiscal Policy," *J. C. Penny Forum,* Winter 1974.

"The State of the Economy and of Economics," *Washington University Magazine,* Summer 1974.

"Money and the Real World : A Review Article," *The Quarterly Review of Economics and Business,* Summer 1974.

"Financial Instability, the Current Dilemma, and the Structure of Banking and Finace," *Compendium on Major Issues in Bank Regulation,* United States Senate, Committee on Banking, Housing, and Urban Affairs, 94th Congress, 1st Session (Washington, D. C. : U. S. Government Printing Office), August 1975.

"Financial Resources in a Fragile Financial Environment," *Challenge,* July/August 1975.

"Our Financial Heritage and the Prospects for 1976," *The Economic Outlook for*

1976, University of Michigan Annual Conference on the Economic Outlook (Ann Arbor, Michigan), 1976.
"The Roots of Current Economic Problems," *Public Interest Economics,* December 1977.
"Banking in a Fragile Financial Environment," *Portfolio Managers Journal,* Summer 1977.
Statement "On the Adequacy of Bank Supervision," Committee on Banking, Housing, and Urban Affairs of the United States Senate, March 11, 1977.
"How 'Standard' is Standard Economics?" *Society,* vol. 14, no. 3, March/April 1977.
"An 'Economics of Keynes' Perspective on Money," in *Modern Economic Thought,* edited by Sidney Weintraub (University of Pennsylvania Press), 1977.
"Unless Corrected Deficit in Trade Could Trigger Bigger Financial Crisis," *The Money Manager,* December 4, 1978.
"U. S. Efforts to Prevent a Deep Slump Render Policy Helpless," *The Money Manager,* July 10, 1978.
"The Dollar : U. S. Must be Seen as an Ailing Bank," *The Money Manager,* April 24, 1978.
"Carter Economics : A Symposium," *Journal of Post-Keynesian Economics,* vol. 1, no. 1, Fall 1978.
Statement, "Managing Money," *Joint Economic Committee Special Study on Economic Change,* Part 3, 95th Congress, 2nd Session (Washington, D. C. : U. S. Government Printing Office), 1978.
The Instability and Resilience of American Banking (1946-78), Quaderno N.16 Associazione per lo Sviluppo degli studi di Banca e Borsa, Università Cattolica del Sacro Cuore, Facoltà di Economia e Commercio (Milano), 1979 (in Italian).
"Financial Interrelations, the Balance of Payments and the Dollar Crisis," in *Debt and the Less Developed Countries,* edited by J. D. Arondon (Boulder, Colorado : Westview Press), 1979.
Discussion of "Stabilization Politics : Theoretical and Empirical Issues," *Stabilization Policies : Lessons from the 70's and Implications for the 80's,* Center for the Study of American Business : Working Paper # 53, April 1980.

"La Coerenza dell'Economia Capitalistica : I Fondamenti Marshalliani della Critica Keynesiana della Teoria Neo-classica," *Giornale degli Economisti e Annali di Economia*, March-April 1980.

"Money, Financial Markets and the Coherence of a Market Economy," *Journal of Post-Keynesian Economics*, vol. III, no. 1, Fall 1980.

Keynes e l'Instabilita del Capitalismo (Turin, Italy : Editore Boringhieri), 1981 (A Translation by Manfredi La Manna of *John Maynard Keynes*).

Review of "N. Kaldor's Essays on Economic Stability and Growth, Second Edition," *Journal of Economic Literature*, vol.XIX, no. 4, December 1981.

"Financial Markets and Economic Instability, 1965-80," *Nebraska Journal of Economics and Business*, vol. 20, no. 4, Autumn 1981.

"The United States' Economy in the 1980s : The Financial Past and Present as a Guide to the Future," *Giornale degli Economisti e Annali di Economia*, March-April 1981.

"James Tobin's Asset Accumulation and Economic Activity : A Review Article," *Eastern Economic Journal*, vol. VII, no. 3-4, July/October 1981.

"The Breakdown of the 1960's Policy Synthesis," *Telos*, no. 50, Winter 1981-82.

"The Financial-Instability Hypothesis : Capitalist Processes and The Behavior of The Economy," in *Financial Crises, Theory, History and Policy*, edited by Charles P. Kindleberger and Jean-Pierre Laffargue (Cambridge University Press, and Editions de la Maison des Sciences de l'Homme, Paris), 1982.

Can 'It' Happen Again ? A Reprise," *Challenge*, July/August 1982.

Statement and Submission, "Policy Pitfalls in a Financially Fragile Economy," Committee on Banking, Finance and Urban Affairs, Subcommittee on Domestic Monetary Policy, House of Representatives, 97th Congress, Second Session. Hearings on *Employment Risks from Present Credit and Business Liquidity Conditions*, Serial No. 92-79 (Washington, D. C. : U. S. Government Printing Office), 1982.

"Review of Axel Leijonhufvud : Information and Coordination," *Economic Journal*, December 1982.

"Debt Deflation Processes in Today's Institutional Environment," *Banca Nazionale del Lavoro, Quarterly Review*, December 1982. Translated as "I Processi di Deflazione Creditizia nell Odierno Contesto Instituzionale Moneta e Credito," *Banca National del Lavoro*, December 1982.

Can 'It' Happen Again ? (Armonk, New York : M. E. Sharpe, Inc.) 1982 〔本

書〕.〔イギリスではこれと同じ内容の論文集が次のタイトルで出版されている.〕 *Inflation, Recession and Economic Policy* (Brighton, Sussex : Wheatsheaf Books, Ltd., A Member of the Harvestor Group), 1982.
"Pitfalls Due to Financial Fragility," in *Reaganomics in the Stagflation Economy*, edited by Sidney Weintraub and Marvin Goodstein (Philadelphia : University of Pennsylvania Press), 1983.
"The Legacy of Keynes," *Metroeconomica*, vol. XXXV, Febbraio-Giugno 1983.
"Review of Wallace C. Peterson : Our Overloaded Economy," *Journal of Economic Issues*, vol. XVII, no. 1, March 1983.
"Notes On Effective Demand," in *Distribution, Effective Demand and International Economic Relations*, edited by Jan Kregel (London and Basingstoke : Macmillan Press, Ltd.), 1983.
"Institutional Roots of American Inflation," in *Inflation Through the Ages : Economic, Social, Psychological and Historical Aspects*, edited by Nathan Schmakler and Edward Marcus, Social Science Monographs (Brooklyn College Press, Distributed by Columbia University Press), 1983.
"Domestic Monetary Policy : If not Monetarism, What ?" *Journal of Economic Issues*, vol. XVIII, no. 1, March 1984. Reprinted in *An Institutional Guide to Economics and Public Policy*, edited by Marc Tool (New York : M. E. Sharpe), 1984 (Co-authored with Steve Fazzari).
"Frank Hahn's Money and Inflation : A Review Article," *Journal of Post-Keynesian Economics*, vol. VI, no. 3, Spring 1984.
"Prices, Employment and Profits," *Journal of Post-Keynesian Economics*, vol. VI, no. 4, Summer 1984 (Co-authored with Piero Ferri).
"Financial Innovations and Financial Instability : Observations and Theory," in The Federal Reserve Bank of St. Louis, *Financial Innovations : Thier Impact on Monetary Policy and Financial Markets* (Boston : Kluwer Nighoff Publishing Co.), 1984.
"The International Ponzi Scheme," *The Boston Globe*, July 5, 1984.
"Banking and Industry Between the Two Wars : The United States," *The Journal of European Economics History*, vol. 13, no. 2, Fall 1984 (Special Issue).
"The Potential for Financial Crises," in *The Future of the International Monetary System*, edited by Tamir Agmon, Robert G. Hawkins and Richard M. Levich (Lexington, Massachusetts : Lexington Books), 1984.

"La Structure Financière : Endettement et Credit," in *Keynes aujourd'hui : Theories et Politiques,* edited by Alain Barrere (Paris : Economica), 1985.

"Money and the Lender of Last Resort," *Challenge,* vol. 28, no. 1, March/April 1985.

"Beginnings," *Banca Nazionale del Lavoro, Quarterly Review,* September 1985 〔これはミンスキー氏の「経済学事始め」とでも言うべき, 回想的随筆である〕.

"The Legacy of Keynes," *The Journal of Economic Education,* vol. 16, no. 1, Winter 1985.

Stabilizing an Unstable Economy (New Haven, Connecticut : Yale University Press), 1986.

人名索引

ア行

アイクナー, A.(Eichner) xi
アクリー, H. G.(Ackley) 193n, 297
アブラモビッツ, M.(Abramowitz) 370
アロー, K.(Arrow) 115n, 141n, 156n, 194n, 305
イェーツ, W. S.(Yeats) 141n
ウイッテ, J. G.(Witte), Jr. 204n, 295
エダーリントン, L.(Ederington) 300n, 324n

カ行

カウフマン, J. J.(Kaufman) 400n
ガルバン, G.(Garvin) 242n
ガルブレース, J. K.(Galbraith) 194n
ガーレイ, J. G.(Gurley) 241n, 256n, 257n, 260n, 345n, 403n
カレツキー, M.(Kalecki) 12, 66n, 69n, 129, 129n, 130, 132n, 158, 287
クズネッツ, S.(Kuznetz) 12
グッドウィン, R. M.(Goodwin) 338, 339, 345n
クラウアー, R. W.(Clower) 147n, 204n, 295, 397n
クリーゲル, J.(Kregel) 125n, 143n, 147n
クリハラ, K. K.(Kurihara) 369
ケインズ, J. M.(Keynes) 12, 48n, 95n, 99n, 100n, 124n, 143n, 149n, 194n, 201, 296, 297, 305
ケーガン, P.(Cagan) 398

サ行

サベージ, L. J.(Savage) 313
サミュエルソン, P. A.(Samuelson) 371, 373, 379
シェル, K.(Shell) 295n
シドラウスキー, M.(Sidrausky) 295
シモンズ, H.(Simons) xi, 113, 113n, 114, 116, 118, 136, 137, 150, 261n, 268n, 394, 394n
シャックル, G. L. S.(Shackle) 96n, 397n
シュトルツ, M. P.(Stoltz) 335n
シュル, B.(Shull) xi, 175n
シュワルツ, A. J.(Schwartz) 175n, 176n, 370, 394, 404
シュンペーター, J.(Schumpeter) xi
ショー, E. S.(Shaw) 24n, 256n, 257n, 260n, 345n, 403n
ジョルゲンソン, D. W.(Jorgenson) 295, 321n
スゼーゴ, G.(Szegö) 295n
スミス, W. L.(Smith) 240n
ゼルツァー, L. H.(Seltzer) 175n

タ行

タウンゼント, M. I.(Townsend) xi, 175n, 393n
ダグラス, P.(Douglas) 150
ダビッドソン, P.(Davidson) 143n
ターベイ, R.(Turvey) 297, 316, 398n, 405n
チック, V.(Chick) 143n
ツィアン, S. C.(Tsiang) 335n
ディラード, D.(Dillard) 99n, 124, 128
デ・パオラ, R.(de Paola) 242n
デューゼンベリー, J.S.(Duesenberry) 297, 398n

トービン, J.(Tobin)　　199n, 297, 317, 321n, 370, 398n, 404n, 405n
ドーマー, E. D.(Domar)　362n, 372, 373, 376, 377

ナ行

ナドラー, P.(Nadler)　242n

ハ行

バイナー, J.(Viner)　95, 95n, 96n, 97, 110, 143, 145, 150, 193n, 194n, 272n, 298, 298n, 397, 397n
ハーコート, G. C.(Harcourt)　144n
パティンキン, D.(Patinkin)　95, 143, 397n
ハロッド, R. F.(Harrod)　362n, 372, 373, 377
ハーン, F. H.(Hahn)　115n, 141n, 156n
バーンズ, A.(Burns)　284
ハンセン, A.(Hansen)　96, 143, 371, 372, 373, 376, 379
ビショップ, C. W.(Bischoff)　298n, 301, 303, 304, 317
ヒックス, J. R.(Hicks)　71n, 96, 99n, 125, 125n, 143, 193n, 295, 297, 335n, 338, 339, 397, 397n
フィッシャー, I.(Fisher)　74, 100, 297, 330
フォーリー, D.(Foley)　295
フーバー, H.(Hoover)　150
フリードマン, M.(Friedman)　144, 175n, 176n, 206n, 313, 370, 394, 394n, 404
ブルンナー, K.(Brunner)　393n

ブレイナード, W. C.(Brainard)　297, 317, 405n
ブレナン, M. J.(Brennan)　369n
ヘラー, W.(Heller)　242n
ホーベルモ, T.(Haavelmo)　295
ボーモル, W. J.(Baumol)　337n
ポンツィ, C.(Ponzi)　108n

マ行

マーゴリス, J.(Margolis)　239n, 335n
マーシャル, A.(Marshall)　48n
マランボー, E.(Malinvaud)　148n, 149, 156n
ミラー, R.(Miller)　239n, 335n
ミンスキー, H. P.(Minsky)　179n, 214n, 226n, 265n, 275n, 370, 398n, 404n
ミンツ, L. W.(Mints)　261n
ムース, I.(Musu)　147n
モジリアーニ, F.(Modigliani)　143

ラ行

ラーナー, A. P.(Lerner)　295
ランゲ, O.(Lange)　xi
リター, L.(Ritter)　393n
レイヨンフーヴッド, A.(Leijonhufvud)　147n, 297, 397n
ローザ, R.(Roosa)　239n, 274
ロッタ, C. M.(Lotta)　400n
ロビンソン, J.(Robinson)　143n, 298n
ローワン, R. C. D.(Rowan)　393n

ワ行

ワイントラウプ, S.(Weintraub)　143n

事項索引

ア行

IS-LM マクロ経済モデル　99n, 295
アベイラビリティ理論　274
安全資産と危険資産　310-1, 314
安全の余地　40, 50, 61, 67, 82, 86, 105, 117, 118, 128, 234

イギリス　400n
イタリア　400n
一括償還方式　57
移転支出　68, 70, 75, 103, 134
　——が利潤の大きさに及ぼす効果　13
　——の改革案　292
　——の1929-79年期間における推移　80, 285
イリノイ州(Illinois)　244n
イングランド銀行(Bank of England)　259
インフレーション
　——と雇用　5
　——と政府の赤字　91, 93
　——と中央銀行の引締め政策　5, 122-3, 253-7, 260
　——と負債-自己資本比率　356
　——に対する政策のあり方　365-6
　——の負債有効化機能　140, 171
　——は金融恐慌の代替肢　101, 109
　——は不況拡大の代替肢　3-5, 134
　——を引き起こす諸条件　130, 134, 171-2
　循環的成長モデルにおける——　385-7, 388
　1970年代以後のインフレの浸透　281-2, 284
　第二次大戦後のインフレ抑止　3-4
　ポンツィ金融と——　55

ウォール街　98, 101, 105, 156, 157, 269

大きな政府
　経済安定化装置としての——　7-8, 18-9, 23, 32-3, 74-6, 91, 103-4, 286, 287-8, 292

カ行

介入資本主義　2
外部金融　73, 83, 119, 127, 131, 132, 133, 152, 158, 163, 324
外部資金　323, 324, 328
外部資産　200, 201, 227, 404, 405
　——の定義　198
開放経済　73-6
価格
　『一般理論』が関心を向けた諸——　97
　——に及ぼす金融革新の効果　8-9, 105, 106, 118-9, 132
　——に対する不確実性の効果　99
　金融的不安定性仮説における——と利潤　142
　資本資産——と産出物——　223-4
　（資本資産価格も見よ）
確実性等価所得　305
家計
　——における負債有効化の条件　64
　——の財務構造　57-61, 86-7
　——の負債-所得比率　24-32
掛け繋ぎ金融

家計負債の—— 60
——としての逐次償還契約 57
——と投機的金融およびポンツィ金融 46-63
——と利子率 56
——の定義 46, 106, 161
事業法人の—— 50-2
貸し手リスク 7, 70, 131, 166, 183
過剰準備 352, 359
加速度原理 301, 302, 303, 335, 373
加速度原理 - 所得乗数モデル 176, 335-68, 371, 372, 379
カーター政権 290
合衆国議会(Congress) 15, 81, 268, 406
ガーニーズ(Gurneys) 246n
株式会社
——の資本資産所有 114n
——の負債 - 所得比率 31-2
——の有利性 42
株式金融 325, 343
株式市場
——と政策提案 259n
ケインズ投資理論における—— 315-7
1929年の市場崩壊と1962年の株価低落の比較 21, 29-33
ブーム経済下における—— 186-7
貨幣
——が経済に及ぼす効果 393, 402-3
——が内生的に進化発展する性質 113-4
——数量説 144, 328
——数量説対流動性選好説 341n
——の金融的不安定性仮説における役割 156-7
——のケインズ投資理論における役割 309-15
——の創造 13, 39
ブーム経済における—— 187
(貨幣供給, 貨幣流通速度も見よ)
貨幣供給
加速度原理モデルにおける—— 335-68

——と資産価格 309-15, 405
——と政府の負債 7-8
——と利子率 124
——に及ぼす中央銀行政策の効果 253-7
——に及ぼす不確実性の効果 200
——量の逼迫 211-8
(金融の逼迫も見よ)
マネタリスト理論における—— 283
貨幣市場 120-1
大口——と小口——の利子率格差 268-9
——と資産の市場性 306
——とポジション形成 396n
——の変化と中央銀行政策 239-61
ケインズ投資理論における—— 299-300
貨幣システム
——と成長モデル 335-68
二段構成の—— 121
貨幣性 310
貨幣流通速度 216, 313, 328
加速度原理モデルにおける—— 335-68
——と利子率 254-5, 255n
——の1922-62年期間のトレンド 24-32
——の連邦準備制約に対する反応 122
バイナーの『一般理論』解釈における—— 95
借替え金融
(再金融を見よ)
借り手リスク 7, 70, 131, 183, 354
ガルバン・バンテル会社(Garvin, Bantel and Company) 242, 244, 245, 246
完全雇用
——と金融システムの安定領域 221
——と政府の負債 24
——を達成する政策 172-3
企業負債
——と消費者の負債 152
——と所得との関係 104-5

索　引

──の有効化　63-77, 128
金融的不安定性仮説における──　102
危険回避者と愛好者　313, 314
危険選好(回避)度　305, 326
危険選好体系　313-5, 401-3
擬似ポンツィ金融　169
技術変化(進歩)　371, 376, 387-90
期待効用仮説　305
キャッシュフロー
　　──と金融的不安定性　179, 183-93
　　──の三つの役割　9
　　──・モデル　301, 303, 304
　　ブーム経済における──　187
究極的流動資産　26, 29, 30, 32, 33
　　──の定義　30
銀行組織
　　加速度原理モデルにおける──　341, 357
　　──と連邦資金市場　241-6
　　(商業銀行, 中央銀行制度も見よ)
銀行引受手形　90
均衡理論　104n, 397n
「銀行理論」　188, 222-6
近似貨幣　214
均斉成長　312
金融
　　──と資産価格・投資の関係　8-9, 124-8
　　──と不安定性　38-41
　　──の重要性　41-6
　　三つのタイプの──(掛け繋ぎ──・投機的──・ポンツィ──)　46-63
金融会社　85, 307
金融革新　327
　　大口 CD に対する反応としての──　269
　　──が価格に及ぼす効果　8-9, 105-6, 118-9, 132
　　──が中央銀行政策に及ぼす問題　394n
　　──の時間ラグを伴う効果　399-400

──の代表的存在 MMF(短期金融市場資産投資信託)　120-1, 239-61
資本主義経済に特徴的な──　105, 395n
金融機関
　　──行動の基本的特性　272
　　──と中央銀行政策　406-7
　　──に関するシモンズ(H. Simons)の提案　113-4
　　──の財務構造　40, 42
　　──の1980年の状況　281-2
　　──の大恐慌以後の改革　23
　　ケインズ理論における──　98
　　ブーム経済下の──行動　184-5
　　(商業銀行, 貯蓄金融機関も見よ)
金融恐慌
　　──が危険選好に及ぼす効果　402
　　──と金融的不安定性仮説　110
　　──に対するシカゴ学派の見解とケインズ的見解　393-8
　　──に対する免疫性　282
　　──の決定要因　165
　　──の原因　176, 188, 258-9
　　──の持続性と頻度　176
　　──の説明に失敗した標準理論　141
　　1966-76 年期における──　101
金融市場
　　──とキャッシュフローの問題　188
　　──とケインズ投資理論　299-300
　　──と連邦準備政策のガイドライン　265-71
　　──に存在する不確実性の操作　271-7
金融システム
　　──の安定領域　176, 179-80, 218-22, 228, 231
　　──の崩壊　130
　　──の60年代における進化発展　265-71
　　「良き」──　111, 268n, 394, 394n
金融政策
　　──が金融諸機関および貨幣諸市場に及ぼす影響　239-41

——と貯蓄金融機関 407-9
——と民間部門の資産管理 393-409
——に対する近年の制度変化の含意 253-7
——の近年の有効性 406-9
——の選択肢 14-8
金融政策権限
——の新しい行使様式 263-80
金融制度
——の法制上の変化と進化発展的変化 239-40
金融仲介機関 222, 257n, 341
——とコマーシャル・ペーパー市場 269-70
——と資本資産価格 312-3
——と優遇資産 202-3
——に対する利子率上昇の効果 186
——の大口 CD に対する反応 268-9
——の現金源泉 189
金融的安定性
——と連邦政府の役割 24, 32-3, 14-9
——の領域 179-80
金融的緊急救済 110
金融的重層化 188, 226, 328, 329
——が資産価格に及ぼす効果 312-3, 331
——と安定性領域 221
——と支払いのための現金需要 224
——の戦後の進展 4
金融的相互連関 x, 6, 9, 36-7, 39, 41, 48, 55, 57, 58, 115, 118, 131, 139, 142, 155, 177, 191, 226, 289
金融的投資理論 146, 297, 304
金融的不安定性 175-237
——とキャッシュフロー 188-93
——と金融の逼迫 234
——と経済的多幸症 181-8
——と所得の決定 193-210
——と政府の反応 23, 10-1, 14-9
——の根因 188-93
——の二つの側面 56

——を説明しえなかった標準理論 2-3, 141
経済的安定性に由来する—— 154
個体の——と金融システム全体の不安定性 230-2
金融的不安定性仮説 95-111, 139-73
——と有効需要理論 147-55
——の淵源 96
——の経済理論における位置づけ 143-6
——の政策的含意 111, 142, 170-3
——は標準理論の代替理論 141
金融的偏向度 227
金融の非仲介化 408
金融引締め
——の諸効果 122-3, 239-41
ブーム経済下における—— 179, 211-8
金融逼迫 179, 211-8
——と金融資金のより効率的な活用 240n
——と制度の枠組み 254, 255
——の効果 234
——の定義 211n
金融ベール 43, 99, 116
金融理論
——と資産管理 398
——の課題 403
——の基本問題 393
ケインズの——対新古典派—— 38-9, 64-5, 97, 99-100, 115-6, 143-5, 194n
クレジット・クランチ (1966 年) 282, 330
——が資産価格に及ぼした効果 315
——が貯蓄金融機関に及ぼした効果 408-9
——と預金保険の役割 178n
——に対する中央銀行の反応 4, 7, 101, 135, 232-3, 232n, 265-80, 290
——の余波 4-5, 7, 101, 141-2, 232n, 398

索　引

クローズド・エンド型投資信託　191
軍事支出　16, 18

景気後退
　——は管理政策の選択肢　10-8
　1966年以降の——　5
　（負債デフレーション過程，不況も見よ）
景気後退（1974-75）
　——と短期金融市場資産投資信託
　　（MMF）　120
　——と中央銀行の対応　101, 130-1, 133,
　　135, 136, 169, 284
　——の原因　101, 106-7
　——のときの不動産投資信託（REITs）
　　の失敗　162, 288, 290
　1929-33年期間との比較　79-81, 287-8
景気循環
　金融的不安定性仮説における——　142,
　　146
　——とケインズ理論　100, 149, 297
　——と資産価格　314
　——と成長モデル　335-68, 369-92
　——に関する60年代半ばの見解　5, 11,
　　36-7, 181
　——の60年代後半以降の特性　7, 11, 36
　　-7
　投資行動を核とする——理論　146, 297
経済学
　——の三つの危機　140
経済成長
　——とその帰結　176
　——の金融源泉　25
　——のモデル　335-68, 369-92
経済理論
　——における金融的不安定性仮説の位置
　　づけ　143-6
　——の危機　140-1
　（ケインズ理論，新古典派理論も見よ）
ケインズ（Keynes）
　——のバイナー（Viner）に対する反論
　　95‐100, 110, 143, 145, 193n, 194n,

　　272n, 298, 298n, 397, 397n
　（ケインズ『一般理論』も見よ）
　——の重要性　116, 147-50
　ヒックス（Hicks）の——解釈　96, 99n,
　　125, 143, 193n, 296, 397, 397n
　（ケインズ『一般理論』，ケインズ理論も
　　見よ）
ケインズ『一般理論』
　——以前の拡張的財政政策　150
　——が説く恐慌と確信との関係　402n
　——とウォール・ストリート・パラダイ
　　ム　98
　——と金融的不安定性仮説　96, 110, 156
　——と景気循環　100, 149
　——と資本資産価格　145
　——と資本主義的金融の特性　395n,
　　397
　——とシモンズ論文「ルールと権威」
　　（1936）　137
　——と投資理論　295, 315
　——と利子率　124, 298
　——と流動性選好理論　124
　——とルーズベルト政権下の改革　292
　——に対するバイナーの批評　95, 143
　（ケインズのバイナーに対する反論も
　　見よ）
　——のポスト・ケインジアン解釈　143
　（ケインズ理論も見よ）
ケインズ理論
　ケインズ投資理論　295-333
　——対新古典派理論　38-9, 95-6, 109,
　　143-4, 193
　——と銀行家（ウォール・ストリート）の
　　視点　98, 156-7
　——と金融的不安定性仮説　95-100, 104
　　-5, 109-11
　——と金融理論的性格　114-6
　——と再建すべき資産管理モデル　403-
　　6
　——と資本資産価格　97-9, 125, 143,
　　144, 145

──と資本主義経済の本来的不安定性　395
──と賃金硬直性の仮定　192n
──と投資の社会化　137
──と流動性の罠の効果　345-6, 349-50, 352n, 356-7
──における雇用と投資　128
──における不確実性の役割　143, 177, 193-4, 201-2, 237
──による大恐慌の説明　38
──の完全雇用と実質的均衡　153-5
──の重要性　148-51
──の総需要概念　12, 151, 371, 375
──の不均衡解釈　147-8
──のポスト・ケインジアン解釈　143-6, 143n
──の流動性選好理論　124-5, 143-4, 198-9, 341n
──の連邦準備政策に対する含意　237
戦後期における──の応用　292
ケインズ論文「雇用の一般理論」(1937)
──と貨幣の役割　194, 201-2
──と危険回避増大の帰結　401-2
──と投資理論　295
──における不確実性の役割　195, 201-2, 272n
──の重要性　96n
（ケインズのバイナーに対する反論も見よ）
現金
──の必要性　224-6
──を得る源泉　189-93
現金管理　279
現在価値の逆転　106, 162, 165, 170
原子力発電産業　293
建設業　67, 151
ケンブリッジ論争　65n, 144n

国債
──と貨幣供給量　7-8
──と国債市場　246-53

──と財務構造　61
──とその有効化の条件　64
──の「ストック」効果と「フロー」効果　311n
──の名目価値　198
国家復興法（National Recovery Act）　293
固定価格財と変動価格財　71
コマーシャル・ペーパー市場（CP）　51, 85, 101, 265, 269-70, 288, 327
　金融革新としての──　106, 121
　──に対する連邦準備銀行の介入（1969-70年の期間）　284, 290
雇用
──と政府の赤字　75-7
──と総需要　148
──と利潤　70-1
──の均衡水準　153-4
（完全雇用，失業も見よ）
混合形態の資産
──の定義　404

サ行

再金融（あるいは借替え金融）　4, 7, 61, 78, 104, 107, 114, 118, 119, 121, 131, 162, 165, 168, 215, 229, 236, 289, 290, 396
　金融的逼迫状態下での──　213
　現金源泉としての──　190, 191-2
　──が可能なための条件　306-8
　──と「銀行理論」　222-6
　──と投機的金融　56
　──のための必要利潤額　63-4, 102
　（条件の緩い）譲歩的な──　11
　投資ブーム期における──　9-10
債券
　（社債市場，政府証券ディーラーを見よ）
最後の貸し手
　（連邦準備制度を見よ）
財務構造　136, 155, 156, 212, 219, 221, 230
　企業の──を表す諸変数　48-9
　金融的不安定性仮説における──　142

索引

――と経済的安定性 55
――と不確実性 45
――に関する改革案の提示 283-4
――の1950-75年期間における変化 81-90
――の三つの型 161-2
――の有効化 63-77
　新古典派総合における――の扱い 39
財務省証券 51, 246-53

シカゴ学派 95, 113, 394, 403
シカゴ大学
　（シカゴ学派を見よ）
シカゴの銀行 244
時間 157
　ケインズ投資理論における―― 99, 143
　――と利潤 159-60
　新古典派理論における―― 2-3
　歴史的時間 2, 129, 131, 143, 148, 159, 160
　（不確実性も見よ）
自己売買業者 228, 233
市債 274, 277, 290
資産
　貸倒れの危険のない――と優遇―― 202
　（内部資産，外部資産も見よ）
資産価格
　危険選好態度の変化が――に及ぼす効果 402-3
　ケインズ投資理論における―― 295-333
　――低下の原因 223
　――と金融革新 8-9, 105-6
　――と流通市場 228-9
　不確実性が――に及ぼす効果 193-207
　（資本資産価格も見よ）
資産管理と金融政策 393-409
失業
　ケインズ理論における―― 148-9
　――とインフレーション 5

――と家計の負債 58
――と政府の赤字 91-2, 75n
（雇用も見よ）
シティー 98, 156, 157
児童手当 293
支払能力（または支払不能） 50, 56, 231, 258, 267, 268, 407
　――と「銀行理論」 222-4
資本コスト 317
資本資産価格 164
　ケインズ理論および標準理論における
　　―― 295-7, 299-300, 304-9
　――と金融 41-3, 116-20
　――の決定要因 143, 145
　ブーム経済下での―― 183-4
資本市場 299
資本集約的産業 293
資本主義経済
　――での資産評価 308-9
　――と株式市場価格 315-7
　――と貨幣供給 309-15, 405
　――と金融の構造 39
　――と支払い契約 119
　――と資本所得の必要性 128
　――とその金融過程 113-37
　――と投資財需要 8, 123, 323-31
　――における産出物価値 65
　――における利潤の役割 11-3, 285-7
　――に存在する二種類の価格 145-6, 156
　――に対する無理解 294
　――の安定性領域 221
　――の説明に失敗した標準理論 139, 141-2
　――の小さな政府と大きな政府 170-1
　――の本来的不安定性 2, 8, 105, 123, 177-8, 393-4, 403
　――を特徴づける最小限の金融的属性 395n
シモンズの論文「ルール対権威」(1936) 113n, 137, 261n, 268n, 394

社会保障法（Social Security Act） 293
自由準備 243
住宅産業 186, 406
準地代 48n, 117, 119, 125, 131, 145, 164, 209, 302, 314, 318, 319, 320
商業銀行 307, 351
　加速度原理モデルにおける―― 340-1
　――と債務者預金の慣行 269
　――と政府証券ディーラー 247, 249, 251-3, 253n, 258n
　――と貯蓄金融機関との競争 268, 408-9
　――と連邦資金市場 243-6
　――に対する望ましい中央銀行政策 217-8
　――のオフショア支店活動 284-5
　――の1950-79年の期間における財務構造の変化 87-90
　――の不確実性に対する反応 220
証券価格モデル 301
使用者費用 305, 307, 318, 319, 320, 321
譲渡可能定期預金（NCD） 88, 89, 101, 216, 274, 277, 327, 399
　――が商業銀行に対してもつ含意 278
　――と金融構造 265-71
　――と金融的拡張 106, 121
　――と1966年の連邦準備銀行の行動 284, 290
　――の当初の成長 399
消費財
　――生産の金融 119
　――と利潤の決定要因 12, 65-6, 71, 102
消費者
　――の現金源泉 189
　――の負債‐所得比率 31-2
消費者の負債
　――と家計の財務構造 57-61
　――と企業負債 153
消費需要
　景気循環モデルにおける―― 385-7
　――と投資需要 151-3

所得
　現金源泉としての―― 189
　――と貨幣需要 399n
　――と金融的不安定性 193-210
　――と財務構造の有効化 63-71
　――と循環的成長モデル 335-68, 369-92
　――と政府の介入の効果 109
　負債デフレーション過程における―― 24-9
所得支払い 224, 230
　――の定義 224n
「新規蒔き直し（New Deal）」 x, 1, 78
新古典派理論
　――対ケインズ理論 38-9, 95-6, 109-10, 143-6, 193-4
　――対ポスト・ケインジアン経済学 143-6
　――と金融的不安定性仮説 38-9, 95-100, 109-11
　――による利潤の説明 64-5, 157-8
　――の均衡問題 104n, 125n, 140-1
　――の主要命題 2
　――の村の定期市パラダイム 98
　不安定性を説明しえない―― 2-3, 109-10, 116, 141

スウェーデン学派 343
スタグフレーション 135, 282, 292, 293
　――と金融的不安定性仮説 142
　――と不況 37, 92
　――の原因 134, 136, 140, 171, 172
スムート＝ホートレイ関税 77n

制度経済学 398
政府証券ディーラー 241, 246-53
政府の赤字
　――が投資決定に及ぼす効果 171
　――が利潤に及ぼす効果 11-4, 68, 72-3, 80-1, 103-4, 133-4, 288
　――とインフレーション 91, 92-3, 108-

索　引　　457

9
　——と経済システムのビヘイビアー　226-8
　——と政策手段の選択肢　14-8
　——の望ましさ　367-8
　1973-75年の景気後退期における——　80-1
　貯蓄を吸収するものとしての——　226-7
石油産出機構（OPEC）の価格カルテル　285
節倹　210

相互貯蓄銀行（Mutual Savings Bank）（貯蓄金融機関を見よ）
総需要
　ケインズ理論における——　151, 369
　循環的成長モデルの——　379-80
　1929-79年期間における——構成の変化　285-6
　——の決定要因　147-55
　——の自律的成長条件　25
　大戦前と大戦後の——　78-81
粗国民所得
　1919-79年の期間における——　80, 285
租税
　——改革の提案　293
　——と負債の有効化　64
　賃金に対する課税と利潤に対する課税　68-9

タ行

大恐慌
　——以前における確信の存在　264n
　——以前の合衆国経済　74
　——が危険選好態度に及ぼした効果　402
　——が経済理論に及ぼした影響　150
　——が需要に及ぼした効果　77-81
　——から結果した根本的変化　23, 175-6, 178

　——と金融システムの崩壊　130, 133-4
　——とスムート＝ホートレイ関税　77n
　——と不適切な対応　15, 154, 168
　——とルーズベルト政策の基礎　292
　——のケインズ的説明とマネタリストの説明　38-9
　——の場合と比べた1962年の株式市場崩壊　21, 23, 29-32
　——の場合と比較した1960-61年の市場諸条件　175n
　——の場合と比較した1979年の市場諸条件　285-8
　——のユニーク性　35
　——を説明できなかった標準理論　297
大僥倖　162, 165, 313, 314, 401
貸借対照表支払い　224, 230
　——の定義　225n
大統領経済諮問委員会（Council of Economic Advisors）　22
第二次世界大戦
　戦前と戦後の比較　x, 1, 3-4, 7-8, 77-81, 100-1, 135-6, 282
　（第二次大戦の戦後期も見よ）
第二次大戦の戦後期
　——における家計負債金融の増大　60
　——におけるケインズ理論の適用　292
　——の静穏な時期と混乱の時期の比較　35-6, 283-4, 293-4
多幸症的期待　396
短期期待の状態　145, 146, 151, 153
単店銀行制度　244, 268

逐次償還方式　57, 267, 407
中央銀行制度　232-7, 239-61, 331
　——が経済に与える効果　130-1
　——とあるべき中央銀行政策　14-9, 259-61
　——と金融政策上の問題　216-8
　——と権限の新しい行使様式　263-80
　——と流通市場　228-9, 236
　——の分権化がもつ問題　23, 232-3,

268, 406
（連邦準備制度も見よ）
中央銀行割引業務
　——の機能　236-7
超過準備　243, 245, 246
長期期待の状態　126, 143, 145, 146, 152-5, 159, 160, 162, 168
貯蓄貸付組合（Savings and Loan Society）（貯蓄金融機関を見よ）
貯蓄金融機関　186, 214, 406
　——と金融引締め　407-9
　——と譲渡可能定期預金証書（NCD）の問題　265-9
　——に対する利子率上昇の効果　407-8
賃金
　——と家計の金融　57, 60
　——と消費財産出　65-6
　——と投資財コスト　319, 321
　——と負債の有効化　64
　——に対する課税問題　68-9

抵当証券（モーゲイジ）
　——と金融政策上の問題点　266-8, 271, 407-9
　——と住宅価格の上昇期待　220
　——に対する保険の制度　23
　——のキャッシュフロー　189, 291
鉄道産業　293

投機的金融
　企業の——　52, 54
　政府赤字支出の——　61
　——と掛け繋ぎ金融およびポンツィ金融　46-63
　——と利子率　163
　——の脆弱性　107
　——の定義　46, 106, 161
　——への移行　163n
投機的要因と生産力　206, 209, 210, 301, 302, 303, 309, 333
倒産　17

貯蓄金融機関の——　407-9
　——の機能　320
投資
　加速度原理モデルにおける——　335-68
　ケインズ——理論　295-333
　1929年の——と1979年の——の比較　285-8
　1962-66年期間における——　181n
　1963-66年のブーム期における——　181-2
　——財の供給　317-22
　——と資産価格および金融との関係　8, 124-8
　——と資本資産の価格　323-31
　——と内部金融資金のフロー　322-3
　——とポジション形成活動　272-3
　——と利潤　65-70, 72, 90-2, 128-34, 286-7
　——の社会化　137
　——の生産効率性　373
　——変動の理由　160-70
　——率と経済のビヘイビアー　104
投資需要
　——と消費需要　151-2
　——と利子率　164-5

ナ行

内部金融　126, 131, 132, 299, 324
内部資金　322, 323, 324, 328, 333
内部資産　200, 201, 227, 229, 404, 405
　——の定義　198

日本　76, 77n, 400n
ニューヨーク市　106
ニューヨーク市銀行　242, 243n, 244

ハ行

ハント・ベーチェ（Hunt/Bache）の銀投機危機　7, 17, 36, 55, 55n, 59
反トラスト政策　293

索　引

非金融事業法人
　——と政府証券ディーラー　246-53
　——の掛け繋ぎ金融　50-2
　——の現金源泉　188-9
　——の財務構造の変化　82-6
　——の財務構造を表す諸変数　48-9
　——の投機的金融　52-4
　——の負債‐所得比率　31-2
　——のポンツィ金融　54-7
ピグー効果　336n, 348n
ピグー流通速度　30, 31, 32
ヒックスの論文「ケインズと古典派」(1937)　397, 397n

不安定性
　(金融的不安定性を見よ)
フィリップス曲線　140
フォード政権　291
不確実性　97, 125, 145, 182, 193, 304, 397
　中央銀行政策による——の操作　263, 264, 271-7
　——と確信の程度　195-204
　——と金融システム　177-8
　——と金融の構造　45
　——と資産管理　398-406
　——と資本主義経済　104, 128-9
　——と投資需要　152
　——によって影響を受ける金融的諸変数　99
　——の政策上の含意　237, 271-7
　ポスト・ケインジアン理論における——　143
不況
　——に対する免疫性　282
　——の原因　123, 130-1, 258-9
　——の予想が逓減することの効果　186
　——を阻止するための諸条件　140
　マイルドな——と深刻な——　175n
　(大恐慌, 負債デフレーション過程も見よ)
負債

　——の資本主義経済における役割　114-5
　——の有効化　63-77
負債管理　90
負債金融　15, 76, 109, 127, 131, 153, 186, 286, 329, 333, 343
負債構造　8, 137, 145, 154, 161, 167, 172, 173, 182, 184, 187, 211, 215, 275, 286, 298, 304, 306, 308, 315, 320, 331, 332, 391, 396
　——の有効化　119, 158
負債‐所得比率　24-32
負債デフレーション過程　x, 100, 139, 149, 166, 169, 171, 291, 292, 330, 331
　1929-33年の期間の条件と1962年のそれとの比較　21-2
　——と金融引締め　122-3
　——と連邦準備の介入　108-9, 283-4
　——の回避とインフレーション　7, 92-3
　——の内生的性質　330, 331
　——を制約する諸条件　14-5, 133-5
　——を引き起こす原因　24-9, 130-1, 135
不動産投資信託(REITs)　55, 105, 106, 108n, 121, 162, 288, 290
部分準備制度　200, 341, 357
ブーム経済(多幸症的経済)　178, 181-8, 212, 221, 303
　——と金融市場の逼迫　211-8
　——と労働市場　203n
　——のキャッシュフロー効果　226
　——の諸特性　179
フランクリン・ナショナル銀行(Franklin National Bank)　7, 15, 101, 284, 288, 290

閉鎖経済　72, 145
ベトナム戦争　4, 7, 235, 278
ベンサム流の確率計算　305
ペン・セントラル鉄道(Pen Central Railroad)　7, 101, 307

ポジション形成(と維持)　228, 252, 271-7,

313, 328, 329, 396-7, 408
ポスト・ケインジアン経済学 143, 143n, 146
ポートフォリオ構成
　ブーム経済における―― 184-5
　――と貨幣流通速度 25
　――と雇用率 24
　(財務構造も見よ)
ポートフォリオ支払い 224, 226, 230
　――の定義 225n
ポートフォリオ変換(転換) 185, 215, 216, 221, 276, 278, 396
ポンツィ金融 9
　家計負債の―― 58
　企業の―― 54-5
　政府赤字支出の―― 61
　――という用語の由来 108n, 155n
　――と掛け繋ぎ金融および投機的金融 46-63
　――と金融的不安定性 108
　――と投資の急減 155
　――の定義 47, 108, 162
　利子率変化に影響されやすい―― 163

マ行

マネタリスト理論 281, 331-2
　――対ケインズ理論 38-9
　――と連邦準備制度の機能 283
　――による大恐慌の説明 38-9
　――の限界 282-3
　――の諸仮定 124
　(新古典派理論，貨幣理論も見よ)

民間部門資産管理 393-409
ミンスキー＝ボーネン(Minsky-Bonen)の実験 190n

ヤ行

優遇資産 88, 92, 193, 199, 202, 203, 220, 229, 230, 332

要求払い預金
　――に対する付利の提案 253, 253n
　――の経済における役割 43-4
預金保険 121, 228, 232, 279
　――が資産のタイプを変化させる効果 404
　――と優れた金融の枠組み 394
　――と大恐慌後の金融制度改革 23
　――の効力 219-20, 409
　――の存在と実証分析上の問題 178
欲求の二重一致 98

ラ行

利子の資本化 9-10
利潤 35-93
　貨幣的経済理論における―― 115
　金融的不安定性仮説における―― 142, 158-9
　――とその経済的含意 91
　――と負債の有効化 63-77
　――の決定要因 102-3, 128-34, 158-9
　――の資本主義経済における役割 11-4, 286-7
利子率
　価格および所得流列計算における―― 405n
　循環的成長モデルにおける―― 375
　第二次大戦後の――釘付け廃止 273-4
　ブーム経済における―― 9-10, 185-6
　預金――と抵当証券―― 407-8
　――と掛け繋ぎ金融 50-1, 56
　――と加速度的に拡大する投資 393-8
　――と貨幣供給量 124
　――と貨幣市場の変化 240, 253-7
　――と貨幣・所得の関係 400
　――と国債のオペレーション 247-9
　――と財務構造 56, 107-8, 163
　――と資本資産価格 164-6
　――と貯蓄金融機関の問題 266-7, 278
　――と投資理論 295, 298
　――とポンツィ金融 9-10, 55, 56, 61

索 引

――と割引率 276
――に対する政策的配慮 366-8
流通市場 228-9, 236-7, 309, 310, 332
流動化 190, 191-2, 215
流動性
　大手非金融事業会社の―― 249-50
　究極的――の相対的水準 29
　――と「銀行理論」 222-4
　――と金融革新 256-8, 260
　――と負債デフレーション過程 26-7, 33
　――と連邦準備政策 6, 11, 278
　――に対する大恐慌後の態度 3
　――の下限 7-8
流動性選好関数 179, 208, 327
　加速度原理モデルにおける―― 341-2, 365-6
　――と確信の状態 198-9
　――と貨幣供給量 315
　――と新古典派理論の問題点 143
　――の解釈をめぐる利子率対資産価格 124-5
　――の変化の効果 118-9
流動性の罠 167, 200n, 254, 310, 330, 345-9, 352n, 356
流動性逼迫 (1969-70年期間)
　――が資産価格に及ぼした効果 315
　――とこれに対する中央銀行の反応 4-5, 101, 123, 133, 284, 290
　――を説明しえなかったキャッシュフロー・モデル 303-4

ルーズベルト政権 74, 78, 291-2, 293

レーガン政権 1, 3-5, 16, 19
レバリッジ(比率) 70, 127, 131, 132
レーポー(Repo)(条件付き債券売買) 88, 89, 121, 246-53
留保利潤 119
連邦資金市場 88, 89, 121, 216, 241-6, 243n, 274, 276, 399

連邦住宅貸付銀行理事会(Federal Home Loan Bank Board) 406
連邦住宅局(Federal Housing Authority) 404, 406
連邦準備銀行・マサチューセッツ工科大学モデル(F. R. B.-M. I. T model) 298
連邦準備制度(Federal Reserve System) 281-94
　――と貨幣市場 239-40
　――と国債市場 242n, 247, 248n, 252
　――と流通市場 228-9, 236-7
　――と連邦資金市場 241-6, 242n
　――の遅い反応の効果 136
　――の介入操作の比較(1929年対1979年) 285-7
　――の恐慌時の介入がもつインフレ効果 101
　――の権限領域 263, 278-80
　――の公開市場委員会(Open Market Committee) 247n, 248n
　――の構造改革の必要性 291-4
　――の最後の貸し手としての機能 x, 4-8, 10-1, 13, 15-7, 23, 36, 74, 78, 92, 165, 168, 169, 232-5, 259-61, 284, 289-91, 409n
　――の信用取引規制 259n
　――の成果を分析するために不可欠な枠組み 397
　――の政策ガイドライン 180, 232-7, 265-71
　――の1966年における反応 4, 101, 284
　――の1974-75年における反応 15, 101, 169
　――の大恐慌に対する反応 15, 23, 168, 394
　――の中央銀行制度に占める位置 233, 406-7
　――の投機的金融に対する反応 107
　――の二重の役割 283-5, 289
　――は1920年代に「洗練」された 264n
　――理事会 237, 281, 397n

(割引窓口, 中央銀行制度も見よ)
連邦政府
　(大きな政府, 国債, 政府の赤字を見よ)
連邦預金保険公社(Federal Deposit Insurance Corporation)　406
　(預金保険も見よ)
労働生産性　90, 91
ロンドン割引市場　246

ワ行

割引商社　259
割引窓口　235
　抵当証券所有者に開かれた──　409
　非加盟銀行に開かれた──　409n
　──と国債市場　248n
　──とコマーシャル・ペーパー市場　270, 279-80
　──と流通市場　228-9
　──の運用に関する指針　180
　──の厳格な管理と運用　276-7
割引率(公定歩合)　247, 367
　──と要求払預金利子　253, 253n
　──と連邦資金市場レート　243, 243n
ワルラス理論　104n, 141, 144, 147

訳者紹介

岩　佐　代　市
いわ　さ　よ　いち

1951年福井生まれ．神戸大学を卒業，1976年神戸大学大学院博士前期課程修了（商学修士）．神戸大学経営学部専任講師を経て，現在関西大学商学部助教授．

専　攻　金融理論，金融機関論

論文等　「銀行の市場行動と預金金利の自由化」『国民経済雑誌』，1984年4月．
　　　　「銀行行動と金融革新」『国民経済雑誌』，1985年4月．
　　　　『金融』(共著)有斐閣，1986年4月など

投資と金融　資本主義経済の不安定性

1988年2月1日　第1刷発行Ⓒ

　　　訳　者　岩　佐　代　市
　　　発行者　栗　原　哲　也
　　　〒101　東京都千代田区神田神保町3-2
　　　発行所　株式会社　日本経済評論社
　　　　　　　電話 03-230-1661
　　　　　　　振替東京3-157198
　　　　　　　新栄堂・美行製本

落丁本・乱丁本はお取替いたします

ポスト・ケインジアン叢書
第Ⅰ期＝完結

① クリーゲル　政治経済学の再構築
　　　　　　　　　川口弘監訳　緒方俊雄・福田川洋二訳　3200円

② アイクナー編　ポスト・ケインズ派経済学入門
　　　　　　　　　緒方俊雄・中野守・森義隆・福田川洋二訳　2600円

③ デヴィッドソン　貨幣的経済理論
　　　　　　　　　原正彦監訳　金子邦彦・渡辺良夫訳　6500円

④ ハーコート　ケムブリジ資本論争[改訳版]
　　　　　　　　　神谷傳造訳　5800円

⑤ アイクナー　巨大企業と寡占
　　　　　　　　　川口弘監訳　緒方・金尾・高木・吉川・広田訳　5600円

⑥ カレツキ　資本主義経済の動態理論
　　　　　　　　　浅田統一郎・間宮陽介訳　3800円

⑦ カーン　雇用と成長
　　　　　　　　　浅野栄一・袴田兆彦訳　4500円

⑧ ハリス　資本蓄積と所得分配
　　　　　　　　　森義隆・馬場義久訳　4500円

⑨ リヒテンシュタイン　価値と価格の理論
　　　　　　　　　川島章訳　3800円

⑩ デヴィッドソン　国際貨幣経済理論
　　　　　　　　　渡辺良夫・秋葉弘哉訳　5800円

ポスト・ケインジアン叢書
第Ⅱ期＝刊行中

⑪　ロビンソン　資本理論とケインズ経済学
　　　　　　　　　　　　　　　　　山田克己訳

⑫　カルドア　経済成長と分配理論
　　　　　　　　　　　　　笹原昭五・高木邦彦訳

⑬　カルドア　貨幣・経済発展と国際問題
　　　　　　　　　　　　笹原昭五・高木邦彦ほか訳

⑭　グッドウィン　線型経済学と動学理論
　　　　　　　　有賀裕二・浅田統一郎・荒木勝啓・坂直樹訳

⑮　パシネッティ　生産と分配の理論
　　　　　　　　　　　　　　中野守・宇野立身訳

⑯　イートウェル編　ケインズの経済学と価値・分配の理論
　　ミルゲイト
　　　　　　　　石橋太郎・森田雅憲・中久保邦夫・角村正博訳

⑰　マインウェアリング　価値と分配の理論
　　　　　　　　　笠松学・佐藤良一・山田幸俊訳　4200円

⑱　ミンスキー　投資と金融
　　　　　　　　　　　　　　　岩佐代市訳　6800円

⑲　チック　ケインズ以後のマクロ経済学
　　　　　　　　　　　　　片平光昭・関谷喜三郎訳

⑳　クリーゲル編　ポスト・ケインズ派経済学の新展開
　　　　　　　　　　　　　　　　　緒方俊雄訳

近代経済学古典選集

監修＝中山伊知郎・柴田　敬・安井琢磨　〔全13巻18冊〕

① チューネン　孤立国
　　　　　　　　　　　　　　　　　　近藤康男訳

② クールノー　富の理論の数学的原理に関する研究
　　　　　　　　　　　　　　　　　　中山伊知郎訳　3000円

③ ワルラス　社会的富の数学的理論
　　　　　　　　　　　　　　　　　　柏崎利之輔訳　2000円

④ ジェヴォンズ　経済学の理論
　　　　　　　　　　　　小泉・寺尾・永田訳／寺尾琢磨改訳　5800円

⑤ メンガー　経済学の方法
　　　　　　　　　　　　　　福井・吉田訳／吉田昇三改訳　6500円

⑥ マーシャル　経済学原理　I・II・III・IV
　　　　　　　　　　　　　　　　　　訳者未定

⑦ ウィクセル　利子と物価
　　　　　　　　　　　　　　北野・服部訳／北野熊喜男改訳　4200円

⑧ ウィクセル　価値, 資本及び地代
　　　　　　　　　　　　　　　　　　北野熊喜男訳　4600円

⑨ ウィクセル　経済学講義　I・II
　　　　　　　　　　　橋本比登志訳〈I〉 7500円 〈II〉続刊

⑩ ベーム＝バヴェルク　資本利子論　I・II
　　　　　　　　　　　　　　　　　　訳者未定

⑪ フィッシャー　価値と価格の理論の数学的研究
　　　　　　　　　　　　　　　　　　久武雅夫訳　3800円

⑫ フィッシャー　利子論
　　　　　　　　　　　　　　　気賀勘重・気賀健三訳　7800円

⑬ ミーゼス　貨幣及び流通手段の理論
　　　　　　　　　　　　　　　　　　東米雄訳　6800円

投資と金融(オンデマンド版)		

2003年3月10日　発行

訳　者	岩佐　代市	
発行者	栗原　哲也	
発行所	株式会社　日本経済評論社	
	〒101-0051　東京都千代田区神田神保町3-2	
	電話 03-3230-1661　FAX 03-3265-2993	
	E-mail: nikkeihy@js7.so-net.ne.jp	
	URL: http://www.nikkeihyo.co.jp/	
印刷・製本	株式会社　デジタルパブリッシングサービス	
	URL: http://www.d-pub.co.jp/	

AB196

乱丁落丁はお取替えいたします。　　　　Printed in Japan
Ⓒ Yoichi Iwasa 1988　　　　　　　　　ISBN4-8188-1602-7
[R]〈日本複写権センター委託出版物〉
本書の全部または一部を無断で複写複製（コピー）することは、著作権法上での例外を除き、禁じられています。本書からの複写を希望される場合は、日本複写権センター（03-3401-2382）にご連絡ください。